Mes souvenirs de quatre-vingts ans

Chauncey M. Depew

Writat

Cette édition parue en 2024

ISBN : 9789359940557

Publié par
Writat
email : info@writat.com

Contenu

AVANT-PROPOS ....- 1 -

I. ENFANCE ET JEUNESSE ....- 2 -

II. DANS LA VIE PUBLIQUE ....- 11 -

III. ABRAHAM LINCOLN ....- 33 -

IV. SUBVENTION GÉNÉRALE ....- 43 -

V. ROSCOE CONKLING ....- 49 -

VI. HORACE GREELEY ....- 57 -

VII. RUTHERFORD B. HAYES ET WILLIAM M.
EVARTS ....- 65 -

VIII. GÉNÉRAL GARFIELD ....- 71 -

IX. CHESTER A. ARTHUR ....- 77 -

X. GROVER CLEVELAND ....- 82 -

XI. BENJAMIN HARRISSON ....- 86 -

XII. JAMES G. BLAINE ....- 94 -

XIII. WILLIAM McKINLEY ....- 98 -

XIV. THÉODORE ROOSEVELT ....- 105 -

XV. SÉNAT DES ÉTATS-UNIS ....- 116 -

XVI. AMBASSADEURS ET MINISTRES ....- 127 -

XVII. GOUVERNEURS DE L'ÉTAT DE NEW YORK ....- 139 -

XVIII. CINQUANTE-SIX ANS À LA NEW YORK
CENTRAL RAILROAD COMPANY ....- 150 -

XIX. SOUVENIRS DE L'ÉTRANGER ....- 170 -

XX. ORATEURS ET INTERVENANTS DE CAMPAGNE - 207 -

XXI. CONVENTIONS NATIONALES RÉPUBLICAINES - 224 -

XXII. JOURNALISTES ET FINANCIERS ....- 227 -

XXIII. ACTEURS ET HOMMES DE LETTRES ....- 236 -
XXIV. SOCIÉTÉS ET BANQUETS PUBLICS ....- 247 -

AVANT-PROPOS

Depuis de nombreuses années, mes amis ont insisté pour que je mette en forme permanente les incidents de ma vie qui les ont intéressés. J'ai eu la chance de participer à des réunions historiques et de connaître plus ou moins intimement des personnalités marquantes dans les affaires mondiales de nombreux pays. Toute personne dans cette situation a un flot de souvenirs qui jaillissent lorsque l'occasion réveille la mémoire. Souvent, les auditeurs souhaitent que ces textes soient transcrits pour leur propre usage.

Mon camarade de classe à Yale dans la classe de 1856, John D. Champlin , un homme de lettres et un éditeur accompli, a récupéré de mes propres archives dispersées et de mes archives de journaux le matériel de huit volumes. Depuis, ma secrétaire a sélectionné et compilé pour publication deux volumes. Il s'agit principalement de discours, allocutions et contributions parus en public. Plusieurs écrivains, à mon insu, ont choisi des sujets particuliers dans ces volumes et en ont fait des livres.

Andrew D. White, le sénateur Hoar et le sénateur Foraker, avec qui j'ai été associé pendant des années, ont publié des autobiographies complètes et précieuses. Je ne tente rien d'aussi élaboré ou complet. N'ayant jamais tenu de journal, je dépends d'une bonne mémoire. J'ai écarté les histoires qui ne pourraient être publiées que longtemps après avoir rejoint la majorité.

J'ai confiance et j'espère sincèrement qu'il n'y a rien dans ces souvenirs qui puisse offenser qui que ce soit. Mon objectif a été de représenter des événements et de raconter des histoires de manière à éclairer les périodes que j'ai traversées pendant quatre-vingt-huit ans, ainsi que les personnes que j'ai connues et grandement appréciées.

CMD

I.
ENFANCE ET JEUNESSE

Il m'est venu à l'esprit que certains souvenirs d'une longue vie pourraient intéresser ma famille et mes amis.

Ma mémoire remonte à plus de quatre-vingts ans. Je me souviens très bien quand, vers l'âge de cinq ans, ma mère m'a emmené à l'école de Mme Westbrook, épouse du pasteur bien connu de l'Église réformée hollandaise, qui avait une école dans sa maison, à quelques portes. La dame était une femme très instruite et son mari, le docteur Westbrook, un homme de lettres et un prédicateur. Il s'est spécialisé dans l'histoire ancienne et l'intérêt qu'il a suscité pour la culture et les réalisations romaines et grecques s'est poursuivi depuis lors.

Le village de Peekskill comptait à cette époque entre deux et trois mille habitants. Ses habitants étaient presque tous des familles révolutionnaires qui s'y étaient installées à l'époque coloniale. Il y a eu très peu d'immigration en provenance d'autres Etats ou de l'étranger ; la connaissance était universelle et, dans les activités des églises, il y avait une coopération générale entre les membres. La fréquentation des églises était si unanime que les gens, jeunes ou vieux, qui ne se trouvaient pas à leur place habituelle le dimanche, ressentaient la désapprobation de la communauté.

Les activités sociales du village étaient très simples, mais très agréables et saines. Il n'y avait ni très riche ni très pauvre. Presque chaque famille possédait sa propre maison ou était sur le point d'en acquérir une. Les malheurs, quels qu'ils soient, suscitaient l'intérêt et la sympathie communs. Une main secourable de bon voisinage était toujours tendue à ceux qui étaient en difficulté ou en détresse. Peekskill était une communauté heureuse et présentait des conditions de vie et de vie fondées sur l'intérêt commun, l'effort et la sympathie, impossibles en ces jours de foules agitées et de compétition féroce.

La Peekskill Academy était l'établissement d'enseignement dominant et attirait des étudiants non seulement du village mais aussi de loin. Cela les préparait pour l'université, et j'y ai été étudiant pendant environ douze ans. L'académie était une institution de formation de caractère, même si elle manquait de la rigueur des écoles préparatoires de la Nouvelle-Angleterre. Ses diplômés qui entraient dans une profession ou dans une entreprise avaient un palmarès inhabituel en matière de réussite dans la vie. Je ne veux pas dire qu'ils ont accumulé de grandes fortunes, mais ils ont acquis leur indépendance et ont été des citoyens importants et utiles dans toutes les localités où ils se sont installés.

Je suis diplômé de la Peekskill Academy en 1852. Je trouve dans le programme des exercices de cette journée, qu'un vieil élève a conservé, que j'étais prêt à faire plusieurs discours originaux, tandis que les autres garçons avaient principalement des récitations. Apparemment, mes professeurs avaient décidé de développer mes talents oratoires.

Je suis entré à Yale en 1852 et j'ai obtenu mon diplôme en 1856. Le collège de cette époque était très primitif comparé à l'université dans laquelle il s'est développé. Notre classe de quatre-vingt-dix-sept personnes était considérée comme inhabituellement nombreuse. Les classiques et les mathématiques, le grec et le latin, constituaient les éléments dominants de l'enseignement. L'athlétisme n'était pas encore apparu, même si l'aviron et les courses de bateaux sont apparus pendant mon mandat. La caractéristique marquante de l'institution était les sociétés littéraires : la Linonia et les Frères de l'Unité. Les débats lors des réunions hebdomadaires ont été soutenus et maintenus sur un plan élevé et efficace. Les deux sociétés étaient des organes pratiquement délibérants et discutaient avec vigueur des questions d'actualité. Dans le cadre de cette formation, Yale envoya un nombre inhabituel d'hommes qui devinrent des prédicateurs éloquents, des médecins distingués et des avocats célèbres. Alors que la majorité des étudiants qui sortent aujourd'hui de l'université se lancent dans le commerce ou dans des professions comme l'ingénierie, qui sont alliées aux affaires, à cette époque, presque tous les jeunes hommes étaient destinés au ministère, au droit ou à la médecine. Ma propre classe a fourni deux des neuf juges de la Cour suprême des États-Unis, et une grande majorité de ceux qui ont été admis au barreau ont obtenu les honneurs judiciaires. C'est un commentaire singulier sur l'éducation de cette époque que les étudiants qui remportèrent les plus hautes distinctions et remportèrent les prix universitaires, ce qui ne pouvait être obtenu qu'en excellant en latin, en grec et en mathématiques, furent de loin dépassés dans l'au-delà par leur des camarades de classe qui n'atteignaient pas le niveau élevé de leurs études collégiales, mais qui se distinguaient par leur intérêt général pour les matières qui ne figuraient pas dans le programme universitaire.

Mes camarades de classe, les juges David J. Brewer et Henry Billings Brown, étaient tous deux des membres éminents de la Cour suprême des États-Unis. Brewer s'est distingué par le large éventail de ses discours érudits et éclairants lors d'occasions publiques. Il était un orateur du bicentenaire du collège et un orateur des plus acceptables. Wayne MacVeagh , plus tard procureur général des États-Unis, l'un des chefs de file du barreau, également l'un des orateurs les plus brillants de son temps, était à l'université avec moi, mais n'était pas un camarade de classe. Andrew D. White, dont le génie, l'érudition et l'organisation ont permis à Ezra Cornell de fonder l'Université Cornell, était un autre de mes camarades d'université. Il est devenu l'un des plus célèbres de nos diplomates et l'auteur de nombreux livres d'une valeur permanente. Mon amitié avec MacVeagh et White s'est poursuivie tout au long de leur vie, c'est-à-dire pendant près de soixante ans. MacVeagh était l'un des orateurs les plus disposés et les plus attrayants que j'aie jamais connu. Il avait un esprit très vif et caustique, ce qui le rendait extrêmement populaire comme conférencier après le dîner et comme hôte dans sa propre maison. Il faisait de chaque soirée où il recevait, pour ceux qui avaient la chance d'être ses invités, une occasion mémorable dans leur expérience.

John Mason Brown, du Kentucky, devint plus tard le chef du barreau de son État et était sur le point de recevoir du président Harrison une nomination comme juge à la Cour suprême lorsqu'il mourut subitement. S'il avait été nommé, il aurait été remarquable que trois des neuf juges des plus grands tribunaux, un honneur recherché par chacun des centaines de milliers d'avocats aux États-Unis, aient été issus du même collège et la même classe.

La faculté reste gravée dans ma mémoire et j'ai le même respect et la même affection pour ses membres, bien que soixante-cinq ans après avoir quitté l'université, que j'avais le jour où j'ai obtenu mon diplôme. Notre président, Theodore D. Woolsey, était un merveilleux érudit et un enseignant des plus inspirants. Yale a toujours eu de la chance avec ses présidents, et particulièrement avec le professeur Woolsey. Il avait une distinction personnelle, et il y avait autour de lui un air d'autorité et de pouvoir réservé qui impressionnait l'étudiant le plus radical et le plus rebelle, et en même temps il avait le respect et l'affection de tous. Dans ses conférences historiques, il faisait une plaisanterie classique sur les Chinois, dont la narration l'amusait davantage à chaque répétition. C'est que lorsqu'une armée chinoise fut assiégée et assiégée dans une forteresse, ses provisions s'épuisèrent et ils décidèrent de s'enfuir. Ils choisirent une nuit très sombre, ouvrirent les portes et, en sortant, chaque soldat portait une lanterne allumée.

Dans la faculté se trouvaient plusieurs professeurs d'une force et d'une originalité remarquables. Le professeur de grec, M. Hadley, père de l'éminent ex-président de Yale, était plus que ses collègues dans la pensée et dans les discours des étudiants. Son savoir et sa prééminence dans son département étaient universellement reconnus. Il avait un esprit caustique et ses paroles faisaient le buzz sur le campus. Il maintenait la discipline, assez laxiste à cette époque, par l'exercice de cette capacité. Un jour, certains garçons conduisirent un veau dans la salle de récitation. Le professeur Hadley remarqua doucement : « Vous allez éliminer cet animal. Nous nous entendrons aujourd'hui avec notre numéro habituel. Il va sans dire qu'aucune expérience de ce type n'a jamais été répétée.

À un moment donné, lors d'une réunion de faculté, on rapporta qu'une des sociétés secrètes était sur le point de forer un puits artésien dans la cave de leur club-house. Il a été suggéré qu'une telle dépense extraordinaire devrait être interdite. Le professeur Hadley a clôturé la discussion et a ri du sujet en disant, d'après ce qu'il savait de la société, si elle tenait quelques séances à l'endroit où le puits artésien était projeté, le forage serait accompli sans frais. Le professeur était un conseiller sympathique et très avisé auprès des étudiants. Si quelqu'un était en difficulté, il allait toujours vers lui et lui apportait les secours les plus utiles.

Le professeur Larned inspira aux étudiants un goût raffiné pour la meilleure littérature anglaise et un amour ardent pour ses classiques. Professeur Thacher fut l'un des penseurs et enseignants les plus robustes et vigoureux de son époque. Il était un leader né parmi les hommes et, génération après génération, les étudiants diplômés portèrent dans l'au-delà les effets de son enseignement et de sa personnalité. Nous aimions tous le professeur Olmstead, même si nous n'étions pas particulièrement intéressés par son département de physique et de biologie. Il était puriste dans son département et si sûr de ses principes qu'il jugeait inutile de les soumettre à des tests pratiques. L'un des étudiants, dont la chambre se trouvait immédiatement au-dessus de celle du professeur, a pris une planche du sol et, en perçant un tout petit trou dans le plafond, a découvert qu'il pouvait lire les copies d'examen sur le bureau du professeur. L'information étant parvenue à la faculté, on a demandé au professeur s'il avait examiné le plafond. Il a déclaré que cela n'était pas nécessaire, car il avait mesuré la distance entre le plafond et la surface de son bureau et avait constaté que la ligne de vision se connectait si loin au-dessus que rien ne pouvait être lu sur le bureau.

Timothy Dwight, ensuite président, était alors tuteur. L'apprentissage, le bon sens, le magnétisme et la camaraderie générale étaient merveilleusement unis chez le président Dwight. Il était l'instructeur le plus populaire et le plus aimé des garçons. Il possédait un remarquable talent d'organisation, ce qui faisait de lui un président idéal. Il possédait la rare faculté de commander et de convaincre non seulement les étudiants mais aussi ses associés au sein du corps professoral et les membres de l'entreprise lors des discussions et des décisions sur les propositions commerciales et les questions de politique.

Les examens finaux terminés, le jour de la rentrée arriva. Les exercices littéraires et la remise des diplômes avaient lieu dans l'ancienne église du Centre. J'étais l'un des conférenciers et j'ai été sélectionné pour mon sujet « Le fleuve Hudson et ses traditions ». Dès le début, j'ai été saturé d'associations, d'enquêtes et de lectures approfondies avec les crises de la guerre d'indépendance, qui ont été résolues avec succès du côté des patriotes sur les rives de l'Hudson. J'habitais près de Washington Irving, et je connaissais ses œuvres par cœur, notamment les contes qui donnaient à l'Hudson un roman comme celui du Rhin. Le sujet était nouveau pour un stade académique et le discours a fait un tabac. Néanmoins, ce fut le jour le plus triste et le plus regrettable de ma vie lorsque j'ai quitté Yale.

Mon éducation, selon les normes de l'époque, était terminée, et mon diplôme en était la preuve. J'ai été très intéressé par la question de savoir dans quelle mesure l'académie et le collège contribuaient à cette éducation. Leur discipline était nécessaire et leur formation essentielle. Quatre années d'association avec la faculté, instruite, finement équipée et sympathique, furent d'une aide merveilleuse. Les associations libres des sociétés secrètes et de débat, du campus et des sports étaient inestimables, et les amitiés nouées avec des esprits sympathiques ajoutaient immensément aux plaisirs et aux compensations d'une longue vie.

A ce sujet, je puis ajouter que, comme cela a été mon sort dans la position particulière que j'ai occupée pendant plus d' un demi-siècle en tant que conseiller juridique d'une grande société et de ses créateurs et des nombreux hommes d'affaires prospères qui ont En les entourant, j'ai appris à connaître ce que ressentent des hommes à qui on a refusé dans leur jeunesse les possibilités d'éducation lorsqu'ils sont en possession de fortunes et que le monde semble à leurs pieds. Alors ils reconnaissent douloureusement leurs limites, puis ils connaissent leur faiblesse, puis ils comprennent qu'il y a des choses que l'argent ne peut pas acheter, et qu'il y a des gratifications et des triomphes qu'aucune fortune ne peut assurer. La seule plainte de tous ces hommes a été : « Oh, si j'avais été instruit, je sacrifierais tout ce que j'ai pour obtenir les opportunités du collège, pour pouvoir entretenir non seulement une conversation et une discussion avec les hommes instruits avec qui je suis. entrer en contact, mais compétent aussi pour apprécier ce que je vois est pour eux un plaisir au-delà de tout ce que je connais.

Mais je me souviens avec reconnaissance d'autres influences tout aussi importantes pour l'éducation d'une personne. Mon père était un homme d'affaires typique, l'un des pionniers du transport fluvial entre notre village et New York, mais aussi un agriculteur et un commerçant. C'était un homme sévère, dévoué à sa famille et, bien que strict sur le plan disciplinaire, il aimait beaucoup ses enfants.

Ma mère était une femme d'une intelligence inhabituelle, confinant au génie. Il n'existait à cette époque aucune possibilité d'études supérieures, mais son père, qui était un éminent avocat, et son grand-père, juge, la trouvant si réceptive, l'éduquèrent avec le soin qu'on accordait aux garçons destinés à la vie professionnelle. . Elle connaissait bien la littérature de l'époque de la reine Elizabeth et de la reine Anne et, avec une mémoire persistante, connaissait par cœur de nombreux classiques anglais. Elle écrivait bien, mais jamais pour publication. À ces réalisations s'ajoutaient un rare bon sens et une vision prophétique. Le fondement et une grande partie de la superstructure de tout ce que j'ai et de tout ce que je suis étaient son œuvre. C'était une calviniste rigide et l'une de ses nombreuses leçons m'a été d'un réconfort inestimable. Plusieurs fois dans ma vie, j'ai connu de graves malheurs et des pertes qui semblaient irréparables. Je suis rentré chez moi retrouver ma mère avec de sages conseils et suggestions prête à se consacrer à la reconstruction de ma fortune et à me soutenir. Elle disait toujours ce qu'elle croyait profondément : « Mon fils, ce que tu considères comme une si grande calamité est en réalité une discipline divine. Le Seigneur te l'a envoyé pour ton bien, parce que dans sa sagesse infinie, il a vu que tu en avais besoin. Je suis absolument certain que si vous vous soumettez au lieu de vous plaindre et de protester, si vous demandez avec foi et esprit approprié des conseils et de l'aide, ils viendront tous deux à vous et avec de plus grandes bénédictions que vous n'en avez jamais eues auparavant. Cette foi de ma mère a inspiré et intensifié mes efforts et, dans chaque cas, ses prédictions se sont avérées vraies.

Chaque communauté compte un citoyen soucieux du civisme qui se consacre de manière altruiste au bien public. Ce citoyen de Peekskill à cette époque était le docteur James Brewer. Il avait accumulé une modeste compétence suffisante pour ses simples besoins de célibataire. Il fut soit le promoteur, soit l'un des dirigeants de tous les mouvements pour l'amélioration de la ville. Il créa une bibliothèque circulante dans les conditions les plus libérales, et elle devint un établissement d'enseignement bénéfique. Les livres étaient admirablement sélectionnés et les conseils du médecin aux lecteurs étaient toujours disponibles. Ses goûts allaient vers les classiques anglais et il possédait tous les auteurs standards en matière de poésie, d'histoire, de fiction et d'essai.

Aucun plaisir de lire au cours des années suivantes ne m'a procuré un tel plaisir que les romans de Waverley. Je pense que j'ai lu cette bibliothèque et une partie plusieurs fois.

L'enthousiasme suscité par la parution des romans de Dickens et de Thackeray équivalait presque à l'enthousiasme d'une campagne politique. Chacun de ces auteurs avait de fervents admirateurs et partisans. Les personnages de Dickens sont devenus des compagnons de maison. Chacun cherchait le pendant de Micawber ou de Sam Weller, de Pecksniff ou de David Copperfield, et n'avait aucune peine à le trouver soit dans le cercle familial, soit parmi les voisins.

Les conférences de Dickens à New York, qui consistaient en des lectures de ses romans, étaient un événement rarement reproduit pour susciter l'intérêt. Avec une grande capacité dramatique, il a présenté au public les personnages de ses romans que tous connaissaient. Chacun dans la foule avait en tête une image idéaliste des acteurs de l'histoire. Il était curieux de constater que la présentation faite par l'auteur coïncidait avec l'idée de la majorité de son auditoire. J'étais fraîchement revenu du pays mais j'avais ce soir-là avec moi une demoiselle plutôt ultra fashion. Elle a dit qu'elle n'était pas intéressée par la conférence parce qu'elle représentait le genre de personnes qu'elle ne connaissait pas et qu'elle n'espérait jamais rencontrer ; ils étaient très communs. Au cours de sa carrière ultérieure dans ce pays et à l'étranger, elle eut à son actif trois aventures matrimoniales et deux divorces, mais aucun de ses maris n'était du lot commun.

En parlant de Dickens, une image reste gravée de manière indélébile dans ma mémoire. C'était le banquet qui lui était offert et que présidait Horace Greeley. Tout le monde connaissait autant M. Pickwick et son portrait de Cruikshank dans les œuvres de Dickens que son père. Lorsque M. Greeley se leva pour prononcer le discours d'ouverture et présenter l'invité de la soirée, sa ressemblance avec ce portrait de Pickwick était si remarquable que tout le public, y compris M. Dickens, cria sa joie de saluer un vieil ami bien-aimé. .

Une autre opportunité éducative s'est présentée à moi car un de mes oncles était maître de poste du village. Grâce à son bureau de poste, plusieurs magazines de haut niveau et revues étrangères sont arrivés. Il n'y avait pas de livraison rurale à cette époque et le courrier ne pouvait être obtenu que sur demande personnelle, de sorte que les abonnés de ces périodiques les quittaient souvent longtemps avant qu'on les appelle. J'étais un lecteur omnivore de tout ce qui était disponible et, par conséquent, ces publications, en particulier les revues étrangères, sont devenues une source fascinante d'information et de culture. Ils ont donné, dès les premiers esprits du siècle, des critiques de la littérature actuelle et des exposés sur les mouvements politiques et les hommes publics qui sont devenus d'une valeur infinie au fil des années.

Une autre école non constituée en société et pourtant précieuse était les séances fréquentes à la pharmacie des hommes d'État les plus âgés du village. Certains soirs, ces hommes, représentant la plupart des activités du village, profitaient des chaises hospitalières autour du poêle et discutaient non seulement des questions locales mais de la situation générale du pays, certains d'entre eux tournant autour de la constitutionnalité de diverses mesures qui avaient été proposées et promulguées dans des lois. Ils concernaient presque tous l'esclavage, les mesures de compromis, l'introduction des esclaves dans de nouveaux territoires, la loi sur les esclaves fugitifs, et étaient discutés avec beaucoup d'intelligence et d'informations. Les garçons en entendaient parler dans leurs maisons et étaient de fervents auditeurs aux abords de ce congrès villageois. De telles institutions ne sont possibles que dans la connaissance universelle, la camaraderie et les confidences de la vie du village et de la campagne. Ils ont été les facteurs les plus importants dans la formation de l'opinion publique, en particulier parmi les jeunes, qui a soutenu M. Lincoln dans ses efforts couronnés de succès pour sauver l'Union à tout prix.

Quelques jours après mon retour de Yale, j'entrai dans le bureau d'Edward Wells, un avocat du village, en tant qu'étudiant. M. Wells avait atteint un rang élevé dans sa profession, était un étudiant approfondi du droit et avait un certain nombre de jeunes hommes, les préparant au barreau sous sa direction.

J'ai été admis au barreau en 1858 et j'ai immédiatement ouvert un cabinet dans le village. Mon premier client était un agriculteur prospère qui souhaitait un avis sur une question assez complexe. J'ai préparé le dossier avec beaucoup de soin. Il m'a demandé quels étaient mes honoraires et je lui ai répondu cinq dollars. Il a déclaré : « Un dollar soixante-quinze suffit pour un jeune avocat comme vous. » Il soumit ensuite l'affaire à l'un des avocats les plus éminents de New York, qui arriva à la même conclusion et lui demanda cinq cents dollars. En raison de la réputation nationale de ce monsieur, le fermier a estimé que les frais étaient très raisonnables. Au cours des années suivantes, j'ai reçu plusieurs acomptes très importants, mais aucun d'entre eux n'a donné autant de satisfaction que ce dollar et soixante-quinze cents que j'avais réellement gagnés après avoir été si longtemps dépendant de mon père.

Après quelques années de pratique privée, le commodore Vanderbilt m'a fait venir et m'a proposé le poste d'avocat pour le New York and Harlem Railroad. Je venais d'être nommé et confirmé ministre des États-Unis au Japon. Cette nomination a été une surprise totale pour moi, car je n'étais candidat à aucun poste fédéral. Le salaire était de sept mille cinq cents dollars et la tenue de neuf mille dollars. L'offre du commodore de devenir avocat pour le Harlem Railroad, qui était sa première aventure dans le secteur ferroviaire, était bien inférieure au salaire du ministre. Lorsque j'ai dit cela au commodore, il a déclaré : « Les chemins de fer sont une carrière pour un jeune homme ; il n'y a rien en politique. Ne soyez pas un foutu imbécile. Cela m'a décidé, et le 1er janvier 1921, j'ai complété cinquante-cinq ans au service ferroviaire de cette société et de ses lignes alliées.

Rien ne m'a plus impressionné que les petites choses, apparemment immatérielles, qui ont influencé la carrière de nombreuses personnes. Mon père et ses frères, tous des hommes d'affaires actifs, étaient également profondément intéressés par la politique, non pas du point de vue pratique, mais des politiques et des mesures gouvernementales. C'étaient des démocrates intransigeants du type le plus conservateur ; ils croyaient que toute ingérence dans l'esclavage, sous quelque forme que ce soit, mettait en péril l'union des États, et que l'union des États était le seul salut de la perpétuité de la république et de ses libertés. Je suis allé à Yale saturé de ces idées. Yale était l'université préférée des Sudistes. Parmi les étudiants, il y avait une grande partie des États esclavagistes. C'était si considérable que ces sudistes se retirèrent des grandes sociétés de débat du collège et formèrent leur propre société, qu'ils appelèrent la Calliopéenne . En dehors de ces sudistes, il y avait très peu de démocrates parmi les étudiants, et j'ai failli être entraîné dans le Calliopean , mais j'en ai heureusement échappé.

La question de l'esclavage dans toutes ses phases de la loi sur les esclaves fugitifs et de son application, de l'extension de l'esclavage dans les nouveaux territoires, ou de son interdiction, et de l'abolition de l'institution par achat ou confiscation étaient des sujets de discussion sur le campus, dans le monde littéraire. sociétés, et lors de fréquentes conférences dans les salles de New Haven par les orateurs et défenseurs les plus éminents et les plus doués.

C'était une époque où même dans les églises les plus libérales, la chaire n'était pas autorisée à prêcher la politique, et l'esclavage était avant tout une politique. Mais selon une vieille coutume de la Nouvelle-Angleterre, le pasteur avait carte blanche le jour de Thanksgiving pour décharger son esprit de tout ce qui bouillonnait et bouillonnait là-bas depuis un an. L'un des prédicateurs les plus éminents et les plus éloquents de la Nouvelle-Angleterre était le révérend docteur Bacon, de Center Church, à New Haven. Son sermon de Thanksgiving était un événement très attendu par toute la communauté universitaire. Il était violemment anti-esclavagiste. Ses sermons étaient non seulement écoutés attentivement, mais largement lus, et leur effet sur la promotion du sentiment anti-esclavagiste était très grand.

Le résultat de plusieurs années de ces associations et discussions m'a converti et je suis devenu républicain sur les principes énoncés dans la première plate-forme du parti en 1856. Quand je suis rentré de Yale, la situation dans la famille est devenue très pénible, car mon père était un partisan intense. Il avait pour son parti à la fois la foi et l'amour, et était choqué et attristé par le changement de principes de son fils. Il ne pouvait s'empêcher de discuter constamment de la question et était également blessé soit par l'opposition, soit par le silence.

II. DANS LA VIE PUBLIQUE

La campagne de 1856 créa dans notre village un émoi sans précédent depuis la guerre d'indépendance. Les vieilles familles installées là depuis l'époque coloniale étaient majoritairement pro-esclavagistes et démocrates, tandis que le parti républicain se recrutait très largement parmi les hommes de la Nouvelle-Angleterre et en minorité.

Plusieurs fois au cours de nos campagnes politiques nationales, il y a eu un orateur qui a attiré l'audience et reçu l'attention du public et des articles dans les journaux plus que tous les autres orateurs. Du côté démocrate, à cette époque, Horatio Seymour était prééminent. Du côté républicain de l'État de New York, le personnage le plus intéressant était George William Curtis. Ses livres étaient très populaires, sa charmante personnalité, la culture et l'élévation de ses discours le mettaient dans une classe à part.

Les républicains du village étaient très heureux lorsqu'ils avaient obtenu la promesse de M. Curtis de prendre la parole lors de leur réunion de masse la plus importante. L'occasion a réuni le plus grand public que le village ait jamais connu, composé non seulement d'habitants mais aussi de nombreux venus de loin. Le comité des arrangements a finalement annoncé au public qui attendait que le dernier train était arrivé, mais que M. Curtis n'était pas venu.

La commission s'est soudain rendu compte que ce serait une bonne chose d'appeler une jeune recrue issue d'une famille démocrate bien connue et de l'engager publiquement. D'abord il y a eu l'invitation, puis les cris, et quand je me suis levé, ils ont crié « plateforme », et j'ai été escorté jusqu'à l'estrade, mais je n'avais aucune idée de faire un discours. Mon expérience pendant des années à l'université et à la maison m'avait saturé des questions en cause sous tous leurs aspects. C'est d'un cœur plein et endoloris que j'ai déversé une confession de foi. Je pensais n'avoir parlé que quelques minutes, mais j'ai découvert par la suite que cela durait plus d'une heure. Le comité local a écrit au comité d'État au sujet de la réunion et, quelques jours plus tard, j'ai reçu une lettre du président du comité d'État m'invitant à remplir une série d'engagements couvrant tout l'État de New York.

La campagne de 1856 se distinguait de toutes les autres par la mémoire des hommes vivant alors. Les conflits entre les partis ont séduit les jeunes du côté républicain. Une intense hostilité à l'égard de l'esclavage s'était développée parmi les jeunes électeurs. La force morale des arguments contre l'institution les a capturés. Ils n'avaient aucune hostilité envers le Sud, ni envers les esclavagistes du Sud ; ils considéraient leur position comme un héritage et étaient prêts à aider dans le sens de l'idée originale de M. Lincoln d'acheter les esclaves et de les libérer. Mais cette suggestion n'avait pas d'amis parmi les propriétaires d'esclaves. Ces jeunes hommes pensaient que toute extension ou tout renforcement de l'institution serait désastreux pour le pays. La menace de dissolution de l'Union, de sécession ou de rébellion ne les effrayait pas.

Les congrès politiques sont les rassemblements populaires les plus intéressants. Les membres ont été délégués par leurs concitoyens pour les représenter, et ils sont au-dessus de la moyenne en intelligence, en information politique sur les conditions de l'État et de la nation, comme la convention représente l'État ou la république. Croire qu'ils sont généralement gouvernés par des patrons est une erreur. Le chef du parti, parfois désigné comme le patron, consulte invariablement les hommes les plus forts présents à la convention avant de prendre une décision. Il réussit généralement parce qu'il a si bien préparé le chemin, et que son propre jugement est toujours modifié et fréquemment changé dans ces conférences.

En 1858, j'ai eu la première sensation de la responsabilité d'une fonction publique. Je n'étais pas candidat à ce poste; en fait, je n'en savais rien jusqu'à ce que je sois élu délégué à la convention de l'État républicain dans la troisième circonscription du comté de Westchester. La convention a eu lieu à Syracuse. Les délégués de Westchester sont arrivés tard dans la nuit ou plutôt tôt le matin, et nous sommes arrivés à l'hôtel avec un grand nombre d'autres délégués de différentes sections arrivés par le même train. Il était deux heures, mais le chef de l'État, Thurlow Weed, était dans le hall de l'hôtel pour saluer les délégués. Il m'a dit : « Vous êtes de Peekskill. Avec qui étudiez-vous le droit ? J'ai répondu : « Avec le juge William Nelson ». "Oh", remarqua-t-il, "je me souviens bien du juge Nelson. Il fut très actif dans la campagne de 1828." C'était un exploit de mémoire que de rappeler ainsi l'utilité d'un homme politique local trente ans auparavant. J'ai remarqué, au fur et à mesure que chaque délégué était présenté, que M. Weed avait des souvenirs de quartier de l'homme qui lui avaient attribué une étiquette.

Le lendemain, alors que nous rencontrions le chef, il nous rappela par notre nom, les lieux où nous vivions et les quartiers représentés. M. Blaine était le seul autre homme que j'ai jamais rencontré ou connu qui possédait ce don extraordinaire pour diriger un parti.

Il y eut une révolte à la convention parmi les jeunes membres, qui avaient leur propre candidat. Le candidat de M. Weed au poste de gouverneur était Edwin D. Morgan, un commerçant prospère de New York, qui avait fait de bons résultats en tant que sénateur de l'État. Je me souviens que l'un des arguments de M. Weed était que les démocrates étaient au pouvoir partout et pouvaient évaluer leurs titulaires de charge, tandis que les républicains devraient compter pour leurs fonds de campagne sur des contributions volontaires, qui ne viendraient nulle part aussi librement que celles de M.

Morgan et ses amis. Lorsque le congrès s'est réuni, M. Weed avait convaincu une large majorité des délégués pour son candidat. C'était un triomphe non seulement de son habileté mais aussi de son magnétisme, qui étaient toujours exercés avec succès sur un membre douteux.

J'ai été élu à l'Assemblée, la branche populaire de la législature de New York, en 1861. J'ai été nommé pendant une absence de l'État, sans être candidat ni en avoir connaissance jusqu'à mon retour. Bien entendu, je ne pouvais rien attendre de mon père et mes propres revenus n'étaient pas importants. Je devais donc me fier à une enquête personnelle sur une circonscription qui avait été largement gâtée par de riches candidats se faisant face et dépensant de grosses sommes d'argent. J'ai fait une campagne brûlante, en prenant la parole tous les jours, et avec un investissement de moins de cent dollars pour les déplacements et autres dépenses, j'ai été triomphalement élu.

Le membre de loin le plus intéressant de la législature était le président Henry J. Raymond. C'était l'un des hommes les plus remarquables que j'aie jamais rencontré. Au cours de la séance, je suis devenu intime avec lui, et mieux je le connaissais, plus j'étais impressionné par son génie, la variété de ses réalisations, la perfection de son équipement et sa maîtrise immédiate de tous ses pouvoirs et ressources. Raymond était alors rédacteur en chef du New York Times et rédigeait chaque jour un article de fond. Il a été le meilleur débatteur que nous ayons eu et le plus convaincant. Je l'ai souvent vu, alors qu'un autre membre présidait le comité plénier et que nous discutions d'une question cruciale, prendre place par terre et commencer à rédiger un éditorial. Au fur et à mesure que le débat progressait, il se levait et participait. Lorsqu'il avait fait valoir son point de vue, ce qu'il faisait toujours avec franchise et lucidité, il reprenait la rédaction de son éditorial. Le débat se terminait généralement lorsque M. Raymond faisait valoir son point de vue et terminait également son éditorial, un exemple qui semble réfuter l'affirmation des métaphysiciens selon laquelle deux parties de l'esprit ne peuvent pas fonctionner en même temps.

Deux ans après, lorsque j'étais secrétaire d'État, je passais une grande partie de mon temps à Saratoga, parce que c'était très près d'Albany. M. Raymond était également là pour écrire la « Vie d'Abraham Lincoln ». Je déjeunais fréquemment avec lui et découvrais qu'il avait écrit pendant une heure ou plus avant le petit-déjeuner. Il m'expliqua que si l'on prenait chaque matin une heure avant le petit-déjeuner et que l'on concentrait son esprit sur son sujet, on remplirait bientôt une bibliothèque.

M. Raymond avait été, dans sa jeunesse, journaliste au Sénat des États-Unis. Il m'a dit que, bien qu'à cette époque il n'existait pas de système de sténographie ou de sténographie, il en avait conçu un rudimentaire pour lui-même, grâce auquel il pouvait noter avec précision n'importe quelle adresse d'un orateur délibéré.

Daniel Webster, l'orateur le plus célèbre que notre pays ait jamais produit, était très réfléchi dans ses propos. Il découvrit bientôt les capacités de Raymond et, pendant plusieurs années, il l'avait toujours avec lui et lui dit un jour : « Sans toi, le monde aurait très peu de mes discours. Vos rapports les ont conservés.

M. Raymond m'a raconté cette histoire de la remarquable mémoire de M. Webster. Un jour, il dit à M. Webster : « Vous n'utilisez jamais de notes et apparemment vous n'avez fait aucune préparation, et pourtant vous êtes le seul orateur dont je parle dont les discours sont parfaits dans la structure, le langage et la rhétorique. Comment est-ce possible ? Webster a répondu : "C'est ma mémoire. Je peux préparer un discours, le réviser et le corriger dans ma mémoire, puis prononcer le discours corrigé exactement tel qu'il est terminé." J'ai connu la plupart des grands orateurs du monde, mais aucun n'avait la moindre approche d'une faculté pareille, bien que plusieurs fussent capables de répéter après la seconde lecture le discours qu'ils avaient préparé.

En 1862, j'étais candidat à la réélection à l'Assemblée. Les conditions politiques avaient tellement changé qu'elles étaient presque inversées. À l'enthousiasme de la guerre qui avait porté les républicains au pouvoir l'année précédente avait succédé un trouble général. Nos armées étaient vaincues et la dépression industrielle et commerciale était générale.

Le chef du Parti démocrate de l'État était Dean Richmond. Il était l'un de ces hommes originaux dotés d'une grande intelligence, d'une grande force et d'un grand caractère, d'une grande connaissance des hommes et d'une grande capacité d'exécution, dont cette période comptait un certain nombre. Depuis ses débuts les plus humbles, il s'était frayé un chemin en politique jusqu'à la direction de son parti, jusqu'à la présidence de la plus grande société de l'État, la New York Central Railroad Company, et au cours de ses nombreuses et fructueuses aventures, il avait accumulé une fortune. Sa clairvoyance était presque un don de prophétie, et son jugement était rarement erroné. Il pensait que les désastres sur le terrain et les mauvais moments dans le pays pouvaient être imputés à l'administration Lincoln et conduire à une victoire démocrate. Il croyait également qu'il n'y avait qu'un seul homme dans le parti dont la direction gagnerait sûrement, et cet homme était Horatio Seymour. Mais Seymour avait des ambitions plus élevées que le poste de gouverneur de New York et était très réticent à se présenter. Néanmoins, il ne put résister à l'insistance de Richmond selon laquelle il devait se sacrifier, si nécessaire, pour sauver le parti.

Les républicains ont nommé le général James W. Wadsworth au poste de gouverneur. Wadsworth s'était enrôlé au début de la guerre et avait réalisé un bilan des plus brillants, à la fois en tant que combattant et administrateur. Le parti républicain était fortement divisé entre les radicaux qui insistaient sur l'émancipation immédiate des esclaves et les conservateurs qui pensaient que le moment n'était pas encore venu pour une telle révolution. Les radicaux étaient dirigés par Horace Greeley et les conservateurs par Thurlow Weed et Henry J. Raymond.

Horatio Seymour a réalisé une brillante toile. Il n'avait pas d'égal dans l'État, ni dans aucun des deux partis, pour le charme de sa personnalité et son discours attrayant. Il a unifié son parti et a apporté dans ses rangs tous les éléments de troubles et d'insatisfaction face aux conditions militaires et financières. Même si le général Wadsworth était un candidat idéal, il n'a pas réussi à obtenir le soutien cordial et uni de son parti. Il représentait ses tendances progressistes telles qu'exprimées et crues par le président Lincoln, et était hostile à la réaction. Dans ces conditions, le gouverneur Seymour emporta l'État.

L'élection avait renversé l'écrasante majorité républicaine à l'Assemblée législative de l'année précédente en créant une égalité des voix. J'ai été réélu, mais à majorité réduite. L'assemblée étant ex-aequo, il fallut plusieurs semaines avant qu'elle puisse s'organiser. J'étais le candidat du caucus des membres républicains à la présidence, mais après la nomination, l'un des membres, nommé Bemus, a menacé de s'enfuir et de voter pour le candidat démocrate à moins que son candidat, Sherwood, ne soit désigné. Beaucoup croyaient que Bemus mettrait à exécution sa menace, qui confierait l'organisation de la Chambre aux démocrates à une majorité, que je me suis retiré en faveur de Sherwood. Après avoir voté désespérément dans une impasse, jour après jour pendant une longue période, un caucus des membres républicains a été convoqué, au cours duquel Sherwood s'est retiré et, sur sa motion, j'ai été nommé candidat du parti à la présidence.

Durant la nuit, un député démocrate, TC Callicot , du comté de Kings, est venu dans ma chambre et m'a dit : « Mon ambition dans la vie est d'être président de l'Assemblée. En vertu de la loi, la législature ne peut élire le sénateur des États-Unis que si chaque Chambre a d'abord a fait une nomination, alors le Sénat et la Chambre peuvent se réunir en convention conjointe, et une majorité de cette convention élira un sénateur. Vous, les Républicains, avez la majorité au Sénat, de sorte que si la Chambre propose, la législature peut se réunir en convention commune et. élire un sénateur républicain. Tant que la Chambre reste à égalité, cela ne peut pas être fait. Maintenant, ce que je propose est simplement ceci : avant de nous réunir demain matin, si vous voulez bien réunir vos membres et me proposer comme président, le vote de votre. mon parti et moi votant pour moi m'élirons. Ensuite, j'accepterai de nommer le général Dix, un démocrate, comme sénateur des États-Unis, et si votre peuple vote tous avec moi pour lui, il sera le candidat de l'Assemblée. Gouverneur Morgan. Ainsi, le lendemain, la législature peut se réunir en convention commune et, ayant une majorité républicaine, élire le gouverneur Morgan sénateur des États-Unis. J'ai dit à M. Callicot que j'allais présenter le dossier à mes associés de parti.

Tôt le matin, Saxton Smith et le colonel John Van Buren, deux des démocrates les plus éminents de l'État et membres de la législature, sont venus me voir et m'ont dit : « Nous savons ce que Callicot a proposé. Maintenant, si vous rejetez cette proposition, nous élira votre président à la quasi-unanimité."

Cela a assuré mon élection à la présidence. J'avais une grande ambition de figurer sur ce tableau d'honneur, et comme j'aurais été le plus jeune homme jamais élu à ce poste, ma jeunesse a ajouté à cette distinction. D'un autre côté, le gouvernement de Washington avait besoin d'un sénateur expérimenté de son propre parti, comme Edwin D. Morgan, qui avait été l'un des gouverneurs de guerre les plus compétents et les plus efficaces, tant pour fournir des troupes que pour contribuer au crédit du pays. J'ai finalement décidé de renoncer à mon poste de président pour obtenir le poste de sénateur pour mon parti. J'ai eu du mal à convaincre mes associés, mais ils ont finalement accepté. Callicot a été élu président et Edwin D. Morgan sénateur des États-Unis.

L'événement était si important et suscita un tel intérêt, tant dans l'État que dans le pays, que des hommes représentatifs vinrent en grand nombre à Albany. La joie et l'enthousiasme furent intenses d'avoir obtenu de manière aussi inattendue un sénateur américain pour le soutien de l'administration de M. Lincoln.

Ce soir-là, ils s'unirent tous pour me donner une réception dans la salle de bal de l'hôtel. Il y a eu un flot d'oratoires élogieux et prophétiques. J'ai été submergé de toutes formes de flatterie et d'applaudissements pour services distingués rendus au parti. À minuit, j'avais été nommé et élu gouverneur de l'État, et une heure plus tard, j'étais déjà sénateur des États-Unis. Avant l'heure du matin, la présidence des États-Unis attendait avec impatience le moment où je serais en âge d'être éligible. Tout cela fut vite oublié. C'est une expérience commune de l'instabilité des promesses et des espoirs qui émanent d'enthousiastes satisfaits et heureux, et combien vite ils se dissipent comme un rêve ! J'ai vu de nombreux cas de ce genre et, de par cette première expérience, je sympathise profondément avec le héros désillusionné .

Les démocrates de l'Assemblée et aussi de l'État étaient déterminés à ce que M. Callicot ne jouisse pas de la présidence. Ils ont lancé des enquêtes à la Chambre et des démarches devant les tribunaux pour l'empêcher de siéger. Le résultat fut que je devins orateur par intérim et continuai à le faire jusqu'à ce que M. Callicot ait vaincu ses ennemis et pris sa place d'orateur dans la dernière partie de la session.

J'ai également été président du Comité des voies et moyens et leader de la Chambre. Le budget de mon comité était plus important que d'habitude à cause des dépenses de guerre. C'était environ sept millions de dollars. Cela a suscité beaucoup plus d'enthousiasme et de discussions générales que le budget actuel de cent quarante millions. La raison en est la différence des conditions et des nécessités publiques de l'État de New York pendant l'hiver 1863 et aujourd'hui. Cela s'explique aussi en partie par le fait que les dépenses de l'État devaient alors être couvertes par un impôt foncier qui touchait tout le monde, alors qu'aujourd'hui a été adopté un impôt sur le revenu qui est susceptible d'une expansion illimitée et invite à une extravagance illimitée en raison de les relativement peu intéressés.

L'année 1863 fut une année mouvementée ; la première partie était pleine de tristesse et de troubles. Horatio Seymour, en tant que gouverneur, a violemment contrarié le président Lincoln et sa politique. Seymour était un patriote et très compétent, mais il était tellement saturé de droits de l'État et d'une interprétation stricte de la Constitution que cela gâchait son jugement et obscurcissait sa vision habituellement claire. Dans la situation critique du pays, M. Lincoln a vu la nécessité du soutien de l'État de New York. Le président a déclaré : « Le gouverneur a actuellement plus de pouvoir pour le bien que n'importe quel autre homme dans le pays. Il peut amener le parti démocrate à se conformer, réprimer la rébellion et préserver le gouvernement. Dites-lui de ma part que s'il rend cela service rendu à son pays, je lui ferai volontiers place comme mon successeur. À ce message, envoyé par Thurlow Weed, le gouverneur Seymour ne répondit pas. Il ne croyait pas que le Sud puisse être vaincu et que l'Union puisse être préservée.

Plus tard, le président Lincoln envoya une lettre personnelle au gouverneur. C'était une épître très humaine. Le président a écrit : « Vous et moi sommes essentiellement étrangers, et j'écris ceci afin que nous puissions mieux nous connaître. Dans l'accomplissement de nos fonctions, la coopération de votre État est nécessaire et indispensable. C'est à elle seule une raison suffisante pour que je souhaite être en bonne entente avec vous. S'il vous plaît, écrivez-moi une lettre au moins aussi longue que celle-ci, en y disant bien sûr exactement ce que vous jugez bon.

Le gouverneur Seymour ne répondit rien. Lui et les autres dirigeants démocrates pensaient que le président était grossier, illettré et très faible. L'expression « s'il vous plaît, écrivez-moi une lettre au moins aussi longue que celle-ci » a produit sur le Seymour érudit, cultivé, prudent et diplomate une impression très défavorable à son auteur. Seymour a accusé réception de la lettre et a promis de répondre, mais ne l'a jamais fait.

Le ressentiment de Seymour fut porté à la fièvre lorsque le général Burnside, en mai 1863, arrêta Clement L. Vallandigham . Les ennemis de la guerre et de la paix à tout prix, ainsi que ceux qui étaient découragés, ont convoqué des rassemblements de masse dans tout le pays pour protester contre cette arrestation, considérée comme un outrage. Une réunion de masse fut convoquée à Albany le 16 mai. Erastus Corning, l'un des démocrates les plus éminents de l'État, présidait.

J'étais à Albany à ce moment-là et j'ai appris cet incident. L'un des amis intimes du gouverneur Seymour, son conseiller et confident dans ses affaires personnelles était Charles Cook, qui avait été contrôleur de l'État et sénateur de l'État. Cook était un républicain actif, un homme très astucieux et compétent. Il a appelé le gouverneur et a essayé de le persuader de ne pas écrire de lettre à la réunion de Vallandigham , mais s'il sentait qu'il devait dire quelque chose, assister à la réunion et faire un discours. Cook a déclaré : « Gouverneur, le pays va finalement supporter l'arrestation de Vallandigham . Il sera prouvé qu'il est un traître au gouvernement et un homme très dangereux en liberté. Tout ce qui sera dit lors de la réunion nuira gravement au l'avenir politique des auteurs. Si vous écrivez une lettre, elle sera enregistrée, donc je vous en supplie, si vous devez participer, assistez à la réunion et prononcez un discours. Une lettre ne peut pas être niée, on peut toujours prétendre qu'un discours a été prononcé. été mal rapporté. »

Le gouverneur a écrit cette lettre, l'une des plus violentes de ses déclarations, et elle a été utilisée contre lui avec un effet fatal lorsqu'il s'est présenté aux élections de gouverneur et également lorsqu'il était candidat à la présidence.

Le 11 juillet, le repêchage a commencé à New York. Elle avait été dénoncée comme inconstitutionnelle par toutes les nuances d'opposition à l'administration de M. Lincoln et à la poursuite de la guerre. La tentative de l'imposer provoqua l'une des émeutes les plus graves de l'histoire de la ville, et la rage des émeutiers était dirigée contre les officiers de justice, quartiers généraux des autorités de conscription, et principalement contre les nègres. Chaque nègre capturé était pendu ou brûlé, et l'asile des orphelins nègres était détruit par le feu. Le gouverneur a fait de son mieux pour arrêter les émeutes. Il publia une proclamation déclarant la ville en état d'insurrection et ordonna l'obéissance à la loi et aux autorités.

Dans cet incident encore une fois, le gouverneur laissa son opposition à la guerre le conduire à l'indiscrétion politique. Il a prononcé un discours depuis les marches de l'Hôtel de Ville devant les émeutiers. Il a commencé par les appeler « Mes amis ». Le but du gouverneur était de calmer la foule et de la renvoyer chez elle. Ainsi, au lieu de dire « concitoyens », il a utilisé les mots fatals « mes amis ». Jamais deux mots n'ont été prononcés contre un homme public avec un effet aussi fatal. Chaque journal opposé au gouverneur et chaque orateur décrivait les horreurs, les meurtres et la destruction de biens par la foule, puis disait : « Ce sont les gens que le gouverneur Seymour, dans son discours sur les marches de l'hôtel de ville, appelait « mes amis ». .'"

La lettre de Vallandigham et cette seule déclaration ont fait plus de mal aux ambitions futures du gouverneur Seymour que tous ses nombreux discours éloquents contre l'administration de Lincoln et la conduite de la guerre.

La situation politique, si désespérée pour l'administration nationale, s'améliora rapidement avec la victoire de Gettysburg, qui força le général Lee à quitter la Pennsylvanie et à retourner en Virginie, ainsi qu'avec la merveilleuse série de victoires du général Grant à Vicksburg et ailleurs. lieux qui ont libéré le fleuve Mississippi.

Dans ces conditions favorables, les républicains entrèrent en campagne à l'automne 1863 pour annuler, si possible, la victoire démocrate de l'année précédente. Le ticket de l'État républicain était :

Secrétaire d'État ..... Chauncey M. Depew.
Contrôleur ..... Lucius Robinson.Commissaire du canal ..... Benjamin F. Bruce.Trésorier ..... George W. Schuyler.
Ingénieur d'État ..... William B. Taylor.Inspecteur de prison ..... James K. Bates.
Juge de la Cour d'appel ..... Henry S. Selden.
Procureur général ..... John Cochran.

La campagne électorale a été l'une des campagnes politiques les plus intéressantes. Le président était exceptionnellement actif et sa série de lettres constituait des documents remarquables. Il avait l'oreille du public ; il commandait la Une de la presse, défendait son administration et ses actes et répondait à ses ennemis avec habileté, tact et une extrême modération.

L'opinion publique était particulière. Les désastres militaires et l'augmentation des impôts avaient rendu la position de l'administration très critique, mais les victoires survenues au cours de l'été ont changé la situation. Je n'ai jamais connu dans aucune toile aucun incident qui ait eu un plus grand effet que la victoire de Sheridan dans la vallée de Shenandoah, et jamais une aventure qui a autant captivé l'imagination populaire que sa chevauchée de Washington vers le front ; il ralliait les troupes en retraite et en déroute, les reformait et transformait la défaite en victoire. Le poème « Sheridan's Ride » a été récité devant tous les publics, sur toutes les plateformes et sur la scène de nombreux théâtres, et a suscité l'enthousiasme le plus fou.

Mon ami, Wayne MacVeagh , qui était au Yale College avec moi, avait réussi en tant que leader radical à vaincre son beau-frère, Don Cameron, et à prendre le contrôle pour la première fois depuis une génération contre la dynastie Cameron de l'État républicain. organisation de Pennsylvanie. Il avait présenté un groupe radical, avec Andrew G. Curtin comme candidat au poste de gouverneur.

MacVeagh m'a écrit : « Vous êtes en tête de la liste républicaine à New York. Votre bataille doit être gagnée en Pennsylvanie, et à moins que nous ne réussissions, vous ne le pourrez pas. Venez nous aider.

J'ai accepté l'invitation et j'ai passé plusieurs semaines des plus excitantes et agréables à faire campagne avec le gouverneur Curtin et son parti. Les réunions ont été phénoménales par la multitude de participants et leur intérêt pour les discours. Je me souviens d'un événement dramatique dans la ville de Reading. C'était un bastion démocrate ; il n'y avait pas un seul titulaire de charge républicaine dans le comté. La seule compensation pour un républicain acceptant une nomination et menant une campagne de démarchage, avec ses dépenses importantes et sa défaite certaine, était que, pour le reste de sa vie, il recevait, comme preuve d'honneur, le titre du poste pour lequel il s'était présenté, et ainsi le comté était plein de « juges, procureurs de district, sénateurs d'État et membres du Congrès » qui n'avaient jamais été élus.

Nous arrivâmes à Reading après midi. La rue principale, très large, servait aussi certains jours de place au marché. Un ami du gouverneur, qui possédait une belle maison dans cette rue, avait invité tout le monde à déjeuner. Le déjeuner était un banquet élaboré. Le gouverneur Curtin est venu vers moi et m'a dit : « Sortez et divertissez la foule, qui devient très impatiente, et dans une vingtaine de minutes j'enverrai quelqu'un pour vous relever. Il pleuvait à torrents ; la foule m'a crié d'une manière encourageante : « Peu importe la pluie, nous y sommes habitués, mais nous ne vous avons jamais entendu. Alors que j'essayais de m'arrêter, ils criaient : « Vas-y ! Entre-temps, le banquet s'était transformé en une occasion festive, avec toasts et discours. J'avais parlé plus de deux heures avant l'apparition du gouverneur et de son groupe. Ils avaient dîné et le dix-huitième amendement n'avait pas été imaginé. J'étais trempé jusqu'aux os, mais j'ai attendu que le gouverneur ait prononcé son discours de vingt minutes ; puis, sans m'arrêter pour les autres orateurs, je m'approchai de la maison, me déshabillai, me séchai et me couchai.

Complètement épuisé par les jours et les nuits successifs de cette expérience, je ne me suis réveillé que vers huit heures du soir. Puis je me suis promené dans la rue et j'ai trouvé la foule toujours là et le célèbre John W. Forney faisant un discours. Ils m'ont dit qu'il parlait depuis quatre heures, livrant un discours historique, mais qu'il n'était parvenu que jusqu'à l'administration du général Jackson. Je n'ai jamais su combien de temps il restait là, mais il y avait une tradition dans notre groupe selon laquelle il parlait encore lorsque le train partait le lendemain matin.

Le gouverneur Curtin était un chef de parti et un candidat idéal. C'était l'un des hommes les plus beaux de son temps, mesurant six pieds quatre pouces, parfaitement proportionné et une silhouette superbe. Il ne parlait jamais plus de vingt minutes, mais c'était le discours familier d'un expert envers ses voisins. Il avait des manières cordiales et captivantes qui en firent rapidement l'idole de la foule et un compagnon des plus agréables dans les cercles mondains. Lorsqu'il était ministre de Russie, le tsar, de même taille et de même constitution, fut aussitôt attiré par lui, et il prit la première place parmi les diplomates en influence.

Lorsque je suis revenu à New York pour participer à ma propre enquête, l'État et les comités nationaux m'ont imposé un lourd fardeau. Les présidents de l'État étaient peu nombreux, tandis que le peuple réclamait des réunions. Heureusement, j'avais appris à protéger ma voix. Au cours de la campagne, tous ceux qui m'ont parlé ont perdu la voix et ont dû rentrer chez eux pour se faire soigner. Quand j'étais étudiant à Yale, le professeur d'élocution était un vieux monsieur excentrique nommé North. Les garçons ne lui accordaient que peu d'attention et étaient disposés à ridiculiser ses particularités. Il vit que j'avais particulièrement envie d'apprendre et dit : « L'essentiel dans l'art oratoire est d'utiliser son diaphragme au lieu de sa gorge. Sa leçon sur ce sujet m'a été d'un bénéfice infini toute ma vie.

Le programme prévu me demandait de parler en moyenne entre six et sept heures par jour. Les discours duraient de dix à trente minutes dans différentes gares et se terminaient par au moins deux réunions dans certaines villes importantes le soir, et chaque réunion durait environ une heure. Ces réunions étaient organisées de telle sorte qu'elles couvraient tout l'État. Cela a duré environ quatre semaines, mais le résultat de la campagne, grâce aux efforts des orateurs et à d'autres conditions favorables, s'est soldé par l'annulation de la victoire démocrate de l'année précédente, une majorité républicaine de trente mille personnes et le contrôle du parti. corps législatif.

En 1864, les conditions politiques étaient très défavorables au parti républicain, en raison de l'amère hostilité entre les éléments conservateurs et radicaux. Dirigé par des hommes aussi distingués que Thurlow Weed et Henry J. Raymond, d'un côté, et Horace Greeley, avec un corps extrêmement compétent de lieutenants sérieux de l'autre, la question du succès ou de la défaite dépendait de l'harmonisation des deux factions.

Sans avoir été reconnu par les hommes politiques ni par la presse de l'État, Reuben E. Fenton, qui avait été pendant dix ans membre du Congrès du district de Chatauqua , avait développé au Congrès des capacités remarquables d'organisateur. Il avait réussi à faire de Galusha A. Grow le président de la Chambre des représentants et était devenu une puissance au sein de cet organe. Il avait derrière lui l'amitié sincère et le soutien de la délégation de New York à la Chambre des Représentants et n'avait suscité l'inimitié d'aucune des deux factions dans son propre État. Sa nomination a sauvé le parti dans cette campagne.

Pour illustrer à quel point la situation était dangereuse, bien que le vote des soldats sur le terrain ait dépassé les cent mille et que la majorité soit presque unanime pour la liste républicaine, les candidats à la présidentielle et au poste de gouverneur ont obtenu moins de huit mille majorités, le gouverneur étant en tête du président.

La réélection de M. Lincoln et l'élection de Reuben E. Fenton à la place du gouverneur Seymour ont rendu notre État solidement républicain, et le gouverneur Fenton est devenu à la fois chef de l'exécutif et chef du parti. Il possédait toutes les qualités nécessaires à un leadership politique, était un bon juge de caractère et commettait rarement des erreurs dans le choix de ses lieutenants. Il était maître de toutes les questions politiques actuelles et en contact étroit avec l'opinion publique. Mes relations officielles avec lui en tant que secrétaire d'État sont devenues à la fois intimes et gratifiantes. Il fallut par la suite tout le génie magistral de Roscoe Conkling et le contrôle du patronage fédéral que lui avait accordé le président Grant pour briser l'emprise de Fenton sur son parti.

Le gouverneur Fenton a eu la chance d'avoir une fille dotée de merveilleuses capacités exécutives, d'un charme singulier et d'une connaissance des affaires publiques. Elle a fait du Executive Mansion d'Albany l'une des maisons les plus charmantes et les plus hospitalières de l'État. Son influence rayonnait partout, capturait les visiteurs, les législateurs et les juges, et constituait un facteur puissant dans la popularité et l'influence croissantes du gouverneur.

L'un des rassemblements politiques les plus intéressants fut la convention démocrate, qui se réunit à Tredwell Hall à Albany à l'automne 1864, pour choisir un successeur au gouverneur Seymour. Le gouverneur avait déclaré publiquement qu'il n'était pas candidat et qu'il n'accepterait en aucun cas une renomination . Il a déclaré que sa santé était gravement compromise et que ses affaires privées avaient été si longtemps négligées par son absorption par les fonctions publiques qu'elles étaient dans un état embarrassant et nécessitaient une attention particulière.

Les dirigeants de la convention se sont réunis dans le bureau du doyen Richmond et ont sélectionné un candidat au poste de gouverneur et un ticket complet pour l'État. Lorsque la convention s'est réunie le lendemain, j'ai été invité à être présent en tant que spectateur. Tout le monde pensait que les débats seraient très formels et brefs, puisque les candidats et la plate-forme avaient été convenus. La journée était extrêmement chaude et la plupart des délégués ont jeté leurs manteaux, gilets et cols, en particulier ceux de New York.

Lorsque le moment de la nomination est venu, la tribune a été prise par l'un des orateurs les plus plausibles et les plus doux que j'aie jamais entendu. Il fit l'éloge funèbre du gouverneur Seymour et décrivit en termes élogieux la dette que le parti lui devait pour ses merveilleux services publics, ainsi que le profond regret que tous devaient éprouver d'avoir jugé nécessaire de se retirer dans la vie privée. Il a poursuivi en disant qu'il acquiesçait à cette décision, mais estimait que c'était grâce à un grand patriote et bienfaiteur du parti qu'il fallait lui proposer une renomination . Bien sûr, ils savaient tous que ce ne serait qu'un compliment, puisque la position du gouverneur avait été clairement exposée par lui-même. Il proposa donc que le gouverneur soit nommé par acclamation et qu'un comité soit nommé pour l'attendre au manoir exécutif et vérifier ses souhaits.

Lorsque M. Richmond a été informé de cette action, il a déclaré que c'était bien mais inutile, car la situation était trop grave pour se permettre des compliments.

Une heure plus tard, la délégation revint et le président, qui était le même homme qui avait prononcé le discours et la motion, s'avança vers l'avant de l'estrade pour faire son rapport. Il a dit que le gouverneur était très reconnaissant de la confiance que lui témoignait la convention, et spécialement pour son approbation de ses actions officielles en tant que gouverneur de l'État et représentant de son parti à la convention nationale, que dans sa longue et intense application aux fonctions publiques, il avait altéré sa santé et embarrassé grandement ses affaires privées, mais il a continué avec insistance. . . Il n'est jamais allé plus loin. Le sénateur Shafer, d'Albany, qui n'était pas amical envers le gouverneur, s'est levé d'un bond et a crié : « Bon sang, il a accepté !

La convention, une fois finalement organisée, a réaffirmé sa nomination élogieuse comme étant une véritable nomination, avec un grand enthousiasme et une vive acclamation.

Lorsque le résultat a été rapporté à M. Richmond à son bureau, quelqu'un qui était présent m'a dit que le vocabulaire pittoresque d'indignation et de dénonciation de Richmond était enrichi à un point tel qu'il stupéfiait et choquait même les démocrates endurcis qui écoutaient l'explosion.

Un comité a été nommé pour attendre le gouverneur et lui demander de comparaître devant la convention. Peu de temps après, la plus belle personnalité de l'État ou du pays monta sur l'estrade. Horatio Seymour n'était pas seulement un bel homme, avec un visage très intellectuel et expressif aux traits mobiles, qui ajoutaient à l'effet de son discours, mais il n'apparaissait jamais que s'il était parfaitement habillé et dans le costume qui était alors universellement considéré comme l'habillement de l'homme d'État. Ses bottes vernies, son costume Prince Albert, son col et sa cravate parfaitement corrects étaient évidemment neufs, et c'était leur première apparition. Des pieds à la tête, il ressemblait à un aristocrate. En quelques minutes, il devint l'idole de cette foule sauvage et surchauffée. Son discours était un modèle de tact, de diplomatie et d'éloquence, avec justement cette mesure de retenue qui augmentait l'enthousiasme des auditeurs. La convention, qui s'était réunie pour un autre but, un autre candidat et une nouvelle politique, salua avec joie son vieux et splendide chef.

Le commodore Vanderbilt avait une grande admiration pour Dean Richmond. Le commodore détestait intensément les vantards et les vantards. Ceux qui voulaient gagner sa faveur commettaient généralement l'erreur de se vanter de ce qu'ils avaient fait, et étaient généralement accueillis par la remarque : « Cela ne revient à rien ». M. Tillinghast , un homme de l'ouest de New York et un ami de Richmond, se trouvait dans le bureau du commodore un jour, peu après la mort de Richmond. Tillinghast était surintendant général du New York Central et avait souffert du fait que le commodore lui piétinait alors qu'il louait ses propres réalisations et avait donc adopté la ligne opposée d'une extrême modération. Le commodore a demandé à Tillinghast , après avoir fait l'éloge de M. Richmond : « Combien a-t-il laissé ? "Oh," dit Tillinghast , "sa succession est une grande déception, et comparée à ce qu'on pensait, c'est très peu." "Je suis surpris", remarqua le commodore, "mais à quel point ?" "Oh, entre cinq ou six millions", répondit Tillinghast . Pour la première fois de sa vie, le commodore fut pris de court et dit : « Tillinghast , si cinq ou six millions de dollars sont une déception, qu'attendez-vous dans l'ouest de New York ? À cette époque, peu d'hommes valaient une telle somme d'argent.

Le gouverneur Seymour a effectué une enquête approfondie sur l'État et j'ai été nommé par notre comité d'État pour le suivre. Ce fut une expérience singulière de parler et de répondre au candidat le lendemain de son discours. Le comité local vous retrouve avec un compte rendu très complet de son discours. L'ennui est que, sauf si vous êtes soumis à une grande retenue, l'urgence du comité local et la tentation inévitable de répondre dans de telles conditions, lorsque votre adversaire n'est pas présent, vous mèneront à des expressions et à des personnalités que vous regretterez profondément.

Lorsque la délibération fut terminée et que le gouverneur fut battu, je craignis que les relations agréables qui existaient entre nous ne fussent rompues. Mais c'était un sportif passionné. Il m'a fait venir et m'a reçu avec la plus grande cordialité, et m'a invité à passer un week-end avec lui chez lui à Utique. Là, il était le plus charmant des hôtes et très intéressant en tant que gentleman farmer. Dans le costume d'un agriculteur chevronné et dans le chariot de la ferme, il me conduisait le matin à sa ferme, qui était située de manière à offrir une belle vue sur la vallée de la Mohawk. Après l'inspection des stocks, des récoltes et des bâtiments, le gouverneur passait la journée à parler avec éloquence et avec le plus d'optimisme de la prospérité possible pour le fermier. Pour lui, la nourriture du futur devait être le fromage. Le fromage avait plus de valeur alimentaire que tout autre article comestible connu, animal ou végétal. Cela pourrait soutenir la vie de manière plus agréable et faire davantage pour la longévité et la santé.

Personne n'aurait pu imaginer, s'il ne connaissait pas le gouverneur et avait eu le privilège d'écouter son discours apparemment le plus pratique et le plus imaginatif, que l'orateur était l'un des dirigeants de parti les plus compétents, le politicien le plus avisé et l'un des défenseurs les plus éloquents du pays. dont tout le temps et l'esprit étaient apparemment absorbés par le succès de son parti et la réalisation de ses propres ambitions.

Alors que nous rentrions chez nous, il m'a dit : « Vous avez atteint un niveau plus élevé que n'importe quel jeune homme du pays de votre âge. Vous avez du talent et du goût pour la vie publique, mais laissez-moi vous conseiller de l'abandonner et de vous consacrer à votre métier. La vie publique est pleine de déceptions, comporte une part inhabituelle d'ingratitude, et ses compensations ne sont pas à la hauteur de ses échecs. Le pays regorge d'hommes qui ont fait de brillantes carrières dans la fonction publique et qui ont ensuite été soudainement abandonnés et oubliés. de tels hommes qui ont gravi la colline jusqu'à State Street jusqu'au Capitole d'Albany, sous les applaudissements de foules admiratives dont personne ne se souvient aujourd'hui, formeraient une grande armée.

Il poursuit en racontant cette histoire : « Durant la guerre de 1812, le gouverneur et le Parlement décidèrent d'apporter du Canada à Albany les restes d'un héros dont les actes avaient suscité l'admiration de tout l'État. Il y avait une procession imposante et continue, avec célébrations locales tout au long du parcours, de la frontière à la capitale. Les cérémonies à Albany ont été suivies par le gouverneur, les officiers de l'État, la législature et les juges, et les restes ont été enterrés dans le parc du Capitole . entièrement oublié, personne ne se souvient de qui était le héros, de ses actes, ni de l'endroit où il repose. »

Des années plus tard, alors que l'État construisait une nouvelle capitale et que j'étais l'un des commissaires, en fouillant le terrain, un squelette fut découvert. C'était sans aucun doute le héros oublié de l'histoire du gouverneur Seymour.

Alors que mon mandat allait expirer, en 1865, je décidai de quitter la vie publique et de reprendre l'exercice de ma profession. J'étais à la croisée d'une carrière politique ou professionnelle. Ainsi, bien qu'il y ait eu un assentiment général à ma renomination , j'ai exposé avec insistance la conclusion à laquelle j'étais arrivé.

La convention républicaine a nommé mon successeur au poste de secrétaire d'État, le général Francis C. Barlow, un soldat très brillant de la guerre civile. La convention démocrate a adopté une plate-forme patriotique de vues avancées et progressistes et a nommé en tête de sa liste le secrétaire d'État général Henry W. Slocum. Le général Slocum avait été commandant de corps dans l'armée du général Sherman et était sorti de la guerre parmi les premiers en termes de réputation et de réalisations parmi les grands commandants. Ce fut un coup de maître de la part des dirigeants démocrates de le placer en tête de leur liste. Il était le plus grand soldat de notre État et très apprécié du peuple. En plus d'être un grand commandant, il possédait une personnalité charmante, ce qui le préparait à réussir dans la vie publique.

Les démocrates sont également sur la même liste et ont nommé le procureur général John Van Buren. C'était le fils du président Van Buren et un homme de génie. Même s'il était très imprévisible, ses capacités étaient si grandes que lorsqu'il était sérieux, il capturait non seulement l'attention mais aussi le jugement des gens. Il était un orateur éloquent et avait une faculté d'enchanter la foule par son esprit et de caractériser son adversaire qui lui était fatale. J'ai vu des foules, alors qu'il expliquait minutieusement les détails nécessaires à la justification de sa position, ou de celle de son parti qui ne les intéressait pas, rester avec une attention particulière, espérant ce qui allait sûrement arriver, à savoir une de ces sorties d'esprit, qui a fait d'un discours de Van Buren une chose mémorable à écouter.

Van Buren était connu pour son mépris imprudent des confidences des conversations privées. Une fois que j'étais avec lui dans le train pendant plusieurs heures, et dans l'intimité qui existe entre des opposants politiques qui se connaissent et se font confiance, nous avons échangé des vues sur les mesures publiques et surtout sur les hommes publics. J'ai été très indiscret dans mes critiques à l'égard des dirigeants de mon propre parti, et il a été tout aussi franc et charmant en écorchant vifs les dirigeants de son parti, en particulier le gouverneur Seymour.

Quelques jours après, il fit un discours dans lequel il détailla ce que j'avais dit, ce qui me causa le plus grand embarras et le plus grand trouble. En représailles, j'ai écrit une lettre au public, expliquant ce qu'il avait dit au sujet du gouverneur Seymour. La liste démocrate fut battue par quinze mille voix lors d'un vote très lourd, et Van Buren l'imputa toujours au ressentiment du gouverneur Seymour et de ses amis.

Dans notre pays, la vie publique est une carrière des plus incertaines pour un jeune homme. Ses devoirs et ses activités l'éloignent de sa profession ou de son entreprise et lui imposent des habitudes de travail et de pensée qui le rendent impropre aux activités ordinaires, surtout s'il reste longtemps dans la fonction publique. En cas de changement d'administration ou de popularité d'un parti, il peut à tout moment se retrouver abandonné et désespérément bloqué. En revanche, si son parti est au pouvoir, il y occupe une position d'influence et de popularité. Il a une multitude d'amis, de nombreuses personnes dépendent de lui pour leur propre logement, et ce n'est pas une chose facile pour lui de prendre sa retraite.

Lorsque j'eus décidé de ne plus rester dans la vie publique et de rentrer chez moi, la convention de mon ancien district, que j'avais représenté à l'Assemblée législative, me renomma pour l'ancien poste avec un tel sérieux et une telle affection qu'il était très difficile de refuser et pour les persuader qu'il était absolument nécessaire que je reprenne activement mon métier.

Notre village de Peekskill, qui est depuis devenu le plus grand village de l'État, avec de nombreux intérêts industriels et autres, était alors relativement petit. Un grand nombre de personnes se rassemblaient chaque matin à la poste. Un jour, à mon arrivée, je les trouvai en train d'étudier une grande enveloppe qui m'était adressée et que le maître de poste avait fait circuler. Il s'agissait d'une lettre de William H. Seward, secrétaire d'État, annonçant que le président m'avait nommé ministre des États-Unis au Japon et que cette nomination avait été envoyée au Sénat et confirmée par cet organe, et ordonnant que je comparaisse au Sénat. le plus tôt possible à son bureau pour recevoir des instructions et me rendre à mon poste. Quelques jours plus tard, j'ai reçu une belle lettre d'Henry J. Raymond, alors au Congrès, me demandant instamment d'accepter.

En arrivant à Washington, je suis allé voir M. Seward, qui m'a dit : « J'ai des raisons particulières pour obtenir votre nomination du président. Il récompense ses amis en les plaçant dans des positions diplomatiques pour lesquelles ils sont totalement inaptes. considérez l'ouverture du Japon au commerce et nos relations avec ce pays nouveau et prometteur comme si importantes, que j'ai demandé le privilège de choisir celui que je pensais apte à occuper ce poste. Votre jeunesse, votre familiarité avec la vie publique et vos capacités me semblent idéales. cette position, et je suis convaincu que vous l'accepterez.

Je lui ai dit combien il était nécessaire qu'après avoir longtemps négligé mes affaires privées dans la vie publique, je retourne à ma profession si je voulais faire carrière, mais M. Seward a écarté cela en récitant son propre succès, malgré son long service dans notre État et à Washington. "Cependant", a-t-il poursuivi, "je craignais que telle ne soit votre attitude, c'est pourquoi j'ai pris rendez-vous avec vous pour voir M. Burlingame, qui a été notre ministre en Chine et qui est maintenant ici à la tête d'une mission venue de Chine. La Chine aux différentes nations du monde. »

La carrière d'Anson Burlingame a été des plus pittoresques et a attiré l'attention non seulement des États-Unis mais aussi de l'Europe. En tant que membre de la Chambre des Représentants, il avait accepté le défi d'un « cracheur de feu », qui l'avait lancé en partant du principe qu'aucun homme du Nord ne combattrait. En tant que ministre auprès de la Chine, il avait tellement gagné la confiance du gouvernement chinois qu'il l'avait persuadé d'ouvrir des relations diplomatiques avec le monde occidental et, à leur demande, il avait démissionné de son poste aux États-Unis et accepté le poste d'ambassadeur auprès des grandes puissances. , et était à la tête d'une importante délégation, composée des mandarins les plus importants, les plus influents et les plus représentatifs de l'ancien empire.

Lorsque j'ai envoyé ma carte dans sa chambre à l'hôtel, sa réponse a été : « Montez immédiatement ». Il se rasait et portait le minimum de vêtements autorisé pour recevoir un visiteur. Il m'attendait et commença aussitôt par une description éloquente des attraits et de l'importance de la mission au Japon. Avec le blaireau dans une main et le rasoir dans l'autre, il prononça un discours. Afin de le souligner et d'avoir le temps de réfléchir et d'imposer une nouvelle idée, il appliquait vigoureusement le pinceau et le rasoir, puis faisait une pause et reprenait. Je ne me souviens pas de ses paroles exactes, mais j'ai un souvenir précis de la tendance générale de son argument.

Il a déclaré : « Je suis surpris qu'un jeune homme comme vous, célibataire et sans obligations sociales, hésite un instant à accepter cette position si importante et si attrayante. Si vous pensez que ces gens sont des barbares, je peux vous assurer qu'ils avaient une civilisation et une littérature très développées alors que nos ancêtres étaient peints comme des sauvages. Les nations occidentales de l'Europe, pour s'assurer des avantages dans ce pays nouvellement ouvert au commerce, ont envoyé leurs représentants les plus compétents. Vous y rencontrerez les diplomates de tout l'Occident. nations, et votre intimité avec elles sera une université des plus grandes opportunités. Vous entrerez en contact avec les meilleurs esprits de l'Europe. Vous pourrez vous forger une grande réputation dans la vive rivalité de cette situation en vous assurant le meilleur du commerce du Japon. pour votre propre pays sur ses côtes occidentales, au-dessus des eaux du Pacifique, vous serez accueilli par le gouvernement japonais et le ministre des Affaires étrangères vous attribuera un palais pour vivre, avec un jardin attenant si parfaitement aménagé et entretenu qu'il fait l'envie de Shenstone. Vous serez accompagnés par des centaines de jeunes filles japonaises belles et accomplies.

Lorsque j'ai répété à un grand nombre de candidats en attente qui s'étaient rassemblés dans ma chambre ce que M. Burlingame avait dit, ils sont tous devenus candidats au poste.

Il n'y a pas de preuve plus frappante du progrès merveilleux de l'Empire japonais et de son peuple dans tous les domaines que les conditions existant à cette époque et aujourd'hui. Il a ensuite fallu six mois pour atteindre le Japon et un an pour l'aller-retour. Bien sûr, il n'y avait pas de communication télégraphique ou par câble, et il fallait donc un an pour qu'un message soit envoyé et répondu. L'armée japonaise à cette époque était principalement vêtue d'armures et sa marine était composée de jonques.

En cinquante ans, le Japon est devenu l'une des nations les plus avancées du monde. Elle a adopté et assimilé tout ce qu'il y a de meilleur dans la civilisation occidentale et a acquis en un demi-siècle ce qu'il lui a fallu mille ans pour réaliser. Son armée est inégalée en termes d'équipement et de discipline, et sa marine et sa marine marchande progressent rapidement vers une place de premier plan. Elle a démontré ses prouesses dans la guerre contre la Russie, ainsi que sa diplomatie et sa puissance lors de la récente guerre.

Le Japon a mis en place une éducation populaire, avec des écoles, des académies et des universités communes, tout à fait sur le plan américain. Il a adopté et installé tous les appareils modernes développés par l'électricité : télégraphe, câble, téléphone, etc.

Alors que j'étais très tenté de revenir sur ma décision et de partir, ma mère, qui était de santé délicate, sentait qu'une absence aussi longue et à une telle distance serait fatale, et c'est pourquoi, à cause d'elle, j'ai refusé.

En repensant aux cinquante années passées, je peux voir clairement que quatre ans, et probablement huit, dans cette mission m'auraient complètement coupé de toutes les opportunités professionnelles et commerciales dans mon pays, et que j'aurais pu nécessairement devenir un détenteur de place et un lieu chercheur, avec toutes ses aventures et ses déceptions.

Si j'avais sérieusement désiré un poste et m'en suis allé à la recherche d'un poste, mon parcours aurait été semé d'embûches habituelles, mais une fortune inconstante semblait déterminée à empêcher mon retour à la vie privée par des offres alléchantes. La maison de collection du port de New York était vacante. C'était une position de grand pouvoir politique en raison de son patronage. En l'absence de fonction publique, les nominations étaient suffisamment nombreuses et importantes pour contrôler largement le parti dans l'État de New York, et son influence politique s'étendait à d'autres États du Commonwealth. C'était un bureau dont les honoraires étaient énormes et les émoluments bien plus élevés que ceux de n'importe quel poste dans le pays.

Les chefs du parti avaient commencé à douter du président Johnson et ils voulaient que le poste de collecteur soit un homme en qui ils avaient entièrement confiance. Ainsi, le gouverneur et les officiers de l'État, qui étaient tous républicains, les membres républicains de la législature, du comité d'État, du deux sénateurs américains et la délégation républicaine de New York à la Chambre des Représentants ont demandé à l'unanimité au président de me nommer.

Le président Johnson m'a dit : « Aucune recommandation ni approbation de ce type ne m'a jamais été présentée auparavant. » Cependant, le fossé entre lui et le parti se creusait et il ne parvenait pas à prendre une décision.

Un jour, il fit soudainement venir le sénateur Morgan, Henry J. Raymond, Thurlow Weed et le secrétaire du Trésor pour une consultation. Il leur dit : « J'ai décidé de nommer M. Depew. » La nomination fut faite par le secrétaire du Trésor, et le président lui chargea de la transmettre au Sénat le lendemain matin. La joie était grande parmi les Républicains, car cela semblait indiquer un tournant favorable dans l'esprit du président. Cependant, les jours et les semaines passèrent et lorsque le veto sur le projet de loi sur les droits civiques fut annulé au Sénat et que, avec l'aide des votes des sénateurs de New York, la rupture entre le président et son parti devint irréconciliable, le mouvement pour sa mise en accusation a commencé, qui s'est terminée par le procès le plus sensationnel et le plus périlleux de notre histoire politique.

Sur le chemin du retour à New York, après que le vote des sénateurs de New York eut mis fin à mes espoirs d'être nommé, j'avais comme compagnon de voyage mon ami, le professeur Davies, de West Point. Il était le frère de cet éminent juriste, Henry E. Davies, grand avocat et juge en chef de la Cour d'appel de l'État de New York. Le professeur Davies m'a dit : « Je pense que je dois vous expliquer pourquoi votre candidature au poste de collectionneur n'a pas été envoyée au Sénat. J'étais à Washington pour persuader le président, avec qui je suis assez intime, de prendre une autre nomination. Le secrétaire Hugh McCulloch et sa famille, le soir du jour où la conférence a décidé de vous nommer, m'ont dit : « Le concours pour la propriété du port de New York est réglé et le nom de Chauncey Depew sera envoyé au Sénat demain matin. J'étais à la Maison Blanche, poursuivit le professeur, le lendemain matin, avant le petit-déjeuner, le président m'a reçu immédiatement car je lui ai dit que ma mission était urgente et personnelle. Je lui ai raconté ce que m'avait dit le secrétaire du Trésor et il m'a dit : " Vous commettez une erreur fatale. Vous allez rompre avec votre parti et créer votre propre parti. La société de collecte du port de New York est la clé de votre succès. Depew est très compétent et partisan de son parti. . Si vous avez le moindre doute, je vous prie de suspendre la nomination jusqu'à ce que la question du maintien ou de l'annulation du veto sur le projet de loi sur les droits civiques soit soulevée au Sénat. Les votes des deux sénateurs de New York décideront s'ils sont les vôtres. amis ou pas. Le président a pensé que c'était raisonnable, et vous connaissez le résultat. »

Il y avait au moins une satisfaction dans la révélation étonnamment franche du professeur : elle levait tout doute sur la raison pour laquelle j'avais perdu une grande fonction et, compte tenu de mon âge et de ma situation, une grande fortune.

Le président Andrew Johnson était radicalement différent de tous les présidents des États-Unis que j'ai eu la chance de connaître. Cela fait référence à tous, depuis et y compris M. Lincoln jusqu'à M. Harding. Beaucoup de choses doivent être pardonnées et beaucoup de choses doivent être acceptées à titre d'explication lorsque l'on considère son environnement précoce et ses opportunités.

Dans les entretiens que j'ai eus avec lui, il m'a impressionné comme un homme d'une mentalité vigoureuse, d'une obstination obstinée et d'une confiance écrasante dans son propre jugement et dans le courage de ses convictions. Sa faiblesse était l'alcoolisme. Il a fait une démonstration effrayante lors de son investiture et pendant la présidence, et surtout lors de son fameux voyage "autour du cercle" il était en mauvaise posture.

Il était d'origine modeste et, en fait, très pauvre. On dit de lui qu'il ne savait ni lire ni écrire jusqu'à ce que sa femme le lui apprenne. Il fit une belle carrière à la fois comme membre de la Chambre des représentants et comme sénateur, et exerça une influence incontestable dans chaque branche. Au mépris de sa vie, il a gardé l'est du Tennessee dans l'Union pendant la guerre civile.

Le général Grant m'a raconté sa propre expérience avec lui. Johnson, dit-il, avait toujours été traité avec un tel mépris et ignoré socialement par les membres des vieilles familles et de l'aristocratie esclave du Sud que son ressentiment contre eux était vindicatif, et ainsi, après la capitulation d'Appomattox, il proclamait constamment : « La trahison est odieux et doit être puni. Il voulait également et, en fait, a insisté pour ignorer la libération conditionnelle de Grant aux officiers confédérés, afin qu'ils puissent être jugés pour trahison. Sur la question du maintien de sa libération conditionnelle et de son honneur militaire, le général Grant se montra inflexible et déclara qu'il ferait appel non seulement au Congrès mais au pays.

Un jour, une délégation composée des dirigeants du Sud les plus éminents, politiquement, socialement et familialement, s'est rendue à la Maison Blanche. Ils dirent : « Monsieur le Président, nous ne vous avons jamais reconnu, car vous appartenez à une classe entièrement différente de la nôtre, mais c'est la règle de tous les pays et de toutes les époques que le pouvoir suprême conféré à l'individu l'élève, quoi qu'il arrive. son origine, au leadership suprême. Vous êtes maintenant président des États-Unis et, en vertu de vos fonctions, notre leader, et nous vous reconnaissons comme tel. Puis suivit l'attention de ces gens qu'il admirait et enviait, autant que détestait, pour l'hospitalité et la déférence, dont ils étaient passés maîtres. Cela l'a captivé et a changé toute son attitude à leur égard.

Il fit venir le général Grant et lui dit : « La guerre est finie et il devrait y avoir pardon et réconciliation. Je propose d'appeler tous les États récemment en rébellion à envoyer à Washington leurs sénateurs et membres de la Chambre des États-Unis. comme ils le faisaient avant la guerre. Si le Congrès actuel ne les admet pas, un congrès peut être formé de ces sénateurs et membres de la Chambre du Sud et de ces sénateurs et représentants du Nord qui croiront que j'ai raison et que j'agis sous les ordres. Constitution. En tant que président des États-Unis, je reconnaîtrai ce Congrès et communiquerai avec lui en tant que tel. En tant que général de l'armée, je veux votre soutien. » Le général Grant a répondu : « Cela créera une guerre civile, car le Nord reconnaîtra sans aucun doute le Congrès tel qu'il existe actuellement, et ce Congrès s'affirmera par tous les moyens possibles. » "Dans ce cas", a déclaré le président, "je veux que l' Union soutienne le Congrès constitutionnel que je reconnais". Le général Grant a déclaré : « Au contraire, dans la mesure où s'étend mon autorité, l'armée soutiendra le Congrès tel qu'il est actuellement et dispersera l'autre. Le président Johnson a alors ordonné au général Grant de se rendre au Mexique pour une mission, et comme il n'avait pas le pouvoir d'envoyer un général de l'armée hors des États-Unis, Grant a refusé d'y aller.

Peu de temps après, Grant reçut une communication très confidentielle du général Sherman, déclarant qu'il avait reçu l'ordre de se rendre à Washington pour prendre le commandement de l'armée et qu'il voulait savoir ce que cela signifiait. Le général Grant expliqua la situation, après quoi le général Sherman annonça au président qu'il adopterait exactement la même position que le général Grant. Le président a alors abandonné tout le sujet.

III. ABRAHAM LINCOLN

Le secrétariat de l'État de New York est un bureau très agréable. Ses tâches variées sont agréables et le titulaire est mis en contact étroit avec l'administration de l'État, le pouvoir législatif et le peuple.

Nous avions au cabinet du secrétaire d'État, à l'époque où j'occupais ce poste, il y a environ cinquante-huit ans, des archives très intéressantes. Le bureau était le dépositaire de ces documents depuis l'organisation du gouvernement. Plusieurs années plus tard, ils furent transférés à la Bibliothèque d'État. Parmi ces documents se trouvaient dix volumes de lettres autographes du général Washington au gouverneur Clinton et à d'autres, couvrant la campagne sur l'Hudson dans le cadre des efforts de l'ennemi pour capturer West Point, la trahison d'Arnold et presque toute la guerre d'indépendance. Au cours des années qui ont précédé leur transfert à la Bibliothèque d'État, une grande partie d'entre eux a disparu. Ce n'était pas la faute de l'administration qui m'a succédé, mais c'était parce que le législateur, dans son effort d'économie, avait refusé d'accorder des crédits pour le bon entretien de ces documents historiques inestimables. La plupart des lettres de Washington ont été entièrement écrites de sa propre main, et on s'étonne de l'industrie phénoménale qui lui a permis d'écrire autant tout en étant continuellement et laborieusement engagé dans une campagne active.

À l'approche de l'élection présidentielle, le pouvoir législatif a adopté une loi, signée par le gouverneur, prévoyant un mécanisme de vote pour les soldats. New York avait alors entre trois et quatre cent mille soldats en campagne, dispersés en compagnies, régiments, brigades et divisions dans tout le Sud. Cette loi chargeait le secrétaire d'État de fournir les bulletins de vote, de veiller à ce qu'ils parviennent à chaque unité d'une compagnie, de recueillir les votes et de les transmettre au domicile de chaque soldat. Le gouvernement de l'État ne disposait d'aucun mécanisme permettant d'effectuer ce travail. J'ai postulé auprès des sociétés de transport express, mais toutes ont refusé au motif qu'elles n'étaient pas équipées. J'ai alors fait venir le vieux John Butterfield, qui était le fondateur de l'entreprise express mais qui avait pris sa retraite et vivait dans sa ferme près d'Utica. Il était profondément patriotique et honteux du manque d'entreprise dont faisaient preuve les sociétés de transport express. Il m'a dit : « S'ils ne peuvent pas faire ce travail, ils devraient prendre leur retraite. » Il organisa aussitôt ce qui était pratiquement une société express, regroupant tous ceux qui existaient et ajoutant de nombreuses nouveautés dans le seul but de distribuer les bulletins de vote et de recueillir les voix des soldats. C'était une tâche gigantesque et exécutée avec succès par ce vieux monsieur patriote.

Bien sûr, la première chose était de savoir où se trouvaient les troupes new-yorkaises, et pour cela je me rendis à Washington, où j'y restai plusieurs mois avant que le ministère de la Guerre ne me donne l'information. Le secrétaire à la guerre était Edwin M. Stanton. Il était peut-être heureux que le secrétaire à la guerre possédât non seulement des capacités exécutives extraordinaires, mais qu'il fût aussi pratiquement dépourvu de faiblesse humaine ; qu'il devrait être un disciplinaire rigide et administrer la justice sans pitié. On pensait à l'époque que ces qualités étaient nécessaires pour contrecarrer, autant que possible, la tendresse du président Lincoln. Si le garçon condamné à être abattu, ou sa mère ou son père, ont pu parvenir à temps au président, il n'a jamais été exécuté. Les autorités militaires pensaient qu'il s'agissait là d'une erreur de charité et d'un affaiblissement de la discipline. J'étais à un dîner après la guerre avec un certain nombre de généraux qui commandaient des armées. La question a été posée à l'un des plus célèbres de ces généraux : « Comment avez-vous exécuté les condamnations de vos cours martiales et échappé aux grâces de Lincoln ? Le vieux guerrier sinistre répondit : « Je leur ai tiré dessus en premier. »

Chaque jour, fatigué, je me rendais au ministère de la Guerre, mais je ne parvenais à obtenir aucun résultat. Les entretiens furent brefs et désagréables et le secrétaire à la guerre très brusque. Le temps commençait à manquer. J'ai dit au secrétaire : "Pour que les bulletins soient distribués à temps, je dois être informé immédiatement." Il refusa avec colère et déclara : « Les troupes new-yorkaises sont présentes dans chaque armée, sur tout le territoire ennemi. Indiquer leur emplacement reviendrait à donner des informations inestimables à l'ennemi. Comment puis-je savoir si ces informations seront protégées de manière à ne pas être sortir?"

Alors que je marchais dans le long couloir, rempli d'officiers et de soldats pressés revenant du terrain ou partant pour celui-ci, j'ai rencontré Elihu B. Washburne , qui était un membre du Congrès de l'Illinois et un ami intime du président. Il m'a arrêté et m'a dit :

"Bonjour, Monsieur le Secrétaire, vous semblez très troublé. Puis-je vous aider ?" Je lui ai raconté mon histoire.

"Qu'est-ce que tu vas faire?" Il a demandé. J'ai répondu : "Pour me protéger, je dois informer la population de New York que la disposition relative au vote des soldats ne peut pas être appliquée parce que l'administration refuse de donner des informations sur l'endroit où se trouvent les soldats new-yorkais."

"Eh bien", a déclaré M. Washburne , "cela battrait M. Lincoln. Vous ne le connaissez pas. Bien qu'il soit un grand homme d'État, il est aussi le plus fervent des politiciens vivants. Si cela ne pouvait se faire autrement, le président prendrait un sac et ferait le tour et collecterait lui-même ces votes.

Vous restez ici jusqu'à ce que vous ayez de mes nouvelles, j'irai immédiatement voir le président.

Au bout d'une heure environ, un officier d'état-major s'est approché et m'a demandé : « Êtes-vous le secrétaire d'État de New York ? J'ai répondu "Oui". « Le secrétaire à la guerre souhaite vous voir immédiatement », dit-il. J'ai trouvé la secrétaire très cordiale et charmante.

"Monsieur le Secrétaire, que désirez-vous ?" Il a demandé. J'ai exposé le cas comme je l'avais fait à plusieurs reprises auparavant, et il a donné l'ordre péremptoire à l'un de ses collaborateurs que je devrais recevoir les documents à temps pour que je puisse quitter Washington par le train de minuit.

La transformation magique était le résultat d'une visite personnelle du président Lincoln au secrétaire à la guerre. M. Lincoln a remporté l'État de New York avec une majorité de 6 749 voix seulement, et c'est le vote des soldats qui lui a donné l'Empire State.

Les compensations de mon long retard à Washington pour essayer de déplacer le Département de la Guerre furent l'occasion que cela me donna de voir M. Lincoln, de rencontrer les membres du Cabinet, de nouer des relations intimes avec la délégation de New York au Congrès et d'entendre le merveilleux aventures et histoires si nombreuses à Washington.

La Maison Blanche de cette époque n'avait pas de bureaux exécutifs comme aujourd'hui, et les mécanismes chargés des affaires exécutives étaient très primitifs. La moitié est du deuxième étage comportait une grande salle de réception, dans laquelle se trouvait toujours le président, et quelques pièces attenantes pour ses secrétaires et commis. Le président bénéficiait de très peu de protection ou d'isolement. Dans la salle de réception, toujours bondée à certaines heures, se trouvaient des membres du Congrès, des candidats à des fonctions officielles et une troupe anxieuse de pères et de mères cherchant la grâce de leurs fils condamnés pour délits militaires ou demandant la permission de se rendre au tribunal. front, où un jeune soldat était blessé ou malade. Tout le monde voulait quelque chose et le voulait très fort. Le patient président, fatigué comme il l'était des soucis de l'État, de la situation sur plusieurs fronts hostiles, des exigences du Congrès et des jalousies de son Cabinet, écoutait patiemment et avec sympathie ces récits de misère et de malheur. Ma position était unique. J'étais le seul à Washington à ne vouloir personnellement rien, ma mission étant purement d'intérêt public.

J'étais un disciple dévoué de M. Seward, le secrétaire d'État, et grâce à mes intimités avec des officiers de son département, j'apprenais de jour en jour les troubles du Cabinet, si graphiquement décrits dans le journal du secrétaire de la Marine, Gideon Welles. .

L'antagonisme entre M. Seward et M. Chase, le secrétaire du Trésor, bien qu'éclatant rarement au grand jour, était néanmoins aigu. M. Seward était dévoué au président et a fait tous les efforts possibles pour obtenir sa renomination et son élection. M. Chase faisait de son mieux pour empêcher la renomination de M. Lincoln et l'obtenir pour lui-même.

Aucun président n'a jamais eu un cabinet dont les membres étaient aussi indépendants, avaient un si grand nombre de partisans et étaient si disharmonieux. La seule ambition du président était de recruter les hommes les plus compétents du pays pour les départements qu'il leur assignait, sans égard à leur loyauté envers lui-même. L'un des secrétaires de M. Seward me rapportait fréquemment les actes de déloyauté ou d'hostilité personnelle de la part de M. Chase en se lamentant : « Le vieil homme – c'est-à-dire Lincoln – sait tout et ne fera rien.

J'ai eu un entretien long et mémorable avec le président. Alors que je sortais de la foule dans sa salle de réception, il m'a dit : « Que veux-tu ? J'ai répondu : "Rien, Monsieur le Président, je suis seulement venu vous présenter mes respects et vous dire au revoir, alors que je quitte Washington." "C'est un tel luxe", remarqua-t-il alors, "de trouver un homme qui ne veut rien. J'aimerais que vous attendiez que je me débarrasse de cette foule."

Lorsque nous étions seuls, il se jeta avec lassitude sur un salon et était visiblement très épuisé. Puis il s'est livré, se balançant d'avant en arrière, à un rappel des différentes crises de son administration et de la manière dont il les avait surmontées. Dans presque tous les cas, il avait fait valoir son point de vue et capturé ou battu ses adversaires par une histoire si juste, si à quatre pattes et des réponses si complètes que la controverse était terminée. Je me souviens de onze de ces histoires, dont chacune était une victoire.

À propos de ce récit, il a déclaré : « Je suis accusé de raconter un grand nombre d'histoires. On dit que cela porte atteinte à la dignité de la fonction présidentielle, mais j'ai constaté que les gens ordinaires (en répétant avec emphase les gens ordinaires) prennent tels que vous les trouvez, sont plus facilement influencés par une illustration large et humoristique que par toute autre manière, et ce que quelques hypercritiques peuvent penser, je m'en fiche.

En parlant, M. Lincoln avait une cadence particulière dans sa voix, causée par l'accent mis sur le mot clé de la phrase. Lorsqu'on lui a demandé comment il connaissait tant d'anecdotes, il a répondu : « Je n'ai jamais inventé d'histoire, mais j'ai une bonne mémoire et, je pense, j'en raconte assez bien. J'ai passé ma jeunesse parmi des pionniers qui ont eu le courage et l'esprit d'entreprise Les choses qui sont arrivées à ces peuples originels et entre eux dans leurs conditions primitives étaient bien plus dramatiques que tout ce qui a été inventé par les conteurs professionnels. Pendant de nombreuses années, j'ai parcouru le circuit en tant qu'avocat. , et d'habitude il n'y avait qu'un seul hôtel dans les chefs-lieux où se tenait le tribunal. Le juge, les grands et petits jurys, les avocats, les clients et les témoins passaient la nuit à raconter des événements passionnants ou amusants, et ceux-ci étaient d'une infinie variété. et les intérêts." Il était toujours avide d'une nouvelle histoire à ajouter à son magazine de munitions et d'armes.

Un soir, alors qu'il y avait une réception au manoir exécutif, Rufus F. Andrews, géomètre du port de New York, et moi y sommes allés ensemble. Andrews était un bon avocat et avait été correspondant à New York de M . Lincoln, alors qu'il était actif au bar de l'Illinois. Il était un conseiller confidentiel du président pour les affaires new-yorkaises et fréquemment au palais exécutif. Alors que le cortège passait devant le président, celui-ci arrêta Andrews et, se penchant, lui parla de manière très confidentielle. La conversation retarda quelque temps le cortège. Quand Andrews et moi sommes rentrés à l'hôtel, nos chambres étaient remplies de journalistes et de politiciens désireux de savoir sur quoi portait cette conversation confidentielle. Andrews en a fait un grand mystère, tout comme la presse. Il m'a expliqué lorsque nous étions seuls que lors de sa visite au président la veille au soir, il lui avait raconté une nouvelle histoire. Le président l'a retardé à la réception en disant : « Andrews, j'ai oublié le sens de cette histoire que vous m'avez racontée hier soir ; répétez-la maintenant. »

Même si M. Lincoln avait l'esprit le plus logique et que ses lettres et discours sur les controverses politiques étaient les plus convaincants de tous les hommes d'État de son époque, il entrait rarement dans une longue discussion dans une conversation ; Soit il terminerait l'argumentation par une histoire ou une illustration appropriée renforçant ses idées.

John Ganson , de Buffalo, était le chef du barreau de l'ouest de New York. Bien qu'il ait été élu démocrate à la Chambre des représentants, il a soutenu les mesures de guerre du gouvernement. C'était un gentleman de la vieille école, d'une grande dignité et toujours impeccablement habillé. Il était totalement chauve et son visage était également dépourvu de cheveux. C'était une période sombre de la guerre et les rapports du front très décourageants. Le membre du Congrès Ganson a estimé qu'il était de son devoir de s'entretenir avec le président de l'état du pays. Il a passé un appel officiel et a déclaré à M. Lincoln : « Bien que je sois démocrate, je mets en péril mon avenir politique en soutenant vos mesures de guerre. Je peux comprendre que le secret puisse être nécessaire dans les opérations militaires, mais je pense que j'ai le droit de savoir les conditions exactes, bonnes ou mauvaises, au front.

M. Lincoln l'a regardé sérieusement pendant une minute, puis a dit : « Ganson , comme vous vous rasez proprement ! Cela a mis fin à l'entretien.

La première convention nationale à laquelle j'ai assisté a eu lieu à Baltimore en 1864, lorsque M. Lincoln a été renommé . Depuis, j'ai été quatre fois délégué général, représentant l'ensemble de l'État, et plusieurs fois délégué représentant une circonscription du Congrès. Le juge WH Robertson, du comté de Westchester, et moi sommes allés ensemble à la convention. Nous pensions prendre la mer, mais notre navire est entré en collision et nous avons été secourus par un bateau-pilote. De retour à New York, nous avons décidé d'accepter la sécurité du chemin de fer. Le juge Robertson était l'un des hommes politiques républicains les plus avisés et les plus compétents de l'État de New York. Il avait été élu à plusieurs reprises juge de comté, sénateur d'État et membre du Congrès, surmontant toujours une majorité démocrate hostile.

Nous sommes d'abord allés à Washington pour voir M. Seward, avons eu un entretien avec lui à son bureau et avons dîné avec lui le soir. Dîner avec le secrétaire Seward était un événement que personne, et surtout un jeune homme politique, n'avait jamais oublié. Il était le plus charmant des hôtes et sa conversation était d'une éducation libérale.

Il n'y a eu aucune division quant à la renomination de M. Lincoln, mais il a été généralement admis que le vice-président devrait être un démocrate de guerre. La candidature de Daniel S. Dickinson, de New York, avait été si bien gérée qu'il était de loin le favori. Il a été toute sa vie, jusqu'au déclenchement de la guerre civile, l'un des démocrates extrémistes et radicaux les plus prononcés de l'État de New York. M. Seward a mis le juge Robertson et moi dans sa confiance. Il s'est montré hostile à la nomination de M. Dickinson et a déclaré que la situation exigeait la nomination à la vice-présidence d'un représentant des États frontaliers, dont la loyauté a été démontrée pendant la guerre. Il a fait l'éloge d'Andrew Johnson, du Tennessee, et a donné une description élogieuse du courage et du patriotisme avec lesquels Johnson, au péril de sa vie, avait défendu la cause de l'Union et gardé son État partiellement loyal.

Il nous a dit : "Vous pouvez me citer aux délégués, et ils croiront que j'exprime l'opinion du président. Alors que le président souhaite ne pas prendre part à la nomination à la vice-présidence, il favorise M. Johnson."

Lorsque nous sommes arrivés à la convention, cet entretien avec M. Seward a fait de nous un centre d'intérêt captivant et a immédiatement changé le courant d'opinion, qui auparavant était presque unanime pour M. Dickinson. Cette décision a finalement été laissée à la délégation new-yorkaise.

La réunion des délégués de New York fut mouvementée et dura presque jusqu'au matin. M. Dickinson avait de nombreux amis chaleureux, en particulier parmi ceux qui avaient déjà été démocrates, et la fierté de l'État d'avoir un vice-président jouait en sa faveur. Lors du vote final, Andrew

Johnson disposait d'une majorité. La décision de New York a été acceptée par la convention et il a été nommé vice-président.

C'est un exemple dont j'ai rencontré de nombreuses personnes au cours de ma vie, où le cours de l'histoire a été modifié dans une très faible mesure. L'histoire politique et les discussions dans les journaux de l'époque attribuaient le succès de M. Johnson aux efforts de plusieurs délégués bien connus, mais en réalité, cela était en grande partie, sinon entièrement, dû au message de M. Seward, transmis par le juge Robertson. et moi-même aux délégués.

L'année 1864 fut pleine de changements dans l'opinion populaire et de surprises. Le Nord était devenu très fatigué de la guerre. Les gens voulaient la paix, et la paix à tout prix. Jacob Thompson et Clement C. Clay, anciens sénateurs américains du Sud, se sont présentés à Niagara Falls, du côté canadien, et eux ou leurs amis ont laissé entendre qu'ils étaient là pour négocier la paix. A leur propos, M. Lincoln m'a dit : « Cet effort visait à enflammer le sentiment de paix du Nord, à embarrasser l'administration et à démoraliser l'armée, et d'une certaine manière, il a été couronné de succès. M. Greeley martelait m'a demandé d'agir pour la paix et m'a dit que si je ne rencontrais pas ces hommes, je serais responsable de chaque goutte de sang versée et de chaque dollar dépensé, que ce serait une tache sur ma conscience et mon âme à qui j'aurais écrit une lettre. M. Greeley et lui dit que ces deux anciens sénateurs des États-Unis étaient des Whigs et de vieux amis à lui, personnellement et politiquement, et que je désirais qu'il se rende à Niagara Falls et découvre confidentiellement quelles étaient leurs références et qu'il me le fasse savoir. "

Le président a déclaré qu'au lieu de procéder de cette façon, M. Greeley s'y était rendu en tant qu'ambassadeur et qu'avec toute une série de journalistes, il s'était établi du côté américain et avait entamé des négociations avec ces deux prétendus envoyés de l'autre côté du pont. Poursuivant, M. Lincoln a déclaré : « J'avais des raisons de croire, d'après les informations confidentielles que j'avais reçues d'un homme en qui j'avais confiance et qui avait interviewé Jefferson Davis, le président de la Confédération, que ces envoyés n'étaient pas autorisés, parce que le président Davis avait dit à mon ami et à lui qu'il ne traiterait que sur la reconnaissance absolue de l'indépendance de la Confédération du Sud. L'attention du pays tout entier et de l'armée était centrée sur ces négociations à Niagara Falls et sur l'arrêt des négociations. mal qu'ils faisaient, j'ai rappelé M. Greeley et j'ai publié ma proclamation «À qui de droit», dans laquelle j'ai déclaré s'il y avait quelqu'un ou une délégation à Niagara Falls, ou ailleurs, autorisé à représenter la Confédération du Sud et à traiter pour elle. En paix, ils avaient libre conduite et sécurité vers Washington et retour. Bien sûr, ils ne sont jamais venus, parce que leur mission était un subterfuge. Mais ils ont fait croire à Greeley, et le résultat est qu'il m'attaque toujours pour avoir inutilement prolongé la guerre. à mes propres fins. »

Lors d'une réunion du Cabinet, l'un des membres a dit à M. Lincoln : « Monsieur le Président, pourquoi n'écrivez-vous pas une lettre au public exposant ces faits, et cela mettrait fin aux attaques de M. Greeley ? » Le président répondit : "M. Greeley possède un quotidien, un journal très largement diffusé et influent. Je n'ai pas de journal. La presse du pays imprimerait ma lettre, tout comme le New York Tribune. Dans peu de temps, le public J'oublierais tout cela, et alors M. Greeley commencerait à prouver par ma propre lettre qu'il avait raison, et je serais bien sûr impuissant à répondre. Il a amené le Cabinet à un accord unanime avec lui en racontant l'une de ses histoires caractéristiques.

Cette affaire et les retards dans la poursuite de la guerre avaient créé au début de 1864 le sentiment que la réélection de M. Lincoln était impossible. Les dirigeants des éléments conservateurs et radicaux du parti républicain, M. Weed, d'un côté, et M. Greeley, de l'autre, ont dit franchement au président qu'il ne pouvait pas être réélu, et son ami intime , le député Elihu B. Washburne , après une enquête à travers le pays, lui a donné la même information.

Puis vinrent la victoire spectaculaire de Farragut à Mobile et la marche triomphale de Sherman à travers la Géorgie, et le sentiment du pays changea complètement. Il y avait un mouvement actif en cours dans l'intérêt du secrétaire au Trésor, Chase, et encouragé par lui, pour tenir une convention indépendante avant la convention républicaine régulière pour protester contre la renomination de M. Lincoln. Il était soutenu par certains des membres les plus éminents et les plus puissants du parti, qui y mettaient leurs moyens et leur influence. Après ces victoires, l'effort fut abandonné et M. Lincoln fut nommé par acclamation. Je me souviens de l'une des excitations et des plaisirs d'une vie, de la confiance enthousiaste de cette convention lorsqu'ils ont acclamé Lincoln leur candidat.

Le gouverneur Seymour, qui était l'idole de son parti, a dirigé la délégation new-yorkaise à la convention nationale démocrate pour nommer le président, et son voyage vers cette convention a été une marche triomphale. Il ne fait aucun doute qu'à l'époque il bénéficiait non seulement du soutien enthousiaste de son propre parti, mais aussi de la confiance des partisans de la paix. Sa propre nomination et son élection semblaient inévitables. Cependant, par respect pour le sentiment de guerre, le général McClellan fut nommé à sa place, et c'est là que se produisit une de ces petites choses qui si souvent dans notre pays ont inversé la tendance.

Le comité de la plate-forme, et la convention qui a suivi, ont permis d'insérer dans la plate-forme une phrase proposée par Clement C. Vallandigham , de l'Ohio, la phrase étant : « La guerre est un échec ». Peu de temps après l'ajournement de la convention, aux victoires de Farragut et de Sherman s'ajoutèrent la campagne spectaculaire et la victoire de Sheridan dans la vallée de Shenandoah. La campagne franchit aussitôt une nouvelle phase. C'était l'occasion pour l'orateur.

Il est difficile aujourd'hui de recréer les scènes de cette campagne. Les gens étaient très découragés. Chaque famille était en deuil, avec un fils perdu et d'autres toujours en service. Les impôts étaient élevés et les conditions économiques et commerciales étaient très mauvaises. Puis vint cette réaction qui semblait promettre une victoire rapide de l'Union. L'orateur a naturellement repris la phrase : « La guerre est un échec » ; puis il imagina Farragut attaché aux haubans de son vaisseau amiral ; puis il dépeint les victoires de Grant dans la campagne du Mississippi, la « bataille au-dessus des nuages » de Hooker, l'avancée de l'armée de Cumberland ; puis il a décrit avec enthousiasme Sheridan quittant le ministère de la Guerre en entendant parler de la bataille dans la vallée de Shenandoah, accélérant et ralliant ses troupes vaincues, les reformant et les menant à la victoire, et a terminé en récitant certains des poèmes de guerre émouvants.

L'élection de M. Lincoln, dans ces conditions et circonstances, était probablement plus due à cette phrase malheureuse du programme démocrate qu'à toute autre cause.

La tragédie de l'assassinat de M. Lincoln a été suivie par l'incident le plus pathétique de la vie américaine : ses funérailles. Après la cérémonie à Washington, le train funéraire s'est arrêté à Philadelphie, New York et Albany. Dans chacune de ces villes, il y avait une opportunité pour les gens de voir les restes.

J'étais responsable, en ma qualité officielle, de secrétaire d'État du train après son départ d'Albany. Il était tard dans la soirée lorsque nous sommes partis et le train a circulé toute la nuit dans le centre et l'ouest de New York. Son horaire était bien connu tout au long du parcours. Partout où la route traversait la voie ferrée, toute la population du quartier était rassemblée sur la route et dans les champs. D'immenses feux de joie illuminaient la scène. Les pasteurs des églises locales de toutes confessions s'étaient unis pour diriger leurs congrégations pour saluer et dire au revoir à leur président bien-aimé. Lorsque nous atteignions un passage à niveau, il y avait parfois des centaines et parfois des milliers d'hommes, de femmes et d'enfants agenouillés, priant et chantant des hymnes.

Ce service continu de prières, de chants et de supplications a duré plus de trois cents milles entre Albany et Buffalo, de minuit jusqu'à l'aube.

IV. SUBVENTION GÉNÉRALE

Les fées qui distribuent les prix sont des farceurs. J'en ai connu des milliers qui briguaient une fonction, certains pour sa distinction, d'autres pour ses émoluments, et certains pour les deux ; des milliers qui voulaient une promotion aux postes qu'ils occupaient, et des milliers d'autres qui voulaient retrouver les postes qu'ils avaient perdus, qui ont tous échoué dans leur recherche.

J'aurais probablement été dans l'une de ces classes si j'avais cherché un bureau. J'étais cependant déterminé à faire carrière dans les chemins de fer jusqu'à ce que, si possible, j'atteigne les plus hautes récompenses. Au cours de cette période, on m'a proposé une douzaine de nominations politiques, la plupart d'une grande importance et très tentantes, que j'ai toutes refusées.

Vers la fin de l'administration du président Grant, George Jones, à l'époque propriétaire et éditeur du New York Times, m'a demandé de venir le voir. M. Jones, en association avec le brillant rédacteur en chef Henry J. Raymond, avait joué un rôle progressiste et durable dans le volet financier de cette grande revue. Il était d'origine galloise, un homme d'affaires très têtu, pratique et avisé. Il avait également des opinions très arrêtées sur la politique et les partis et, à plusieurs reprises, il faillit détruire son journal en poursuivant obstinément une voie temporairement impopulaire auprès de ses lecteurs et de ses abonnés. J'étais en excellents termes avec M. Jones et je l'admirais. Le New York Times est devenu sous sa direction l'un des critiques les plus sévères de l'administration du général Grant et du président lui-même.

Je me suis rendu chez lui et, au cours de la conversation, Jones m'a dit : « J'ai été très surpris de recevoir une lettre du président me demandant de venir le voir à la Maison Blanche. Bien sûr, j'y suis allé, m'attendant à un entretien désagréable, mais Il s'est avéré absolument inverse. Le président s'est montré très cordial et sa franchise très séduisante. Après une discussion longue et approfondie, le président a déclaré que le Times avait été son critique le plus impitoyable, mais il a été forcé d'être d'accord avec ce que disait le Times ; qu'il m'avait fait venir pour faire une requête ; qu'il était venu à la présidence sans aucune préparation à ses devoirs ni aux responsabilités civiques ; qu'il était obligé de prendre les meilleurs conseils qu'il pouvait trouver et de s'entourer d'hommes, en grand nombre ; qu'il n'avait jamais rencontré auparavant, et qu'ils étaient ses guides et ses professeurs ; qu'il assumait cependant l'entière responsabilité de tout ce qu'il avait fait. Il savait parfaitement, rétrospectivement et avec la plus grande expérience qu'il avait acquise, qu'il avait fait. fait beaucoup d'erreurs. « Et maintenant, M. Jones, » continua-t-il, « je vous ai fait venir comme le plus puissant aussi bien que, je pense, le plus juste de mes critiques, pour vous demander de dire dans votre résumé final de mes huit années : que, quel que soit le nombre de mes erreurs ou fautes, il s'agissait de fautes de jugement, et que j'ai agi consciencieusement et de la manière que je pensais être la bonne et la meilleure.

"J'ai dit au président que je serais ravi d'adopter ce point de vue dans le Times. Ensuite, le président a dit qu'il aimerait montrer son appréciation d'une manière qui me serait gratifiante. Je lui ai dit que je ne voulais rien pour moi, ni pour moi. l'a fait n'importe lequel de mes amis, dans une ligne de favoritisme. Puis il a dit qu'il voulait mon aide parce qu'il cherchait le meilleur homme pour le procureur du district de New York. Avec ma grande connaissance, il pensait que je devrais en être capable. pour lui dire lequel des avocats il serait préférable de nommer. Après une petite réflexion, je vous ai recommandé.

"Le président a alors déclaré : 'M. Depew a soutenu Greeley, et bien qu'il soit de retour dans le parti et qu'il rende de bons services dans les campagnes, je n'aime pas ces hommes. Néanmoins, vous pouvez lui offrir le poste et demander son acceptation immédiate.' .'"

J'ai dit à M. Jones quelle était ma détermination en ce qui concerne une carrière, et tout en appréciant hautement sa propre amitié et les compliments du président, je dois refuser.

Les erreurs du général Grant au cours de sa présidence provenaient de sa possession de l'une des plus grandes vertus, à savoir la loyauté envers ses amis. Il avait une confiance illimitée en eux et ne pouvait ni voir, ni être amené à voir, ni écouter aucun de leurs défauts. Il était lui-même d'une honnêteté et d'une véracité si transparentes qu'il évaluait et jugeait les autres selon ses propres critères. Les scandales parmi quelques fonctionnaires de son administration étaient entièrement dus à cette grande qualité.

Son intimité avec les conseillers de son parti tombait parmi les hommes d'organisation et les machinistes politiques les plus extrémistes. Lorsque, sur les conseils du sénateur Conkling, il nomma Thomas Murphy collecteur du port de New York, la presse accusa le collecteur de licencier des employés au rythme de plusieurs centaines par jour et de remplir leurs places de fidèles partisans de l'organisation. . Cette politique, qui constituait un renversement direct des idées de réforme de la fonction publique qui gagnaient alors rapidement en force, suscita l'hostilité active des réformateurs de la fonction publique, parmi lesquels George William Curtis était le plus remarquable.

Lorsque le général Grant vint résider à New York, après sa tournée à travers le monde, il fut submergé d'attentions mondaines. Je le rencontrais à des dîners plusieurs fois par semaine et j'étais victime d'une froideur caractéristique qu'il avait envers beaucoup de gens.

Un jour de la Saint-Patrick, alors que j'étais à Washington, j'ai reçu une demande télégraphique sérieuse du juge John T. Brady et de son beau-frère, le juge Charles P. Daly, président de la Society of the Friendly Sons of St. Patrick, disant : "Les Fils feront leur plus grande fête car ils seront honorés par la présence du Général Grant, qui prendra également la parole, et il est impératif que vous veniez nous aider à l'accueillir."

Je suis arrivé tard au dîner et suis passé devant l'estrade jusqu'à ma place à l'autre bout, pendant que le général Grant parlait. Il n'était pas à l'aise à cette époque, même s'il devint par la suite très heureux lorsqu'il parla en public. Il s'est arrêté un moment jusqu'à ce que je sois assis, puis a déclaré : « Si Chauncey Depew se tenait à ma place et moi à la sienne, je serais un homme beaucoup plus heureux.

J'ai immédiatement rejeté le discours que j'avais préparé pendant les six heures de voyage depuis Washington et j'ai commencé à prononcer un discours sur le thème "Qui peut se mettre maintenant ou à l'avenir à la place du général Grant ?" J'ai eu tout le temps avant que mon tour vienne d'élaborer cette idée, en éliminant progressivement les célébrités contemporaines jusqu'à ce que dans le futur la figure marquante de cette période devienne le héros de notre guerre civile et de la restauration de l'Union.

L'enthousiasme du public, au fur et à mesure du discours, a surpassé tout ce que j'ai jamais vu. Ils se précipitèrent sur les tables et essayèrent de transporter le général dans la pièce. Lorsque l'enthousiasme fut calmé, il vint vers moi et me dit avec beaucoup d'émotion : « Merci pour ce discours ; c'est le plus grand et le plus éloquent que j'aie jamais entendu. Il a insisté pour que je sois à ses côtés lorsqu'il a reçu les familles des membres et m'a ramené chez lui dans sa voiture.

Depuis ce temps jusqu'à sa mort, il se montra très cordial et, à de nombreux dîners, insistait pour que je sois assigné à une chaise à côté de lui.

Parmi les étrangers et dans la conversation générale, le général Grant était le plus réticent des hommes, mais parmi ceux qu'il connaissait, c'était un causeur des plus divertissants. Il parcourut alors un vaste domaine et se montra intéressant sur tous les sujets, et particulièrement instructif sur les campagnes militaires et les commandants. Il m'a donné son avis selon lequel, parmi tous les génies militaires du monde, le plus grand était le général Philip Sheridan, et que la compréhension de Sheridan d'une situation n'avait d'équivalent chez aucun grand général qu'il connaissait.

J'étais avec le général Grant chez lui la veille de son départ de New York pour le mont McGregor, près de Saratoga, où il est décédé. J'ai appris le voyage et je suis allé immédiatement le voir et j'ai été accueilli par son fils, le général

Frederick D. Grant. Je lui dis : « J'apprends que ton père va demain au mont McGregor, et je suis venu lui offrir un train spécial.

Après que toutes les dispositions nécessaires eurent été prises, il me demanda d'entrer voir le général. Avant de faire cela, j'ai demandé : « Comment va-t-il ? "Eh bien," répondit-il, "il est en train de mourir, mais c'est pour lui un soulagement infini de voir des gens qu'il connaît et qu'il aime, et je sais qu'il veut vous voir. Notre effort est de garder son esprit loin de lui-même et de l'intéresser . lui dire tout ce qui, à notre avis , pourrait le soulager, et si vous avez de nouveaux incidents, ne manquez pas de le lui dire.

Quand j'entrai dans la pièce, le général était occupé à rédiger ses « Mémoires ». Il m'a salué très cordialement, m'a dit qu'il était heureux de me voir, puis a fait la remarque : « Je vois par les journaux que vous avez été récemment à Hartford pour donner une conférence. Parlez-moi de cela.

En réponse, je lui racontai un voyage très intéressant là-bas ; la conférence et le dîner qui suivirent, sous la présidence de Mark Twain, sur lesquels il posait des questions, désireux de plus de détails, et toute l'histoire semblait l'intéresser. Ce qui parut particulièrement lui plaire, c'est l'incident survenu à mon arrivée à l'hôtel, après le souper qui m'était offert à la fin de ma conférence. Il était environ trois heures du matin et je me couchai immédiatement, laissant un appel pour le train matinal pour New York. A cinq heures, on frappa violemment à la porte et, en l'ouvrant, un serveur irlandais se tenait là avec un plateau sur lequel se trouvaient une bouteille de champagne et un gobelet de glace.

"Vous avez commis une erreur", dis-je au serveur.

"Non, monsieur," répondit-il, "je ne peux pas me tromper à votre sujet."

"Qui a envoyé ça ?" J'ai demandé.

"Le comité, monsieur, avec des instructions positives selon lesquelles vous devriez l'avoir à cinq heures du matin", répondit-il.

"Eh bien, mon ami, dis-je, est-ce l'habitude des braves gens de Hartford, lorsqu'ils ont décidé d'aller à New York dans un train matinal pour boire une bouteille de champagne à cinq heures du matin ?"

Il répondit : « La plupart d'entre eux le font, monsieur. »

(Personne à cette époque n'avait rêvé du dix-huitième amendement et de la loi Volstead.)

Avec un sourire, le général Grant a ensuite déclaré : « Eh bien, il y a certains endroits dans le Connecticut où cela n'a pas pu être fait, car l'option locale prévaut et les villes sont asséchées. Par exemple, mon ami, le sénateur Nye, du Nevada, a parlé à travers le Connecticut. Dans mon intérêt pour la dernière campagne, Nye était un homme libre, mais pas un homme dissipé, et, comme vous le savez, un très excellent orateur. Il m'a dit qu'à son arrivée dans l'une des principales villes manufacturières, il avait été diverti. grand fabricant dans sa grande maison et dans un style magnifique. Le dîner était tout ce qu'on pouvait désirer, sauf que le seul liquide était de l'eau glacée. Après un long discours, Nye, de retour à la maison, eut une réception et le souper fut. encore sec, sauf beaucoup d'eau glacée.

" Nye, complètement épuisé, s'est couché mais n'a pas pu dormir et n'a pas trouvé de stimulants. Ainsi, vers six heures du matin, il s'est habillé et s'est dirigé vers la salle à manger. Le chef de la maison est entré et , le voyant, s'écria : « Eh bien, sénateur, vous vous levez tôt. Nye a répondu : « Oui, vous savez, au Nevada, nous avons beaucoup de paludisme et je n'arrivais pas à dormir. » "Eh bien," dit l'hôte, "c'est une ville de tempérance. Nous trouvons cela une excellente chose pour les travailleurs, et surtout pour les jeunes gens, mais nous avons aussi du paludisme ici, et pour cela j'ai un remède privé. .' Sur quoi il se dirigea vers un placard et en sortit une bouteille de cognac.

"Après le départ de son hôte, Nye a continué là-bas dans un esprit rafraîchi et plus agréable. Bientôt, son hôtesse est entrée et, très surprise, a dit : 'Eh bien, sénateur, vous vous levez tôt !' « Oui, dit-il, au Nevada, nous avons beaucoup de paludisme, et pendant que je participe à ces tournées de conférences, j'ai de violentes crises et je n'arrive pas à dormir. J'en ai eu une la nuit dernière. »

« Eh bien, remarqua-t-elle, c'est une ville de tempérance, et c'est une bonne chose pour les travailleurs et les jeunes hommes, mais j'ai moi-même un peu de paludisme de temps en temps. » Puis elle se dirigea vers la boîte à thé et en sortit une bouteille de cognac. Le sénateur était alors en parfaite harmonie avec lui-même et avec le monde entier.

"Quand les garçons sont entrés (les fils de l'artiste), ils ont dit : 'Sénateur, nous avons entendu dire que vous êtes un expert en matière de bétail, de chevaux, de bétail, etc. Ne voudriez-vous pas sortir dans la grange pour que nous puissions vous en montrer quelques-uns ? considérez-vous comme de très beaux spécimens ? Les garçons l'emmenèrent à la grange, fermèrent la porte, la verrouillèrent et murmurèrent : « Sénateur, nous n'avons pas de bétail , mais nous avons une bouteille ici dans la tonte à foin qui, nous le pensons, vous fera du bien. Et le sénateur a conclu son récit en disant : « L'endroit le plus humide que je connaisse est une ville sèche du Connecticut. » »

Le lendemain, le général Grant se rendit au mont McGregor et, comme nous le savons tous, quelques jours plus tard, il perdit complètement la voix.

V. ROSCOE CONKLING

Pendant plusieurs années, au lieu de prendre mes vacances habituelles en voyage ou dans un lieu de villégiature, j'ai passé quelques semaines à l'automne sur la scène politique en tant que conférencier. Dans l'enquête de 1868, j'étais associé au sénateur Roscoe Conkling, qui souhaitait un assistant, car les réunions de masse exigeaient généralement au moins deux et probablement trois heures de parole, et il se limitait à une heure. Le général Grant était au sommet de sa popularité et les audiences étaient énormes. Comme nous devions parler tous les jours et quelquefois plusieurs fois par jour, M. Conkling a avisé les commissions qu'il ne parlerait pas à l'extérieur et qu'elles devaient dans tous les cas fournir une salle.

Lorsque nous sommes arrivés à Lockport, dans l'État de New York, le président du comité, Burt Van Horn, qui était membre du Congrès du district, a déclaré au sénateur qu'au moins vingt mille personnes de la ville et d'autres venant de la campagne à bord de trains d'excursion avaient rempli le parc des expositions. Conkling devint très en colère et dit au membre du Congrès qu'il connaissait parfaitement les conditions dans lesquelles il était venu à Lockport et qu'il ne prendrait pas la parole au parc des expositions. Un compromis fut finalement trouvé : le sénateur devait apparaître sur l'estrade, le public serait informé qu'il parlerait à l'Opéra et je devais m'occuper de la foule. Le départ du sénateur des lieux a été très dramatique. Il fut applaudi avec enthousiasme et un orchestre précédait sa voiture.

Pour une raison quelconque, je n'ai jamais eu autant de succès que de m'adresser à ce public. En commençant par une histoire nouvelle et efficace, j'ai continué pendant deux heures sans perdre apparemment un auditeur.

A mon retour à l'hôtel, je trouvai le sénateur très indigné. Il dit qu'il était allé à l'Opéra avec le comité ; que, bien sûr, aucune réunion n'y avait été annoncée, mais qu'un groupe avait été placé sur le balcon pour jouer, comme s'il s'agissait d'une attraction de musée à dix sous ; que quelques femmes de fermiers s'étaient traînées pour avoir l'occasion de prendre leurs déjeuners dans leurs paniers, et qu'il avait quitté l'Opéra et était retourné à l'hôtel. L'arrivée du comité et le récit de ce qui s'était passé au parc des expositions n'aidèrent pas son caractère impérieux. Le comité demanda une grande réunion qui devait avoir lieu le soir, mais Conkling refusa et m'ordonna de faire de même, et nous partîmes dans le premier train. Les relations cordiales qui existaient jusque-là furent en quelque sorte rompues et il devint très hostile.

Le général Grant, en tant que président, n'avait bien sûr jamais eu l'expérience ni l'occasion de connaître quoi que ce soit en politique pratique.

On a dit qu'avant son élection, il n'avait voté qu'une seule fois, et c'était avant la guerre, lorsqu'il avait voté pour le ticket démocrate pour James Buchanan.

Tous les sénateurs, représentants et hommes publics qui commençaient à se presser autour de lui pour solliciter la nomination de leurs amis, lui étaient personnellement inconnus. Il décida rapidement à qui d'entre eux il pouvait faire confiance, et une fois arrivé à cette conclusion, sa décision était irrévocable. Il se tiendrait aux côtés d'un ami, sans se soucier de l'effet que cela pourrait avoir sur lui-même, jusqu'au bout.

Bien entendu, chacun des deux sénateurs américains, Conkling et Fenton, voulait sa faveur exclusive. Il est impossible de concevoir deux hommes si totalement différents en tous points. Grant aimait Conkling autant qu'il n'aimait pas Fenton. Le résultat fut qu'il transféra le patronage fédéral de l'État au sénateur Conkling.

Conkling était un leader né, très autocratique et dictatorial. Il commença immédiatement à limoger les responsables de Fenton et à les remplacer par des membres de sa propre organisation. Comme il n'y avait pas de fonction publique à cette époque et que les fonctionnaires étaient nécessairement des politiciens actifs, le sénateur Conkling détruisit en quelques années l'organisation que Fenton avait bâtie en tant que gouverneur et devint le maître du parti républicain dans l'État.

Le test a eu lieu lors de la convention d'État à Saratoga. À l'époque, le sénateur Conkling m'était devenu hostile. Je ne sais pas pourquoi, et ses amis, qui étaient pour la plupart les miens également, ne pouvaient pas le savoir. Il a ordonné que je ne devais pas être élu délégué au congrès. Le percepteur du port de New York, afin de rendre ce décret effectif, a rempli mon district du comté de Westchester de personnes nommées par la douane.

Le clientélisme, lorsque son contrôle est soumis au vote populaire, est un boomerang. La nomination d'un citoyen dans une ville suscite la colère de beaucoup d'autres qui pensent qu'il est plus méritant. J'ai lancé un appel aux agriculteurs en leur posant la simple question de savoir si le vieux Westchester devait être contrôlé par l'autorité fédérale dans le cadre d'une affaire purement étatique. Le résultat de l'appel a été accablant et lorsque le congrès de district s'est réuni, la douane n'avait pas un seul délégué.

Le chef de la foule de Custom House est venu vers moi et m'a dit : « C'est une question de pain et de beurre et de vivre avec nous. Cela n'a rien à voir avec vous. Ces délégués sont contre nous et pour vous à la convention. Maintenant, nous Nous avons conçu un plan pour sauver nos vies. C'est que les trois délégués élus seront tous vos amis. Vous serez apparemment vaincu. Une résolution sera adoptée selon laquelle si l'un des délégués ne se présente pas ou démissionne, les deux autres pourront remplir le poste. poste vacant.

L'un d'eux démissionnera lorsque la convention se réunira et vous serez remplacé à sa place. Entre-temps, nous ferons savoir par l'Associated Press que vous avez été vaincu. Je n'ai pas eu le cœur de voir ces pauvres gens licenciés de leur emploi, et j'ai accepté cette proposition.

Lorsque nous sommes arrivés à la convention, le gouverneur Cornell, alors président de l'État , a rappelé à l'ordre. Je me levai pour présenter une motion lorsqu'il annonça : « Vous, monsieur, n'êtes pas membre de cette convention. » Cependant, mes lettres de créance, conformément aux arrangements conclus à Westchester, l'ont convaincu qu'il était mal informé. Le côté de Conkling a choisi comme président Andrew D. White, et l'autre côté m'a choisi. Après un examen minutieux des votes, nous avons obtenu une nette majorité.

Il y avait plusieurs délégations contrôlées par des fonctionnaires fédéraux. C'est à ce stade que le favoritisme devient extrêmement efficace. Plusieurs de ces fonctionnaires ont reçu des télégrammes de Washington, ce qui signifiait leur renvoi à moins qu'ils ne suivent les instructions du sénateur Conkling. Lorsque la convention s'est réunie le lendemain, les titulaires de charge ont gardé la tête sur les épaules et mon cher et précieux vieil ami, Andrew D. White, a été élu président de la convention.

J'ai demandé au leader de la foule fédérale de Westchester comment il avait expliqué ma participation à la convention. "Oh," dit-il, "c'était facile. Notre peuple a gagné tellement de délégués grâce à des offres de favoritisme et des menaces de destitution que lorsque je leur ai dit que vous m'aviez acheté mes délégués, ils l'ont cru sans aucun doute, et nous sommes tous en sécurité dans nos locaux à la douane. Mon succès était entièrement dû à l'indignation des agriculteurs face aux dictées fédérales, et la campagne ne m'a pas coûté un dollar.

Roscoe Conkling a été créé par la nature pour une grande carrière. S'il l'avait manqué, c'était entièrement de sa faute. Physiquement, il était le plus bel homme de son époque. Son équipement mental se rapprochait presque du génie. Il était travailleur dans une certaine mesure. Ses dons oratoires étaient du plus haut niveau et il était un débatteur doté d'un pouvoir et de ressources rares. Mais son égoïsme intolérable l'a privé de la vision nécessaire au leadership suprême. Malgré toute sa puissance oratoire et son talent pour le débat, il fit peu d'impression sur le pays et aucune sur la postérité. Sa position au Sénat était magistrale, et sur la plate-forme la plus attrayante, mais aucun de ses discours ne figure dans les manuels scolaires ni dans les recueils de grands discours. La raison en était que ses merveilleux dons étaient entièrement consacrés aux discussions partisanes et aux enjeux locaux.

Ses amis considéraient son philippique contre George W. Curtis lors de la convention de l'État républicain à Rochester comme le point culminant de son discours. J'étais assis à côté de M. Curtis lorsque Conkling a lancé sa célèbre attaque. Ses admirateurs pensaient que c'était le meilleur discours qu'il ait jamais prononcé, et c'était certainement un bel effort, souligné par un discours de haut niveau, et il fut reçu par eux avec l'enthousiasme et les applaudissements les plus fous.

L'assaut contre M. Curtis fut extrêmement violent, la dénonciation très sévère, et toutes les ressources de sarcasme, dont M. Conkling était passé maître, furent déversées sur la victime. Son amertume provenait des critiques libres que M. Curtis lui avait adressées à diverses occasions. Le discours dura deux heures, et il était curieux de constater son effet sur M. Curtis. Selon les règles adoptées par la convention, il ne pouvait pas répondre, il devait donc s'asseoir et prendre la parole. Le seul sentiment ou preuve d'être blessé par sa punition résidait dans les exclamations de son agresseur à différents endroits. Ils étaient : « Remarquable ! » "Extraordinaire!" "Quelle exposition !" "Mauvais caractère !" "Très mauvais caractère !"

Dans la longue controverse qui les opposa, M. Curtis eut les avantages que possède toujours le journaliste. L'orateur a une opportunité sur l'estrade et la publication le lendemain dans la presse. Le rédacteur en chef — et M. Curtis était à l'époque rédacteur en chef du Harper's Weekly — peut revenir chaque samedi et être entendu en exclusivité par un public limité uniquement par le tirage de son journal et par les citations de ses amis journalistes.

Le discours illustrait les méthodes de préparation de Conkling. J'entendais très souvent les amis du sénateur dire qu'il avait ajouté une autre phrase à sa caractérisation de Curtis. Même s'il était un débatteur aguerri, pour un effort de ce genre, il consacrait parfois une année à parcourir fréquemment le terrain et, à chaque répétition, produisait de nouvelles épigrammes, phrases citables et caractérisations.

Il y avait un employé du comité d'État nommé Lawrence. C'était un homme doté d'une grande intelligence réceptive et qui vénérait le sénateur. M. Conkling a découvert cette qualité et a utilisé Lawrence comme cible ou poste d'écoute. J'ai souvent vu Lawrence venir à mon bureau et me dire : « J'ai passé une excellente soirée. Le sénateur m'a parlé ou m'a fait des discours jusqu'au petit matin. Il m'a dit qu'il avait entendu à plusieurs reprises chaque mot de Curtis Philippic.

Lawrence m'a parlé d'un autre exemple de préparation de Conkling pour un grand effort. Alors qu'il préparait le discours, qui devait amener ses amis déçus à la convention au soutien du général Garfield, il convoqua Lawrence pour un travail de bureau à son domicile. Lawrence a déclaré que le sénateur écrivait ou dictait, puis corrigeait jusqu'à ce qu'il soit satisfait de l'effort, et que cela prenait un temps considérable. Une fois terminé, il faisait de longues promenades à travers la campagne et, au cours de ces promenades, récitait tout ou partie de son discours jusqu'à ce qu'il en soit parfaitement maître.

Ce discours a duré quatre heures à New York et il a retenu l'audience tout au long de cette longue période. John Reed, l'un des rédacteurs du New York Times, m'a raconté qu'il était assis sur la scène près de Conkling et qu'il avait entre les mains les épreuves préparées à l'avance et qui remplissaient dix colonnes de son journal. Il a dit que le sénateur n'a ni omis ni interpolé un mot du début à la fin. Il faisait apparemment fréquemment référence à des notes sur ses poignets, ou à de petits mémorandums, non pas qu'il en ait besoin, mais c'était un effort toujours réussi de l'orateur pour donner l'impression que son discours était improvisé, et que l'auditoire préférait de loin un discours qu'il pensait tellement .

Le sénateur Conkling a occupé un poste important au cours d'une période critique de l'histoire de notre pays. Si ses grandes puissances avaient été consacrées de la manière la plus large possible aux problèmes nationaux constructifs de l'époque, il aurait été le chef du parti dominant et le président des États-Unis. Au lieu de cela, il devint le chef d'une faction dans son propre État uniquement et, grâce à l'usage impitoyable du favoritisme fédéral, il contrôla absolument pendant douze ans l'action de l'organisation de l'État.

Tous les jeunes hommes qui comparaissaient à l'Assemblée législative ou dans les bureaux du comté et qui faisaient preuve de talent pour le leadership, l'indépendance et l'ambition ont été mis de côté. Le résultat était remarquable. Alors qu'avant son époque, l'État comptait de nombreux hommes jouissant d'une réputation et d'une influence nationales dans la vie publique, ce processus d'élimination a poussé les jeunes hommes de la politique vers les professions libérales ou les affaires, et à la fin de la carrière du sénateur Conkling, il n'y avait pratiquement aucun membre actif. du parti républicain de New York jouissait d'une réputation nationale, à moins qu'il ne l'ait obtenue avant que M. Conkling ne devienne l'autocrate de la politique new-yorkaise. Au début de sa carrière, la machine politique du parti républicain dans sa circonscription au Congrès est devenue jalouse de sa popularité et de son influence croissantes, tant dans son pays qu'au Congrès. Par des méthodes mécaniques, ils l'ont vaincu et pensaient l'avoir définitivement retiré de la vie publique.

Lorsque j'ai été élu secrétaire d'État, j'ai reçu une note de M. Conkling me demandant si je voulais le rencontrer. J'ai répondu : « Oui, immédiatement et à Albany. Il y est venu avec Ward Hunt, qui fut ensuite l'un des juges associés de la Cour suprême des États-Unis. Il a lancé une attaque intense contre les méthodes et la politique des machines, et a déclaré qu'elles aboutiraient à l'élimination de toute pensée indépendante, à l'écrasement de toute ambition chez les jeunes hommes prometteurs et, en fin de compte, à des dommages infinis à l'État et à la nation. « Vous, » dit-il, « êtes un très jeune homme pour votre position actuelle, mais vous serez bientôt destiné à la destruction. »

Puis il a déclaré ce qu'il voulait, en disant : « J'ai été battu par la machine lors des dernières élections. Ils ne peuvent me vaincre maintenant qu'en utilisant un homme de grand talent et de grande popularité dans ma circonscription. Je veux que vous fassiez de cet homme votre secrétaire adjoint. d'État. C'est la meilleure fonction de votre don, et il sera entièrement satisfait.

Je lui répondis : « J'ai déjà reçu des chefs de l'organisation de l'État des désignations pour chaque place de mon bureau, et surtout pour celle-là, mais la nomination vous appartient et vous pouvez l'annoncer immédiatement.

M. Conkling s'est levé comme s'il s'adressait à un public et, tel qu'il se trouvait dans le petit salon du Palais des Congrès d'Albany, il était certainement un personnage majestueux. Il dit : « Monsieur, ce qui est fait rapidement est doublement fait. Désormais, tant que vous et moi vivrons tous les deux, il n'y aura jamais de dépôt dans aucune banque, personnellement, politiquement ou financièrement, à mon crédit qui ne soit pas sous réserve de votre projet.

Le monsieur qu'il a nommé est devenu mon adjoint. Son nom était Erastus Clark. C'était un homme de compétence et d'une très vaste culture, et non seulement il était efficace dans l'exercice de ses fonctions, mais il était également l'un des plus charmants compagnons. Sa santé était mauvaise et ses amis étaient toujours inquiets, à juste titre, à son sujet. Néanmoins, je l'ai rencontré des années plus tard à Washington, alors qu'il avait plus de quatre-vingt-quatre ans.

À la demande de M. Conkling, M. Clark a pris rendez-vous pour une visite mutuelle à Trenton Falls, une charmante station balnéaire près d'Utica. Nous y avons passé le week-end et j'ai vu M. Conkling à son meilleur. Il était charmant dans ses souvenirs, dans ses discussions, dans sa caractérisation des principaux acteurs sur la scène publique et dans ses différentes visions des ambitions et des carrières.

Lorsque tout le patronage tomba entre ses mains après l'élection du général Grant, il me pressa d'être nommé maître de poste de la ville de New York. Il lui était difficile de comprendre que, même si j'aimais la politique et prenais une part active aux campagnes, je n'accepterais aucune fonction, quelle qu'elle soit. Il nomma alors l'un des meilleurs maîtres de poste, qui devint ensuite ministre des Postes, mais qui fut aussi l'un des plus efficaces de ses lieutenants, le général Thomas L. James.

Lorsque M. Conkling était candidat au poste de sénateur des États-Unis, j'étais considéré comme un ami confidentiel du gouverneur Fenton. Le gouverneur était l'un des hommes les plus secrets et, par conséquent, je ne connaissais pas ses opinions sur le candidat, ni s'il avait des préférences. Je pense qu'il n'avait aucune préférence mais souhaitait la défaite de Conkling et, en même temps, ne voulait pas prendre une position qui pourrait susciter son inimitié ou celle de ses amis.

Un soir, il y a eu une grande manifestation publique et, ayant été invité, j'ai prononcé un discours devant la foule, parmi laquelle se trouvait le corps législatif, dans lequel je disais que nous étions restés sans voix trop longtemps au Sénat des États-Unis ; que le plus grand État de l'Union devait être représenté par un homme qui avait démontré à tous ses capacités, et cet homme était M. Conkling. Cela créa l'impression que je parlais au nom du gouverneur aussi bien qu'au nom de moi-même, et l'effet sur l'élection fut grand. C'est ce que pensait M. Conkling, ce qui l'a amené à insister sur ma reconnaissance officielle.

Comment la rupture s'est produite entre nous, pourquoi il est devenu constamment hostile pendant le reste de sa vie, je n'ai jamais su. Le président Arthur, le gouverneur Cornell et d'autres de ses amis intimes m'ont dit qu'ils essayaient souvent de le savoir, mais que leurs efforts ne faisaient que l'irriter et n'ont jamais reçu de réponse.

Le tempérament particulier du sénateur Conkling était une source de grands ennuis pour ses lieutenants. Ils étaient tous compétents et loyaux, mais il ne tolérait pas qu'ils fassent preuve d'indépendance de jugement. Cela conduisit à la rupture de toutes relations avec les deux plus éminents d'entre eux, le président Arthur et le gouverneur Cornell.

Une brèche une fois faite ne pouvait pas être réparée. Une polémique amère dans le débat avec M. Blaine a pris un caractère personnel. Dans les échanges courants dans le feu de ces débats, Blaine ridiculisait les manières de Conkling et le traitait de dinde. Des amis communs ont tenté à plusieurs reprises de les réunir. Blaine était toujours prêt, mais Conkling jamais.

Conkling a eu une controverse qui n'a jamais été résolue avec le sénateur Platt, qui l'avait servi longtemps, fidèlement et avec une grande efficacité. Au cours des vingt années pendant lesquelles Platt fut leader, à la suite du sénateur Conkling, il fit preuve des qualités inverses. Il était toujours prêt à consulter, il recherchait des conseils et tolérait une grande liberté de jugement individuel parmi ses associés. Il pardonnait toujours et reprenait confiance à ceux avec qui il s'était disputé .

Un été, je partais en vacances en Europe et j'ai dû monter à bord du bateau la veille au soir, car il partait très tôt le matin. Un de mes collaborateurs est apparu et m'a informé qu'une attaque très grave contre le New York Central avait été lancée devant les tribunaux et que le département juridique avait besoin d'un avocat extérieur et lui a demandé qui il devait employer. J'ai dit :

« Sénateur Conkling ». Avec étonnement, il répondit : "Eh bien, il vous dénonce amèrement depuis des mois." "Oui, mais c'était de la politique", dis-je. " Vous savez que l'avocat le plus brillant des États-Unis pourrait venir à New York et, à moins qu'il ne forme des associations avantageuses avec certains des cabinets les plus anciens, il ne pourrait obtenir aucune pratique. Maintenant, ce procès sera très visible, et le fait que le sénateur Conkling L'avocat principal de la Centrale lui donnera immédiatement un statut et attirera vers lui des clients. Sa comparution dans l'affaire lui a valu une notoriété immédiate et des honoraires importants.

La carrière du sénateur Conkling au barreau a été des plus réussies, et il y a eu une tristesse universelle lorsque sa vie a pris fin dans la tragédie du grand blizzard.

VI. HORACE G REELEY

Alors qu'il était secrétaire d'État de New York, le recensement décennal de l'État a été effectué, et la nomination de trois mille recenseurs a impliqué autant de pression de la part des membres du Congrès, des sénateurs de l'État, des membres de l'Assemblée et des dirigeants locaux que si les postes avaient été très rémunérateurs et permanents. J'ai découvert ce qu'est le patronage politique de pouvoir dans l'organisation du parti, car il s'est avéré que la nomination de ce grand nombre d'hommes, répartis dans chaque ville de l'État, aurait pu facilement être utilisée pour la formation d'une organisation personnelle au sein du parti.

J'étais extrêmement friand, comme je l'aime encore et toujours, des questions politiques, des questions qui touchent le gouvernement général, l'État, ou les localités, les organisations de partis et les dirigeants politiques. Ainsi, tout en me consacrant à ma profession et à son travail et en appréciant de plus en plus son travail et ses activités, la politique est devenue une récréation intéressante. Sans le désir et la détermination de ne pas exercer de fonctions publiques, être appelé aux conseils du parti, assister occasionnellement à des réunions du comité d'État et être délégué aux congrès étaient d'heureux soulagements et des excursions dans la routine du travail professionnel, comme le golf est réservé à un homme d'affaires ou à un avocat fatigué.

La nomination du général Grant à la présidence par les républicains et d'Horatio Seymour par les démocrates avait fait de New York l'État charnière des élections nationales. John T. Hoffman, le plus populaire parmi les jeunes démocrates, était leur candidat au poste de gouverneur. Les Républicains, à l'unanimité, se sont mis d'accord sur John A. Griswold, un membre du Congrès du district de Troy. Griswold était l'idole de ses collègues de la délégation de New York au Congrès, et sa personnalité attrayante et ses capacités commerciales démontrées en avaient fait un grand favori auprès des politiciens, des hommes d'affaires et des syndicats. La campagne pour sa nomination avait été menée avec beaucoup d'ardeur par des amis enthousiastes dans toutes les régions de l'État, et les délégations étaient presque toutes engagées pratiquement en faveur de sa nomination. Personne n'imaginait qu'il y aurait un candidat de l'opposition.

Dans le train pour la convention, John Russell Young, alors rédacteur en chef du New York Tribune sous la direction de M. Greeley, est venu me voir et m'a dit : « M. Greeley a décidé d'être candidat à la convention pour la nomination au poste de gouverneur. son ami, il vit dans votre circonscription dans le comté de Westchester et souhaite que vous prononciez le discours de nomination.

J'ai essayé d'argumenter la question avec Young en lui décrivant la situation et le désespoir total de toute tentative de briser l'ardoise. Il a cependant insisté là-dessus, affirmant que toutes les promesses et préférences disparaîtraient à cause des services de Greeley au parti pendant tant d'années.

Lorsque nous sommes arrivés à Syracuse et avons déclaré notre détermination à présenter le nom de M. Greeley, cela a été accueilli de manière hilarante comme une plaisanterie. Des efforts furent faits par les amis de Greeley pour le persuader de ne pas entreprendre une tâche aussi impossible, mais ils ne purent produire aucun effet.

M. Griswold fut nommé par M. Demers, un des jeunes hommes les plus éloquents du ministère de l'État, et plus tard rédacteur au pouvoir, et son discours remplit toutes les exigences.

Ensuite, j'ai présenté M. Greeley. Au début, le public était hostile, mais à mesure que le récit des réalisations du grand éditeur devenait en intensité et en chaleur, l'assemblée commença à applaudir puis à applaudir. Un délégué m'a lancé la question : « Et si Greeley signait la caution de Jefferson Davis ? Le sentiment sembla changer immédiatement et les acclamations furent suivies de sifflements. Puis il y a eu un silence suprême et j'ai immédiatement crié : « Il y a des taches sur le soleil.

L'effet était électrique. Les délégués étaient debout, debout sur des chaises, l'air était plein de chapeaux et les acclamations assourdissantes pour Greeley pendant quelques minutes. M. Demers, le prédicateur délégué, perdit l'équilibre, se précipita vers moi en me serrant le poing avec enthousiasme et cria : « Bon sang ! vous l'avez nommé et battu Griswold.

Une pause a été prise et, lorsque la convention a repris, le scrutin a démontré que si on lui laisse du temps, elle peut toujours réformer ses lignes brisées et faire preuve de l'efficacité de la discipline.

Lorsque j'ai rencontré M. Greeley peu de temps après, il a déclaré : « Je ne comprends pas pourquoi j'ai désiré la nomination au poste de gouverneur, ni pourquoi quiconque devrait vouloir ce poste. de New York."

Ayant essayé cette proposition à plusieurs reprises depuis auprès du citoyen moyen, j'ai constaté que M. Greeley avait absolument raison. Celui qui ne le pense pas peut essayer de résoudre lui-même ce problème.

La réunion du Collège électoral au Capitole d'Albany en 1864 fut l'un des rassemblements les plus pittoresques et les plus intéressants jamais organisés dans l'État. Les gens sont venus de toutes les régions du pays pour assister à la formalité du vote de New York pour Abraham Lincoln. Les membres du collège étaient pour la plupart des hommes de grande distinction dans notre vie publique et civique.

Horace Greeley a été élu président du collège. La réunion s'est tenue dans la salle du Sénat. Lorsque M. Greeley a pris place, le bureau devant lui ne rendait visible que son buste et avec son visage merveilleusement intellectuel, ses longs cheveux gris rejetés en arrière et son expression solennelle et sérieuse, il était l'une des figures les plus impressionnantes que j'aie jamais vues. vu occuper le fauteuil en tant que président de séance.

L'un des électeurs ne s'est pas présenté. La plupart d'entre nous savaient que sous la pression d'une grande excitation, il était incapable de résister à ses tendances conviviales, mais personne ne supposait que M. Greeley pouvait d'une manière ou d'une autre connaître sa faiblesse. Après avoir attendu quelque temps, un des électeurs a proposé que le collège fasse une pause d'une demi-journée. M. Greeley devint très pâle et, avant de poser la question, fit un petit discours, à peu près comme celui-ci, d'une voix pleine d'émotion, je pourrais presque dire des larmes : « Mes frères, nous sommes réunis ici à l'occasion la plus solennelle de notre vit dans cette crise de la république. De la régularité de ce que nous faisons ici aujourd'hui peut dépendre si la république vit ou meurt, je suggérerais donc que nous restions assis ici en silence jusqu'à ce que notre frère absent, qui est sans aucun doute tenu à l'écart de nous. pour une bonne raison, apparaîtra et prendra place.

L'effet de ce discours sur le Collège électoral et sur le public environnant fut grand. Beaucoup étaient en larmes et les spectatrices, dont la plupart pleuraient les victimes de la guerre, pleuraient toutes.

En tant que secrétaire d'État, il était de mon devoir de préparer tous les papiers pour exécution dès que le collège avait voté, et d'y apposer le grand sceau de l'État, puis ils étaient envoyés par messager spécial à Washington pour être remis à la Chambre des représentants. M. Greeley, à l'ouverture de la séance, m'a dit : « Chauncey, comme je ne connais pas très bien le droit parlementaire, j'aimerais que vous preniez place sur les marches à côté de moi ici, afin que je puisse vous consulter si nécessaire. ". Après ce discours efficace et touchant, il se pencha jusqu'à ce qu'il soit près de mon oreille et dit : « Chauncey, combien de temps pensez-vous qu'il faudra avant que cet imbécile ivre puisse revenir et prendre sa place ?

L'administration du général Grant suscita bientôt une grande opposition. Carl Schurz, Charles Francis Adams et d'autres dirigeants sont devenus très hostiles à l'administration et à un second mandat. Le pays aspirait à la paix. Les gouvernements « tapissiers » du Sud étaient pleins de corruption et d'incompétence et imposaient aux États du Sud un fardeau de dette intolérable. Le sentiment devenait général qu'il fallait une amnistie universelle afin que les peuples les meilleurs et les plus capables du Sud puissent reprendre la direction de leurs propres affaires.

Cela a conduit à la convocation d'une convention des républicains, qui a nommé Horace Greeley à la présidence. Je n'avais aucune envie ni la moindre intention de m'impliquer dans cette polémique, mais j'exerçais avec bonheur mon métier, avec un attachement croissant pour la vie privée.

Un jour, le commodore Vanderbilt, qui avait une forte amitié pour M. Greeley, mais ne s'intéressait pas à la politique, m'a dit : « M. Greeley est venu me voir et a très hâte que vous l'assistiez . Si vous pouvez l'aider de quelque manière que ce soit, j'aimerais que vous le fassiez.

Ensuite, M. Greeley est venu chez moi. « Chauncey », dit-il (il m'appelait toujours Chauncey), « comme vous le savez, j'ai été nommé président des États-Unis par la convention libérale-républicaine. Si je parviens à obtenir le soutien du parti démocrate, mon élection est assurée. Mes amis démocrates me disent que pour y parvenir, je dois démontrer que j'ai un important soutien républicain. Nous avons donc convoqué une réunion à Rochester, qui est la capitale des comtés républicains les plus forts de l'État. l'orateur principal est un républicain de réputation d'État et nationale. Je vous ai choisi à cet effet.

À ma protestation selon laquelle je ne souhaitais pas me présenter au concours ni prendre une quelconque part à la politique active, il m'a répondu avec beaucoup d'indignation : « Je vous ai soutenu dans mon journal et personnellement tout au long de votre carrière. J'ai pensé que si quelqu'un était capable de gratitude, c'est vous, et j'ai eu des expériences malheureuses avec beaucoup. Je n'ai jamais pu résister à un appel de ce genre, alors j'ai dit impulsivement : « M. Greeley, j'y vais.

La réunion a été un merveilleux succès au regard du but pour lequel elle avait été convoquée. C'était un rassemblement purement républicain. La foule était plusieurs fois plus nombreuse que ce que la salle pouvait accueillir. Henry R. Selden, l'un des juges de la Cour d'appel et l'un des républicains les plus éminents et respectés de l'État, présidait. Les deux cents vice-présidents et secrétaires de la plateforme que je connaissais intimement depuis des années en tant que dirigeants républicains de leurs comtés et districts. La manifestation a tellement impressionné les dirigeants de l'État démocrate que lors de la convention nationale démocrate, M. Greeley a été soutenu.

Deux conventions d'État ont eu lieu simultanément cette année-là, une démocrate et une républicaine libérale. Dans la répartition des fonctions, le parti démocrate, étant le plus important, reçut le poste de gouverneur et les républicains libéraux celui de lieutenant-gouverneur. J'ai été élu président de la convention libérale-républicaine et j'ai également été nommé à l'unanimité son candidat au poste de lieutenant-gouverneur. La convention démocrate a nommé Francis Kernan , l'un des avocats les plus éminents de l'État, puis sénateur des États-Unis.

Si les élections avaient eu lieu plus tôt dans le scrutin, il ne fait guère de doute que M. Greeley aurait remporté l'État à une majorité écrasante. Son problème était que pendant un quart de siècle, en tant que rédacteur en chef du New York Tribune, il avait été le critique et l'opposant le plus impitoyable, le plus amer et le plus redoutable du parti démocrate. L'animosité profondément enracinée contre lui s'est pleinement réveillée à mesure que la campagne se déroulait par une propagande qui remettait entre les mains de chaque démocrate ces anciens éditoriaux cinglants du New York Tribune. Leur effet sur les électeurs démocrates fut évident au bout d'un certain temps, et lorsque, lors des élections de septembre, la Caroline du Nord devint républicaine, une grande masse de républicains, qui avaient décidé de soutenir M. Greeley, retournèrent dans leur parti, et il fut massivement vaincu.

Au début de sa démarche, M. Greeley fit une tournée du pays. Les candidats à la présidentielle ont effectué de nombreux voyages de ce type, mais aucun de ce genre. Sa marche était une procession triomphale et son public était immense et très enthousiaste. Le pays tout entier s'émerveillait de sa polyvalence intellectuelle. Il parlait tous les jours, et souvent plusieurs fois par jour, et chaque discours était absolument nouveau. Il ne semblait y avoir aucune limite à son originalité, à sa fraîcheur ou aux nouveaux angles sous lesquels présenter les enjeux de la toile. Aucun candidat n'a jamais été aussi violemment insulté et calomnié.

Un conférencier chevronné a vécu au cours de sa carrière des expériences originales. La cordialité et la réactivité de son auditoire ne sont pas toujours un indice de son accord avec son argument. Pendant la campagne, M. Greeley est venu me voir et m'a dit : « J'ai reçu des récits encourageants de l'État du Maine. J'ai une lettre d'un tel endroit » — en le nommant — « du directeur de l'académie là-bas. Il m'écrit que le pasteur congrégationaliste, qui possède la plus grande église de la ville, le président de la banque, le fabricant, le principal avocat et lui-même sont des lecteurs permanents de la Tribune, et ces républicains inébranlables ont l'intention de me soutenir. Il réfléchit s'ils peuvent organiser une réunion publique. avec un orateur de réputation nationale, le résultat pourrait être un renversement en ma faveur dans cette communauté, qui est presque unanimement républicaine, afin qu'elle puisse influencer l'État tout entier, et, " continua M. Greeley, " il vous propose comme orateur, et je vous demande sincèrement d'y aller.

Quand je suis arrivé sur place, j'ai été diverti par le fabricant. Le public s'est rempli dans la plus grande salle de la ville. Le directeur de l'académie a présidé, le ministre de la Congrégation a ouvert les exercices par une prière, et j'ai été présenté et reçu avec une grande cordialité.

Devant un tel auditoire, mon discours consistait à faire l'éloge du général Grant comme le plus grand général des temps modernes et à quel point la préservation de l'Union dépendait dans une large mesure de son génie militaire. Ensuite, imaginer les énormes responsabilités de la présidence et l'impossibilité pour un homme, aussi grand soit-il en tant que soldat, avec une vie d'éducation, d'environnement et d'expériences militaires, de réussir dans des fonctions civiles, en particulier aussi importantes que la présidence des États-Unis. États. Vint ensuite, bien sûr, l'éloge d'Horace Greeley, le créateur de l'opinion publique, le façonneur des politiques nationales, le leader le plus éloquent et le plus ingénieux du parti républicain depuis sa formation. Le public acclama avec beaucoup d'enthousiasme toutes ces allusions au général Grant, et répondit avec la même ferveur à mes éloges à l'égard d'Horace Greeley.

Lorsque j'ai terminé, ils se sont levés et m'ont acclamé cordialement, et le président de séance s'est avancé et a dit : « Je suggère maintenant que nous terminions cette réunion avec trois acclamations enthousiastes pour Horace Greeley. » Le directeur de l'académie, le fabricant, le ministre, l'avocat, un très petit nombre de spectateurs et plusieurs femmes ont répondu. Après ce gel, un fermier se releva graduellement, et tandis qu'il commençait à laisser échapper maillon après maillon de son corps, qui semblait haut d'environ sept pieds, il atteignit toute sa hauteur, puis, d'une voix qu'on pouvait entendre à un kilomètre et demi, il cria : « Trois bravo au général Grant ! » La réponse a presque fait tomber le toit de la maison. J'ai quitté l'État le lendemain matin et j'ai dit à M. Greeley qu'il ne pouvait pas transporter le Maine.

Parmi les épisodes amusants de la campagne, il y en a un qui s'est produit lors d'une réunion de masse à portes ouvertes à Watertown, dans l'État de New York. John A. Dix avait été nommé gouverneur sur la liste républicaine, et je parlais de lui et de sa carrière. Il avait changé d'un parti à l'autre cinq ou six fois au cours de sa longue carrière, et à chaque fois il avait obtenu une charge. Il y avait de grands doutes quant à son âge, car dans l' Encyclopédie américaine la date de sa naissance était donnée à une certaine année, et dans l' Encyclopédie française , qui publiait sa biographie lorsqu'il était ministre en France, une date très différente était donnée. . En plein discours partisan, je passai en revue ces changements d'activité politique, et comment chacun avait été récompensé, ainsi que le doute sur son âge, puis je criai : « J'ai découvert dans les archives des Pères Pèlerins que lorsqu'ils ont débarqué sur Plymouth Rock, ils ont trouvé John A. Dix debout sur le rocher et annonçant qu'à moins qu'ils ne le nomment juge de paix, il rejoindrait les Indiens. Un paysan indigné, qui ne pouvait plus retenir sa colère, cria : "C'est un mensonge ! Les pèlerins ont débarqué il y a plus de deux cent cinquante ans." J'ai vu que mon interrupteur avait avalé mon appât, mon hameçon et ma ligne, mon bob et mon plomb, ma canne et tout, et j'ai crié avec une grande indignation : « Monsieur, j'ai raconté cet incident historique dans tout l'État, de Montauk Point à Niagara Falls, et vous êtes le premier homme qui a eu l'audace de le remettre en question.

Un autre agriculteur s'est approché du chahuteur et lui a dit : "Voici mon chapeau, voisin. Vous pouvez le garder. J'y vais tête nue pour le reste de ma vie." Dans son rire bruyant, toute la foule se joignit à lui. Il fallut des années avant que le fermier interrogateur puisse visiter Watertown sans se heurter à d'innombrables questions quant à la date du débarquement des pèlerins à Plymouth Rock.

La dernière réunion de la campagne a eu lieu au domicile de M. Greeley à Chappaqua, dans le comté de Westchester. Nous savions tous que la compétition était sans espoir et que la défaite était assurée. J'étais l'un des orateurs, à la fois en tant que voisin et ami, et je l'ai accompagné à New York. Une foule agitée dans le train le raillait pendant que nous avancions. Nous sommes allés à son bureau, et là il a parlé des mensonges qui avaient été racontés à son sujet et auxquels le public avait cru ; des caricatures qui l'avaient dénaturé, notamment ceux de Tom Nast, et dont beaucoup circulaient. S'appuyant sur son bureau, découragé et désespéré, il dit : « J'ai donné ma vie pour la libération des esclaves, et pourtant on leur a fait croire que j'étais un esclavagiste. " Il fut submergé d'émotion et ce fut l'entretien le plus triste que j'aie jamais eu avec quelqu'un. C'était vraiment le bris d'un grand cœur. Il est décédé avant le décompte des votes.

Il y eut instantanément dans le pays un profond dégoût du sentiment populaire. Il avait perdu sa femme pendant la campagne, et le peuple prenait soudain conscience des chagrins dans lesquels il avait souffert, de son génie de journaliste, de son activité de réformateur et d'une utilité qui n'avait pas d'équivalent chez ses contemporains. Le président élu, le général Grant, et le vice-président élu, Schuyler Colfax, assistèrent aux funérailles et, sans distinction de parti, sa mort fut universellement pleurée.

Après les élections, lors d'une consultation sur les affaires ferroviaires, le commodore Vanderbilt m'a dit : « J'étais très heureux que vous ayez été vaincu », ce qui était sa manière de dire qu'il ne voulait pas que je quitte le chemin de fer ou que j'exerce d'autres fonctions qui nuire à mon efficacité.

Avec la mort tragique de M. Greeley, le mouvement républicain libéral a pris fin. La plupart d'entre nous qui l'avaient suivi reprirent immédiatement nos relations avec le parti républicain et participèrent activement à ses travaux lors de la campagne suivante. La révolte fut pardonnée, sauf dans de très rares cas, et les hommes de Greeley retournèrent à leurs anciennes positions dans leurs différentes localités et devinrent importants dans la vie officielle de l'État. Comme d'habitude, à l'automne, j'ai pris mes vacances sur le quai pour la fête.

VII. RUTHERFORD B. HAYES ET WILLIAM M. EVARTS

C'est une des tragédies de l'histoire que, dans le cortège des événements, l'accumulation des incidents, année après année et génération après génération, des hommes célèbres de toutes les époques disparaissent si rapidement.

À la fin de la guerre civile, il y avait au moins une vingtaine de généraux dans le Nord et autant dans le Sud, dont les noms étaient familiers. Environ cinquante-cinq ans se sont écoulés depuis la fin de la guerre, et le citoyen moyen n'en connaît que deux : Grant et Lee.

L'un des derniers actes du général Grant fut d'offrir au sénateur Conkling le poste de juge en chef de la Cour suprême des États-Unis. Conkling avait acquis grâce à ses fonctions sénatoriales et à la direction de son parti une grande réputation, à laquelle un service ultérieur au Sénat ne pouvait ajouter que peu ou rien. Il était au début de la quarantaine, dans la fleur de l'âge, et il aurait eu devant lui, comme juge en chef de cette grande cour, une longue vie d'utilité et de distinction.

Conkling était essentiellement un avocat et, en tant qu'avocat, ne possédait pas le tempérament judiciaire. Même s'il a été très surpris qu'il ait refusé cette merveilleuse opportunité, nous pouvons voir maintenant que l'environnement et les restrictions du poste auraient rendu impossible la tâche de cet esprit fougueux et ambitieux. Il était bien connu que le général Grant, dans la mesure où il pouvait influencer les actions de la convention républicaine nationale, était en faveur du sénateur Conkling comme successeur. Les amis du sénateur croyaient, et ils lui faisaient croire, que la présidence était à sa portée.

Lorsque la convention nationale s'est réunie, on a découvert que l'amertume entre les deux dirigeants, Blaine et Conkling, rendait l'harmonie impossible. L'amertume à ce moment-là était du côté de Conkling contre Blaine. Avec la composition de ce dernier, le ressentiment ne pouvait pas durer très longtemps. Il est intéressant de spéculer sur ce qui aurait pu se passer si ces deux dirigeants étaient devenus amis. Il est possible que tous deux aient atteint le grand objectif de leurs ambitions et soient présidents des États-Unis.

L'élément marquant de ce congrès dans l'histoire de ces rassemblements intéressants a été le discours du colonel Robert G. Ingersoll, nommant M. Blaine. Dans son effet sur le public, dans sa réception par le pays et en soi en tant qu'effort de ce genre, il est sans précédent et sans égal.

Comme d'habitude dans les conventions populaires, où l'antagonisme des dirigeants et l'amertume de leur partisanerie menacent l'unité du parti, le résultat fut la nomination d'un « cheval noir », et la convention termina ses travaux en présentant au pays le général Rutherford. B. Hayes.

Le président Hayes, bien qu'il fût l'un de nos présidents les plus aimables, les plus sympathiques et les plus sociables, possédant toutes les qualités nécessaires pour lui attacher des hommes et nouer des amitiés chaleureuses, était néanmoins l'un des plus isolés. Il a hérité de tous les problèmes commerciaux, de la désorganisation économique et des perturbations monétaires qui sont nés de la panique de 1873. Il a été confronté à plus de faillites que jamais dans l'histoire de notre entreprise.

Avec un courage rare et la plus parfaite bonhomie, il installa des réformes essentielles qui, dans l'état alors de l'organisation du parti et de l'opinion publique, offensèrent pratiquement tout le monde. Il a plongé les radicaux extrémistes de son parti dans une frénésie de rage en éliminant les gouvernements « en sac de tapis » et en rétablissant l'autonomie gouvernementale du Sud. Il a inauguré la réforme de la fonction publique, mais ce faisant, il a contrarié la plupart des sénateurs et des membres de la Chambre.

Lorsqu'il découvrit que le collecteur du port de New York, Chester A. Arthur, et l'arpenteur, Alonzo B. Cornell, géraient leurs bureaux avec leur vaste patronage sur des lignes strictement mécaniques, et que cela avait l'approbation générale des dirigeants du parti. , il les a destitués et a nommé pour leurs successeurs le général Edwin A. Merritt et Silas W. Burt, avec pour instructions de ne destituer personne pour des raisons politiques et de ne nommer personne sauf en cas d'efficacité démontrée pour le poste. Il a poursuivi la même politique dans les départements du fisc et des postes. Cette politique menaçait la primauté de la machine de Conkling.

Le président Hayes avait un cabinet très fort. Le secrétaire d'État, William M. Evarts, et le secrétaire au Trésor, John Sherman, étaient deux des hommes les plus compétents du pays. Evarts était le leader du barreau national et, dans sa mentalité cristallisée, il n'avait pas d'égal dans la profession ou en dehors. Sherman était l'économiste le plus éminent et le mieux informé, mais aussi un grand homme d'État. En étroite consultation avec Sherman, Hayes a provoqué la reprise du paiement en espèces. Les « écologistes », favorables au papier illimité, et les argentiers, favorables à la frappe illimitée de l'argent, et qui étaient très nombreux, rejoignirent la brigade insurgée.

Même si M. Hayes se retirait de la présidence par ce que l'on pourrait appeler le consentement unanime, il avait créé les conditions qui rendirent possible le succès de son parti en 1880.

Ce fut une expérience rafraîchissante de rencontrer le président en ces temps troublés. Alors que tout le monde était excité, lui était parfaitement calme. Tandis que la plupart des grands hommes du Capitole étaient en colère, lui, à l'autre bout de l'avenue, était placide et serein. Il m'a dit un jour : « C'est une expérience nouvelle, lorsque vous faites ce que vous pensez être le mieux et le mieux pour le pays, de le voir si généralement critiqué et désapprouvé. Mais la compensation est que vous vous attendez à de l'antagonisme et de la désapprobation et que vous pensez que quelque chose ne va pas. avec vos décisions si vous ne les avez pas reçues.

Les abus généralisés auxquels il a été soumis, provenant de nombreuses sources, ont affecté l'image que le public avait de lui. Après avoir quitté la présidence, il m'a dit qu'il pensait que c'était le devoir d'un ancien président d'utiliser le prestige qui appartenait à sa fonction au profit de l'éducation. "J'ai découvert", a-t-il déclaré, "qu'il est extrêmement utile, dans les collèges et les écoles, d'avoir des conférences, des leçons, etc., sur l'histoire et le patriotisme, et derrière eux la personnalité d'un ancien président des États-Unis."

Pour illustrer à quel point les hommes distingués, lorsqu'ils sont hors du pouvoir, n'intéressent plus notre peuple, je me souviens avoir rencontré M. Hayes un jour devant l'étalage de fruits d'une épicerie bien connue, et après l'avoir salué, j'ai dit à l' épicier : "C'est l'ex-président Hayes. Vous ne voulez pas le rencontrer ?" L' épicier répondit : "Il ne m'intéresse pas, mais j'ai la plus belle collection de poires de la ville et je veux vous en vendre."

Le Capitole était plein de caractérisations riches et racées, d'épigrammes et de sarcasmes que le sénateur Conkling déversait quotidiennement sur le président Hayes, et en particulier sur le secrétaire Evarts. Selon toutes les règles de courtoisie sénatoriale à l'époque des machines, un membre du Cabinet de New York aurait dû être un ami du sénateur américain. M. Evarts était un homme trop grand pour être compté dans une autre classe ou catégorie que la sienne. Bien entendu, toutes ces critiques s'adressaient aussi bien au président qu'au secrétaire d'État. Le président n'en a jamais parlé, et je n'ai jamais entendu Evarts, bien que je le rencontre fréquemment, répondre qu'une seule fois.

En dînant avec M. Evarts, qui a reçu avec charme, un juriste anglais très distingué parmi les invités, ici en mission spéciale, a déclaré : « Monsieur le Secrétaire, j'étais au Sénat aujourd'hui et j'ai entendu le sénateur Conkling parler. Sa magnifique apparition personnelle , ajouté à son bel oratoire, doit faire de lui un des plus redoutables avocats à votre barreau et dans vos tribunaux. » Le juge anglais pensait bien entendu que M. Evarts, en tant que leader du barreau américain et toujours présent dans les tribunaux, connaîtrait tous les avocats de distinction. M. Evarts a répondu sèchement : « Je n'ai jamais vu M. Conkling au tribunal. »

Il est toujours dangereux de commenter ou de raconter une histoire osée qui implique l'affliction personnelle de qui que ce soit. Un soir, un dîner avec M. Evarts était également un général très distingué de notre guerre civile, qui avait été une figure importante de la politique nationale. Il était très curieux d'en savoir plus sur M. Tilden, et particulièrement sur la véracité d'un rapport selon lequel M. Tilden avait eu une attaque de paralysie, et il m'a plu, car j'étais justement de New York. J'ai raconté une histoire qui était d'actualité à l'époque, selon laquelle M. Tilden avait démenti cette information en disant à un ami : « Ils disent que je ne peux pas porter ma main gauche à ma tête. Il a ensuite mis sa main droite sous le coude gauche et a tiré la gauche facilement jusqu'à son visage et a dit : "Regardez, ma gauche a atteint son but."

J'ai vu que M. Evarts était embarrassé par l'anecdote et j'ai découvert par la suite que l'invité de marque avait récemment eu un accident vasculaire cérébral similaire au côté gauche et ne pouvait propulser son bras et sa main gauches qu'avec l'aide de sa droite.

Mon vieux fantasme d'être élu a réapparu lors des élections sénatoriales de 1882. La législature, pour la première fois depuis une génération, était totalement sans chef. L'ancienne organisation avait disparu et la nouvelle ne s'était pas encore cristallisée.

M. Evarts avait hâte d'être sénateur et je lui ai assuré mon soutien. Evarts était totalement dépourvu des arts populaires. Il était le plus grand des avocats et le plus charmant des hommes, mais il ne pouvait pas solliciter de votes. En outre, il était totalement indépendant dans ses idées de toute dictée ou contrôle de l'organisation, et il en voulait à l'un et à l'autre. Il ne croyait pas qu'un homme public devrait accéder à une fonction publique sous quelque obligation que ce soit et était mécontent de telles suggestions.

Un grand nombre d'hommes représentatifs pensaient que ce serait une bonne chose pour le pays si New York pouvait avoir cet homme le plus accompli, le plus compétent et le plus brillant au Sénat des États-Unis. Ils l'ont fortement insisté auprès de la législature, dont aucun membre ne le connaissait personnellement, et M. Evarts n'irait pas à Albany.

Les membres ont choisi un comité pour venir à New York et voir M. Evarts. Ils sont partis avec l'idée de vérifier jusqu'à quel point il se souviendrait avec gratitude de ceux qui l'ont élu. Leur visite fut un lamentable échec. Ils sont venus à mon bureau avec une vive indignation et ont déclaré qu'ils n'avaient pas l'intention d'envoyer un homme aussi froid et antipathique comme représentant à Washington et ont sincèrement demandé mon consentement pour qu'ils me nomment au caucus le lendemain matin.

Le comité téléphona à Albany et reçut l'assentiment de toutes les factions de son parti à cette proposition. Ensuite, ils ont proposé que lorsque le caucus se réunirait, M. Evarts reçoive bien entendu des discours élogieux de la part de ses amis. Entre-temps, d'autres seraient nommés, puis un membre vétéran, qu'ils désigneraient, me proposerait dans l'intérêt de l'harmonie et de l'union du parti, après quoi les parrains de l'autre candidat retireraient leur homme, et je serais nommé par acclamation. Ma réponse fut un appel des plus sincères à M. Evarts. Puis les amis de M. Evarts se sont ralliés à son soutien et il a été élu.

Je place M. Evarts au premier rang comme avocat, esprit et diplomate. Il a jugé avec succès les cas les plus célèbres de son temps et a démontré à plusieurs reprises son remarquable génie. En tant qu'avocat général des chemins de fer et, par conséquent, en tant qu'administrateur chargé de retenir les services d'avocats distingués, j'ai rencontré bon nombre des meilleurs hommes du barreau, mais jamais aucun doté d'un esprit aussi complet et clarifié que William M. Evarts. Les mystères des cas les plus compliqués semblaient simples, les difficultés juridiques évidentes et la solution compréhensible à tous ceux qui étaient analysés.

M. Evarts était l'homme le plus spirituel que j'aie jamais rencontré. Il est difficile de réhabiliter dans les paroles d'un bel esprit la saveur complète de l'énoncé. C'est plus facile avec un homme d'humour. Evarts était très fier de ses efforts en tant qu'agriculteur sur son grand domaine du Vermont. Parmi ses prix figurait un troupeau de cochons. Il envoya au juge en chef Morrison R. Waite une copie de son éloge funèbre du juge en chef Salmon P. Chase, prédécesseur de Waite, et en même temps un jambon, disant dans sa lettre : « Mon cher juge en chef, je vous envoie aujourd'hui un de mes jambons primés et aussi mon éloge funèbre du juge en chef Chase, tous deux produits par ma plume.

Les bonnes choses que disait M. Evarts seraient évoquées longtemps après un dîner. Je me souviens qu'un jour son célèbre partenaire, M. Choate, qui était un homme de Harvard, alors qu'Evarts était diplômé de Yale, a présenté M. Evarts en disant qu'il était surpris qu'un homme de Yale, avec tous les préjugés de cette institution contre les avantages supérieurs de Harvard, aurait dû risquer son estomac lors d'un dîner à Harvard. M. Evarts a répondu : "Quand je vais à un dîner à Harvard, je laisse toujours les manteaux de mon ventre à la maison."

M. Evarts m'a dit un jour, alors que je lui rendais visite dans sa campagne, qu'un vieillard qu'il m'avait désigné et qui sciait du bois était le philosophe le plus sensé du quartier. M. Evarts a déclaré : « Il parle toujours tout seul et je lui ai demandé pourquoi. » Sa réponse fut : « Je me parle toujours à moi-même plutôt qu'à quelqu'un d'autre, parce que j'aime parler à un homme sensé et entendre parler un homme sensé. »

VIII. GÉNÉRAL GARFIELD

Le triomphe des démocrates dans le Maine aux élections de septembre 1880 eut un effet des plus déprimants sur les républicains et un effet tout aussi exaltant sur les démocrates. L'effet paralysant de simples déclarations lors d'élections populaires fait presque penser que chaque candidat devrait suivre le célèbre conseil de Matthew Quay à son candidat au poste de gouverneur : « Castor, ferme ta bouche ».

Lors de la campagne électorale, lorsque le général Winfield Scott s'est présenté à la présidence, il a commencé une communication importante en déclarant qu'il répondrait dès qu'il aurait pris une assiette de soupe à la hâte. Cette « assiette de soupe précipitée » apparaissait dans les dessins animés, était représentée sur les murs, etc., sous toutes les formes de ridicule, et fut l'un des principaux éléments de sa défaite.

Lorsque, vers la fin de l'enquête, Garfield eut réussi à faire du tarif le problème principal, on demanda au général Hancock quel était son point de vue sur le tarif. (Vous devez vous rappeler que le général était un soldat et n'avait jamais fait de politique.) Le général répondit : « Le tarif était une question purement locale en Pennsylvanie. » Le pays tout entier éclata de rire et la campagne de Hancock présenta une fissure qui ne fut jamais réparée.

Il n'y a jamais eu deux adversaires plus pittoresques que le général Garfield et le général Hancock. Hancock était l'idole de l'armée du Potomac, et tout le monde se souvenait de la dépêche de McClellan après l'une des batailles les plus sanglantes de la campagne de la péninsule : « Hancock était superbe aujourd'hui. C'était un homme extrêmement bel et l'un des plus beaux personnages en uniforme de tout le pays.

Le général Garfield présenta également une très belle apparence. C'était un homme grand, bien proportionné et aux manières très engageantes. Il avait également une faculté inhabituelle pour des discours publics attrayants, non seulement sur la politique, mais sur de nombreux sujets, notamment l'éducation et le patriotisme. Je ne pourrai jamais oublier le moment où la nouvelle de l'assassinat de Lincoln est parvenue à New York. La foule en colère et dangereuse qui montait et descendait Broadway et Wall Street menaçait de détruire les banques et les entreprises censées sympathiser avec les confédérés.

Garfield apparut soudain sur le balcon de la douane de Wall Street et réussit à calmer la foule. D'une voix qui parvenait jusqu'à l'église de la Trinité, il a appelé au calme dans la pensée et l'action, a désapprouvé toute violence, puis, dans un appel passionné à l'espoir malgré la tragédie, s'est exclamé impulsivement : « Dieu règne et la République vit toujours ».

Des amis m'ont demandé de rendre visite au général Garfield et de voir ce qu'il pensait de la situation politique qui, pendant la campagne de 1880, ne semblait pas encourageante. J'ai pris le train suivant, j'ai passé la journée avec lui et j'étais de retour à New York le lendemain.

Quand je suis descendu du train à Cleveland le matin, les vendeurs de journaux m'ont présenté un quotidien démocrate de Cleveland, avec une photo d'un coq sur toute la première page et l'annonce que les démocrates avaient emporté le Maine. La conviction était alors universelle que « l'Union suivra l'évolution du Maine » et que quel que soit le parti qui remporterait cet État aux élections de septembre, le pays suivrait dans la course à la présidentielle de novembre.

J'ai pris le train suivant pour Mentor, la résidence du général Garfield. J'ai trouvé à la gare une vingtaine de wagons et de voitures de campagne attendant des passagers. J'ai dit aux fermiers : « Est-ce que l'un d'entre vous m'emmènera jusqu'à la résidence du général Garfield ? L'un d'eux répondit : « Nous vous prendrons tous ce matin, mais si vous étiez venu hier, vous auriez dû attendre votre tour.

C'était un exemple frappant de la variabilité de l'opinion publique. Des délégations de partout, en route pour saluer le candidat, avaient lu les journaux du matin et faisaient demi-tour, décidant de ne pas y aller.

J'ai trouvé Garfield luttant courageusement pour surmonter la dépression qu'il ressentait. Il était en contact étroit avec la situation partout dans le monde et en discutait avec discernement et espoir.

L'incident le plus touchant s'est produit pendant que je parlais avec lui. Sa mère traversa la pièce et, lui tapotant le dos, lui dit : « James, les voisins pensent que tout va bien ; ils brandissent une banderole au coin.

Deux vieux amis soldats sont venus et le dîner de midi était un festin intellectuel rare. Le général était un brillant causeur. Son esprit se tourna d'abord vers les accidents des carrières. Il m'a demandé s'il n'y avait pas eu un moment dans mes premiers combats où si la Providence m'avait offert une modeste certitude, je n'aurais pas échangé tout l'avenir contre cela, puis il a poursuivi : « Il y a eu une période dans mes premiers combats en tant qu'enseignant où, si on m'avait offert la direction d'une académie dotée, avec un salaire adéquat, à la condition que je doive me consacrer à ses intérêts et abandonner tout le reste, je suis bien sûr que j'aurais accepté .

Bien sûr, l'application pleine d'espoir de cet incident à la défaite du Maine était que, aucune offre de ce type n'ayant été faite ou acceptée, il avait fait une glorieuse carrière dans l'armée, s'élevant jusqu'à la tête de l'état-major général et avait été pendant vingt ans figure de proue de la Chambre des représentants, il était maintenant un sénateur américain récemment élu et un candidat choisi à la présidence.

Puis il se tourna vers les cas où la victoire avait été arrachée à la défaite dans les batailles. Après avoir cité de nombreux exemples, il a donné une image de la bataille de Chickamauga, ce qui était la plus belle chose du genre que j'aie jamais entendue ou lue.

Après le départ de ses deux camarades, je lui ai fait part de l'intérêt que mes amis portaient à sa démarche et que j'apporterais leur contribution au comité de campagne. Le général fut instantanément exultant et jubilatoire. Il a justement crié : « Ne vous ai-je pas prouvé toute la journée qu'il y a toujours une lueur d'espoir dans les nuages, et que l'heure la plus sombre est juste avant l'aube ?

C'est l'une des sources du succès du général Garfield en tant qu'orateur qu'il était très émotif et sentimental. Il a heureusement emporté avec lui, au milieu de toutes les luttes et déceptions, ainsi que des succès dans la carrière, les intérêts dynamiques, pleins d'espoir, de camaraderie et d'affection qui caractérisent l'aîné ambitieux qui vient de quitter l'université pour se lancer dans les activités de vie.

En ce qui concerne notre État, l'attitude du sénateur Conkling a joué un rôle important. Son grand et triomphal discours de quatre heures à l'Académie de musique de New York a mis tous ses amis au pas, mais la plus grande aide que le général Garfield a reçue provenait du soutien généreux, altruiste et enthousiaste du général Grant.

Le général Grant avait été le principal candidat à la convention qui a finalement nommé Garfield, mais il est apparu volontairement sur la plateforme dans plusieurs États et au domicile de Garfield. Ses discours brefs mais très efficaces rassemblèrent autour de Garfield non seulement l'ensemble des votes des vieux soldats, mais aussi ceux qui étaient devenus mécontents ou indifférents à cause du résultat de la convention républicaine nationale.

Il n'y a probablement jamais eu de toile où l'orateur républicain ait eu autant d'occasions d'exercer toutes les facultés qu'il possédait. Son candidat avait fait d'excellents résultats en tant que soldat sur le terrain et en tant qu'homme d'État au Congrès, en tant qu'éducateur et orateur populaire sur des questions d'intérêt vital, tandis que l'opposition présentait de nombreuses opportunités d'attaque.

Après l'élection présidentielle a eu lieu la réunion de la législature de l'État de New York pour le choix d'un sénateur américain. La législature était majoritairement républicaine, et l'organisation ou la machine républicaine était largement majoritaire. L'assemblée était organisée et la nomination des comités permettait de s'assurer de l'élection d'un homme organisateur.

Une chose très inhabituelle s'est produite. Les forces de l'organisation étaient divisées entre deux candidats : Thomas C. Platt et Richard Crowley. M. Conkling n'avait déclaré sa préférence ni pour l'un ni pour l'autre, car ils étaient tous deux de ses amis dévoués, bien qu'il ait le pouvoir de faire un choix et de faire accepter ce choix par la législature. Le vice-président élu Chester A. Arthur est apparu en tant que directeur de M. Crowley. Platt a mené sa propre enquête.

J'ai été convoqué à une réunion à New York, où M. Blaine, secrétaire d'État, était présent. M. Blaine a déclaré que les responsables de l'administration avaient effectué une enquête approfondie auprès de l'Assemblée législative et qu'ils avaient découvert que j'étais le seul à pouvoir contrôler suffisamment de votes anti-organisation pour être élu. Par conséquent, le général Garfield et ses amis avaient décidé que je doit participer à la course. Je ne voulais pas le faire, et je ne voulais pas non plus devenir sénateur à ce moment-là. Cependant, cela semblait être un devoir évident. Un sondage a montré que M. Platt, M. Crowley et moi-même avions un nombre de voix à peu près égal. Bien entendu, l'objectif de M. Blaine était, sachant que le sénateur Conkling serait hostile à l'administration, de l'empêcher d'avoir un collègue qui se joindrait à lui, et ainsi de placer l'État de New York contre la politique du nouveau président.

Après que la prospection ait duré un certain temps, M. Platt est venu vers moi et m'a demandé pourquoi j'y participais. Je lui ai dit franchement que j'étais là pour voir, si possible, que le sénateur élu soutienne l'administration. Il a dit : "Très bien, je vais le faire."

J'ai immédiatement rassemblé mes partisans. M. Platt s'est présenté devant eux et a déclaré que s'il était élu, il soutiendrait le président et son administration à tous égards. On lui a demandé s'il voterait pour la confirmation des personnes nommées que le président pourrait sélectionner et qui étaient particulièrement en disgrâce auprès du sénateur Conkling, notamment le sénateur William H. Robertson. M. Platt a répondu : « Oui, je le ferai. » Mes amis sont tous allés vers lui et il a été élu.

Le général Garfield fut investi en mars 1881 et ses difficultés commencèrent avec son cabinet. Le sénateur Conkling, qui voyait clairement qu'avec Blaine au Cabinet, son organisation était en danger à New York, ne voulait pas qu'un de ses amis accepte un poste au Cabinet. La marine fut proposée à Levi P. Morton, mais à la demande du sénateur Conkling, il refusa.

Lorsque vint le moment des nominations à la douane de New York, le général Garfield envoya le nom de William H. Robertson, qui était le chef des forces anti-machines de l'État. M. Conkling a immédiatement demandé que M. Platt se joigne à lui pour inciter le Sénat à rejeter la nomination. Selon la règle de courtoisie sénatoriale, le Sénat aurait sans doute agi ainsi si les deux sénateurs de New York avaient agi de concert. M. Platt a informé M. Conkling de son engagement envers les membres de la législature et qu'il devait le respecter, et, comme il me l'a dit, a suggéré à M. Conkling que, comme il avait toujours été son ami et ne voulait pas en cas de rupture avec lui, la seule chose à faire, conforme à l'honneur, était que tous deux démissionnent et retournent à la législature pour être réélus, avec un mandat qui devrait leur permettre de rejeter la nomination du juge Robertson et de tous. nominations similaires.

Comme la législature était majoritairement républicaine et que l'organisation disposait d'une large majorité, il a semblé aux deux sénateurs qu'ils seraient réélus immédiatement. Mais il est singulier de constater à quel point la partisanerie intense aveugle les politiciens les plus compétents et les plus avisés. Les sénateurs Conkling et Platt comptaient parmi les dirigeants politiques les plus compétents et les plus compétents de leur époque. Ce qu'ils n'avaient pas prévu, c'est que la population de l'État de New York, ou plutôt les républicains de l'État, qui venaient d'élire un président, ne verraient pas d'un bon oeil l'assemblée législative de l'État envoyant deux sénateurs pour embarrasser leur propre administration. . Il n'y avait guère de journal dans l'État ou dans le pays qui n'adoptât une attitude hostile.

M. Blaine est revenu à New York et a insisté pour que je participe au sondage et que j'étais le seul à pouvoir obtenir l'ensemble du vote anti-organisation.

Avec les démocrates votant pour leur propre candidat et les hommes anti-organisation votant pour moi, il était impossible à quiconque d'avoir la majorité. Le combat fut des plus âpres. Le scrutin inefficace s'est poursuivi chaque jour pendant des mois. Puis Garfield fut assassiné. Le chef des forces de Conkling est venu me voir et m'a dit : « Vous avez désormais une majorité de membres républicains qui votent pour vous. Bien sûr, l'antagonisme est devenu si grand concernant votre candidature que nous ne pouvons pas voter pour vous, mais si vous vous retirez , nous irons en caucus."

J'ai immédiatement accepté la proposition, j'ai vu mes propres collaborateurs et nous avons choisi Warner Miller pour représenter l'administration, et le membre du Congrès Lapham, un lieutenant très compétent et compétent de M. Conkling, pour représenter l'organisation. Le caucus les a nommés à l'unanimité et ils ont été élus. Le sénateur Conkling s'est immédiatement installé à New York pour exercer le droit et s'est retiré des activités politiques.

C'est l'ironie du sort que le général Garfield, qui a fait plus que tout autre homme d'État pour ramener le public de sa frénésie après le meurtre de Lincoln à une considération calme et judicieuse des conditions nationales, soit lui-même la victime, si peu de temps après son assassinat. inauguration, d'un assassin.

Lincoln a été assassiné en avril, après sa deuxième investiture en mars, tandis que Garfield a été abattu dans la gare de Washington le 2 juillet, après son investiture. Le président a été transféré dans un cottage à Long Branch, dans le New Jersey, et y est resté avec de grandes souffrances pendant plus de deux mois.

Cet été-là, je vivais à Long Branch et je me rendais chaque jour à mon bureau à New York. Le pays tout entier était dans des émotions alternées d'espoir et de désespoir tandis que les bulletins quotidiens annonçaient les différentes phases de l'état de l'illustre patient. Les gens furent également très impressionnés par sa merveilleuse maîtrise de soi, sa patience héroïque, son endurance et son amabilité.

C'était l'expérience d'une vie dans la psychologie de la nature humaine que de rencontrer, nuit après nuit, les personnes rassemblées à l'hôtel de Long Branch. La plupart d'entre eux étaient à la recherche d'un bureau. Il y avait ceux qui attendaient beaucoup du rétablissement de Garfield, et d'autres, des machinistes et des hommes d'organisation cachés, qui pensaient que si Garfield mourait et que le vice-président Arthur devenait président, il rétablirait l'ordre ancien tel qu'il existait alors qu'il en était l'un des principaux. administrateurs.

Des journalistes très compétents et expérimentés étaient présents, représentant tous les grands journaux du pays. Les séances du soir de ces observateurs chevronnés des hommes publics étaient des plus intéressantes. Leur analyse critique de l'histoire et des motivations des visiteurs qui arrivaient aurait été, si elle était publiée, le volume le plus précieux de "Who's Who" jamais publié. Lorsque le président Garfield est mort, le pays tout entier a pleuré.

IX. CHESTER A. ARTHUR

Chester A. Arthur succéda immédiatement à la présidence. J'avais eu la chance de connaître si bien tous les présidents, à commencer par M. Lincoln, et désormais l'occupant de la Maison Blanche était un ami de toujours.

Le président Arthur était un très bel homme, dans la fleur de l'âge, doté d'un caractère et d'une intelligence supérieurs, doté des manières et de la courtoisie parfaites d'un homme du monde instruit. Un homme d'État chevronné qui avait connu intimement la plupart de nos présidents et avait siégé au Congrès sous la direction de beaucoup d'entre eux a déclaré, en examinant la liste avec moi lors de la récente convention à Chicago : « Arthur était le seul gentleman que j'ai jamais vu à la Maison Blanche. »

Bien sûr, ce n'est pas exactement ce qu'il voulait dire. Il voulait dire qu'Arthur était le seul de nos présidents issu des cercles sociaux raffinés de la métropole ou d'autres capitales, et qu'il était passé maître dans tous les arts et conventions de ce qu'on appelle la « meilleure société ». Il aurait pu prendre à cet égard un rang égal à celui du prince de Galles, qui devint plus tard le roi Édouard VII.

Les « amis bien rencontrés » qui avaient eu des relations familières avec lui lorsqu'il était chef du parti à New York, ont découvert, en renouant avec les vieilles familiarités, que, même si leur chef était toujours leur ami, il était président de les États Unis.

Arthur, bien qu'il fût l'un des hommes-machines et de l'organisation les plus rigides à l'époque où il était à la tête du parti, élevait les normes du parti grâce aux hommes qu'il attirait autour de lui. Il invita au service du parti et à l'intimité personnelle un groupe remarquable d'hommes jeunes, extrêmement capables et ambitieux. Beaucoup d'entre eux se sont ensuite distingués dans la vie publique et professionnelle. Le plus compétent d'entre eux était un homme qui, je pense, est désormais universellement reconnu, tant au pays qu'à l'étranger, comme le diplomate et l'avocat américain le plus efficace et le plus accompli : Elihu Root.

Il n'y a pas de carrière aussi pleine de surprises dramatiques que la politique. Le président Hayes a mis sur pied la réforme de la fonction publique et, sans l'aide des lois nécessaires, il a vigoureusement appliqué ses principes. Parmi les victimes de son exécution se trouvait le général Arthur, qu'il releva comme collecteur du port de New York. À la surprise de tous et à l'étonnement de ses vieux amis, l'un des premiers actes du président Arthur fut d'exiger la promulgation d'une loi sur la fonction publique, qui avait pour origine l'Association de la fonction publique et dont les membres les plus éminents étaient George William Curtis et Carl Schurz.

L'urgence du président a permis l'adoption de la mesure. Il a ensuite nommé une commission de la fonction publique approfondie et, au cours de son mandat, a répondu à toutes les exigences du système. Ce faisant, il s'est aliéné tous ses vieux amis, parmi lesquels le général Grant, l'ancien sénateur Conkling, Thomas C. Platt, ainsi que M. Blaine, à qui il avait demandé de rester au Cabinet en tant que secrétaire d'État. Parmi eux se trouvait également John Sherman, qu'il avait également souhaité conserver comme secrétaire du Trésor.

L'administration d'Arthur, tant dans ses affaires intérieures que dans sa politique étrangère, rencontre l'approbation de l'histoire et le jugement impartial de la postérité. Mais il n'était ni assez grand, ni assez fort pour affronter les hommes puissants qui étaient contrariés, notamment par ses tendances à réformer la fonction publique. Lorsque la convention républicaine s'est réunie en 1884 et a désigné un nouveau candidat, tout le monde, y compris le président, a reconnu que sa carrière politique était terminée.

Le président Arthur était l'un des hôtes les plus charmants et il a fait de la Maison Blanche le centre d'une hospitalité raffinée et d'un charme social. Il était un analyste avisé de la nature humaine et racontait des histoires pleines d'humour et d'effet dramatique de certains de ses contemporains.

Le général Arthur, alors chef du parti républicain à New York, m'a invité à un dîner offert par un ami qui revenait tout juste d'un voyage de chasse avec une grande collection de beau gibier. À l'exception de moi, tous les invités étaient des dirigeants actifs de l'appareil d'État.

Pendant le dîner, le général m'a dit : "Alors que nous vous enrôlons chaque automne pour nous aider dans nos démarches, après avoir désigné notre ticket, vous nous manquez dans nos conseils et nous avons besoin de vous."

"Eh bien," répondis-je, "je ne sais pas quel est le problème, ni pourquoi le sénateur Conkling devrait avoir une hostilité continue, que je ne ressens que lorsque vient le temps d'élire les délégués à la convention d'État."

Le général poursuivit : "Nous ne sommes pas non plus en mesure de le savoir. Cependant, c'est absurde, et nous allons voir que vous êtes un délégué à la convention nationale, et nous voulons que vous soyez à la convention d'État d'Utica."

Je suis allé à Albany, sachant qu'il y aurait une conférence au Executive Mansion, avec le général Arthur, le gouverneur Cornell et le sénateur Conkling, pour établir un programme pour la convention. J'ai rencontré le secrétaire du Comité d'État de l'époque, M. Johnson, et lui ai raconté ma conversation avec le général Arthur. Il a dit qu'il allait assister à la conférence et qu'il me ferait rapport.

Lorsque M. Johnson est revenu, il m'a dit que le général Arthur, le gouverneur Cornell et d'autres avaient fortement insisté pour que je sois délégué, et que le sénateur Conkling était devenu très indigné et avait déclaré qu'il ne voulait pas que je revienne dans l'organisation et que c'était un peu importe de quel côté je me trouvais. Il va sans dire que je n'ai pas assisté à la convention d'Utica.

M. Johnson m'a également dit que, entre autres choses, il avait été décidé que si le général Grant était nommé pour un troisième mandat, la vieille machine dirigée par le sénateur Conkling serait rendue plus forte que jamais ; que les hommes qui étaient venus au front sous l'administration du président Hayes en tant que membres du Sénat, de l'Assemblée et du Congrès de l'État seraient mis à la retraite, et qu'un autre journal d'État serait créé qui anéantirait l'Albany Evening Journal, parce qu'il avait soutenu le président Hayes et sa politique.

Pendant que la convention se déroulait à Utica, j'ai eu un entretien avec M. George Dawson, qui était rédacteur en chef de l'Albany Evening Journal et il est devenu convaincu qu'il n'avait rien à perdre en entrant immédiatement dans un antagonisme ouvert, s'il y avait un moyen de le faire. grâce auquel il pourrait être rendu efficace.

J'ai dit à M. Dawson : « Le seul salut pour ceux qui ont bénéficié de l'ère de liberté occasionnée par la politique de fonction publique du président Hayes est d'empêcher la convention nationale d'adopter la règle de l'unité. »

La règle unitaire est que si la majorité des délégués d'un État prend une décision, le président de la délégation exprimera la totalité des voix de la délégation de l'État pour le résultat obtenu par la majorité, qu'il s'agisse d'un candidat ou d'un politique. Selon la règle de l'unité, j'ai vu une simple majorité d'une voix pour un candidat, puis le président de la délégation a donné la totalité des voix au candidat, bien que la minorité lui soit très hostile.

Les délégués de la convention d'État d'Utica retournèrent à Albany cette nuit-là. Beaucoup d'entre eux étaient des sénateurs d'État dont la décapitation était assurée si la vieille machine soutenue par le patronage fédéral était relancée. Le sénateur d'État Webster Wagner était l'un d'entre eux. Lui et moi avons affrété un train et avons invité toute la délégation de l'État à nous accompagner à Chicago. Lors des discussions préliminaires, avant la réunion de la convention nationale, vingt-six délégués sur soixante-dix-huit ont décidé d'agir de manière indépendante.

Wayne MacVeagh , un de mes amis de toujours, avait de nombreux partisans au sein de la délégation de Pennsylvanie et, après avoir appris notre position, il a également attiré son peuple. Emory Storrs, qui dirigeait la délégation de l'Illinois, est venu me voir et m'a dit que si nous ne faisions pas exploser Elihu

B. Washburne , qui était candidat à l'investiture, nous aurions le vote de l'Illinois. Le résultat de cette enquête a été que la convention s'est prononcée contre la règle de l'unité. Cela a libéré tellement de délégués individuels à l'action indépendante que le champ a été vidé et que personne n'a obtenu la majorité. Les principaux candidats étaient le général Grant, James G. Blaine et John Sherman.

Dans l'histoire de l'art oratoire lors des congrès, les discours de nomination du sénateur Conkling pour le général Grant et de James A. Garfield pour John Sherman occupent le rang le plus élevé. Conkling prit une position élevée sur la plate-forme. Son discours était parfaitement préparé, prononcé avec un grand effet dramatique et reçut des applaudissements universels dans la salle et dans la tribune.

Le général Garfield, en revanche, également un bel homme et un orateur expérimenté , évita l'élément dramatique, dans lequel il ne pouvait pas rivaliser avec Conkling, mais prononça un discours conforme à la pensée moyenne et à la compréhension générale de son auditoire. cela a fait une grande impression. C'était une remarque courante : « Il s'est présenté lui-même ».

Il y avait parmi le public des milliers de passionnés de Blaine. Aucun homme public depuis Lincoln n'a jamais eu de partisans aussi enthousiastes, dévoués et presque fous que M. Blaine. Ces passionnés attendaient de soulever le toit et d'obtenir la nomination de leur candidat lorsque l'orateur choisi présenterait son favori.

Le monsieur choisi pour présenter M. Blaine était éminent dans le domaine des affaires et des grandes entreprises, mais je doute qu'il ait jamais parlé auparavant, sauf devant un conseil d'administration. Bien entendu, dans cette vaste salle, un tel homme était terriblement handicapé et ne pouvait pas être très bien entendu. Il a terminé en nommant son candidat à peu près ainsi : « J'ai maintenant le plaisir et l'honneur de proposer comme candidat à cette convention cet éminent homme d'État, James S. Blaine. Presque tout le monde présent à la convention savait que le deuxième prénom de M. Blaine était Gillespie.

Les partisans de Blaine, dont l'indignation avait grandi tout au long du discours, parce qu'ils attendaient le plus haut type de discours pour leur favori, crièrent en chœur : « G., espèce d'imbécile, G !

Lorsque le général Garfield a été élu, il a répudié avec indignation les votes comme une imputation à son honneur, car il était là pour nommer son ami John Sherman. Le sénateur George F. Hoar, du Massachusetts, a présidé la convention. Il interrompit Garfield en le rappelant à l'ordre, car ce n'était pas pour interrompre l'appel du rôle, et il le fit de peur que Garfield n'aille jusqu'à dire qu'il n'accepterait pas la nomination si elle était faite. Au dernier scrutin, État après État, chacun s'efforçant de devancer l'autre, a changé son vote de Sherman ou Blaine à Garfield, et il a été nommé.

Je me suis assis près de lui en tant que visiteur de la délégation de l'Ohio. C'était une curieuse démonstration de l'ambition de toute une vie réalisée soudainement et de manière inattendue par un homme extrêmement sensible et très excité. Il était tellement bouleversé qu'il a pratiquement dû être évacué de la convention par ses amis.

Le sénateur Conkling s'est montré très indigné du résultat et a exprimé sa colère avec son emphase et son pittoresque habituels. Les dirigeants de l'Ohio étaient alors soucieux d'apaiser New York, mais Conkling n'aurait rien à voir avec eux. Ils sont ensuite venus nous voir, nous qui étions opposés à la règle de l'unité, et nous ont demandé des suggestions sur le New-Yorkais qu'ils devraient sélectionner comme vice-président. Levi P. Morton a été suggéré. M. Morton a déclaré qu'il accepterait si le sénateur Conkling était prêt à l'accepter, et qu'il n'agirait pas sans l'accord du sénateur , car il était un homme d'organisation. Le sénateur a refusé son consentement et a dit à M. Morton qu'aucun de ses amis n'accepterait le billet.

Il fut alors suggéré de juger le général Arthur, qui était le premier lieutenant de Conkling et président du Comité d'État républicain de New York. Le sénateur Conkling a fait la même réponse au général Arthur, mais il a dit franchement à Conkling : « Un tel honneur et une telle opportunité n'arrivent qu'à très peu de millions d'Américains, et à cet homme, mais une seule fois. Aucun homme ne peut le refuser, et je ne le ferai pas. ". Le général Arthur fut donc nommé vice-président.

X. GROVER CLEVELAND

Grover Cleveland était un homme remarquable. Il avait plus de courage politique, à la manière du général Jackson, que presque tous les hommes ayant jamais occupé de grandes positions de responsabilité. Il a défié Tammany Hall alors qu'il était gouverneur de l'État et a défié à plusieurs reprises les éléments les plus forts de son parti lorsqu'il était président. Les menaces de défaite ou de représailles ne l'ont jamais ému. S'il avait une fois pris sa décision et cru qu'il avait raison, aucune suggestion d'opportunité ou de popularité n'avait d'influence sur lui.

Dans ses relations personnelles, il se faisait des amis et possédait un grand charme. La campagne contre lui lorsqu'il se présentait au poste de gouverneur de New York a été menée sans pitié. Je considérais les actions de ses ennemis comme injustes et qu'ils réagiraient dans le cadre de la campagne. J'ai soigneusement discrédité tout cela dans mes discours et j'ai supplié notre peuple de ne pas les mettre en avant.

Je connaissais M. Cleveland, et comme preuve de mon appréciation de son caractère et de ses capacités, lorsque le poste d'avocat général du New York Central Railroad à Buffalo est devenu vacant, je le lui ai offert en disant : « Je suis extrêmement soucieux que vous devriez accepter cette place. Je pense qu'en ajustant l'administration de votre bureau, vous pourrez conserver votre cabinet privé, et cela ajoutera environ quinze mille dollars par an à vos revenus.

M. Cleveland a répondu : « J'ai un plan de vie très précis et j'ai décidé quelle quantité de travail je peux accomplir sans nuire à ma santé et quelle quantité de responsabilités supplémentaires je peux assumer. J'ai accumulé environ soixante-quinze mille dollars et mon cabinet me rapporte un revenu suffisant pour mes besoins et un ajout prudent à mon capital pour ma vieillesse. Aucune somme d'argent, quelle qu'elle soit, ne me tenterait d'ajouter ou d'augmenter mon travail actuel.

Je doute qu'il y ait beaucoup d'avocats aux États-Unis qui avaient cette philosophie ou qui contrôlaient leurs ambitions. Son revenu annuel provenant de sa profession était considérablement inférieur à la rémunération offerte par le conseil général du New York Central.

Cleveland a été très satisfaisant en tant que président dans son jugement rapide et décisif sur les questions qui lui étaient présentées. Il n'y a eu aucun retard, aucune révision ; en fait, aucune méthode diplomatique pour éviter une décision désagréable. Il vous a dit dans les plus brefs délais et de la manière la plus claire ce qu'il ferait.

Un grand leader social et arbitre des affaires sociales à New York souhaitait vivement que le président revienne sur son jugement concernant une nomination affectant un membre de sa famille. Je lui ai remis une lettre qui lui a valu un entretien personnel et confidentiel. Lorsqu'il est revenu vers moi, il m'a dit : « C'est l'homme le plus extraordinaire que j'aie jamais vu. Après m'avoir écouté, il a dit qu'il comprenait parfaitement la question et qu'il ne changerait pas d'opinion ou d'action. Il n'a aucune position sociale et n'a jamais changé d'avis . J'ai essayé de lui présenter ses attraits et ma capacité à l'aider à cet égard, mais il a seulement ri, oui, il a vraiment ri.

Alors que le président Hayes éprouvait des difficultés avec la réforme de la fonction publique et s'attirait l'hostilité de l'organisation républicaine et des hommes-machines, la situation avec lui était beaucoup moins difficile qu'elle ne l'était avec Cleveland, qui était un réformateur sincère de la fonction publique et également un démocrate sérieux. . Alors qu'un sénateur démocrate de l'Ohio, M. Pendleton, avait adopté sous l'administration Hayes un projet de loi visant à réformer la fonction publique, la grande majorité du parti démocrate croyait en la déclaration du secrétaire Marcy selon laquelle « le butin appartient aux vainqueurs ».

Il y avait également une aggravation du fait que les démocrates n'étaient plus au pouvoir depuis vingt-quatre ans. Nous pouvons difficilement imaginer ou concevoir aujourd'hui leur soif de pouvoir. La règle pour secourir les personnes qui meurent de faim est de les nourrir en très petites quantités et fréquemment. En essayant cela, le président est devenu l'un des hommes les plus impopulaires ayant jamais occupé un poste ; en fait, il est si impopulaire parmi les sénateurs démocrates et les membres de la Chambre qu'une histoire racontée par Zebulon Vance, de Caroline du Nord, a fait le tour du pays et survit encore. Vance, qui avait une grande partie des citoyens de Caroline du Nord sur sa liste d'attente et n'a pu faire nommer aucun d'entre eux, a déclaré que la situation, qui devrait être celle de se réjouir de l'élection d'un président par son propre parti, était comme celui d'un de ses clients qui avait hérité d'une ferme de son père. Il y avait tellement de difficultés concernant le titre, l'obtention du titre et le retard, que le fils dit : « J'aurais presque souhaité que mon père ne meure pas. »

Cependant, M. Cleveland, à sa manière délibérée, a accompli l'impossible. Il a largement regagné les faveurs de son parti en satisfaisant leurs revendications, et en même temps a tellement élargi la portée des exigences de la fonction publique qu'il a reçu les éloges des deux grands dirigeants du mouvement de la fonction publique : George William Curtis et Carl Schurz.

Le président Cleveland a entamé son deuxième mandat avec une plus grande popularité dans le pays que la plupart de ses prédécesseurs. Lorsqu'il a pris sa retraite, c'était pratiquement par consentement unanime. C'est parmi les tragédies de la vie publique qu'il a perdu entièrement la confiance de son parti et, dans une certaine mesure, du peuple tout entier en rendant à son pays le plus grand service public.

Une grève des cheminots a bloqué les transports. Les chemins de fer sont les artères du voyage, du commerce et des échanges. Les arrêter, c'est empêcher le transport des vivres ou du charbon, affamer et geler les villes et les communautés. Cleveland a utilisé tout le pouvoir du gouvernement fédéral pour maintenir libre le transport ferroviaire et pour punir comme ennemis du peuple tout entier ceux qui essayaient de l'arrêter. Ce fut une leçon qui a eu depuis lors une valeur incalculable pour maintenir ouvertes ces grandes routes.

Il a forcé l'abrogation de la loi sur l'achat d'argent par toutes les sources et pressions et par le recours illimité au favoritisme. Son parti était presque unanime en faveur de l'étalon d'argent et considérait cette abrogation comme un crime, mais cela sauva le pays de la faillite générale. Sauf en utilisant le favoritisme pour soutenir sa législation d'argent, il a offensé son parti en améliorant la fonction publique et en conservant Théodore Roosevelt à la tête de la Commission de la fonction publique. Ces crises ont exigé du président un courage et une détermination extraordinaires.

Alors que M. Cleveland était dans une défaveur populaire sans précédent lorsqu'il s'est retiré de la vie privée, sa renommée en tant que président augmente au fil des années et il occupe rapidement une position de premier plan dans l'estime du peuple.

M. Cleveland avait un style particulier dans ses discours et ses documents publics. Il a été critiqué comme étant laborieux et celui d'un essayiste. Je lui ai demandé, après s'être retiré de la vie privée, comment il l'avait acquise. Il a déclaré que son père était un ecclésiastique et qu'il avait été éduqué en grande partie à la maison. Son père était très pointilleux sur ses compositions et son anglais, de sorte qu'il acquiert un style ministériel. Le résultat de ceci était que chaque fois qu'un membre du barreau local décédait, il était appelé à rédiger les résolutions nécrologiques.

Pour faire un saut dans les années qui ont suivi : après que M. Cleveland ait pris sa retraite après son deuxième mandat, j'avais l'habitude de le rencontrer très fréquemment lors d'occasions sociales et de célébrations formelles. Il quitta bientôt la pratique du droit et s'installa à Princeton, où il rendit de grands et utiles services, jusqu'à sa mort, en tant qu'administrateur de l'université et conférencier auprès des étudiants.

Montant dans la même voiture avec lui lors de la grande procession lors des funérailles du général Sherman, il a évoqué de manière très intéressante ses expériences en tant que président. De temps en temps, des acclamations éclataient, puis un cri dans la foule de l'une des anciennes campagnes électorales criait : « Grover, Grover, quatre ans de plus. M. Cleveland a fait remarquer : « J'ai remarqué, lorsque j'étais président, une certaine régularité et une recrudescence des applaudissements populaires, et c'était la même chose dans tous les endroits que j'ai visités. » Ce cri : « Grover, Grover, encore quatre ans ! se produisait tous les trois blocs, et pendant notre long voyage, la tradition mathématique a été préservée.

XI. BENJAMIN HARRISSON

L'année 1888 fut pour moi une expérience singulière. Je travaillais très dur dans mes fonctions professionnelles et ne prêtais aucune attention aux affaires publiques.

Les conventions de district chargées d'envoyer des délégués à la convention nationale de Chicago ont commencé à élire leurs délégués et leurs suppléants et à adopter des résolutions leur ordonnant de voter pour moi comme candidat à la présidence.

Après que plusieurs districts aient agi ainsi, on m'a demandé de rencontrer dans le bureau de Whitelaw Reid, dans le Tribune Building, Thomas C. Platt, notre chef d'État, et le sénateur américain Frank Hiscock. Platt a exigé de savoir pourquoi je faisais cette démarche sans consulter l'organisation ni les informer. Je lui ai dit que je ne faisais rien du tout, par lettre, télégramme ou entretien ; que je n'avais vu personne et que personne n'était venu me voir.

M. Platt, qui avait accompli toute sa vie des choses à travers l'organisation, ne croyait pas aux soulèvements spontanés et m'a demandé franchement : « Êtes-vous candidat ? Je lui ai répondu que non, parce que je ne croyais pas pouvoir être nommé dans l'état actuel de l'opinion publique à l'égard des chemins de fer, et que j'étais président d'un des plus grands réseaux.

Ensuite, il m'a été proposé de permettre à la Tribune, qui était l'organe du parti, de déclarer que je n'étais pas candidat et que je ne voulais pas l'être. Le lendemain matin, la Tribune l'expliqua en détail. Les congrès continuèrent à convoquer et à instruire leurs délégués de la même manière.

Une autre conférence a été convoquée, puis on m'a demandé de déclarer que si j'étais nommé, je n'accepterais pas et que si j'étais élu, je refuserais. J'ai dit à mes conférenciers : "Messieurs, il n'y a aucun Américain assez grand pour dire cela. En premier lieu, c'est un égoïsme grossier de penser qu'une telle chose puisse arriver." Le résultat a été que l'organisation a accepté la situation.

La seule façon dont je peux expliquer cette action unanime du parti lors de ses congrès dans les circonscriptions du Congrès de l'État est le résultat cumulé de l'appréciation du travail désintéressé pour le parti. Chaque automne, pendant un quart de siècle, j'étais sur la scène politique dans toutes les parties de l'État et, selon mes moyens, j'étais un contributeur au démarchage national et local. Durant cette période, je n'avais rien demandé et je n'accepterais rien. Si je pouvais appliquer une expression aussi large à un sujet relativement sans importance, je nierais la maxime souvent citée selon laquelle « les républiques sont ingrates ».

Lorsque le congrès s'est réuni, il y avait un sentiment écrasant pour M. Blaine, mais son refus était positif et absolu. J'ai toujours été un chaleureux partisan et ami de M. Blaine, et ses partisans étaient très amicaux avec moi.

Ce qu'on appelait « les États Granger », et en particulier l'Iowa, étaient devenus très hostiles à la direction et aux cheminots des chemins de fer. Ils adoptaient des lois qui confisquaient pratiquement les titres ferroviaires. Les comités de ces États ont rendu visite à toutes les délégations des autres États et ont parlé en termes amers de ma candidature. La force de ma candidature résidait dans le fait que New York était unanimement en faveur de moi, à l'exception d'une voix de la ville de New York, et qu'aucun candidat ne pouvait espérer être élu s'il ne pouvait remporter New York.

Après avoir reçu quatre-vingt-dix-neuf voix, j'ai constaté qu'au prochain tour de scrutin, ma voix serait très largement augmentée, et j'ai décidé de me retirer. J'ai convoqué la délégation de New York et lui ai exposé ma position et la raison qui la justifiait. Un débat considérable a eu lieu. La motion fut présentée et adoptée à l'unanimité que les quatre délégués se réuniraient et verraient s'ils pouvaient s'entendre sur un candidat qui recueillerait le soutien de toute la délégation de l'État. L'objectif était, bien entendu, de faire de l'État, avec son plus grand nombre de délégués que tout autre État, un facteur décisif dans la sélection.

Les délégués étaient : Thomas C. Platt, le sénateur Frank Hiscock, Warner Miller et moi-même. Lorsque nous nous sommes rencontrés, Platt et Hiscock se sont prononcés en faveur du sénateur Allison de l'Iowa. Warner Miller a annoncé avec la même chaleur qu'il était pour John Sherman.

Une vive controverse a éclaté entre M. Platt et M. Miller, au cours de laquelle M. Platt a déclaré que ni lui ni aucun de ses amis ne voteraient pour Sherman s'il était nommé. Le sénateur Hiscock, qui s'est toujours montré pacificateur, les a interrompus en disant : « M. Depew n'a encore rien dit. Je suggère que nous entendions son point de vue.

M. Platt et M. Miller ont répondu à cette suggestion et j'ai répondu : « Messieurs, New York m'a apporté son soutien cordial et pratiquement unanime, et j'ai senti, dans les circonstances, que je devais suivre et non diriger. Le résultat de cette discussion élimine ici deux candidats. Sans l'aide du sénateur Platt et de ses amis, M. Sherman n'a pas pu amener l'Iowa à aller jusqu'à l'extrême d'une législation radicale qui menace l'investissement dans les titres de ses chemins de fer et de New York. York est un État tellement capitaliste qu'aucun homme identifié avec cette législation ne pourrait obtenir la majorité des voix de sa population, ce qui rend Allison impossible. Il y a ici un candidat qui n'a apparemment aucune chance à l'heure actuelle, mais qui semble néanmoins en avoir. Je possède des qualifications plus populaires que tout autre, et c'est le général Benjamin Harrison, de l'Indiana. Je ne le connais pas, je ne l'ai jamais rencontré, mais il s'est élevé depuis ses débuts les plus humbles jusqu'à devenir chef du barreau de son État. Il s'est enrôlé dans la guerre civile en tant que sous-lieutenant et, par sa bravoure et son habileté remarquables sur le champ de bataille, il est devenu général de brigade. En tant que sénateur des États-Unis, il s'est informé des affaires fédérales. Son grand-père, le président William H. Harrison, a mené l'une des campagnes les plus pittoresques de notre histoire. Il y a suffisamment de survivants de cette histoire de « cidre dur et cabane en rondins » pour apporter une contribution intéressante sur la tribune à chaque réunion, et ainsi ajouter une certaine saveur historique à la candidature du général Harrison. »

Après quelques discussions, les trois autres acceptèrent. Nous avons fait part de nos conclusions à la délégation qui, à une écrasante majorité, a souscrit aux conclusions des quatre délégués. Cette décision régla la question à la convention et, après quelques tours, le général Harrison fut nommé. New York a obtenu la vice-présidence et a sélectionné Levi P. Morton.

Sous l'administration d'Harrison, j'étais absorbé par mes fonctions de président du New York Central Railroad et j'étais rarement à Washington. Mais peu après son investiture, il m'a envoyé un membre du Congrès de l'Indiana avec un message spécial. Ce membre du Congrès a déclaré : « Je viens du président Harrison, et il m'a chargé de vous offrir une place dans son cabinet. Il a hâte de vous avoir dans sa famille officielle.

Je lui ai dit que je n'étais pas prêt à entrer dans la vie publique et que, même si j'étais extrêmement satisfait de cette offre, il m'était impossible de l'accepter.

Le membre du Congrès a déclaré : « Je suis un homme pauvre, mais je ne comprends pas comment quelqu'un peut refuser d'être membre du cabinet du président des États-Unis. Si une telle offre m'était faite et que les conditions de notre Providence suprême étaient les mêmes, Ma famille et moi devrions vivre dans le besoin et la pauvreté pour le reste de notre vie, j'accepterais sans hésitation."

J'avais rencontré Benjamin Harrison alors que nous traversions Indianapolis pour affaires pendant la prospection, pour la première fois. J'ai été très impressionné par lui, mais son austérité est apparue à ceux qui faisaient appel à lui alors qu'ils étaient présents pour des affaires officielles. Je l'ai trouvé l'un des hommes les plus sympathiques et les plus agréables, et cette impression s'est intensifiée lorsque je l'ai rencontré à la Maison Blanche. À sa propre table et lors des dîners de famille, il était l'un des hôtes les plus charmants. Il avait malheureusement des manières repoussantes et une voix dure. En rencontrant ceux qui venaient lui demander des faveurs officielles, cela faisait de lui l'un des présidents les plus impopulaires auprès des sénateurs et des membres de la Chambre des représentants.

Sur l'estrade en tant qu'orateur public, il avait peu d'égal. Il était très lucide et convaincant, et possédait ce que peu d'orateurs possèdent, et qui lui a été particulièrement utile lors de sa campagne et de ses tournées dans le pays en tant que président, la capacité de prononcer chaque jour un discours nouveau et chacun d'entre eux est bon. C'était un talent pour présenter des questions sous de nombreux angles, dont chacun illuminait son sujet et captivait son auditoire. Un sénateur qui était son ami a dit de lui, et cette remarque est citée par le sénateur Hoar, que s'il s'adressait à un auditoire de dix mille personnes, il ferait de chacune d'elles son ami, mais que s'il était présenté à chacun d'eux ensuite, chacun quitterait son ennemi . Je pense que ses manières si malheureuses venaient de ce que sa carrière avait été une carrière de combat, depuis ses premiers combats jusqu'à ses succès triomphaux.

Peu de temps avant la réunion de la convention nationale en 1892, le sénateur Frank Hiscock est venu me voir et m'a dit que le président Harrison lui avait demandé de me demander de diriger ses forces sur le terrain lors de la convention. Je lui ai dit que j'étais un homme d'organisation loyal et que je ne voulais pas me disputer avec notre chef, le sénateur Platt. Puis il m'a dit qu'il avait vu Platt, qui avait fait remarquer que personne ne pouvait aider Harrison et que je mènerais la campagne dans un meilleur esprit que quiconque, et qu'il n'avait donc aucune objection à ce que j'accepte le poste. Il y avait un obstacle que je souhaitais supprimer. J'étais dévoué à M. Blaine et j'étais non seulement l'un de ses partisans politiques, mais je l'aimais beaucoup personnellement. M. Blaine se trouvait par hasard en ville et je l'ai immédiatement appelé. Sa santé était alors très mauvaise.

"M. Blaine, lui dis-je, si vous êtes candidat, vous savez que je vous soutiendrai avec le plus grand plaisir, mais sinon, j'accepterai l'invitation du président."

M. Blaine était très cordial. Il a dit qu'il n'avait aucune objection à ce que je prenne la commission, mais il doutait que le président puisse être renommé et qu'il ne puisse pas être réélu s'il était nommé. Harrison avait fait un excellent président, mais sa manière de traiter les gens qui venaient vers lui avait rempli le pays d'ennemis acharnés et puissants, alors que ses amis étaient très peu nombreux.

Il a ensuite évoqué plusieurs autres candidats possibles, mais il a visiblement douté du succès du parti républicain aux élections. À propos de lui-même, il disait : « Si j'acceptais la nomination, je ne pourrais pas supporter les travaux de la toile et ses excitations. Cela me tuerait. Ce diagnostic de son état était correct et était démontré par le fait qu'il est décédé peu après l'élection, mais bien avant de pouvoir être investi s'il était élu.

Tous les dirigeants du parti étaient unis contre la nomination du président Harrison. Les dirigeants étaient Platt, Quay et Clarkson, qui était également président du comité national. Ils étaient les plus grands maîtres de l'organisation et de la gestion que nous ayons jamais eu en politique, en particulier Platt et Quay. Leurs méthodes étaient toujours secrètes, alors j'ai décidé que le seul espoir de succès pour le président Harrison résidait dans la plus grande publicité.

Le poste que j'avais accepté fut bientôt connu et je commençai à donner des interviews les plus complètes, chacune étant un argument en faveur de la renomination du président. Je me suis rendu à Chicago quelques jours avant la convention, j'y ai été accueilli par des correspondants de presse, une cinquantaine d'entre eux, et je leur ai donné une conférence dans un groupe qui a fait la une des journaux du matin, chaque correspondant traitant de la question en détail. à sa manière, comme son propre entretien individuel.

Cette déclaration, ou plutôt cet argument, était destiné à être lu et réussi par les délégués de partout qui se rendaient à la convention et devaient passer par Chicago. La convention s'est tenue à Minneapolis. J'ai reçu de cette ville une invitation à m'adresser à un rassemblement de New-Yorkais installés dans l'Ouest, à parler devant deux audiences patriotiques et à prononcer ce discours lors de l'inauguration de la grande salle où devait se réunir la convention.

Il était évident qu'avant que ces engagements ne soient conclus, chaque délégué aurait assisté à certaines de ces réunions et, par conséquent, avec la relation entre un orateur et son auditoire, je serais pratiquement le seul homme à la convention qui soit personnellement connu pour chaque membre. Cette relation a été un énorme avantage dans la conduite de la prospection.

Les dirigeants des grandes organisations étaient difficilement accessibles et menaient leur campagne à travers des membres de confiance de chaque délégation d'État. Mes chambres étaient grandes ouvertes à tout le monde. En raison des déclarations contradictoires faites par les membres des délégations des États, il était très difficile de dresser une liste précise et détaillée de ceux qui étaient pour le président et de ceux qui étaient pour M. Blaine. Il m'est venu à l'esprit qu'il serait utile de convoquer une réunion des délégués de Harrison. Beaucoup pensaient que c'était dangereux, car cela pourrait générer une majorité dans l'autre sens.

La réunion a cependant réuni tous les délégués, ceux qui s'y sont opposés étant venus par curiosité. Prenant la présidence, j'ai demandé à un membre de chaque délégation de se lever et d'indiquer sur combien de voix, selon lui, on pouvait compter sur son État. Bien entendu, la déclaration de chaque délégué a souvent été vivement contestée par d'autres représentants de son

État présents. Lorsque le résultat fut annoncé, il indiquait une majorité de trois pour le général Harrison. Un militant chevronné m'a supplié de l'annoncer à cinquante, mais j'ai refusé. "Non", ai-je répondu, "le caractère serré du vote alors qu'il existe toutes les possibilités de manipulation emporterait la conviction."

Un vieux monsieur qui se tenait à côté de moi avait une canne en ébène à pommeau doré. Je l'ai saisi et je l'ai frappé sur la table avec une telle force qu'il s'est brisé en deux et j'ai annoncé que les chiffres montraient une certitude absolue quant à la renomination du président Harrison . Je doute qu'il y ait eu une majorité fiable, mais l'annonce de ce résultat a amené suffisamment de ceux toujours désireux de prendre le train en marche pour en être sûr.

Peu de temps après mon arrivée à la maison, j'ai reçu une lettre du propriétaire de la canne. Il a écrit : "J'étais très en colère quand vous avez cassé ma canne. C'était un cadeau d'anniversaire précieux de la part de mes enfants. Elle se trouve maintenant dans une vitrine dans ma bibliothèque, et sur l'étui se trouve cette étiquette : 'Cette canne a nommé un président de les États Unis.'"

M. McKinley, alors gouverneur de l'Ohio, a présidé la convention. Je me tenais près de lui lorsque j'ai prononcé mon discours pour la renomination d'Harrison . Bien que minutieusement préparé, le discours était en quelque sorte improvisé pour répondre aux appels ou aux objections. Au milieu d'une phrase, McKinley m'a dit d'une voix forte : « Vous faites un discours remarquablement beau. Cette remarque m'a déstabilisé comme une opposition ne l'aurait jamais fait. J'ai perdu la continuité et j'ai failli craquer, mais heureusement les applaudissements m'ont donné le temps de reprendre la piste.

Parmi mes collègues de la délégation new-yorkaise se trouvait James W. Husted. Le général Husted était très malade et incapable de quitter sa chambre pendant la convention. Il m'a fait venir un matin et m'a dit : « Je viens de recevoir un appel du gouverneur McKinley. Il dit que vous avez le pouvoir de le nommer et qu'Harrison ne peut pas être nommé. Si vous dirigez les forces d'Harrison pour lui, il le fera. sera le prochain président. »

J'ai dit à Husted que j'étais enrôlé pour la guerre et, même si j'avais une grande admiration pour McKinley, c'était impossible.

Peu de temps après mon retour chez moi, j'ai reçu une invitation du président à lui rendre visite à Washington. J'ai pris le train de nuit et j'y suis arrivé le matin. Mon rendez-vous était de déjeuner avec lui.

Dans la matinée, Stephen B. Elkins, alors secrétaire à la Guerre, m'a appelé et m'a demandé de faire une promenade. Pendant que nous marchions, il m'a dit que le président allait me proposer le poste de secrétaire d'État, à la place de M. Blaine, et que je devais l'accepter. Il m'a ensuite conduit au Département d'État et m'a montré les portraits accrochés aux murs des différents secrétaires, en commençant par Thomas Jefferson. Elkins a déclaré que figurer sur cette liste était une plus grande distinction que d'être sur les murs de la Maison Blanche, car ces hommes sont d'une bien plus grande éminence.

Après le déjeuner, le président m'a invité dans la salle bleue et m'a dit avec beaucoup d'émotion : « Vous êtes le seul homme qui s'est jamais lié d'amitié avec moi de manière désintéressée. C'est en grande partie grâce à vos efforts que je suis devenu président, et je lui suis grandement redevable. vous pour ma renomination . J'ai fait de mon mieux pour vous montrer mon appréciation en vous invitant à entrer dans mon Cabinet et autrement, mais vous avez refusé tout ce que j'ai proposé jusqu'à présent, je veux maintenant vous donner le meilleur de moi, c'est-à-dire secrétaire d'État. C'est du pain brisé, car si je ne suis pas réélu, ce ne sera que jusqu'au 4 mars, mais si je suis réélu, ce sera pour quatre ans supplémentaires. Personnellement, je vous veux dans mon cabinet.

J'ai dit au président qu'il m'était impossible d'accepter ; que même si je démissionnais de ma présidence des chemins de fer, occuper directement ce poste mettrait sur le devant de la scène la question ferroviaire, qui était très aiguë. Il a dit qu'il ne pensait pas qu'il y avait quoi que ce soit là-dedans, mais j'ai réalisé que s'il était vaincu, sa défaite serait imputée à cette erreur.

Il a ensuite dit : « Et si je suis réélu ? » Je lui ai dit que je considérerais cette nomination comme le plus grand des honneurs et les associations comme les plus agréables d'une vie.

« Très bien, » dit-il ; "Je nommerai M. John W. Foster, qui a rendu d'excellents services au Département d'État, jusqu'au 4 mars prochain, et vous pourrez vous préparer à venir ici à cette date."

La chose la plus douloureuse liée à la sollicitation à Minneapolis avant la convention fut l'apparition de M. Blaine comme candidat. Il avait démissionné du Cabinet et cédé à la pression de ses amis pour se porter candidat.

Malgré mon entretien et ce qu'il avait dit, il ne m'a envoyé aucune nouvelle et, personnellement, je n'ai eu aucune information ni aucune notification indiquant que sa candidature avait été autorisée par lui-même. Ce qui donnait cependant beaucoup d'autorité à la déclaration selon laquelle il accepterait la nomination, c'était l'apparition de son fils, Emmons, parmi ceux qui s'efforçaient de la réaliser.

Il n'y a jamais eu d'homme d'État dans notre vie publique, à l'exception d'Henry Clay, qui avait des amis aussi dévoués que M. Blaine. Bien qu'Henry Clay n'ait jamais atteint la présidence et ait été assez vaincu dans sa tentative, il ne fait aucun doute que M. Blaine a été élu en 1884 et que, malgré le malheur de Burchard , il aurait quand même été vainqueur sans des fraudes transparentes à New York.

Le général Harrison était de loin l'avocat le plus compétent et le plus profond parmi nos présidents. Aucun d'eux ne l' égalait en tant qu'orateur. Ses papiers d'État étaient de très haut niveau. Lorsque l'histoire fera le bilan des hommes qui ont occupé la grande place de président des États-Unis, le général Harrison sera parmi les premiers.

Il a pris sa retraite, comme beaucoup de nos présidents, un homme relativement pauvre. Après sa retraite, il commença immédiatement à exercer sa profession d'avocat et fut presque immédiatement reconnu comme l'un des chefs de file du barreau américain.

XII. JAMES G. BLAINE

J'ai pris la parole dans tous les débats nationaux, depuis 1856. Ce fut une expérience intéressante d'être sur la même tribune en tant qu'orateur associé avec presque tous les hommes du pays ayant une réputation nationale. La plupart d'entre eux n'avaient qu'un seul discours, très long, minutieusement préparé et divisé de telle manière en sections, chacune complète en elle-même, que l'orateur était équipé pour un discours de n'importe quelle durée, de quinze minutes à quatre heures, par sélection ou consolidation. de ces sections. Peu d'entre eux se confieraient à des propos improvisés. Le plus polyvalent et le plus capable de ceux qui le pouvaient était James G. Blaine. Il était toujours prêt, aimait les interruptions et était brillamment efficace. En quelques phrases, il avait captivé son auditoire et l'avait captivé. Aucun homme public dans notre pays, à l'exception peut-être d'Henry Clay, n'avait de partisans aussi dévoués.

M. Blaine avait un autre don extraordinaire, qui, dit-on, n'appartient qu'aux rois ; il n'a jamais oublié personne. Des années après une introduction, il se rappelait l'endroit où il avait rencontré l'étranger pour la première fois et se souvenait de son nom. Ce compliment faisait de cet homme l'ami dévoué de Blaine pour la vie.

J'ai eu une expérience intéressante de sa disponibilité et de sa polyvalence lorsqu'il s'est présenté à la présidence en 1884. Il m'a demandé de le présenter aux différentes stations, où il devait prononcer des discours longs ou courts. Après plusieurs de ces occasions, il demanda : « Quelle est la prochaine station, Chauncey ? J'ai répondu : "Peekskill". "Eh bien," dit-il, "qu'y a-t-il à propos de Peekskill ?" "Je suis né là-bas", répondis-je. "Eh bien," dit-il en se levant, "j'ai toujours pensé que tu étais né à Poughkeepsie." "Non, Peekskill." À ce moment-là, nous courions vers la gare et, alors que le train s'arrêtait, je m'avançai pour le présenter à la grande foule qui s'était rassemblée là dans un rayon de cinquante milles. Il m'a repoussé d'une manière très dramatique et a crié : « Chers citoyens, permettez-moi de faire ici l'introduction. Comme j'ai souvent voyagé au cours du dernier quart de siècle le long de votre magnifique fleuve Hudson, avec ses paysages majestueux. rendu célèbre par le génie de Washington Irving, et sur les palais flottants qui n'ont d'égal nulle part ailleurs dans le monde, ou lorsque le paquebot a traversé cette baie pittoresque et face à votre village, j'ai eu des émotions de tendresse et des souvenirs aimants, plus grands que ceux impressionné par n'importe quelle autre ville, parce que je me suis dit : 'C'est là que réside l'un de mes meilleurs amis, Chauncey Depew.'"

Les comités locaux qui souhaitent utiliser le candidat pour aider le parti dans leur quartier ainsi que leurs listes de comté sont invariablement très déraisonnables et impitoyables dans leurs exigences à l'égard du candidat. Ils savent parfaitement qu'il doit parler plusieurs fois par jour ; qu'il y a une limite à sa force et à ses cordes vocales, et pourtant ils exigeront de lui un effort qui l'empêcherait de remplir d'autres engagements, s'ils le pouvaient. Cela a été notoirement le cas lors du voyage de M. Blaine à travers l'État de New York et ensuite à travers le pays. La pression exercée sur lui était sans précédent et, tout naturellement, il montrait parfois de l'irritation et un certain caractère.

Les comités locaux feraient de leur mieux avec la compagnie ferroviaire et avec les managers de Blaine à New York pour prolonger son séjour et son discours dans chaque gare. Il serait programmé selon l'importance du lieu pour cinq, dix, quinze, vingt ou trente minutes.

Avant d'arriver à Albany, il m'a demandé de l'accompagner jusqu'au bout de notre ligne à Buffalo et de faire les présentations comme d'habitude dans les gares. Le comité réussissait parfois à modifier le programme et à allonger les séjours dans leurs différents lieux. L'accord de M. Blaine avec moi était qu'après avoir décidé combien de temps il parlerait, je devrais remplir le temps, qu'il soit plus long ou plus court. Cela élargissait souvent mon discours, mais j'étais jeune et vigoureux et je n'avais aucune responsabilité.

Je me souviens d'un comité, où le train devait durer dix minutes, a réussi à le faire retarder d'une heure et, au lieu d'un bref discours depuis le quai de la voiture, a transporté le parti présidentiel jusqu'à un stand sur la place centrale où des milliers de personnes avaient rassemblé. En premier lieu, cette ville ne figurait pas à l'horaire de M. Blaine, et comme il était tard dans l'après-midi, après une journée fatigante, il a donc dit péremptoirement au comité que dix minutes était sa limite. Puis il m'a dit : « Chauncey, tu devras remplir l'heure.

Le merveilleux magnétisme de M. Blaine, l'impression qu'il produisait sur tout le monde et sa flatterie délicate de la fierté locale, contribuèrent beaucoup à éliminer les préjugés contre lui, qui étaient fomentés par la propagande d'un comité « mugwump » à New York. Cette propagande, comme c'est habituellement le cas, a porté atteinte à son intégrité personnelle.

Malgré les prédictions faites à l'époque, il fut nommé, et on répéta par la suite qu'il ne remporterait pas New York. D'après ma propre expérience de nombreuses années avec le peuple de l'État et du point de vue de la plateforme, j'étais convaincu qu'il aurait la majorité aux élections.

C'était quelques jours avant la clôture du sondage, alors que j'étais dans la partie occidentale de l'État, je reçus un télégramme urgent de M. Blaine pour le rejoindre dans le train qui devait quitter la gare Grand Central de New York. tôt le lendemain matin pour sa tournée en Nouvelle-Angleterre. À mon arrivée, j'ai été accueilli par un messager qui m'a immédiatement conduit à la voiture de M. Blaine, qui a démarré quelques minutes plus tard.

Il y avait une excitation inhabituelle dans la foule, qui s'expliqua rapidement. Le meilleur récit que M. Blaine m'a donné lui-même est celui-ci : « J'avais décidément l'impression que tout allait bien à New York. C'était contre mon jugement de revenir ici. Notre comité national, cependant, a constaté qu'un grand nombre d'ecclésiastiques protestants voulaient se rencontrer. et m'apporter leur soutien. Ils pensaient que cela compenserait les accusations portées par le comité ' mugwump '. Je ne pensais pas qu'une telle reconnaissance était nécessaire. Cependant, leurs exigences pour mon retour et pour rencontrer cet organisme sont devenues si importunes que j'ai cédé. mon propre jugement.

"J'étais occupé dans ma chambre avec le comité et d'autres visiteurs lorsque j'ai été convoqué dans le hall de l'hôtel pour rencontrer les ecclésiastiques. Je n'avais préparé aucun discours, en fait, je n'avais pas imaginé de réponse. Lorsque leur porte-parole, le Révérend Docteur Burchard , a commencé à s'adresser à moi, mon seul espoir était qu'il continue assez longtemps pour que je puisse préparer une réponse appropriée. J'avais une idée très précise de ce qu'il dirait et j'ai donc prêté peu d'attention à son discours le soir. J'ai commencé à me précipiter et j'ai demandé mon avis sur la déclaration du docteur Burchard selon laquelle le thème principal de la campagne était « Le rhum, le romanisme et la rébellion ». Si je l'avais entendu prononcer ces mots, j'aurais répondu immédiatement, et cela aurait été efficace, mais je ne sais toujours pas quoi en dire maintenant. La situation est très difficile et presque tout ce que je dis l'est. susceptible d'offenser amèrement l'un ou l'autre côté. Maintenant, je veux que vous fassiez toutes les présentations et que vous soyez à mes côtés aujourd'hui autant que possible. Je doute de tout le monde et vous avez toujours le pied sûr. Depuis, je chéris ce compliment.

Alors que nous parcourions les rues de New Haven, les démocrates avaient placé des hommes sur les toits des maisons de chaque côté, et ils jetaient en l'air des milliers de tracts, accusant Blaine d'avoir approuvé le numéro publié par le docteur Burchard : «Rhum, romanisme et rébellion». Ils remplissaient tellement l'air que cela ressemblait à une averse et jonchaient les rues.

Un éminent prélat catholique me dit : « Nous avons dû ressentir une telle insulte, et j'estime que cette remarque a changé cinquante mille voix. Je connais personnellement environ cinq mille qui ont été changés dans notre État, mais Blaine a quand même perdu New York et la présidence par une majorité contre lui de seulement mille cent quarante-neuf voix.

Chaque fois que je visitais Washington, je faisais toujours appel à M. Blaine. La fascination de l'homme d'État et son merveilleux pouvoir de conversation faisaient de chaque visite un événement inoubliable. À une occasion, il m'a dit : « Chauncey, je suis très déprimé aujourd'hui. J'ai relu le premier volume de mon « Vingt ans au Congrès », qui vient juste d'être imprimé, et je l'ai détruit. Je l'ai dicté en entier, mais je trouve que l'exactitude et l'élégance ne s'obtiennent qu'au bout d'une plume. Je réécrirai les mémoires à l'encre, de nos jours, la composition à la machine à écrire ou au sténographe est si courante. Nombreux seront ceux qui seront en désaccord avec M. Blaine.

XIII. WILLIAM McKINLEY

Lors de la campagne de 1896, l'organisation républicaine de l'État de New York a décidé, si possible, que la convention nationale nomme Levi P. Morton à la présidence. M. Morton a gagné la faveur populaire en tant que vice-président, et la démarche en sa faveur semblait pleine d'espoir. Mais un nouvel homme doté d'une force et d'une capacité extraordinaires est entré dans cette campagne, et cet homme était Mark Hanna, de l'Ohio. M. Hanna était l'un de nos hommes d'affaires les plus prospères. Il avait un rare génie d'organisation et possédait de l'ingéniosité, du courage et de l'audace. Il était très pratique et avait en même temps de l'imagination et une vision. Alors qu'il n'avait que très peu participé aux affaires publiques, il s'était soudain décidé à faire de son ami dévoué, William McKinley, le président des États-Unis.

En peu de temps, tous les États de l'Union ressentirent la force des efforts de M. Hanna. Il appliqua à la politique les méthodes par lesquelles il avait si bien fait progresser ses grands intérêts industriels. Les clubs McKinley et les organisations locales de McKinley ont surgi partout sous la magie de la direction d'Hanna. Lorsque la convention s'est réunie, il était clair que la nomination de McKinley était assurée.

La délégation new-yorkaise décide cependant de présenter le nom de Morton et de soumettre sa candidature au vote. J'ai été sélectionné pour prononcer un discours de nomination. S'il y a un espoir, un orateur en pareille occasion a de l'inspiration. Mais s'il se sait battu, il ne peut pas mettre dans son effort le feu nécessaire pour impressionner un public. Il n'est pas possible de parler avec force et effet sans avoir foi en sa cause.

Après la nomination de M. McKinley, j'ai proposé que la nomination soit faite à l'unanimité. La convention a exigé un discours et une plateforme avec tant d'insistance qu'il a fallu obéir à leur appel. Ce qui suit est un compte rendu d'un journal de cette date de mon discours impromptu. L'histoire mentionnée dans le discours m'a été racontée alors que je montais sur l'estrade par le sénateur Proctor du Vermont.

"Je me trouve maintenant dans l'heureuse position de faire un discours pour l'homme qui va être élu. (Rires et applaudissements.) C'est une grande chose pour un amateur, quand sa première nomination a échoué, de venir seconder le candidat. l'homme qui a réussi. New York est là sans amertume et sans déception. Nous reconnaissons que les vagues nous ont submergés, mais nous avons rebondi sereinement. (Grands rires.) C'est un canon de New York qui a sonné le premier. On disait du père du gouverneur Morton qu'il était un ecclésiastique de la Nouvelle-Angleterre, qui élevait une famille de dix enfants avec trois cents dollars par an et qui, malgré tout, était doué pour la prière. (Rires.) Ce n'est pas le cas. peu importe qu'il soit pauvre, sans travail, en haillons, à côté d'un vagabond, quelqu'un aux États-Unis ce soir, il sera « doué en prière » à l' issue de cette convention. Bravo et rires.)

"Il y a un principe cher au cœur américain. C'est le principe qui fait bouger les fuseaux américains, démarre les industries et fait que les salariés sont recherchés au lieu de chercher un emploi. Ce principe est incarné dans McKinley. Sa personnalité explique la nomination à -jour. Et sa personnalité portera dans le fauteuil présidentiel les aspirations des électeurs américains, des familles américaines, des foyers américains, la protection de l'industrie américaine et l'Amérique pour les Américains. (Acclamations.)

Comme chaque convention nationale, comme chaque individu, a ses caractéristiques, la particularité de la convention républicaine de 1896 a été l'adoption de l'étalon-or de la valeur. Une partie étonnante et éclairante de notre littérature politique de cette époque est la revendication par divers hommes d'État et publicistes de la paternité de la planche d'or du programme.

Le sénateur Foraker, qui présidait la commission des résolutions, consacre une partie considérable de son intéressante autobiographie à la discussion de cette question. Il est très sévère envers tous ceux qui prétendent être à l'origine de cette idée. Plusieurs hommes d'État m'ont demandé de faire valoir leurs prétentions à en être l'auteur.

L'engouement pour l'argent ne s'est pas encore calmé. Le bimétallisme avait de fervents défenseurs et croyants dans notre convention. Je pense que même notre candidat n'était pas pleinement convaincu à l'époque de la sagesse de cette déclaration. Il est entré dans la plateforme plutôt comme une aventure que comme un article de foi, mais à la surprise des journalistes et des orateurs de campagne, il s'est avéré que le peuple s'était converti à l'étalon-or, et il s'est avéré être le plus fort et le plus efficace. déclaration populaire de la convention.

Dès le début de la campagne, le génie de Mark Hanna est vite devenu évident. Il organisa une campagne d'éducation comme on n'en avait jamais rêvé, et encore moins tenté. Des agents publicitaires ambulants, avec des wagons chargés de brochures, remplissaient les routes et les chemins, et aucune maison n'était si isolée qu'elle ne recevait sa part. Les colonnes des journaux, notamment des journaux nationaux, étaient remplies d'articles rédigés par des experts, et la tribune n'a jamais été aussi riche en orateurs publics.

Une telle campagne est irrésistible. Son influence est ressentie par tout le monde ; ses arguments deviennent automatiquement et presque insensiblement le langage commun du peuple. Mais la dépense est si énorme qu'elle ne sera plus jamais tentée. Il n'y a eu aucune corruption ni achat de voix dans la direction de M. Hanna. C'était de la publicité et encore de la publicité, mais cela a coûté près de cinq millions de dollars. Atteindre de cette manière les cent dix millions d'habitants des États-Unis impliquerait une somme si énorme que l'opinion publique ne permettrait jamais qu'on s'en approche.

La campagne du porche de M. McKinley était un élément pittoresque et captivant. Le candidat était un bel homme et un orateur éloquent, avec une attitude cordiale et sympathique qui a séduit tout le monde. Des délégations de toutes les régions du pays et représentant toutes les phases de la vie américaine se sont présentées à la résidence de M. McKinley. Son discours était toujours approprié et son accueil faisait des visiteurs ses amis fidèles.

J'ai reçu une demande personnelle pour lui rendre visite, et à cette occasion il m'a dit : « Dans certaines grandes sections agricoles, il y a une révolte très dangereuse dans notre parti, en raison des mauvaises conditions parmi les agriculteurs. Le blé et le maïs se vendent au-dessous du prix. coût de production. J'aimerais que vous descendiez parmi eux et prononciez des discours expliquant les conditions économiques qui ont produit ce résultat, et comment nous proposons et allons y remédier.

« M. McKinley, ai-je dit, ma position de président des chemins de fer, j'en ai peur, ne les contrarierait pas. »

"Au contraire, votre position attirera le plus grand public et recevra la plus grande attention."

Le résultat a prouvé qu'il avait raison.

Je me souviens d'une réunion en particulier. Il y avait des milliers de personnes présentes, tous des agriculteurs. Au milieu de mon discours, un homme s'est levé et a dit : « Chauncey Depew, nous apprécions votre venue ici et nous sommes très impatients de vous entendre. Votre discours est très charmant et intéressant, mais je tiens à vous le faire personnellement. Ici, nous souffrons des conditions du marché pour les produits de nos fermes. Les prix sont si bas que nous avons du mal à payer les intérêts de nos hypothèques et à payer nos impôts, même si nous économisons sérieusement. Vous êtes maintenant président de l'une des sociétés. les plus grands chemins de fer du pays. On rapporte que vous recevez un salaire de cinquante mille dollars par an. Vous êtes ici dans une voiture particulière. Ne pensez-vous pas que le contraste entre vous et nous rend la tâche difficile pour nous, pauvres agriculteurs. vous réserver l'accueil que nous souhaitons ? »

Je vis tout de suite que j'avais perdu mon public. Je me suis alors aventuré sur un énoncé de conditions que j'ai souvent essayé et toujours avec succès. J'ai dit : " Mon ami, ce que tu dis de moi est vrai. Maintenant, quant à ma carrière, je suis né et j'ai grandi dans un village semblable à celui qui est près de chez toi ici. Mon père m'a donné mon éducation et rien d'autre. avec lequel commencer la vie. En tant que jeune avocat, je cherchais des clients et non un poste. J'étais convaincu qu'il n'y avait pas d'opportunités dans le village, mais que les chances de succès étaient au service des entreprises. c'est que j'ai accompli ce que vous avez décrit. Maintenant, mon ami, je crois que vous avez un garçon prometteur. Je crois aussi que, pour votre fierté et votre satisfaction, il fréquente le collège voisin ici et que vous avez l'intention de le faire. l'éclat et la capacité de faire de lui un avocat. Lorsqu'il sera admis au barreau, vous attendez-vous à ce qu'il essaie de faire ce que j'ai accompli et d'acquérir une position indépendante dans la vie, ou qu'il échoue ? »

Le fermier a crié : « Chauncey, vous allez bien. Allez-y et continuez comme ça.

Mes arguments et ma présentation n'étaient pas meilleurs que ceux de nombreux autres orateurs, mais, comme M. McKinley l'avait prédit, ils ont reçu une attention et suscité une discussion, en raison de ce que le vieux fermier avait dit, qu'aucun autre militant ne pouvait susciter.

M. McKinley m'a de nouveau fait venir et m'a dit : « Le sentiment est une force merveilleuse en politique. M. Bryan, mon adversaire, a fait une remarquable tournée de conférences à travers notre État. Il est parti tôt le matin de Cleveland avec un discours. a fait de nombreux arrêts sur le chemin de Cincinnati, où il est arrivé dans la soirée, et à chaque endroit il s'est adressé à de nombreux auditoires, traversant l'État d'un côté à l'autre. Son endurance et sa polyvalence ont fait une grande impression sur notre peuple. et surmontant cette impression, je vous ai demandé de venir ici et de répéter l'effort de Bryan. Vous êtes tellement plus âgé que lui - je pense que nous pouvons prétendre qu'il a presque deux fois son âge - que si vous pouvez le faire, et j'espère que vous le pourrez, alors. le sentiment sera dissipé.

J'ai parcouru le parcours de M. Bryan, je me suis arrêté aux mêmes stations et j'ai prononcé des discours devant des auditoires similaires d'à peu près la même durée. En arrivant à Cincinnati dans la soirée, j'ai été accueilli par un comité dont le président m'a dit : « Nous vous avons suivi tout au long de Cleveland, où vous avez commencé à sept heures ce matin, et tout va bien. Maintenant, M. Bryan " Quand il est arrivé ici, il n'y avait pas de réunion. Nous avons sept mille personnes au Music Hall, et si vous y allez et parlez cinq minutes, votre voyage sera un succès phénoménal. "

Je suis allé au Music Hall, j'ai bien sûr passé un moment merveilleux et une ovation sauvage, et j'ai parlé pendant une heure. Le lendemain, je n'étais pas plus mal après ces douze heures d'expérience.

Le président McKinley a passé la majeure partie de sa vie à la Chambre des représentants. Il aimait les associations et la vie du Congrès. L'organe le plus irrégulier et le plus incertain est le Congrès, pour un exécutif qui ne comprend pas son tempérament et ses caractéristiques. McKinley était passé maître dans ce domaine. Presque tous les présidents ont été grandement soulagés lorsque le Congrès s'est ajourné, mais M. McKinley m'a souvent exprimé son souhait que le Congrès soit toujours en session, car il n'a jamais été aussi heureux que lorsqu'il pouvait être en contact quotidien avec lui. Sa porte était ouverte à tout moment à un sénateur ou à un membre de la Chambre des représentants. Si l'un ou l'autre ne le voyait pas au moins une fois par semaine, l'absent recevait généralement un message indiquant que le président souhaitait qu'il l'appelle. Il était très soucieux de découvrir toute irritation de la part d'un sénateur ou d'un membre à propos d'une déception ou d'une offense imaginée, et il réussissait toujours avec beaucoup de tact à mettre les choses au clair. Il s'est montré tout aussi attentif et aussi pointilleux avec l'opposition qu'avec les membres de son propre parti.

Le président McKinley avait une manière merveilleuse de traiter avec les candidats à un poste ainsi qu'avec leurs amis et partisans. Une de ses phrases est devenue partie intégrante de la langue commune de la capitale. C'était : « Mon cher, je tiens à vous faire plaisir, mais je suis dans une situation telle que je ne peux pas vous donner ce que vous désirez. J'essaierai cependant de vous trouver quelque chose d'aussi bon. Le demandeur de faveurs anxieux, si lui ou son membre du Congrès ne parvenait pas à obtenir le poste souhaité, emportait toujours une fleur ou un bouquet offert par le président, avec une remarque élogieuse dont il fallait se souvenir. Les candidats à une fonction comprirent bientôt qu'un consulat souhaité en Angleterre ne pouvait pas être accordé, mais qu'un consulat de rang égal en Afrique du Sud était possible.

Il y a eu de nombreuses bonnes histoires au Sénat sur son tact dans ses relations avec l'opposition. Un sénateur du Sud, qui, en tant que général, s'était distingué dans la guerre civile du côté confédéré, était très irrité et faisait fréquemment remarquer à ses amis « que notre président n'est malheureusement pas un gentleman et que dans son ascendance il y a quelqu'un de très commun ». sang."

M. McKinley a persuadé certains collègues sudistes du sénateur de l'amener à la Maison Blanche. Il a exprimé ses regrets au sénateur de l'avoir offensé de quelque manière que ce soit et lui a demandé ce qu'il avait fait. Le sénateur répondit : « Vous avez désigné pour la ville où habite ma sœur un nègre, et un mauvais nègre en plus, comme maître de poste, et ma sœur doit aller chez lui pour ses lettres et ses timbres. Le président fit procéder au transfert de ce maître de poste et à la nomination d'un homme recommandé par le sénateur. Le sénateur s'est ensuite adressé à ses amis et leur a dit : « Vous ai-je fait remarquer à un moment donné que notre président n'était pas un gentleman et qu'il avait quelque part dans son ascendance un sang très commun ? Si je le faisais, je me souvenais de cette déclaration et m'excusais. M. McKinley est un parfait gentleman."

Toutes les mesures que le président voulait faire adopter, à moins qu'elles ne fussent absolument partisanes, recevaient toujours ensuite l'appui du sénateur du Sud.

J'ai été au Sénat pendant une partie de son mandat et presque tous les jours à la Maison Blanche, où son accueil a été si cordial et son traitement de la question présenté avec tant de sympathie que c'était un plaisir d'y aller, au lieu d'être, comme d'habitude, , une des tâches les plus désagréables imposées à un sénateur.

Il avait une manière de vous inviter à une conférence privée et de vous impressionner par son caractère confidentiel et la confiance qu'il avait en vos conseils et votre jugement qui était des plus flatteurs.

Les divertissements à la Maison Blanche étaient fréquents et il réussissait à faire de chaque dîner un événement dont on se souviendrait des plus agréablement. Je pense que, bien qu'il ait été très courtois avec tout le monde, il l'a été plus que d'habitude avec moi à cause d'un incident survenu avant son investiture.

Un jour, un journaliste bien connu est venu à mon bureau et m'a dit : « Je viens de Canton, où j'ai passé plusieurs jours avec le président. J'ai discuté avec lui des nominations fédérales, entre autres de la mission en Angleterre, dans laquelle je suis. intéressé parce que mon père est Anglais, et mon père et moi sommes extrêmement impatients de vous voir accepter le poste, et M. McKinley m'a autorisé à vous demander si vous accepteriez la mission.

L'ambassade en Angleterre m'attirait particulièrement, car je connaissais personnellement le prince de Galles et la plupart des principaux hommes d'État et hommes publics anglais. Le journaliste a dit que si j'acceptais, il sonderait la presse. C'est ce qu'il fit, et la réponse fut des plus flatteuses de la part des journaux de toutes opinions politiques.

Au moment de l'investiture, le vice-président Hobart, qui était un de mes amis cordiaux, m'a dit : « Il y a quelque chose qui ne va pas chez vous avec le président. C'est très grave et vous ne pouvez vous attendre à aucune reconnaissance de la part de l'administration. J'étais totalement incapable d'expliquer cette affaire et je ne voulais pas enquêter davantage. Peu de temps après, le vice-président est venu me voir et m'a dit : « J'ai découvert la vérité sur votre affaire et je l'ai expliquée de manière satisfaisante au président, qui regrette profondément d'avoir été induit en erreur par un faux rapport d'un ami dans lequel il avait confiance." Peu de temps après, le président m'a proposé une mission en Allemagne. Je ne comprenais pas la langue et sentais que je ne pouvais pas être d'une grande utilité là-bas, et j'ai donc refusé.

Lorsque le président McKinley gisait grièvement blessé à Buffalo suite au tir de l'anarchiste Czolgosz , je m'y suis rendu pour voir si quelque chose pouvait être fait pour son confort. Pendant un certain temps, on espérait qu'il se rétablirait et qu'il valait mieux pour lui aller à Washington. J'ai pris toutes les dispositions nécessaires pour l'emmener à la capitale si les médecins le jugeaient possible. Mais soudain, comme c'est toujours le cas avec des blessures de ce genre, survint une crise dans laquelle il mourut.

Le vice-président Roosevelt campait dans les Adirondacks. Un message lui parvint et le lendemain matin il arriva à Buffalo. Le cabinet de M. McKinley décida que le vice-président serait immédiatement intronisé président. Le colonel Roosevelt était un invité chez M. Ainsley Wilcox. Il m'a invité à assister à son investiture, qui a eu lieu le soir même. C'était une petite compagnie rassemblée dans le salon de la maison de M. Wilcox. Elihu Root, secrétaire d'État, suffoquant d'émotion et la voix pleine de larmes, a prononcé un discours qui était un bel hommage au président décédé et une déclaration claire de la nécessité d'une action immédiate pour éviter un interrègne du gouvernement. John Raymond Hazel, juge de district des États-Unis, a prêté serment et le nouveau président a donné une réponse brève et émouvante au discours de M. Root.

Cette inauguration contrastait pathétiquement et simplement avec celle qui avait précédé au Capitole de Washington. Parmi les rares présents se trouvait le sénateur Mark Hanna. Il a joué un rôle plus déterminant que quiconque aux États-Unis dans la sélection de M. McKinley à la présidence et dans son élection triomphale. M. McKinley accordait une confiance absolue à Hanna, et Hanna était la personnalité la plus puissante du pays. Aucun homme dans la vie publique n'a jamais été aussi admirablement adapté l'un à l'autre que le président McKinley et la sénatrice Hanna. La veille de la mort du président, Hanna pouvait s'attendre à quatre années de pouvoir et d'utilité croissants auprès du président qui venait d'être réélu. Mais alors qu'il m'accompagnait ce soir-là depuis la maison de M. Wilcox, il sentait profondément qu'il ne pourrait jamais entretenir de telles relations avec le colonel Roosevelt. Il aimait personnellement énormément M. McKinley, et à son chagrin provoqué par la mort de son ami s'ajoutait une pleine appréhension de son changement de position dans la vie publique américaine.

XIV. THÉODORE ROOSEVELT

La balle de l'assassin avait été fatale et McKinley n'était plus. Théodore Roosevelt, vice-président, devient président. Rares étaient ceux qui reconnaissaient, à l'époque, qu'était arrivé à la présidence des États-Unis l'un des hommes les plus remarquables, les plus compétents et les plus originaux qui aient jamais occupé la Maison Blanche.

Au cours des sept années suivantes, le président Roosevelt a non seulement occupé mais rempli la scène des affaires publiques aux États-Unis. Aujourd'hui encore, deux ans ou plus après sa mort, à l'exception du président Wilson, Roosevelt est l'Américain le plus connu au monde. Il est difficile de prédire l'avenir en raison de l'idéalisation qui se produit parfois, bien que rarement, à l'égard des hommes publics, mais le colonel Roosevelt prend rapidement la troisième place, derrière Washington et Lincoln.

Mes relations avec le colonel Roosevelt ont toujours été des plus intéressantes. Son père, qui était un de mes amis cordiaux, était l'un des citoyens les plus éminents de New York. Dans tous les devoirs civiques et dans de nombreuses œuvres philanthropiques, il occupait la première place. Les activités publiques du père ont eu une grande influence sur la formation du caractère et la direction des ambitions de son fils.

M. Roosevelt est entré très tôt dans la vie publique et, comme pour tout ce qui le concerne, toujours de manière dramatique. L'un des personnages intéressants de la ville de New York était Frederick Gibbs, un homme politique actif et un chef de district. Gibbs est ensuite devenu le membre du comité national de New York au sein du comité national républicain. À sa mort, il laissa une collection de tableaux qui, au grand étonnement de tous, montrèrent qu'il était un mécène de l'art libéral et exigeant.

Gibbs avait un quartier difficile à gérer, car, partant des bidonvilles, il s'étendait jusqu'à la Cinquième Avenue. C'était normalement démocrate, mais il a réussi à maintenir son parti en vie et à souvent gagner, et a ainsi acquis la réputation d'être de mèche avec Tammany. Il est venu me voir un jour et m'a dit : « Notre organisation a perdu la confiance des « intellectuels ». Ils n'ont pas beaucoup de voix, mais leurs noms ont du poids et leurs contributions sont inestimables dans les campagnes. Pour regagner leur confiance, nous envisageons de nommer député le jeune Theodore Roosevelt, qui vient de rentrer de Harvard. Qu'en pensez-vous ? de ça?"

Bien entendu, je l'ai défendu très chaleureusement. « Eh bien, dit-il, nous aurons un dîner chez Delmonico. Il sera entièrement composé de « intellectuels ». Nous souhaitons que vous prononciez le discours principal, en présentant le jeune Roosevelt, qui, bien sûr, répondra. Je ne serai pas au dîner, mais je serai dans le garde-manger. »

Le dîner a été un succès phénoménal. Environ trois cents personnes en costumes, gilets blancs et cravates blanches discutaient de la situation , disant : « D'où proviennent ces histoires et calomnies concernant notre district, selon lequel il s'agit d'une annexe de Tammany et avec des affiliations avec Tammany ? district, et nous nous connaissons tous.

Le jeune Roosevelt, lorsqu'il se leva pour parler, paraissait avoir environ dix-huit ans, alors qu'il en avait vingt-trois. Son discours a été soigneusement préparé et il l'a lu à partir d'un manuscrit. C'était remarquable dans la manière emphatique avec laquelle il a d'abord exposé les maux qui existaient dans la ville, l'État et les gouvernements nationaux, et comment il les corrigerait s'il en avait l'occasion. C'est une curieuse réalisation des aspirations de la jeunesse que chacune de ces opportunités se soit présentée à lui, et dans chacune d'elles, il est entré dans l'histoire et a acquis une renommée permanente.

Le mandat de Frank Black, gouverneur de l'État de New York, était sur le point d'expirer. Black était un homme d'une grande capacité et d'un grand courage. Le peuple avait voté neuf millions de dollars pour améliorer le canal Érié. Il y avait des rumeurs persistantes de fraude dans les travaux. Le gouverneur Black a ordonné une enquête par l'intermédiaire d'un comité compétent qu'il a nommé. Le comité a découvert qu'environ un million de dollars avaient été gaspillés ou volés. Black prit aussitôt des mesures pour récupérer l'argent si possible et poursuivre les coupables. L'opposition en a profité pour donner l'impression dans l'esprit du public de la corruption de l'administration républicaine. La question aiguë était : « Le gouverneur Black devrait-il être renommé ?

Le colonel Roosevelt venait de rentrer de Cuba, où il avait acquis une grande réputation à la tête des Rough Riders, et lui et son commandement étaient dans un camp à Long Island.

Le sénateur Platt, le chef de l'État, avait l'habitude de me consulter, et sa confiance en mon jugement était d'autant plus grande qu'il savait que je ne voulais rien, tandis que la plupart des gens qui entouraient le chef étaient bénéficiaires de ses faveurs, et soit les titulaires de charges ou attendent une certaine considération. Il m'a demandé de venir le voir à Manhattan Beach. Comme d'habitude, il aborda immédiatement la question en disant : « Je suis très inquiet au sujet du poste de gouverneur. Frank Black a fait un excellent gouverneur et a fait ce qu'il fallait en ordonnant une enquête sur les fraudes du canal, mais le résultat de L'enquête a montré qu'en découvrant des fraudes, les démocrates ont réussi à créer une impression populaire selon laquelle l'ensemble de l'administration de l'État est coupable. La situation politique est en quelque sorte très critique. Benjamin Odell, le président de notre comité d'État, encourage la nomination de. Colonel Roosevelt. Comme vous le savez, Roosevelt n'est pas un de mes amis, et je n'apprécie pas très bien cette suggestion. Maintenant, qu'en pensez-vous ?

J'ai immédiatement répondu : « M. Platt, je regarde toujours une question publique du point de vue de l'estrade. Je m'adresse au public depuis que je suis devenu électeur , et mon jugement sur l'opinion publique et les opinions du peuple sont régis par comment ils prendront ou prendront et agiront en fonction des questions présentées. Maintenant, si vous nommez le gouverneur Black et que je m'adresse à un large public - et je le ferai certainement - le chahuteur dans le public se lèvera et m'interrompra en disant : « Chauncey, nous Je suis d'accord avec ce que vous dites à propos du Grand Old Party et tout ça, mais qu'en est-il du vol du Canal ? Je dois expliquer que le montant volé n'est que d'un million, et que si le colonel Roosevelt est nommé, je peux dire au chahuteur avec indignation et enthousiasme : « Je suis très heureux que vous ayez posé cette question. gouverneur, un homme qui a démontré dans ses fonctions publiques et sur le champ de bataille qu'il est un combattant pour la droite et qu'il est toujours victorieux. S'il est choisi, vous savez et nous savons tous, grâce à ses caractéristiques, son courage et ses capacités démontrés, que tout voleur le fera. être arrêté et puni, et chaque dollar trouvé sera restitué au trésor public. Ensuite, je suivrai le colonel menant ses Rough Riders jusqu'à San Juan Hill et demanderai au groupe de jouer "Star-Spangled Banner".

Platt a dit de manière très impulsive : « Roosevelt sera nommé ».

Lorsque la convention d'État s'est réunie pour désigner un candidat d'État, j'ai été choisi pour présenter le nom du colonel Roosevelt comme candidat au poste de gouverneur. Je l'ai fait de nombreuses fois lors de congrès, mais je n'ai jamais eu une telle réponse. Alors que je continuais à réciter les réalisations de Roosevelt, sa carrière, ses réalisations et ses grandes promesses, la convention s'est déchaînée avec enthousiasme. Il était évident qu'aucune erreur n'avait été commise en le sélectionnant comme candidat.

Au cours de la campagne, il réalisa l'une des toiles les plus pittoresques que l'État ait jamais connues. Il était accompagné dans ses voyages par un grand nombre d'orateurs, mais dominait facilement la situation et emportait le public avec lui. Il fut très amusé lors d'une réunion où l'un de ses Rough Riders, qui était dans l'entreprise, insistait pour faire un discours. Le Rough Rider a déclaré : « Mes amis et concitoyens, mon colonel était un grand soldat. Il fera un grand gouverneur. Il nous a toujours mis dans des batailles où nous serions tués s'il y avait une chance, et c'est ce qu'il fera. faire avec toi."

Roosevelt en tant que gouverneur était, comme toujours, très original. New York était un État organisé, avec M. Platt comme chef et avec des chefs de comté dotés de capacités et d'une force inhabituelles. Les gouverneurs avaient l'habitude de compter sur l'organisation à la fois pour ses conseils et son soutien. Roosevelt ne pouvait supporter aucune forme de contrôle. Il chercha des conseils dans toutes les directions, puis se décida. Cela le mettait souvent en conflit avec les dirigeants locaux et parfois avec l'organisation générale.

Un jour, le président de l'État, qui avait toujours l'habitude d'être à Albany le jour de clôture de la législature, pour empêcher, dans la précipitation et la confusion caractéristiques de la législation de cette époque, l'adoption de mesures mauvaises ou impopulaires, demanda au gouverneur de bien vouloir - à minuit, car la législature devait s'ajourner le lendemain, étant entendu que l' élaboration des lois était pratiquement terminée.

Une importante délégation immobilière est arrivée le lendemain matin, avec la volonté habituelle de soulager les biens immobiliers de la fiscalité en les plaçant ailleurs. Ils ont proposé d'imposer de nouvelles charges aux services publics. Il était trop tard pour formuler et présenter une mesure sur une question aussi importante, mais il y avait un projet de loi qui était à l'étude au Parlement pendant la majeure partie de la session et qui n'a jamais été sérieusement examiné. Le gouverneur a envoyé un message d'urgence au Parlement, qui n'avait plus qu'une heure pour adopter ce projet de loi.

Le lendemain, l'immense intérêt pour les services publics a été pris de panique parce que le projet de loi était si grossier qu'il équivalait à une confiscation. Le gouverneur, interrogé, répondit : « Oui, je sais que le projet de loi est très grossier et impropre à devenir une loi, mais une législation sur ce sujet est absolument nécessaire. Je ferai ceci : j'ai trente jours avant de devoir me rattraper. J'ai l'intention de signer le projet de loi, ou de le laisser devenir une loi sans ma signature. Dans ces trente jours, je réunirai à nouveau la législature. Vous pourrez alors préparer et me soumettre un projet de loi approprié, et si nous pouvons nous y mettre d'accord, je le ferai. "

Le résultat de cette menace a été qu'une loi très efficace et opportune a été présentée concernant la taxation des services publics, une mesure qui a considérablement augmenté les revenus des municipalités et de l'État. Je ne connais aucun gouverneur de mon temps qui aurait eu l'originalité et l'audace d'accomplir ce qu'il désirait par une opération aussi radicale.

L'administration de Roosevelt était noble et patriotique. Mais en faisant preuve d'un jugement indépendant et en agissant fréquemment sans consulter les dirigeants, nationaux ou locaux, il est devenu extrêmement impopulaire auprès de l'organisation. Il était évident qu'il serait très difficile de le renommer . Il était également évident qu'en raison de sa popularité auprès du peuple, s'il échouait dans la renomination , le parti serait battu. Il a donc été décidé à l'unanimité de l'inscrire sur la liste nationale en tant que vice-président.

Le gouverneur résista de toute son énergie passionnée. Il aimait le poste de gouverneur. Il pensait qu'il y avait beaucoup de choses qu'il pourrait faire au cours d'un autre mandat, et il croyait et disait ainsi que la vice-présidence était un tombeau. Il pensait que personne ne pourrait ressusciter une fois enterré dans ce sarcophage.

La convention nationale républicaine de 1900 était une réunion de ratification. L'administration du président McKinley a été extrêmement populaire. La convention s'est réunie pratiquement pour approuver les actes publics de McKinley et le renommer pour un autre mandat. La seule question douteuse était celle de la vice-présidence. Il y avait un accord général de sentiment en faveur du gouverneur Roosevelt, qui n'a été bloqué que par son refus persistant.

Roosevelt et moi étions tous deux délégués généraux, et cette position lui donnait une plus grande opportunité de souligner sa réticence. Un de ses amis très intimes est venu me voir et m'a prié d'user de toute mon influence pour empêcher la nomination du colonel. Cet ami m'a dit : « La situation du gouverneur, officiellement et personnellement, lui rend impossible de se rendre à Washington. Du côté officiel, il y a sa législation inachevée et la nouvelle législation dont l'État a grandement besoin, qui ajoutera énormément à sa réputation. et ouvre la voie à son avenir. Il a très peu de moyens. En tant que gouverneur, son salaire est suffisant. Le Executive Mansion est gratuit, avec de nombreux avantages contributifs, et les écoles d'Albany sont admirables pour l'éducation de ses six enfants. Le salaire du vice-président est totalement insuffisant pour soutenir la dignité du poste, et c'est la fin d'un jeune homme d'une carrière des plus prometteuses.

Je savais ce que mon ami ignorait : M. Roosevelt ne pourrait plus être gouverneur. J'étais si chaleureusement attaché à lui et si inquiet de son avenir que je pensais qu'il était de mon devoir de forcer sa nomination si possible.

Le gouverneur Odell était président de la délégation pour toutes les fins du congrès, mais pour la distribution des honneurs, j'ai été nommé président de séance lors de ses réunions. La délégation s'est réunie pour examiner la vice-présidence. Plusieurs discours très éloquents furent prononcés en faveur de M. Roosevelt, mais dans un discours catégorique, il déclina la nomination. Il a ensuite obtenu un vote unanime, mais a de nouveau refusé. Un délégué se leva alors et lui suggéra de reconsidérer sa détermination, et plusieurs autres se joignirent très sincèrement à cette demande. Roosevelt en fut profondément affecté, mais il refusa néanmoins fermement.

Je savais qu'un membre de la délégation avait fait des démarches pour obtenir cet honneur au cas où Roosevelt deviendrait impossible, et que la prochaine motion serait la nomination de cet aspirant. J'ai donc brusquement déclaré la séance levée. Je l'ai fait dans l'espoir que dans la nuit, sous la pression exercée sur lui, le colonel changerait d'avis. Dans la matinée, M. Roosevelt a renoncé à ses convictions et a accepté la nomination.

Dans chaque convention, il y a un grand nombre d'hommes éminents dans leurs différentes délégations qui souhaitent attirer l'attention et la publicité générales. Comme il n'y avait aucune controverse quant au candidat ou au programme, ces messieurs étaient tous impatients de prononcer des discours en faveur des candidats McKinley et Roosevelt. Il y eut tellement de ces discours qui, bien sûr, étaient en grande partie des répétitions, que le congrès devint las et impatient. Ces derniers n'ont pas été entendus du tout à cause de la confusion et de l'impatience des délégués . Pendant qu'un orateur ronronnait, une délégation d'un État occidental s'est approchée de moi et m'a dit : « Nous, à l'extrême Occident, ne vous avons jamais entendu parler, et ne nous obligeriez-vous pas à prendre la parole ?

J'ai répondu : "Le public ne supportera pas une autre adresse." Roosevelt, qui s'est assis juste en face de moi, a alors fait remarquer : « Oui, ils le feront de votre part. Ces discours ont presque tué la liste, et si cela continue, l'élection est terminée, et McKinley et moi sommes morts. Il m'a alors saisi et a failli me jeter sur la plateforme.

La nouveauté de la situation, saisie par les délégués, a retenu l'attention. Je me suis souvenu de ce que M. Lincoln m'avait dit un jour, défendant son usage fréquent d'anecdotes, et voici ce qu'il avait dit : « Les gens ordinaires, prenez-les tels que vous les trouvez, sont plus facilement influencés par le biais d'une illustration large et humoristique. que de toute autre manière. »

J'avais entendu une nouvelle histoire, chose rare, et j'ai commencé par la raconter. À côté du président était assis le sénateur Thurston. C'était un excellent orateur, très orné et très rhétorique. Il ne s'est jamais laissé aller à l'humour ni n'a défait sa dignité et sa formalité. Je l'ai entendu dire d'une voix sépulcrale au président : « Grand Dieu, monsieur, la dignité et la solennité de cet événement historique des plus importants doivent être gâchées par une histoire. Heureusement, l'histoire a été un succès et a donné au public fatigué deux occasions d'entendre mon discours. Leur rire était un soulagement intérieur, et il procurait le soulagement extérieur de changer de position pour une nouvelle et plus reposante.

Mon ami, John M. Thurston, est venu à Philadelphie avec un discours des plus élaborés et excellents. Assis dans le public à trois reprises, je l'ai entendu avec autant de plaisir la dernière fois que la première.

Lorsque M. Roosevelt, en tant que vice-président, est venu présider le Sénat, il est vite devenu évident qu'il ne réussirait pas. Ses talents étaient exécutifs et administratifs. La position de président du Sénat des États-Unis est à la fois facile et difficile. Le Sénat souhaite que son président fasse preuve d'impartialité, d'humeur égale et de connaissance du droit parlementaire. Mais il ne se soumettra à aucune tentative de la part du président de séance de le diriger ou de le conseiller, et sera immédiatement irrité par toute décision arbitraire. Bien entendu, M. Roosevelt n'a présidé que quelques réunions avant l'ajournement définitif. Lorsque le Congrès se réunit à nouveau, il était président des États-Unis.

Les sénateurs et les membres ont vite constaté qu'il y avait un changement à la Maison Blanche. Aucun homme n'a jamais été aussi radicalement différent à tous égards que McKinley et Roosevelt. Roosevelt aimait voir les gens en masse et se souciait rarement des entretiens privés ou confidentiels. Il était très hospitalier et emmenait constamment des visiteurs au déjeuner lorsque les réunions matinales dans les bureaux exécutifs étaient terminées et qu'il n'avait pas eu l'occasion de les entendre ou de les voir.

Le sénateur Hanna avait l'habitude de inviter fréquemment quelques-uns de ses collègues du Sénat à dîner avec lui, afin de les consulter sur une action plus efficace concernant les mesures en suspens. Le président Roosevelt, qui savait tout ce qui se passait, faisait souvent irruption chez Hanna après le dîner et lui soumettait avec la plus grande franchise les problèmes qui s'étaient posés à la Maison Blanche et pour lesquels il souhaitait des conseils ou, à défaut, un soutien - le plus souvent. soutien.

Quiconque assistait aux conférences du matin, où il rencontrait les sénateurs, les membres de la Chambre et le public, était assuré de se divertir. Je me souviens qu'une fois, plusieurs de ses amis, hommes influents et éminents à New York, m'avaient demandé de demander la nomination d'un ministre auprès d'un gouvernement étranger pour un journaliste d'une certaine notoriété. Quand je suis entré dans la salle du Cabinet, il y avait foule et le président savait que j'étais loin d'être en bonne santé, alors il m'a immédiatement appelé par mon nom, m'a demandé comment j'allais et ce que je voulais. Je lui ai dit que je devais quitter Washington ce jour-là sur les conseils de mon médecin pour me reposer, et que ce que je voulais, c'était présenter le nom d'un monsieur pour une nomination au poste de ministre, si je pouvais le voir pendant cinq minutes.

Le président s'est exclamé : "Nous n'avons aucun secret ici. Dites-le-le franchement." J'ai alors exposé le cas. Il a demandé qui se cachait derrière le requérant. Je lui ai dit. Puis il a dit : « Oui, tout va bien » à chacun jusqu'à ce que je mentionne également le personnel du journal pour hommes, qui était l'un des plus importants et des plus puissants du pays mais un critique impitoyable du président. Il cria aussitôt : « C'est réglé. Rien de ce que souhaite ce journal ne recevra la moindre considération de ma part. Chose singulière, le journal devint par la suite l'un de ses ardents défenseurs et partisans.

Une autre fois, j'entrais dans son bureau privé alors qu'un autre sénateur sortait de la salle du Cabinet, qui était pleine. Il a crié : « Sénateur Depew, connaissez-vous cet homme qui sort ? J'ai répondu : "Oui, c'est un de mes collègues au Sénat." "Eh bien," cria-t-il, "c'est un escroc." Son jugement s'est ensuite révélé correct.

M. Roosevelt et sa femme ont passé toute leur vie dans la vie sociale des vieilles familles de New York qui étaient des dirigeants reconnus. Ils ont porté à la Maison Blanche la culture et les conventions de ce qu'on appelle la meilleure société des grandes capitales du monde. Cette expérience et cette éducation sont venues à un couple qui avait des opinions très démocratiques. Ils aimaient voir les gens et les rencontraient et les divertissaient avec une charmante hospitalité.

Roosevelt était une merveille aux multiples facettes. En plus d'être cadre en tant que gouverneur d'un grand État et administrateur en tant que commissaire de la fonction publique et commissaire de police de New York, il était un auteur de livres populaires et un naturaliste de terrain aux connaissances rares. C'était aussi un merveilleux athlète. J'avais souvent l'occasion de le voir pour des affaires urgentes, et j'étais convoqué dans son gymnase, où il faisait un match de boxe avec un pugiliste connu, et prenait le dessus sur son adversaire, ou bien se jetait sur son maître d'armes. L'athlétisme cesserait, pour reprendre dès qu'il aurait, à sa manière rapide et directe, disposé de ce que je lui présentais.

L'équitation était un de ses exercices favoris, et son expérience dans son ranch occidental et dans l'armée avait fait de lui l'un des meilleurs cavaliers du monde. Les diplomates étrangers à Washington, avec leur éducation selon laquelle leur premier devoir était d'être en contact étroit avec le magistrat en chef, qu'il soit tsar, reine, roi ou président, ont trouvé leur formation inégale pour rester proches du président Roosevelt, sauf un, et il m'a raconté avec grand plaisir que, bien que pauvre cavalier, il rejoignait le président dans ses excursions matinales à cheval. Parfois, dit-il, lorsqu'ils atteignaient une colline très escarpée, haute et accidentée, le président criait : « Montons jusqu'au sommet », et le diplomate se débattait pour surmonter les pierres, les broussailles et les ravins, et retournait à son cheval avec des vêtements déchirés après avoir glissé sur la colline. À un autre moment, alors qu'il se trouvait sur les rives du Potomac, où les eaux étaient déchaînées, le président dit : « Nous irons sur cette île au milieu du fleuve », et nous y plongerons immédiatement. Le diplomate le suivit et atteignit l'île après pataugeant et nageant, et revint avec beaucoup de difficulté avec suffisamment de force pour rentrer chez lui. Il a eu une crise de pneumonie à cause de cette exposition inhabituelle, mais par la suite il a suscité l'envie et l'admiration de ses collègues et a accru la confiance de son propre gouvernement grâce à cette intimité avec le président.

Les dîners et déjeuners du président étaient uniques en raison de sa connaissance universelle des gens littéraires et scientifiques. Il y en avait généralement quelques-uns présents. Son enthousiasme contagieux et sa chaleureuse cordialité ont fait ressortir les meilleurs points de chaque invité. J'assistais un soir à un grand dîner lorsqu'il se produisit un incident qui l'amusa beaucoup. Il y avait une quarantaine d'invités. Lorsqu'ils furent assis, le président remarqua quatre chaises vacantes. Il envoya un de ses collaborateurs pour constater le problème. L'assistant a découvert un sénateur âgé debout avec sa femme, ainsi qu'un autre sénateur et une dame qui semblaient très inconsolables. Le vieux sénateur a refusé de sortir une dame comme sa carte l'exigeait ou de confier sa femme à un collègue. Il a dit à l'assistant du président, qui lui a dit que le dîner l'attendait et ce qu'il devait faire : "Quand je mange, je mange avec ma femme, ou je ne mange pas du tout". Le vieux monsieur a réussi.

Le président avait une histoire qu'il racontait souvent et avec beaucoup de joie. Alors qu'il se trouvait au ranch, les voisins avaient attrapé un voleur de chevaux et l'avaient pendu. Ils ont vite découvert qu'ils avaient commis une erreur et pendu le mauvais homme. Le plus diplomate des éleveurs a été choisi pour ramener le corps à la maison et annoncer gentiment la nouvelle à sa femme. L'ambassadeur du cow-boy a demandé à la femme : « Êtes-vous la femme de ——— ? Elle a répondu "Oui". "Eh bien," dit l'ambassadeur, "vous vous trompez. Vous êtes sa veuve. J'ai son corps dans le chariot. Vous ne devez pas vous en vouloir, car nous l'avons pendu en pensant qu'il était le voleur de chevaux. Nous avons découvert peu après que il était innocent. La blague est sur nous.

M. Roosevelt était intensément humain et essayait rarement de cacher ses sentiments. Il devait s'adresser à la Foire de l'État de New York à Syracuse. La direction m'a invité en tant que sénateur américain de New York à être présent. Il y en avait au moins vingt mille sur le terrain de la foire, et M. Roosevelt a lu son discours, qu'il avait minutieusement préparé, détaillant son projet d'harmonisation des relations entre le travail et le capital. Le discours était long et très efficace et destiné à être publié dans tout le pays. Mais son public, composé d'agriculteurs, n'était pas très intéressé par le sujet. De plus, ils étaient fatigués d'errer dans le parc et de faire les expositions, en attendant le début de la réunion. Je ne connais rien de plus fatiguant pour l'esprit et le corps que de passer des heures à parcourir les expositions d'une grande foire. Lorsque le président a terminé, le public a commencé à m'appeler. J'étais connu de pratiquement tous grâce à ma longue carrière sur la plateforme.

Connaissant Roosevelt comme je le connaissais, j'étais déterminé à ne pas parler, mais la gestion équitable et l'audience ne seraient pas niées. J'ai adressé les compliments qu'il fallait au président, puis, sachant que l'humour était la seule chose possible avec une foule aussi fatiguée, j'ai passé un bon moment avec eux. Ils sont entrés dans l'esprit de la fête et ont répondu de la manière la plus bruyante. J'ai entendu Roosevelt se tourner vers le président de la foire et dire avec beaucoup de colère : « Vous m'avez promis, monsieur, qu'il n'y aurait pas d'autre orateur.

Lorsque j'ai rencontré le président ce soir-là lors d'un grand dîner donné par le sénateur Frank Hiscock, il m'a accueilli avec la plus grande cordialité. Il était en pleine forme et, dès le début du dîner, il prit toute la direction de la discussion. Pendant trois heures, il parla de manière très intéressante, et personne d'autre n'apporta un mot. Néanmoins, nous avons tous apprécié la soirée, et notamment le président lui-même.

Je me demandais comment il trouvait le temps, avec ses grandes activités et engagements, de lire autant. Les éditeurs m'envoient fréquemment de nouveaux livres. Si je pensais qu'ils pourraient l'intéresser, je lui parlais de l'ouvrage, mais invariablement il l'avait déjà lu.

Lorsque mon premier mandat de sénateur a expiré et que la question de ma réélection a été soumise à la législature, le président Roosevelt m'a apporté son soutien le plus cordial et le plus chaleureux.

Les événements à son actif en tant que président, qui constitueront des monuments de l'histoire, sont extraordinaires par leur nombre et leur importance. Pour n'en citer que quelques-uns : il a placé la doctrine Monroe devant les gouvernements européens sur une base imprenable en défiant le Kaiser allemand, lorsqu'il a refusé d'accepter l'arbitrage et qu'il était déterminé à faire la guerre au Venezuela. Le président télégraphia : « L'amiral Dewey et la flotte de l'Atlantique partent demain. » Et le Kaiser a accepté l'arbitrage. Raissuli , le bandit marocain, qui avait capturé et retenu contre rançon un citoyen américain nommé Perdicaris , a rendu son captif à la réception de ce télégramme : « Perdicaris vivant ou Raissuli mort ». Il a réglé la guerre entre la Russie et le Japon et a remporté le prix Nobel de la paix.

Roosevelt a construit le canal de Panama alors que d'autres efforts avaient échoué depuis cinq cents ans. En tant que sénateur de son propre État, j'étais en consultation constante avec lui alors qu'il réclamait la législation nécessaire pour obtenir la concession pour la construction du canal. Les difficultés à surmonter dans les deux Chambres semblaient insurmontables et auraient été telles sans la merveilleuse ingéniosité et le pouvoir du président.

Lorsque la convention républicaine s'est réunie en 1908, j'étais à nouveau délégué général. C'était une convention de Roosevelt et c'était fou de le faire reconduire . Il croyait pouvoir vaincre le sentiment populaire opposé à un troisième mandat. Roosevelt ne le pensait pas. Il pensait que pour qu'un troisième mandat soit acceptable, il fallait un intervalle d'administration autre et différente. Lorsque le congrès estima que sa décision était irrévocablement de ne pas accepter la nomination lui-même, elle était prête à accepter toute personne qu'il pourrait conseiller. Il choisit son secrétaire à la guerre et ami le plus intime, William Howard Taft. Taft avait une charmante personnalité, s'était distingué sur le banc et s'était révélé un admirable administrateur en tant que gouverneur des îles Philippines. Après l'élection de M. Taft, le président, afin que le nouveau président et son administration ne soient pas gênés par sa présence et son prestige, a effectué un voyage de deux ans à l'étranger.

Au cours de ce voyage, il était plus dans l'esprit populaire au pays et à l'étranger que presque n'importe qui dans le monde. S'il passait en revue l'armée allemande avec le Kaiser, la presse était pleine des traits communs et des différences entre les deux hommes et de l'événement inédit de l'invité donnant des conseils au Kaiser.

Lors de sa visite en Angleterre, il raconta dans un discours public son expérience en Égypte et recommanda au gouvernement anglais de commencer à la gouverner s'il souhaitait continuer à gouverner l'Égypte.

La France entière fut consternée puis hilarante lorsque, dans un discours devant les facultés de la Sorbonne, il frappa d'abord le point faible de l'avenir et de la puissance de la France, et ce fut un suicide racial.

XV. SÉNAT DES ÉTATS-UNIS

Mes douze années au Sénat ont été parmi les plus heureuses de ma vie. Le Sénat jouit depuis longtemps de la réputation d'être le meilleur club du monde, mais c'est bien plus que cela. Mon vieil ami, le sénateur Bacon, de Géorgie, disait souvent qu'il préférait le poste de sénateur à celui de président ou de juge en chef des États-Unis. Il y a une indépendance dans un mandat de six ans, ce qui est d'une valeur énorme pour le travail législatif du sénateur. Le député, qui est obligé de se présenter devant sa circonscription tous les deux ans, doit consacrer la majeure partie de son temps à veiller à sa réélection. Ensuite, le Sénat étant un corps plus petit, les associations sont très étroites et intimes. Je n'ai pas l'intention de discuter des mesures qui ont retenu l'attention du Sénat pendant mon mandat. Ils font partie de l'histoire du monde. La valeur d'une œuvre de ce genre, si elle a une quelconque valeur, réside dans les incidents personnels.

L'une des associations les plus agréables de sa vie, sur le plan personnel et politique, a été celle avec le vice-président James S. Sherman. Durant les vingt-deux années où il a été à la Chambre des Représentants, il se trouvait rarement à New York sans venir me voir. Il devint le meilleur parlementaire du Congrès et était généralement appelé à la présidence lorsque la Chambre se réunissait en comité plénier. Il connaissait intimement tous les mouvements politiques de Washington et possédait un talent rare pour la description discriminatoire, tant des événements que de l'analyse des personnages principaux du drame de Washington. Il fut l'un des plus sages des conseillers de l'organisation de son parti, tant national qu'étatique.

Lorsque le président Roosevelt eut choisi M. Taft pour lui succéder, il ne fit aucune indication quant à la vice-présidence. Bien entendu, la nomination de M. Taft dans de telles conditions était une fatalité, et lorsque la convention s'est réunie, le choix de Roosevelt a été pratiquement unanime. Qui était le meilleur homme pour nommer le poste de vice-président afin de renforcer la position a embarrassé les responsables de la campagne de Taft. Les membres du Congrès républicain présents à la convention étaient pratiquement unanimes en faveur de Sherman, et leur chef était l'oncle Joe Cannon. Nous, de New York, avons trouvé les dirigeants de Taft discutant des candidats de tous les États douteux. Nous avons fini par les convaincre que New York était le plus important, mais ils étaient allés si loin avec les candidats d'État que la question de savoir comment s'en débarrasser sans offenser leur État était devenue une question sérieuse.

La méthode adoptée par l'un des principaux dirigeants était à la fois adroite et hasardeuse. Il appelait un candidat au téléphone et lui disait : « Les amis de M. Taft vous sont très favorables à la vice-présidence. Accepterez-vous la nomination ? Le candidat hésiterait et commencerait à expliquer ses ambitions, sa carrière et ses possibilités, ainsi que la question sur laquelle il aurait à réfléchir. Avant que le candidat potentiel ait fini, le manager disait : « Je suis vraiment désolé, je regrette profondément » et raccrochait le téléphone.

Lorsque la nomination était faite, ces messieurs qui auraient pu réussir se tournaient vers le directeur et lui disaient avec impatience et indignation : « J'allais bien. Pourquoi m'avez-vous interrompu ? Cependant, ces messieurs ont reçu leur compensation. Chaque fois que vous rencontrerez l'un d'eux, il vous dira : "On m'a proposé la vice-présidence avec Taft mais j'étais dans une telle situation que je ne pouvais pas accepter."

Un soir, pendant la convention, une tempête de vent et de pluie a contraint tout le monde à l'intérieur. Le grand hall du Palais des Congrès était bondé et la plupart d'entre eux étaient des délégués. Soudain, il y eut un grand appel pour un discours, et un citoyen costaud et athlétique me saisit et me souleva sur une chaise. Après une histoire et une blague qui ont mis la foule dans une ambiance réceptive, j'ai prononcé ce qui était pratiquement un discours de nomination pour Sherman. La réponse a été intense et unanime. Quand je suis descendu de haut niveau quant à la capacité et à la popularité des qualités humaines de « Sunny Jim », j'ai trouvé que « Sunny Jim » était une caractérisation si prenante, et elle a été reprise et répétée. Je ne prétends pas que ce discours ait nommé Sherman, mais seulement que presque tous ceux qui étaient présents sont devenus les défenseurs les plus véhéments de Sherman au poste de vice-président.

Le poste de vice-président est l'un des plus difficiles de notre gouvernement. À moins que le président ne demande son avis ou son assistance, il n'a aucune fonction publique si ce n'est celle de présider le Sénat. Aucun président n'a jamais convoqué le vice-président dans ses conseils. McKinley s'en est rapproché au cours de son administration, avec Hobart, mais n'a pas maintenu ce rythme.

Le président Harding a créé un précédent pour l'avenir en invitant le vice-président Coolidge à assister à toutes les réunions du Cabinet. Le vice-président a accepté et rencontre régulièrement le Cabinet.

Sherman avait un avantage sur les autres vice-présidents : il avait été pendant près d'un quart de siècle un leader au Congrès. Rares sont ceux qui ont jamais occupé ce poste, voire aucun, qui ont été aussi populaires auprès du Sénat, aussi délicats et influents lorsqu'ils ont entrepris la tâche très difficile d'influencer l'action d'un Sénat, très jaloux de ses prérogatives et facilement rendu irrité et hostile.

Parmi mes collègues du Sénat se trouvaient plusieurs hommes remarquables. Ils avaient une grande habileté, une extraordinaire capacité de législation et, bien que n'étant pas de grands orateurs, possédaient la rare faculté d'insister sur leurs arguments dans des discours courts et efficaces. Parmi eux se trouvait le sénateur Frye, du Maine. Il fut pendant de nombreuses années président du grand comité du commerce. Tout ce que nous avions d'une marine marchande était en grande partie dû à ses efforts persistants. Il a permis au gouvernement d'économiser des dizaines de millions dans cette tâche des plus difficiles consistant à élaguer le River and Harbour Bill. Il possédait la confiance absolue des deux partis et était le seul sénateur qui pouvait généralement emporter le Sénat avec lui pour ou contre une mesure. Bien que sage et doté de la plus grande mesure de bon sens, il était néanmoins l'un des plus simples d'esprit d'entre moi . Je veux dire par là qu'il n'avait aucune ruse et qu'il n'en soupçonnait aucune chez les autres. Tout ce qui était le plus important dans son esprit est ressorti. Ces caractéristiques faisaient de lui l'un des compagnons les plus agréables et l'un des hommes les plus harmonieux avec qui travailler au sein d'un comité.

Clement A. Griscom , le plus important armateur et directeur de navires américain, aimait beaucoup le sénateur Frye. Griscom s'est délicieusement diverti dans sa maison de campagne près de Philadelphie. Il m'a dit qu'à une certaine époque, le sénateur Frye était son invité pendant une fin de semaine. Pour rencontrer le sénateur au dîner du samedi soir, il avait invité de grands banquiers, avocats et capitaines d'industrie de Philadelphie. Leur conversation allait des entreprises et des regroupements impliquant des industries et des exploitations prospères aux fortunes individuelles et à la manière dont elles étaient accumulées. L'atmosphère était lourde de millions et de milliards. Soudain, Griscom se tourna vers le sénateur Frye et dit : « Je sais que nos amis qui ont réussi ici seraient non seulement heureux de l'entendre, mais qu'ils apprendraient beaucoup si vous nous parliez de votre carrière. "Il n'y a pas grand-chose à raconter", a déclaré le sénateur Frye, "surtout après ces histoires qui ressemblent à des chapitres des Mille et une nuits". J'ai eu beaucoup de succès en tant que jeune avocat et, devenu un cabinet de premier plan et chef du barreau de mon État, lorsqu'on m'a proposé une élection à la Chambre des représentants, j'ai senti que ce serait une carrière permanente et qu'il n'y avait pas d'argent à gagner. J'ai consulté ma femme et lui ai dit que cela signifiait renoncer à toute perspective d'accumuler une fortune ou même une indépendance, mais c'était mon ambition, et je croyais pouvoir rendre un service précieux au public et que, comme carrière, c'était son utilité générale. Je dépasserais de loin tout succès au bar. Ma femme était cordialement d'accord avec moi et me dit qu'elle économiserait de sa part autant que nécessaire.

"Ainsi," a poursuivi le sénateur, "j'ai été au Congrès pendant près de trente ans, une partie de ce temps à la Chambre et le reste au Sénat. Grâce à mon salaire, j'ai pu subvenir à nos modestes besoins et éduquer nos enfants. Je Nous n'avons jamais été endettés qu'une seule fois. Bien sûr, nous avons dû calculer soigneusement et mettre de côté suffisamment pour faire face à nos dépenses supplémentaires à Washington et à nos dépenses ordinaires à la maison. Nous sommes sortis un peu en avance chaque année, sauf une. de manière inattendue, j'ai convoqué une session supplémentaire et, pour la première fois en vingt ans, j'avais une dette envers notre propriétaire à Washington.

Griscom m'a dit que ce simple récit d'un homme d'État de réputation nationale semblait faire peu de cas des réalisations monumentales de ses invités millionnaires.

La personnalité géniale du sénateur Frye et ses conversations animées en faisaient un invité bienvenu à tous les divertissements à Washington. Il y avait à cette époque dans la capitale une dame qui recevait beaucoup et qui était très populaire pour son propre compte, mais elle commençait toujours la conversation avec le monsieur qui l'emmenait en racontant comment elle avait gagné son mari. J'ai dit un jour au sénateur Frye : « Il y aura un rassemblement notable au dîner d'un tel ce soir. Vous y allez ? Il répondit : « Oui, j'y serai ; mais j'ai eu le sort d'accompagner à dîner cette dame (en la nommant) treize fois cet hiver. Elle m'a raconté treize fois l'histoire de sa cour. que la chance lui soit assignée ce soir, et qu'elle commence cette histoire, je quitterai la table et la maison et rentrerai chez moi.

Le sénateur Aldrich, du Rhode Island, fut autrefois appelé par le sénateur Quay le maître d'école du Sénat. En tant que chef du comité des finances, il exerçait une influence considérable et, grâce à ses compétences en matière législative et à sa connaissance approfondie des règles, il était le leader chaque fois qu'il choisissait de diriger. Il l'a toujours fait lorsque la politique qu'il souhaitait ou la mesure qu'il préconisait avait une majorité et que l'opposition recourait à des tactiques d'obstruction. Comme il n'y a aucune restriction sur les débats au Sénat, ou il n'y en avait pas à mon époque, la seule façon pour la minorité de vaincre la majorité était de parler à mort du projet de loi. Je n'ai connu qu'une seule fois cette méthode utilisée avec succès, car dans l'épreuve d'endurance, le plus grand nombre gagne. Le seul discours réussi contre la montre fut celui du sénateur Carter, du Montana. Carter était un débatteur capital. Il s'est avéré d'une aide précieuse dans les périodes où la discussion devenait très acerbe et personnelle. Puis, de sa manière la plus suave, il apaiserait les éléments en colère et ramènerait le Sénat à un examen calme de la question. Lorsqu'il se levait en de telles occasions, la remarque habituelle parmi ceux qui gardaient encore la tête était : « Carter va

maintenant sortir son bidon d'huile et verser de l'huile sur les eaux troubles »
- et cela s'avérait généralement efficace.

Le sénateur George F. Hoar, du Massachusetts, semblait être une renaissance
de ce que nous imaginions comme les hommes d'État qui ont élaboré la
Constitution des États-Unis, ou les sénateurs qui ont siégé aux côtés de
Webster, Clay et Calhoun. C'était un homme aux idéaux élevés et dévoué au
service public. Il donnait à chaque sujet sur lequel il parlait une élévation et
une dignité qui le sortaient des discussions sénatoriales ordinaires. Il avait
rencontré et connaissait intimement la plupart des personnages historiques
de notre vie publique depuis cinquante ans, et était l'un des causeurs les plus
divertissants et les plus instructifs que j'aie jamais rencontré.

D'un autre côté, le sénateur Benjamin Tillman, de Caroline du Sud, qui était
un fervent admirateur du sénateur Hoar, était son opposé à tous points de
vue. Tillman et moi sommes devenus de très bons amis, même s'il s'est
montré extrêmement hostile au début. Il détestait tout ce que je représentais.
Malgré toute sa rudesse, et au début sa brutalité, il avait une singulière veine
de sentiment.

J'ai pris la parole lors du premier dîner du Gridiron Club lors de son
organisation et j'ai été leur invité à plusieurs reprises depuis. Le Gridiron Club
est une association de correspondants de journaux à Washington, et leurs
dîners plusieurs fois par an sont attendus avec le plus grand intérêt et
appréciés par tous ceux qui ont le privilège d'y assister.

Le Gridiron Club a prévu une excursion à Charleston, SC, cette ville leur
ayant adressé une invitation. Ils m'ont invité à les accompagner, ainsi que le
sénateur Tillman. Tillman a refusé de me être présenté parce que j'étais
président du conseil d'administration de la New York Central Railroad et qu'il
détestait mes associations et mes associés. Nous avons reçu un accueil
merveilleux de la part de la ville la plus hospitalière, de la ville de Charleston
la mieux située. Lors des nombreuses excursions, déjeuners et
rassemblements, j'ai été proposé pour parler, ce qui équivalait à plusieurs
efforts par jour pendant nos trois jours de visite. Le coup de Gridiron pour
Charleston était très audacieux. Il y avait bien sûr de nombreux orateurs, y
compris le sénateur Tillman, qui détestait Charleston et les Charlestoniens
parce qu'il les considérait comme des aristocrates et le leur disait. Il y avait
beaucoup d'invités à parler qui ne goûtaient pas leur dîner pendant qu'ils se
consacraient à examiner leurs manuscrits, et dont les noms étaient lus sur la
liste à la fin du dîner, mais leurs discours n'étaient jamais demandés.

Sur le chemin du retour, nous nous sommes arrêtés pour déjeuner dans un
endroit en dehors de Charleston. Pendant le déjeuner, un tremblement de
terre secoua la table et fit trembler les assiettes. J'ai été appelé à prononcer le
discours d'adieu du Gridiron Club à l'État de Caroline du Sud. Bien sûr, le

tremblement de terre et ses possibilités ont donné lieu à du pathétique autant qu'à de l'humour, et Tillman a été profondément affecté. Lorsque nous étions dans le train, il est venu vers moi et, avec une grande émotion, il m'a saisi la main et m'a dit : "Chauncey Depew, je me suis trompé à ton sujet. Tu es un sacrément bon garçon." Et nous étions de bons amis jusqu'à sa mort.

J'ai demandé à Tillman à quoi il devait son ascension et sa force phénoménales dans l'État conservateur de Caroline du Sud. Il répondit : « Nous, dans notre État, étions gouvernés par une classe pendant la période coloniale et ensuite jusqu'à la fin de la guerre civile. Ils possédaient de grandes plantations, des centaines de milliers de nègres, étaient instruits pour la vie publique, représentaient admirablement notre État et Ils rendirent de grands services au pays. Ils étaient aristocrates et ne prêtèrent que peu d'attention à nous, pauvres agriculteurs, qui constituions la majorité du peuple. La seule différence entre nous était qu'ils avaient été colonels ou généraux pendant la guerre d'indépendance, ou délégués auprès du continent. Congrès ou Convention constitutionnelle, alors que nous étions soldats, caporaux ou sergents, ils possédaient généralement mille esclaves, et nous en avions de dix à trente. J'ai décidé que nous aurions une part des honneurs, et ils ont ri. contre moi. J'ai organisé la majorité et mis les vieilles familles en faillite, et nous sommes devenus et sommes les dirigeants de l'État.

Parmi les débatteurs les plus brillants de tous les corps législatifs figuraient les sénateurs Joseph W. Bailey, du Texas, et John C. Spooner, du Wisconsin. Ils auraient orné et distingué n'importe quel corps législatif du monde. Le sénateur Albert J. Beveridge, de l'Indiana, et le sénateur Joseph B. Foraker, de l'Ohio, étaient des orateurs d'un très haut niveau. Le Sénat possède toujours le sens politique, l'éloquence, l'érudition, la vision et la culture du sénateur Lodge du Massachusetts.

L'une des merveilles du Sénat était le sénateur WM Crane, du Massachusetts. Il n'a jamais prononcé de discours. Je ne me souviens pas qu'il ait jamais présenté de motion. Il était pourtant le membre le plus influent de cet organisme. Sa sagesse, son tact, son bon jugement, sa connaissance encyclopédique des affaires publiques et des hommes publics faisaient de lui une autorité.

Le sénateur Hanna, qui était un homme d'affaires pur et simple et totalement peu familier avec les voies législatives, est devenu un orateur d'une force et d'une influence remarquables. En même temps, sur le plan social, avec ses fréquents divertissements, il fit davantage pour les mesures qui l'intéressaient. Bien entendu, elles étaient essentiellement d'ordre financier et économique.

L'un des personnages du Sénat et l'un des bouleversements du mouvement populiste fut le sénateur Jeff. Davis, de l'Arkansas. Davis était un ami du peuple haut et fort, avec véhémence et clameur. Ce qu'il faisait exactement au profit du peuple n'a jamais été très clair, mais si nous devons le croire sur parole, il était le seul ami du peuple. Parmi ses efforts pour aider le peuple, il y avait la dénonciation des grandes entreprises de toutes sortes et de tout ce qui créait de gros emplois ou possédait de gros capitaux. Je pense que dans son esprit, l'État idéal aurait été constitué de petits propriétaires fonciers et d'un avocat occasionnel. Lui-même était avocat.

Un jour, il m'a attaqué, alors que j'étais assis là à l'écouter, de la manière la plus vicieuse, en tant que représentant de grandes entreprises, en particulier des chemins de fer, et l'un des hommes dirigeants de la pire ville du monde, New York, et en tant que l'associé des banquiers et des capitalistes. Quand il eut fini, le sénateur Crane s'approcha de son siège et lui dit qu'il avait commis une grave erreur, il l'avertit qu'il était allé si loin que je pourrais être dangereux pour lui personnellement, mais en plus de cela, avec mon ridicule et mon humour, Je ferais de lui la risée du Sénat et du pays. Jeff, très alarmé, s'est dandiné jusqu'à mon siège et m'a dit : « Sénateur Depew, j'espère que vous n'avez pas pris au sérieux ce que j'ai dit. Je ne voulais rien dire contre vous. Je ne le ferai plus, mais je pensais que vous le feriez. Je m'en fiche, parce que ça ne te fera pas de mal, et ça m'aide en Arkansas. J'ai répondu : "Jeff, mon vieux, si ça t'aide, fais-le aussi souvent que tu veux." Inutile de dire qu'il n'a pas répété.

J'ai toujours été profondément intéressé par la préservation des forêts et un ardent défenseur des conservateurs des forêts. J'ai étudié la situation des Appalaches, où les bûcherons faisaient de leur mieux, et où des millions d'acres de sol fertile provenant des collines dénudées étaient emportés chaque année par les inondations dans l'océan. J'ai fait un rapport de ma commission pour l'achat de cette réserve, affectant, comme cela a été le cas, huit États, et je l'ai soutenu dans un discours. Le sénateur Eugene Hale, un leader au Sénat exerçant une influence dominante, s'était généralement opposé à cette législation. Il s'est intéressé et, lorsque j'ai fini mon discours, il s'est approché de moi et m'a dit : « Je n'ai jamais accordé beaucoup d'attention à ce sujet. Vous m'avez convaincu et ce projet de loi doit être adopté immédiatement, et je présenterai la motion. " Plusieurs sénateurs des États concernés ont demandé un délai afin de pouvoir prononcer des discours destinés à la consommation locale. Le moment psychologique est passé et cette législation n'a pu être rétablie que dix ans plus tard, puis sous une forme sérieusement modifiée.

J'ai travaillé très dur pour la marine marchande américaine. Une subvention de quatre millions de dollars par an en contrats postaux aurait suffi, en plus des revenus des navires, pour nous donner des lignes vers l'Amérique du Sud et l'Amérique centrale, l'Australie et l'Asie.

La célèbre déclaration de Shakespeare selon laquelle une rose sous un autre nom aurait une odeur aussi douce comporte des exceptions. Dans la psychologie américaine, le mot subvention est fatal à toute mesure. Après une enquête très minutieuse, alors que j'étais au Sénat, j'ai vérifié cette affirmation, qu'une subvention postale de quatre millions par an donnerait aux États-Unis une marine marchande qui ouvrirait de nouvelles routes commerciales à notre commerce. Cette contribution permettrait aux armateurs de faire face aux pertes qui les rendaient impossibles à concurrencer les navires d'autres pays, certains bénéficiant de subventions et tous avec des frais d'exploitation moins élevés. Il ne s'agirait pas uniquement d'une contribution, car une partie de cette somme constituait une charge légitime pour le transport du courrier. Le mot subvention, cependant, pouvait être invoqué pour déclencher un flot de discours enflammés, accusant le peuple américain d'être taxé pour verser de l'argent dans les poches des spéculateurs de New York et des escrocs financiers de Wall Street.

Nous avons maintenant créé une marine marchande grâce au Shipping Board qui est la merveille et l'étonnement du monde. Cela a coûté environ cinq cents millions. Une partie est déjà inutilisable et une partie disponible est exploitée à perte immense, en raison de lois discriminatoires. Récemment, un projet de loi a été présenté au Congrès pour quelque soixante millions de dollars pour compenser les pertes dans les opérations de notre marine marchande pour l'année. Alors qu'une subvention de quatre millions sous gestion privée aurait été un succès mais a été rejetée comme un crime, les soixante millions sont salués comme une contribution patriotique aux nécessités publiques.

Une facture fluviale et portuaire de trente à cinquante millions de dollars était attendue avec impatience et soutenue avec enthousiasme. On savait qu'il s'agissait d'un donnant-donnant, d'un troc et d'un échange, où quelques améliorations indispensables devaient entraîner un grand nombre de dragages de ruisseaux, de criques et de bayous, qui ne pourraient jamais être rendus navigables. Plusieurs millions de dollars par an étaient gaspillés dans ces factures fluviales et portuaires, mais quatre millions par an pour restaurer la marine marchande américaine ont suscité un flot d'éloquence indignée, de protestations féroces et de dénonciations sauvages des capitalistes, qui construiraient et posséderaient des navires, et cela a toujours été fatale à la marine marchande.

Heureusement, la guerre a, entre autres avantages, démontré aux États de l'intérieur et des montagnes qu'une marine marchande est aussi nécessaire aux États-Unis que sa marine, et que nous ne pouvons espérer développer et conserver notre commerce sans avoir les navires.

Je me souviens d'une année où le projet de loi sur le fleuve et le port a été adopté la veille de l'ajournement final. L'heure avait été fixée par les deux chambres et ne pouvait donc pas être prolongée par une seule chambre. L'administration avait peur du projet de loi en raison des nombreuses extravagances indéfendables qu'il contenait. En même temps, il offrait tellement de possibilités politiques que le président avait peur d'y opposer son veto. Le sénateur Carter a toujours été un homme d'administration loyal et il a donc été invité à parler du projet de loi à mort. Il a continué sans céder la parole pendant treize heures, et jusqu'à l'heure de l'ajournement, il a rendu impossible l'application de la mesure.

Je suis resté assis toute la nuit à regarder cet effort remarquable. L' obstruction habituelle utilise bientôt tout son propre matériel et envoie ensuite des pages de sujets non pertinents au bureau pour que le greffier les lise, ou il lit lui-même les pages du procès-verbal ou des livres, mais Carter s'en tient à son texte. C'était un homme d'esprit et d'humour. De nombreux articles du projet de loi sur les rivières et les ports lui ont fourni l'occasion de montrer comment les ruisseaux et les ruisseaux à truites devaient être transformés par la magie de l'argent du Trésor en rivières navigables, et comment les étangs inaccessibles devaient être dragués dans les ports pour faire flotter les marines. du monde.

Le discours était très riche en anecdotes et délicieux par son succès grâce à une attaque adroite consistant à inciter un partisan de la mesure à contribuer à l'obstruction systématique en niant avec indignation l'accusation que Carter avait portée contre lui. Par cette méthode Carter se reposerait de la folie de son adversaire. Le Sénat était plein et les tribunes étaient bondées pendant toute la nuit, et lorsque le marteau du vice-président annonça qu'aucun autre débat n'était admissible et que l'heure de l'ajournement était arrivée, et commença à prononcer son discours d'adieu, Carter prit place. au milieu du naufrage de millions et des espoirs des exploiteurs, et le Trésor des États-Unis avait été sauvé par un champion inattendu.

Le pays n'apprécie pas l'énorme pouvoir des commissions, alors que les affaires législatives augmentent constamment selon une progression presque géométrique. La législation du pays est traitée presque entièrement en commissions. Il faudra une éventuelle révolution pour vaincre l'hostilité d'un comité, même si la Chambre et le pays sont d'un avis différent. Certains hommes dont les noms n'apparaissent pas du tout dans les archives du Congrès, et rarement dans les journaux, ont un certain talent pour la corvée et le détail qui est très rare et, ajouté à l'astuce et à la connaissance de la nature humaine, fait d'un tel sénateur ou représentant un force avec laquelle il faut compter dans les comités. Un tel homme est capable de supporter presque tout.

J'ai découvert au cours de ma vie à Washington l'énorme importance de son côté social. Il y a plusieurs centaines d'hommes dans les deux Chambres du Congrès, bien au-dessus de la moyenne en intelligence, en force de caractère et en capacité d'accomplir des choses. Autrement, ils n'auraient pas été élus. Ils sont très isolés et bénéficient, bien au-delà de ceux qui ont la possibilité de la vie en club, des attentions mondaines. Au dîner, le véritable caractère de l'invité se révèle, et il est très sensible à ces attentions. Mme Depew et moi avons donné de nombreux dîners, pour notre plus grand plaisir et, pourrais-je dire, pour notre éducation. Grâce à cette méthode, j'ai appris à connaître d'une manière plus intime qu'il n'aurait été possible autrement bon nombre des personnages les plus intéressants que j'ai jamais rencontrés.

Il faut faire quelque chose, et cela rapidement, pour combler le fossé grandissant entre l'Exécutif et le Congrès. Notre expérience avec le président Wilson l'a démontré. Autocrate égocentrique , sûr de lui et méfiant envers les autres, hostile aux conseils ou à la discussion, il devient le maître absolu du Congrès alors que son parti est majoritaire.

Le Congrès, au lieu d'être une branche coordonnée, ne siégeait en réalité que pour accepter, adopter et traduire en lois la volonté impérieuse du président. Cependant, lorsque la majorité a changé, la confiance entre les pouvoirs exécutif et législatif du gouvernement n'ayant pas existé, la procédure nécessaire a été presque paralysée. Le président s'est montré inflexible et le Congrès a insisté sur la reconnaissance de ses droits constitutionnels. Même si le président est, comme McKinley, en contact étroit et fréquent avec le Sénat et la Chambre des représentants, la relation est temporaire et inégale, et non ce qu'elle devrait être, automatique.

Heureusement, nous avons mis en place un système budgétaire ; mais le Cabinet devrait avoir des sièges dans les chambres et avoir le pouvoir de répondre aux questions et de participer aux débats. À moins que notre système ne soit radicalement modifié, nous ne pourrions pas adopter le plan anglais consistant à choisir les membres du Cabinet entièrement parmi le Sénat et la Chambre. Mais nous pourrions avoir une administration toujours en contact étroit avec le Congrès si les membres du Cabinet étaient présents lorsque les questions affectant leurs différents départements étaient en discussion et en action.

J'ai entendu le sénateur Nelson W. Aldrich, qui était l'un des législateurs les plus avisés et les plus compétents de notre génération, dire que si les méthodes commerciales étaient appliquées aux affaires du gouvernement de manière à ce qu'il puisse le faire, il y aurait une économie de trois cents millions de dollars par an. Nous sommes, depuis la Grande Guerre, confrontés à des crédits de cinq à six milliards de dollars par an. Je pense que l'économie de trois cents millions suggérée par le sénateur Aldrich pourrait être augmentée proportionnellement à la forte augmentation des crédits.

Il y a eu de nombreuses discussions sur la limitation du nombre illimité de débats au Sénat et l'adoption d'une règle de clôture rigide. Mon propre souvenir est qu'au cours de mes douze années de discussions illimitées, aucune bonne mesure n'a été vaincue, mais a entraîné la mort de nombreuses mauvaises mesures. Il y a une particularité curieuse dans la discussion législative, c'est la manière dont les sénateurs qui ont l'habitude de parler chaque jour sur chaque question augmentent apparemment leur vocabulaire à mesure que leurs idées s'évaporent. Deux sénateurs de mon époque, sur lesquels on pouvait compter chaque jour pendant une heure ou plus pour parler doucement comme les eaux calmes d'un ruisseau, avaient la singulière faculté de dire apparemment beaucoup de choses importantes sans en réalité développer aucune idée. Afin de les comprendre, alors que le Sénat se viderait à mesure que ses membres se rendraient dans leurs salles de comité, je serais un auditeur patient. J'ai finalement abandonné car, bien que doté d'une intelligence raisonnable et d'un intense désir de connaissance, je n'ai jamais pu comprendre où ils voulaient en venir.

XVI. AMBASSADEURS ET MINISTRES

Les États-Unis ont toujours été admirablement représentés à la Cour de Saint-James. Je considère comme un privilège rare et un délicieux souvenir d'avoir bien connu ces éminents ambassadeurs et ministres qui ont servi pendant mon mandat. Je n'étais pas en Angleterre lorsque Charles Francis Adams était ministre, mais son travail pendant la guerre civile a suscité un vif intérêt en Amérique. Il est admis qu'il a empêché la Grande-Bretagne de prendre des mesures qui auraient prolongé la guerre et mis en danger le but que M. Lincoln essayait d'atteindre, à savoir la préservation de l'Union. Sa réponse brève à Lord John Russell : « Cela signifie la guerre » changea la politique du gouvernement britannique.

James Russell Lowell satisfaisait à toutes les exigences du poste, mais, plus encore, ses œuvres avaient été lues et admirées en Angleterre avant sa nomination. L'Angleterre littéraire l'accueillit à bras ouverts et l'Angleterre officielle fut bientôt impressionnée par ses capacités diplomatiques. Il était l'un des meilleurs orateurs d'après-dîner, ce qui l'a mis en contact avec le meilleur de la vie publique anglaise. Il m'a raconté un cas amusant. Dès sa nomination, tous ceux qui attendaient de le rencontrer se rendaient dans les librairies et achetaient ses ouvrages. Parmi eux, bien entendu, il y avait les « Biglow Papers ». Une dame lui a demandé s'il avait amené Mme Biglow avec lui.

Le secrétaire de l'ambassade, William J. Hoppin , était un gentleman très accompli. Il avait été président de l'Union League Club et je le connaissais très bien. J'ai appelé un jour à l'ambassade un Américain vivant en Europe pour lui demander une faveur pour ce compatriote. L'ambassade était submergée d'Américains qui demandaient des faveurs, alors Hoppin , sans me regarder ni attendre la demande, a immédiatement présenté sa formule pour faire glisser ses visiteurs sur un plan incliné dans la rue. Il a déclaré : « Chaque Américain – et il y en a des milliers – qui vient à Londres visite l'ambassade. Ils veulent tous être invités au palais de Buckingham ou avoir des cartes à la Chambre des Lords ou à la Chambre des Communes. Les respects sont très rares, si peu nombreux que nous ne pouvons satisfaire presque personne. Pourquoi les Américains, alors qu'il y a tant de choses à voir dans ce vieux pays d'où sont originaires nos ancêtres et dont nous connaissons si bien la littérature, devraient vouloir essayer d'y entrer. Buckingham Palace ou les Chambres du Parlement sont incompréhensibles. Il y a une exposition de bétail très admirable à Reading. J'ai quelques billets et je vous les donnerai avec plaisir, messieurs, vous trouverez le spectacle extrêmement intéressant.

J'ai pris les billets, mais s'il y a quelque chose pour lequel je ne suis pas un juge qualifié, c'est bien le bétail primé. Ce soir-là, à un grand dîner donné par un hôte anglais bien connu, mon ami Hoppin était présent et m'accueillit aussitôt avec une chaleureuse cordialité. Bien entendu, il n'avait aucun souvenir de la réunion du matin. Notre hôte, comme d'habitude lorsqu'un nouvel Américain est présent, a voulu savoir si j'avais de nouvelles histoires américaines, et j'ai raconté avec une certaine exagération et une certaine broderie l'histoire de l'exposition de bétail de Reading. Le cher vieux Hoppin fut considérablement embarrassé des frottements qu'il reçut, mais il les accepta en bonne partie, et désormais l'ambassade fut entièrement à mon service.

M. Edward J. Phelps a connu un succès extraordinaire. C'était un grand avocat, et le juge en chef de la Cour suprême des États-Unis m'a dit que personne n'avait comparu devant cette Cour dont les arguments étaient plus satisfaisants et plus convaincants que ceux de M. Phelps. Il avait la rare distinction d'être un invité fréquent aux dîners des Benchers à Londres. L'un des juges anglais m'a dit que lors d'un dîner de Benchers, les juges discutaient d'un point nouveau qui avait été soulevé dans l'une des affaires dont ils étaient récemment saisis. Il a déclaré que lors du débat auquel M. Phelps avait été invité à participer, le point de vue présenté par le ministre américain était si fort que la décision, qui avait été pratiquement acceptée, a été modifiée pour correspondre au point de vue de M. Phelps. J'ai assisté à plusieurs dîners de M. Phelps. C'étaient des rassemblements remarquables des meilleurs de presque tous les domaines de la vie anglaise.

Lors d'un de ses dîners, j'eus une conversation délicieuse avec Browning, le poète. Browning m'a raconté que lorsqu'il était jeune homme, il avait été plusieurs fois invité aux célèbres petits-déjeuners du poète et banquier Samuel Rogers. Rogers, dit-il, était des plus arbitraires lors de ces petits déjeuners avec ses invités, et lui reprochait sévèrement de s'aventurer au-delà des limites dans lesquelles il pensait qu'un jeune poète devait être enfermé.

M. Browning a déclaré que rien ne le gratifiait autant que la popularité de ses œuvres aux États-Unis. Il était particulièrement heureux et aussi embarrassé par nos sociétés Browning, qui semblaient être nombreuses ici. Ils lui envoyèrent des articles qui furent lus par les membres des sociétés, interprétant ses poèmes. Ces amis américains découvrirent des significations qui ne lui étaient jamais venues à l'esprit et constituèrent pour lui une vision entièrement nouvelle de ses propres productions. Il a également mentionné que tout le monde lui avait envoyé des cadeaux et des souvenirs, tous en guise d'appréciation et certains en guise de suggestions et d'aide. Parmi ceux-ci se trouvaient plusieurs caisses de vin américain. Il appréciait le but des cadeaux, mais le fluide ne lui plaisait pas.

Il m'a raconté qu'il avait été autrefois l'invité des dîners offerts au Shah de Perse. Ce monarque était un barbare, mais le ministère britannique des Affaires étrangères lui avait demandé et lui avait accordé toute la courtoisie possible, en raison de la lutte qui se déroulait alors pour savoir si la Grande-Bretagne, la France ou la Russie devraient avoir la plus grande partie de la Perse. La France et la Russie l'avaient diverti avec de somptueuses démonstrations militaires et d'autres fonctions gouvernementales, qu'un pays démocratique comme la Grande-Bretagne ne pouvait reproduire. Le ministère des Affaires étrangères demanda donc à tous ceux qui possédaient de grandes maisons à Londres ou à la campagne et qui étaient de somptueux artistes de faire tout ce qu'ils pouvaient pour le Shah.

Browning était présent à un grand dîner donné pour le Shah à Stafford House, la demeure du duc de Sutherland et le plus beau palais de Londres. Il était demandé à chaque invité, afin d'impressionner le Shah, de venir avec toutes les décorations auxquelles il avait droit. Le résultat était que les pairs venaient dans leurs robes, qu'ils n'auraient pas pensé autrement à porter en une telle occasion, et tous les autres dans les costumes d'honneur significatifs de leur rang. Browning a déclaré qu'il avait obtenu un diplôme à Oxford et que cela lui donnait droit à un manteau écarlate. Il était tellement déclassé, parce que les convives étaient placés selon le rang, qu'il s'assit au pied de la table. Le Shah dit à son hôte : « Qui est ce distingué gentleman au manteau écarlate à l'autre bout de la table ? L'hôte répondit : "C'est l'un de nos plus grands poètes." « Ce n'est pas une place pour un poète », remarqua le Shah ; "amène-le ici et laisse-le s'asseoir à côté de moi." Ainsi, sur ordre royal, le poète prit la place d'honneur. Le Shah dit à Browning : « Je suis très heureux de vous avoir près de moi, car je suis moi-même poète. »

C'est lors de ce dîner que Browning entendit le Shah dire au prince de Galles, assis à la droite du Shah : « C'est un palais merveilleux. Est-il royal ? Le prince répondit : « Non, il appartient à l'un de nos grands nobles, le duc de Sutherland. » "Eh bien", dit le Shah, "laissez-moi vous donner un point. Lorsqu'un de mes nobles ou sujets devient assez riche pour posséder un palais comme celui-ci, je lui coupe la tête et je lui prends sa fortune."

Une très belle dame anglaise m'a dit qu'elle était chez Ferdinand Rothschild, où le Shah était reçu. Afin de minimiser ses talents d'acquéreur, les merveilleux trésors de la maison de M. Rothschild avaient été cachés. Le Shah demanda à être présenté à cette dame et lui dit : "Tu es la plus belle femme que j'ai vue depuis que je suis en Angleterre. Je dois te ramener chez moi." "Mais," dit-elle, "Votre Majesté, je suis mariée." "Eh bien," répondit-il, "amène ton mari. Quand nous arriverons à Téhéran, ma capitale, je m'occuperai de lui."

Le talent d'orateur de M. Phelps était tout à fait inconnu de ses compatriotes avant son départ à l'étranger. Alors qu'il était ministre, il prononça plusieurs discours notables, qui suscitèrent beaucoup d'intérêt et d'admiration en Grande-Bretagne. Il était également heureux dans les discours formels et dans les discours d'après-dîner. Mme Phelps connut un succès social si phénoménal que, lorsque son mari fut rappelé et qu'ils quittèrent l'Angleterre, les dames des deux grands partis s'unirent et, par l'intermédiaire de Lady Rosebery, chef du parti libéral, et de Lady Salisbury, du parti conservateur, les femmes , lui a rendu un hommage très insolite et élogieux.

Durant le mandat de John Hay comme ministre des États-Unis en Grande-Bretagne, mes visites en Angleterre furent très agréables. Hay était l'un des hommes les plus charmants de la vie publique de son époque. Il avait remporté un grand succès dans le journalisme, en tant qu'auteur et dans la fonction publique. Dans sa maison de Londres, on rencontrait presque tout le monde digne de ce nom dans la vie littéraire, publique et sociale anglaise.

Durant les heures de conversation avec lui, lorsque je lui faisais part des derniers développements en Amérique, ses commentaires sur les personnages principaux de l'époque étaient des plus racés et pleins d'esprit. Beaucoup d'entre eux auraient embaumé un homme d'État, si l'épigramme avait été conservée, comme une mouche dans l'ambre. Il eut officiellement une tâche très difficile pendant la guerre d'Espagne. Les sympathies de tous les gouvernements européens allaient à l'Espagne. Cela était particulièrement vrai du Kaiser et du gouvernement allemand. C'était la tâche de M. Hay de maintenir la neutralité de la Grande-Bretagne et de l'empêcher de se joindre à l'alliance générale pour aider l'Espagne, que fomentaient certains gouvernements du continent.

Heureusement, M. Balfour, le ministre britannique des Affaires étrangères, était notre ami cordialement et ouvertement. Il a empêché cette combinaison contre les États-Unis.

Pendant une partie de mon mandat de sénateur, John Hay était secrétaire d'État. Visiter son bureau et discuter de l'actualité était un événement inoubliable. Il fit la prédiction, résultat de ses propres difficultés avec le Sénat, qu'en raison de la majorité des deux tiers nécessaire à la ratification d'un traité, aucun traité important envoyé au Sénat par le président ne serait plus jamais ratifié. Heureusement, cette vision sombre ne s'est pas révélée tout à fait exacte.

M. Hay a sauvé la Chine de l'avidité des grandes puissances européennes, en réglant les indemnités résultant de l'affaire des Boxers. L'une de ses plus grandes réalisations a été d'ouvrir la porte à la Chine et d'obtenir l'assentiment des grandes puissances. C'était un bluff de sa part, car il n'aurait jamais pu avoir le soutien actif des États-Unis, mais il fit sa proposition avec une confiance qui laissait croire qu'il n'avait aucun doute à ce sujet. Heureusement, il avait affaire à des gouvernements qui ne comprenaient pas les États-Unis et qui ne le comprennent pas encore. Avec eux, lorsqu'un ministre des Affaires étrangères fait une déclaration politique sérieuse, il est entendu qu'il a derrière lui tout le soutien militaire, naval et financier de son gouvernement. Mais pour nous, le chemin est long et semé d'embûches avant qu'une action aussi grave, aux conséquences aussi grandes, puisse recevoir l'approbation du pouvoir belliciste au Congrès.

J'ai rendu visite à Hay un matin au moment où Cassini, l'ambassadeur de Russie, partait. Cassini était l'un des diplomates les plus astucieux et les plus compétents du service russe. On racontait que pendant douze ans il avait pris le dessus sur toutes les délégations à Pékin et contrôlait cette extraordinaire dirigeante de la Chine, la reine douairière. Cassini m'a dit que, de par ses relations intimes avec elle, il s'était formé l'opinion qu'elle était tout à fait égale à Catherine de Russie, qu'il considérait comme la plus grande femme souveraine qui ait jamais vécu.

Hay me dit : « Je viens d'avoir une très longue et très remarquable discussion avec Cassini. C'est une révélation dans la voie de la diplomatie secrète. Il m'a apporté les volumineuses instructions de son gouvernement sur notre politique de porte ouverte. Après que nous les avions soigneusement examinés, il ferma son portefeuille et, le repoussant, dit : « Maintenant, monsieur le secrétaire, écoutez Cassini. Il a immédiatement présenté une politique exactement opposée à celle des instructions, et une politique entièrement favorable à nous, et a déclaré : « C'est ce que fera mon gouvernement. » » Ce fut une grande perte pour la diplomatie russe qu'il mourut si tôt.

En tant que sénateur, j'ai fait tout ce qui était en mon pouvoir pour obtenir la nomination de Whitelaw Reid au poste d'ambassadeur en Grande-Bretagne. Lui et moi étions amis depuis ses débuts dans le journalisme à New York, plusieurs années auparavant. Reid était alors propriétaire et rédacteur en chef du New York Tribune et l'un des journalistes les plus brillants du pays. Il était également un excellent orateur public. Son contact long et intime avec les affaires publiques et son intimité avec les hommes publics le préparaient parfaitement à cette nomination. Il avait déjà servi avec beaucoup d'honneur comme ambassadeur en France.

La rémunération de nos représentants à l'étranger a toujours été et est encore tout à fait insuffisante pour leur permettre de maintenir, par rapport aux représentants d'autres gouvernements, la dignité de leur propre pays. Toutes les autres grandes puissances entretiennent dans les principales capitales de belles résidences pour leurs ambassadeurs, qui sont aussi l'ambassade. Notre Congrès, sauf ces dernières années, a toujours refusé de prendre cette disposition. Le salaire que nous versons ne dépasse guère le tiers de celui versé par les gouvernements européens pour des services similaires.

J'ai travaillé fort lorsque j'étais au Sénat pour améliorer cette situation en raison de ma connaissance intime de la question. Lorsque j'ai commencé à m'engager dans cette démarche, j'ai constaté qu'il y avait une très forte conviction que l'ensemble du service extérieur constituait une dépense inutile. Lorsque M. Roosevelt est devenu président pour la première fois, et que je devais le voir fréquemment au sujet de nominations diplomatiques, j'ai appris que c'était son point de vue. Il m'a dit : « Ces affaires étrangères du gouvernement, maintenant que le câble est au point, peuvent être menées entre notre Département d'État et la chancellerie de n'importe quel gouvernement dans le monde. Néanmoins, je suis favorable au maintien du service diplomatique. " Toutes les anciennes nations ont diverses méthodes pour récompenser les fonctionnaires distingués. La seule que nous ayons est le service diplomatique. Ainsi, lorsque je nomme un homme ambassadeur ou ministre, je crois que je lui donne une décoration, et c'est pour cette raison que je change d'ambassadeur. et ministres, c'est que je veux que le plus grand nombre possible le possède.

Plus M. Roosevelt restait président et plus il se rapprochait de nos relations extérieures, plus il appréciait la valeur du contact personnel et de la connaissance intime sur place d'un ambassadeur ou d'un ministre américain.

M. Reid a reçu des réceptions plus somptueuses et plus hospitalières qu'aucun ambassadeur en Angleterre ne l'a jamais eu, tant dans sa maison de Londres que dans son domaine à la campagne. Il appréciait la nécessité croissante, pour la paix du monde et le progrès de la civilisation, d'une union plus étroite des peuples anglophones. Lors de ses magnifiques et délicieux divertissements, les Américains entraient en contact avec les Anglais dans les conditions les plus favorables à l'appréciation de chacun. Le charme de l'hospitalité de M. et Mme Whitelaw Reid était si authentique, si cordial et si universel, qu'être leur invité était un événement pour les Américains en visite en Angleterre. Il n'existe aucune capitale au monde où l'hospitalité compte autant qu'à Londres, et aucun pays où la fête à la maison rassemble dans des conditions aussi favorables. La ville et les maisons de campagne de M. et Mme Reid étaient des universités de bonne humeur internationale. M. Reid, du côté officiel, représentait admirablement son pays et entretenait les relations les plus étroites avec les puissances gouvernantes de la Grande-Bretagne.

Je me souviens avec le plus grand plaisir de tout ce que mon vieil ami, Joseph H. Choate, a fait pour que chacune de mes visites à Londres pendant son mandat soit pleine des souvenirs les plus charmants et les plus précieux. Ses dîners ressentaient le magnétisme de sa présence, et il montrait une habileté particulière à faire rencontrer à ses invités américains uniquement les hommes célèbres de la vie londonienne que les Américains désiraient connaître.

Choate était un fin causeur, un esprit et un humoriste de haut niveau. Son audace remporta de grands triomphes, mais si elle avait été exercée par un homme moins doué, elle lui aurait continuellement causé des ennuis. Il avait la faculté, l'art de diriger la conversation de telle sorte que lors de ses divertissements, tout le monde passait un bon moment, et une invitation était toujours très appréciée. Il était très apprécié par le banc et le bar anglais. Ils l'ont reconnu comme le leader de sa profession aux États-Unis. Ils l'ont élu conseiller du Middle Temple, le premier Américain à recevoir cet honneur après un intervalle de cent cinquante ans. Les bons mots et les réparties de Choate sont devenus la monnaie sociale des dîners à Londres et des fêtes de week-end à la campagne.

Choate n'a prêté que peu d'attention aux conventions, qui comptent tant et sont si strictement appliquées, en particulier dans les cercles royaux. J'avais fréquemment assisté à des réceptions, des garden-parties et à d'autres divertissements au palais de Buckingham à l'époque de la reine Victoria et aussi du roi Édouard. Lors d'une réception en soirée, les diplomates représentant tous les pays du monde se tiennent solennellement en rang, selon leur rang et leur ancienneté. Ils sont recouverts de décorations et de dentelles dorées. Le poids des dentelles d'or qui ornent certains uniformes des puissances mineures est aussi lourd que s'il s'agissait d'une armure. M. Choate, selon les règlements de notre service diplomatique, ne pouvait apparaître que dans un costume ordinaire.

Pendant que les diplomates se tiennent solennellement, le roi et la reine suivent la file et saluent chacun avec des remarques appropriées. Personne d'autre qu'un ambassadeur et un ministre n'entre dans ce cercle brillant. À une occasion, M. Choate m'a vu debout avec les autres invités à l'extérieur du cercle enchanté et a immédiatement quitté les diplomates, est venu vers moi et m'a dit : « Je suis sûr que vous aimeriez avoir une conversation avec la reine. Il s'est approché de Sa Majesté, a exposé le cas et qui j'étais, et la proposition a été très gracieusement accueillie. Je pense que les royalties étaient heureuses de rompre avec l'étiquette formelle. M. Choate a traité l'occasion, en ce qui me concerne, comme s'il s'agissait d'une réception à New York ou à Salem, et qu'un invité de marque souhaitait rencontrer les hôtes. Le cercle diplomatique orné de bijoux et richement décoré était paralysé.

La charmante personnalité de M. Choate et ses talents de conversation originaux en faisaient partout un invité favori, mais il portait également à l'estrade la distinction qui lui avait valu la réputation d'être l'un des meilleurs orateurs des États-Unis.

Choate m'a demandé un jour, alors que je faisais presque tous les soirs des discours lors d'un divertissement : « Comment faites-vous ? Je lui ai dit que je risquais ma réputation en raison d'une préparation très limitée, que je ne laissais pas ces discours gêner mes affaires, mais qu'ils étaient tous préparés après mon retour de mon bureau en fin d'après-midi. Parfois, ils étaient faciles et j'arrivais à temps au dîner ; à d'autres moments, c'était plus difficile, et je n'arrivais qu'après avoir commencé à parler. Puis il dit : « J'aime faire ces discours d'après-dîner plus que tout autre travail. C'est un plaisir parfait pour moi de parler à un tel public, mais je n'ai pas le don d'une préparation rapide et facile. J'accepte relativement peu d'entre eux. les invitations constantes que je reçois, car lorsque je dois faire un tel discours, je prends un coin de voiture le matin pour me rendre à mon bureau, j'exclus tout public intrusif avec un journal et je réfléchis jusqu'au bout, je continue le même processus. je rentre chez moi le soir, et il faut environ trois jours de cette absorption et de cette exclusivité, avec un peu de temps le soir, pour obtenir une adresse qui me satisfasse.

L'humour délicieux de ces efforts de M. Choate et la manière merveilleuse avec laquelle il a pu dénoncer une illusion actuelle, ou ce qu'il pensait en être une, et produire une impression non seulement sur son auditoire mais sur l'ensemble de la communauté, lorsque son discours a été imprimé. dans les journaux, c'était une sorte d'effort qui exigeait nécessairement une préparation. Dans toutes les fois où je l'ai entendu, tant en Allemagne qu'à l'étranger, il n'a jamais connu d'échec et a parfois fait sensation.

Parmi les nombreux personnages intéressants que j'ai rencontrés à bord du navire se trouvait Emory Storrs, un célèbre avocat de Chicago. Storrs était un génie au talent rare en tant qu'avocat. Il lui arrivait également de prononcer un discours très réussi, mais ses efforts étaient inégaux. Lors d'une session de la National Bar Association, il a remporté tous les honneurs lors de leur banquet. Bien sûr, ils le voulaient l'année suivante, mais il n'a ensuite pas répondu complètement à leurs attentes. Storrs était l'un des avocats les plus performants au barreau pénal, en particulier dans les affaires de meurtre. Il échouait rarement à obtenir l'acquittement de son client. Il m'a raconté de nombreuses histoires intéressantes sur ses expériences. Il avait un large circuit, en raison de sa réputation, et jugeait des affaires très loin de chez lui.

Je me souviens d'une de ses expériences dans un comté isolé de l'Arkansas. L'hôtel où ils se sont tous arrêtés était très primitif et il avait la même table que le juge. L'offre la plus intéressante pour le petit-déjeuner de la propriétaire était celle des galettes de sarrasin. Elle s'est présentée avec un pot de mélasse et a dit au juge : « Voulez-vous en prendre un filet ou une noisette ? Le juge a répondu : « Une noisette ». Elle a ensuite passé ses doigts autour du pichet et a giflé une énorme quantité de mélasse sur les gâteaux du juge. Storrs a déclaré: "Je pense que je préfère un filet." Alors elle trempa de nouveau ses doigts dans le pichet et en laissa tomber les gouttes sur les gâteaux de Storrs. La propriétaire était déçue car ses gâteaux étaient impopulaires auprès de messieurs aussi distingués.

Un jour, Storrs partait à l'étranger sur le même bateau avec moi pour une sorte de mission semi-diplomatique. Il était profondément instruit en littérature anglaise et, autant qu'un étranger puisse l'être, familier avec les lieux rendus célèbres par les classiques anglais et étrangers.

Il fut l'un des facteurs, en tant que président de la délégation de l'Illinois, des conditions qui rendirent possible la nomination de Garfield et d'Arthur. Dans la campagne présidentielle suivante, il prit une part active et très utile. Puis il fit appel à toutes les influences qu'il pouvait utiliser, et elles furent nombreuses, pour inciter le président Arthur à le nommer procureur général. Arthur était un formaliste strict et ne pouvait tolérer l'idée d'avoir un génie aussi excentrique dans son cabinet. Storrs était non seulement déçu mais blessé qu'Arthur ait refusé de le nommer.

Pour le rendre heureux, ses riches clients – et il en avait beaucoup – lui ont levé une belle bourse et l'ont encouragé à faire un voyage en Europe. Puis le président ajouta au plaisir de son voyage en lui donnant une nomination comme une sorte de diplomate itinérant, avec des fonctions spéciales liées aux graves problèmes qui existaient alors au sujet de l'admission du bétail américain en Grande-Bretagne. Ils ont été exclus en raison d'une prétendue maladie infectieuse.

La faiblesse de Storrs était les cravates. Il m'a dit qu'il en avait trois cent soixante-cinq, un nouveau pour chaque jour. Il venait sur le pont chaque matin, montrait sa nouvelle cravate, recevait un compliment sur sa couleur et sa pertinence, puis sortait de sa poche une énorme enveloppe imperméable. De là, il déroulait son parchemin de nomination en tant que diplomate et les lettres qu'il avait adressées à presque toutes les personnalités distinguées d'Europe. Le dernier jour , au cours de la même cérémonie, il me dit : « Je ne vous montre pas ces choses par vanité, mais pour vous faire comprendre la seule chose que je désire le plus accomplir à Londres. Je désire contraindre James Russell Lowell, notre ministre, pour m'offrir un dîner. »

Aucun homme au monde ne pourrait probablement être aussi antipathique à l'égard de Lowell qu'Emory Storrs. M. Lowell m'a dit qu'il était ennuyé que le président ait envoyé un intrus pour se mêler des négociations qu'il avait menées avec succès jusqu'à une conclusion satisfaisante. Il a donc invité Storrs à dîner, puis Storrs ne s'est plus intéressé à sa mission diplomatique.

M. Lowell m'a dit qu'il avait demandé à Storrs de nommer la personne qu'il souhaitait inviter. D'après son analyse générale de l'homme, il supposait que

Storrs voudrait toute la famille royale. Il fut ravi de constater que la sélection se limitait entièrement aux auteurs, artistes et scientifiques.

Lors de mon voyage de retour, M. Storrs était à nouveau un compagnon de voyage. Il était très enthousiasmé par les lieux d'intérêt historique qu'il avait visités, et éloquent et graphique dans leurs descriptions ainsi que dans ses propres sentiments intenses lorsqu'il entra en contact avec des choses dont il avait rêvé la majeure partie de sa vie.

« Mais, dit-il, je vais vous raconter ma plus grande aventure. J'étais dans la galerie de tableaux de Dresde et dans cette petite pièce où est accrochée la Madone de Raphaël. Je me trouvais devant ce merveilleux chef-d'œuvre d'inspiration divine lorsque j'ai senti la salle bondée. J'ai découvert que les visiteurs étaient tous américains et tous me regardant, je leur ai dit : « Mesdames et messieurs, vous êtes ici en présence de tous. merveilleux tableau jamais peint. Si vous l'étudiez, vous constaterez qu'il n'y a aucun doute que, malgré tout son génie, Raphaël dans cette œuvre s'est inspiré d'en haut, et pourtant vous, en tant qu'Américains, au lieu de profiter des opportunités les plus rares, avez vos yeux sont tournés vers moi. Je ne suis qu'un avocat de Chicago portant un costume fabriqué à Chicago.

"Un monsieur s'est avancé et a dit : 'M. Storrs, au nom de vos compatriotes et compatriotes présents, je tiens à dire que vous nous intéressez plus que toutes les œuvres de Raphaël réunies, car nous comprenons que James Russell Lowell , ministre des États-Unis en Grande-Bretagne, vous a offert un dîner.'"

Un autre incident survenu dans ma connaissance de M. Storrs était original. J'en ai entendu l'histoire de lui et de Lord Coleridge, et ils ne différaient pas sensiblement. Lord Coleridge, juge en chef d'Angleterre, fut un visiteur des plus appréciés lors de son séjour aux États-Unis. Il a reçu des invitations des barreaux des États du monde entier pour accepter leur hospitalité. Je l'ai conduit pendant une partie de son voyage et je l'ai trouvé l'un des hommes les plus capables et les plus charmants. C'était un très bon orateur, plus à notre manière que les Anglais, et il fit une impression de premier ordre sur tous les auditoires auxquels il s'adressait.

À Chicago, Lord Coleridge a été reçu par l'Association du Barreau de l'État de l'Illinois. Storrs, qui était un membre éminent du barreau de cet État, s'approcha de lui et lui dit : « Maintenant, Lord Coleridge, vous avez été diverti par l'Association du Barreau. Je veux que vous connaissiez les vrais hommes de l'Ouest, les capitaines de l'industrie qui a créé cette ville, construit nos chemins de fer et fait du Grand Ouest ce qu'il est. » Coleridge a répondu qu'il ne voulait pas sortir des associations du barreau et qu'il ne pouvait pas penser à faire un autre discours à Chicago. Storrs lui a assuré qu'il s'agirait d'une affaire purement privée et qu'aucun discours n'était autorisé.

Le dîner était très tard, mais quand ils s'assirent, Lord Coleridge remarqua un gentleman à l'air distingué, au lieu de dîner, corrigeant un manuscrit. Il a déclaré: "M. Storrs, j'ai compris qu'il ne fallait pas parler." "Eh bien", a déclaré Storrs, "vous ne pouvez pas rassembler les Américains à moins que quelqu'un prenne la parole. Cet homme avec le manuscrit est le général et sénateur John A. Logan, l'un de nos citoyens les plus distingués." Juste à ce moment-là, un journaliste s'est approché de Storrs et lui a dit : « M. Storrs, nous avons les extraits de votre discours dans notre bureau, et il est maintenant mis en place avec les rires et les applaudissements à leur place. Le rédacteur m'a envoyé voir. si tu voulais ajouter quelque chose." Bien sûr, Lord Coleridge était dans le coup et dut faire un autre discours.

La cause du retard du dîner est l'incident le plus original que je connaisse dans les banquets historiques. Storrs recevait des honoraires importants et disposait de revenus importants, mais il était très négligent dans ses affaires. L'un de ses créanciers a obtenu un jugement contre lui. L'avocat de ce créancier était invité à ce dîner et a demandé au propriétaire de l'hôtel si le dîner avait été payé à l'avance. Le propriétaire répondit par l'affirmative, et l'avocat téléphona au shérif et fit prélever le dîner. Le shérif a refusé de permettre que la signification soit signifiée jusqu'à ce que le jugement soit exécuté. Il y avait au moins cent millions de dollars représentés parmi les invités, les emballeurs, les élévateurs, les exploitants immobiliers et les exploitants céréaliers, mais les millionnaires et multimillionnaires en costume élégant lors d'un banquet n'ont jamais d'argent sur eux. Il fallut donc une heure ou plus avant que le shérif ne soit satisfait. Lord Coleridge était extrêmement amusé et raconta l'aventure avec beaucoup de joie.

Plusieurs années après, Lord Coleridge eut quelques difficultés avec sa famille qui entra devant les tribunaux d'Angleterre. Je ne me souviens pas exactement de quoi il s'agissait, mais Storrs, en lisant les rumeurs parvenues par câble, s'est prononcé contre le juge en chef. Lord Coleridge m'a dit qu'il avait reçu de Storrs un télégramme qui disait à peu près ceci : « J'ai vu dans nos journaux votre attitude dans le procès en cours. Je vous informe donc que, dans la mesure du possible, je retire les courtoisies que je vous ai accordées en Chicago." De cette manière unique, Storrs a annulé le dîner qui avait été offert et saisi par le shérif il y a des années.

J'ai rencontré Storrs à plusieurs reprises et il a toujours été non seulement charmant mais fascinant. Il était très spirituel, plein d'anecdotes et racontait une histoire avec un effet dramatique. Sans ses excentricités, il aurait pu occuper la plus haute place dans sa profession. Il a acquis une telle renommée qu'un admirateur a écrit une très bonne biographie de lui.

XVII. GOUVERNEURS DE L'ÉTAT DE NEW YORK

Il n'y a rien de plus intéressant que de voir le début d'une polémique qui fait l'histoire. J'ai la chance d'avoir été spectateur ou participant à plusieurs reprises.

William M. Tweed était au sommet de sa puissance. Il était le maître de la ville de New York et contrôlait la législature de l'État. La croissance et l'expansion rapides de la ville de New York avaient nécessité une nouvelle charte ou des améliorations très radicales de la charte existante. Tweed, en tant que président du comité sénatorial chargé des villes, avait organisé une audience vaste et spectaculaire au Capitole de l'État d'Albany. Un grand nombre de citoyens représentatifs de la métropole y ont participé. Certains parlaient au nom d'organismes civiques et commerciaux, et d'autres hommes éminents étaient également intéressés. Tous ceux qui s'intéressaient aux affaires publiques à Albany à l'époque étaient présents. Non seulement il y avait un grand rassemblement de législateurs, mais il y avait aussi dans l'audience des juges, des avocats et des hommes politiques de toutes les régions de l'État.

Après avoir entendu la Chambre de commerce et diverses organisations de réforme, M. Samuel J. Tilden a présenté une charte complète. Il devint vite évident qu'il était mieux préparé et mieux informé sur le sujet que quiconque présent. Il connaît parfaitement les faiblesses de la charte actuelle et a réfléchi avec beaucoup de soin et de sagesse aux besoins d'une nouvelle législation.

De la manière méprisante avec laquelle le sénateur Tweed a traité M. Tilden, a examiné ses plans et ridiculisé ses propositions, il était évident que l'ensemble du projet avait été mis en scène comme un spectacle à l'échelle de l'État pour humilier et mettre fin à la carrière politique de Samuel J. Tilden. .

En réponse à la protestation de Tilden contre ce traitement, Tweed l'informa haut et fort qu'il ne représentait personne d'autre que lui-même, qu'il n'avait ni influence ni position dans la ville, qu'il se mêlait de choses qui ne le concernaient pas et qu'il était une nuisance générale.

M. Tilden est devenu blanc cendré et a montré des signes de rage réprimée et de vengeance plus intenses que je n'ai jamais vu chez personne auparavant, et a brusquement quitté l'audience.

Je connaissais très bien M. Tilden et, grâce à mes contacts avec lui dans le domaine des chemins de fer, je m'étais forgé une haute opinion de ses capacités et de ses connaissances. Il avait un esprit vif et analytique, un travail infatigable et une faculté de clarifier les difficultés et de démêler des problèmes apparemment impossibles à un degré qui équivalait au génie.

En référence à ce qui s'était passé, j'ai dit à un ami : « M. Tweed doit être très confiant dans sa position et dans son bilan, car il a délibérément défié et invité les attaques d'un adversaire implacable et impitoyable par toutes les insultes qui pourraient blesser. la fierté et inciter à la haine de l'homme tant ridiculisé et maltraité. M. Tilden est un grand avocat. Il a connu un succès financier phénoménal , il a de puissants associés dans les milieux financiers et commerciaux et est maître de son temps à toutes fins utiles. auquel il choisit de l'appliquer.

Il ne fallut pas longtemps pour qu'une des enquêtes les plus remarquables et les plus exhaustives jamais menées par un individu sur les archives publiques, les livres, les grands livres, les comptes bancaires et les contrats, révèle au public tout le système de gouvernement de la ville. Ce maître d'esprit a résolu les problèmes de manière à ce qu'ils soient clairs pour le citoyen moyen comme la somme la plus simple en arithmétique, ou que deux et deux font quatre.

Le résultat fut la destruction du pouvoir de Tweed et de ses associés, leur poursuite et leur condamnation, et l'élévation de Samuel J. Tilden au rang de figure d'État et nationale de première importance. Non seulement il est devenu dans l'esprit du public un leader des réformes gouvernementales, municipales, étatiques et nationales, mais il a incarné dans l'imaginaire populaire la RÉFORME ELLE-MÊME.

M. Tilden a utilisé cette même industrie infatigable et ce même pouvoir d'organisation dans sa campagne pour le poste de gouverneur. Ses agences atteignaient non seulement les comtés et les villes, mais aussi les circonscriptions électorales de l'État. Il a donné naissance à un nouveau pouvoir politique : les jeunes hommes. Les vieux chefs étaient généralement contre lui, mais il découvrit dans chaque localité des jeunes ambitieux, débrouillards et courageux et en fit ses lieutenants. Cette préparation sans précédent fait de lui le maître de son parti et le gouverneur de l'État.

Après les élections, il m'a invité à venir le voir au palais exécutif d'Albany et, au cours de la conversation, il m'a dit : « Dans vos discours lors de la campagne contre moi, vous avez été absolument juste et, en tant qu'homme juste et ouvert d'esprit, adversaire, je veux avoir un discours franc. Je suis gouverneur de l'État, élu sur une question purement locale. Le parti démocrate est actuellement sans principes ni aucune question précise sur laquelle faire appel au public. Au pouvoir, nous devons trouver un problème. Le canal Érié n'est pas seulement une affaire d'État, mais une affaire nationale. Sa construction précoce a ouvert le grand Nord-Ouest, et il a été pendant des années le seul débouché vers la côte, pas seulement dans l'État. de New York, mais à l'Ouest, croit qu'il y a eu et qu'il y a encore de la corruption dans la construction et la gestion du canal. Cette grande voie navigable nécessite des contrats continus pour des réparations continues, et les gens croient que ces contrats sont accordés à des favoris. et que le travail soit n'est pas exécuté du tout, soit est mal fait. Je crois que cette question mérite d'être examinée et que le résultat justifiera largement les soupçons qui prévalent dans l'esprit du public. Je veux votre jugement sur la question et quel sera l'effet sur moi.

Je lui ai alors répondu franchement : « Gouverneur, il ne fait aucun doute que ce sera un mouvement populaire, mais vous savez que les entrepreneurs du Canal contrôlent l'appareil de votre parti, et je ne peux pas dire quel effet cela peut avoir sur ce que vous désirez. qui est un deuxième mandat."

"Ces entrepreneurs", a-t-il déclaré, "sont de bons démocrates, et leur capacité à obtenir les contrats dépend de la suprématie démocrate. Des poursuites contre eux ont été si souvent intentées qu'ils n'ont guère peur de poursuites civiles ou pénales, et je pense qu'ils accepteront cette question comme la seule qui maintiendra leur parti au pouvoir. »

C'est une partie de l'histoire de l'époque qu'il a rendu la question si intéressante qu'il est devenu une figure nationale de première importance et ensuite le candidat de son parti à la présidence des États-Unis. Non seulement cela, mais il a tellement impressionné le peuple que le jugement populaire est encore divisé quant à savoir s'il a été légitimement élu président ou non.

Un jour, je revenais de l'Ouest après une tournée d'inspection, et lorsque nous avons quitté Albany, le conducteur m'a dit que le gouverneur Tilden était dans le train. Je l'ai immédiatement appelé et je l'ai trouvé très mal à l'aise, car il disait qu'il souffrait de furoncles. Je l'ai invité dans le compartiment plus grand que j'avais et je l'ai mis aussi à l'aise que possible. Sa conversation a immédiatement porté sur le deuxième mandat et il m'a demandé ce que je pensais, en tant que républicain, de ses perspectives grâce à son administration. Nous avions à peine abordé le sujet qu'un monsieur très excité fit irruption dans le compartiment et dit : « Gouverneur, je vous cherchais partout. Je suis allé à votre bureau au Capitole et au Palais Exécutif, mais j'ai appris que vous étiez ici et à peine pris le train. Tu sais qui je suis. (Le gouverneur savait qu'il était maire d'une ville.) "Je veux vous voir confidentiellement."

Le gouverneur lui dit : « J'ai ici toute confiance en mon ami républicain. Vous pouvez lui faire confiance. Continuez.

Je connaissais très bien le maire et, dans des conditions normales, il aurait insisté pour que l'entretien avec le gouverneur soit privé et personnel. Mais il était tellement excité et débordant de rage qu'il a continué. Le maire a justement crié : « C'est l'agent de gare du New York Central Railroad dans notre ville dont je me plains. Il est actif en politique et contrôle l'organisation démocrate dans notre comté. Il s'efforce d'empêcher moi-même, mes amis et même l'ex-gouverneur Seymour d'être délégué à la convention nationale. Il est dans l'intérêt de notre parti, en fait, je peux dire, du salut de notre parti dans notre comté, que cet agent central de New York soit destitué ou réduit au silence, et je Je veux que vous voyiez M. Vanderbilt à ce sujet.

Le gouverneur a sympathisé avec le maire et l'a démis de ses fonctions. Puis, d'un air interrogateur, il m'a demandé : « Connaissez-vous cet agent ?

"Oui," répondis-je.

"Qu'est ce que tu penses de lui?"

"Je ne sais rien de ses activités politiques", répondis-je, "mais c'est l'un des employés les plus efficaces de l'entreprise dans l'État".

" Eh bien, " dit le gouverneur, " je suis heureux de vous entendre dire cela. Il était venu me voir l'autre soir ; en fait, je l'ai envoyé chercher et j'ai formé une très haute opinion de son jugement et de ses capacités. "

En fait, le gouverneur l'avait choisi pour obtenir ce résultat qui, selon le maire, ruinerait la fête dans le comté.

Lorsque la délégation démocrate de New York a quitté la ville pour la convention nationale démocrate, elle avait engagé un train spécial pour partir de la gare Grand Central. Je suis descendu voir que les dispositions étaient parfaites pour son mouvement. C'était une foule hilarante et les côtés des voitures étaient ornés de banderoles Tilden.

M. Tilden était également là pour les accompagner. Après avoir dit au revoir aux chefs et après avoir discuté à voix basse avec chacun d'eux, la masse des délégués et surtout des journalistes, qui étaient nombreux, voulurent engager la conversation avec lui. Il m'a aperçu et m'a immédiatement précipité dans l'une des alcôves, apparemment pour une conversation privée. Bien sûr, la foule s'est rassemblée, impatiente de savoir de quoi il s'agissait. Il m'a posé quelques questions sur la santé de ma famille et a ensuite ajouté : « Ne me quitte pas. Je veux éviter tous ces gens et nous discuterons jusqu'à ce que le train démarre et que la foule se disperse.

La vie était pour moi un fardeau le reste de la journée et de la soirée, rendu par les journalistes et les politiciens démocrates qui cherchaient à découvrir ce que le mystérieux chef m'avait révélé dans l'alcôve du Grand Central.

J'ai été très heureux, lorsque je l'ai rencontré après la fin des luttes acharnées pour la présidence, qu'il me prenne la main et me dise : « Vous étiez à peu près le seul à m'avoir traité de manière absolument équitable pendant la campagne.

J'aime les petits incidents sur les grands hommes. M. Tilden était intensément humain et un grand homme.

Le docteur Buckley, qui était à la tête de la Methodist Book Concern à New York, et l'un des hommes les plus charmants, m'a raconté qu'un jour, un prédicateur méthodiste venant d'un des districts miniers de Pennsylvanie entra dans son bureau et dit : " Mon église a brûlé. Nous n'avions aucune assurance. Nous sommes des gens pauvres et je suis donc venu à New York pour collecter des fonds pour la reconstruire. "

Le médecin lui dit que New York était envahie de toutes les parties du pays par des demandeurs d'aide et qu'il pensait qu'il aurait de grandes difficultés dans son entreprise.

"Eh bien," dit le prédicateur, "je vais voir M. Tilden."

Le docteur Buckley ne parvint pas à le convaincre que sa mission était pratiquement impossible, et cet ecclésiastique rural partit donc pour Gramercy Park. À son retour, il a raconté son expérience au médecin.

"J'ai sonné", a-t-il déclaré, "et lorsque la porte s'est ouverte, j'ai vu le gouverneur Tilden descendre les escaliers. Je me suis précipité et lui ai dit à la hâte qui j'étais avant que l'homme à la porte ne puisse m'arrêter, et il m'a invité. dans sa bibliothèque. J'ai exposé ma mission, et il a dit qu'il était tellement submergé de candidatures qu'il ne pensait pas pouvoir faire quoi que ce soit. "Mais, gouverneur," dis-je, "mon cas diffère de tous les autres. Ma congrégation est composée de. Des mineurs, des gens honnêtes et travailleurs. Jusqu'à présent, ils ont été républicains sur la question de la protection, mais ils ont été tellement impressionnés par votre grand réformateur qu'ils ont tous voté pour vous lors des dernières élections. Le gouverneur dit : « Racontez encore cette histoire. » Alors j'ai recommencé à lui parler de mon église, mais il m'a interrompu en disant : « Pas ça, mais à propos des élections ». Je lui ai donc raconté à nouveau qu'en raison de leur admiration pour lui en tant que réformateur, ils s'étaient détournés du parti républicain et avaient voté pour le parti démocrate. Puis le gouverneur a dit : « Eh bien, je pense que vous avez un cas très méritoire, et ainsi. Je te donnerai tout ce que j'ai.'"

Le docteur Buckley l'interrompit précipitamment en disant : « Grand Dieu, allez-vous construire une cathédrale ?

"Non", répondit l'ecclésiastique; "Tout ce qu'il avait en poche, c'était deux dollars et cinquante cents."

Le gouverneur Tilden avait de nombreux disciples et amis dont l'admiration pour lui équivalait presque à de l'adoration. Ils le croyaient capable de tout et comptaient parmi les hommes les plus intelligents et les plus capables du pays.

John Bigelow, journaliste, auteur et diplomate, exprimait toujours sa grandeur, à la fois avec la langue et avec la plume. Abram S. Hewitt était un ami et un admirateur tout aussi enthousiaste. Ces deux messieurs, ce dernier en particulier, étaient, je pense, plus capables que M. Tilden, mais n'avaient pas son pouvoir hypnotique.

Je dînais un soir avec M. Hewitt, dont les dîners étaient toujours des événements inoubliables, lorsque M. Tilden est devenu le sujet de discussion. Après que des incidents illustrant ses multiples distinctions aient été racontés, M. Hewitt a déclaré que M. Tilden était le seul en Amérique et en dehors des redevances en Europe à posséder un Johannisberger de marque bleue . Ce célèbre vin issu des vignobles du prince Metternich sur le Rhin était à l'époque réputé être absorbé par les familles royales d'Europe.

Notre hôte a déclaré : « Le bouquet de cette merveilleuse boisson est inhabituellement pénétrant et diffus, et la preuve en est qu'un soir, lors d'un dîner d'été, les fenêtres toutes ouvertes, les invités ont remarqué cet arôme particulier dans l'air. leur que le gouverneur Tilden avait ouvert une bouteille de son Johannisberger .

La résidence du gouverneur se trouvait de l'autre côté de Gramercy Park que celle de M. Hewitt. L'affaire était si extraordinaire que tout le monde autour de la table traversa le parc et, lorsqu'ils furent admis, ils trouvèrent le gouverneur dans sa bibliothèque en train de déguster sa bouteille de Johannisberger à étiquette bleue .

Lorsque M. Tilden fut élu gouverneur, mon ami, le général Husted, était président de l'assemblée, qui était en grande partie républicaine. Le gouverneur demanda au général Husted de venir le soir, car il voulait le consulter sur les améliorations et les modifications nécessaires à la résidence exécutive, et demander à l'orateur d'obtenir les crédits. Au cours de la discussion, le gouverneur plaça devant l'orateur une bouteille de whisky rare, avec les accompagnements habituels. Devant le gouverneur se trouvaient une bouteille de son Johannisberger et un petit verre à liqueur, un peu plus grand qu'un dé à coudre, dans lequel le gouverneur goûtait de temps en temps une goutte de ce liquide rare et exquis. Le général, au bout d'un moment, ne put retenir plus longtemps sa curiosité et dit : « Gouverneur, qu'est-ce que vous buvez ?

Le gouverneur expliqua sa valeur et l'impossibilité presque totale d'en obtenir.

"Eh bien, gouverneur", a déclaré le Président Husted, "je n'en ai jamais vu auparavant et je pense que je vais l'essayer." Il saisit la bouteille, la vida dans son gobelet et annonça au directeur étonné qu'il avait tout à fait raison dans son appréciation de son excellence.

Le gouverneur a perdu une bouteille de son trésor le plus précieux mais a reçu de la législature républicaine tous les crédits qu'il souhaitait pour le manoir exécutif.

J'ai eu la chance de bien connaître les gouverneurs de notre État de New York, à commencer par Edmund D. Morgan. Avec beaucoup d'entre eux, j'étais en étroite intimité. J'ai déjà parlé des gouverneurs Seymour, Fenton, Dix, Tilden, Cleveland et Roosevelt. Il vaudrait peut-être mieux limiter ma mémoire à ceux qui ont rejoint la majorité.

Lucius Robinson était un excellent dirigeant d'entreprise, tout comme Alonzo B. Cornell et Levi P. Morton. Frank S. Black était original à bien des égards. C'était un excellent vernor, mais très différent de la routine habituelle. Pendant la guerre hispano-américaine, il avait une idée bien arrêtée selon laquelle la Garde nationale de notre État ne devait pas se mettre au service des États-Unis en tant que régiments, mais en tant que volontaires individuels. Le Septième Régiment, qui était l'organisation d'élite de la Garde, fut sévèrement critiqué parce qu'il ne se portait pas volontaire. Ils refusèrent de partir sauf en tant que septième régiment, et leurs ennemis continuèrent de les assaillir comme des soldats de plomb.

Le général Louis Fitzgerald et le colonel Appleton sont venus me voir très troublés par cet état. Le général Russell A. Alger, secrétaire à la guerre, était un de mes amis intimes, et je suis allé à Washington et je l'ai vu, ainsi que le président, au sujet de l'état aigu affectant la réputation du septième régiment.

Le général Alger a déclaré : « Nous sommes sur le point de lancer un assaut désespéré contre les fortifications de La Havane. Bien sûr, il y aura de nombreuses victimes et les combats seront très violents. La Septième se joindra-t-elle à cette expédition ?

La réponse du général Fitzgerald et du colonel Appleton était catégorique : la Septième marcherait avec des rangs complets dans les plus brefs délais. Le gouverneur Black n'a pas changé son point de vue sur la façon dont la Garde nationale devrait fonctionner, et la Septième n'a donc jamais été appelée. Il semble tout à fait approprié que je fasse un rapport sur cette proposition patriotique faite par cette organisation.

Le gouverneur Black est devenu après être devenu gouverneur, et surtout après avoir pris sa retraite, un orateur très efficace. Il avait une belle présence et une excellente prestation. Il aimait préparer des épigrammes et devint maître dans ce genre de littérature. Lorsqu'il avait l'occasion de prononcer un discours, celui-ci était presque entièrement constitué de ces joyaux détachés, chacun parfait en soi. Le seul autre de nos orateurs américains qui ait cultivé avec succès ce style de discours était le sénateur John J. Ingalls, du Kansas. C'est un style très difficile à atteindre ou à réussir.

David B. Hill était un homme extraordinaire à bien des égards. Il a été gouverneur pendant trois mandats et sénateur des États-Unis pendant un. Toute sa vie était politique. C'était un excellent avocat de formation, mais son cœur et son âme étaient aux commandes du parti, remportant les élections populaires et l'art de gouverner. Il consolida si efficacement les éléments ruraux de son parti qu'il obligea Tammany Hall à se soumettre à sa direction et à le reconnaître comme son maître.

Pendant de nombreuses années, et gagnant à chaque concours, le gouverneur Hill a contrôlé l'organisation et la politique du parti démocrate de l'État de New York. D'une manière évidente, il était un orateur efficace, mais en aucun cas un orateur. Il s'est présenté avec Cleveland pour la présidence, mais dans ce cas-là, il s'est heurté à une personnalité plus forte et plus grande qu'il n'en avait jamais rencontrée, et il a perdu. Il s'est élevé bien au-dessus de la moyenne et a laissé sa marque sur la politique de son État et sur le Sénat des États-Unis lorsqu'il en était membre.

Levi P. Morton a apporté au poste de gouverneur des compétences commerciales qui ont fait de lui l'un des grands marchands et des principaux banquiers. En tant que gouverneur de l'État de New York, ministre des États-Unis auprès de la France, membre du Congrès et vice-président des États-Unis, il a occupé chaque poste avec grâce, dignité et compétence. Une personnalité adorable l'a rendu très populaire.

Roswell P. Flower, après une brillante carrière de banquier, a développé des ambitions politiques. Il avait la faculté de se faire des amis et en avait une foule. Il fut membre du Congrès puis gouverneur. Alors que l'organisation démocrate lui était hostile, il était du type Mark Hanna et a appliqué ses méthodes commerciales réussies dans la campagne pour l'investiture et la campagne électorale et a remporté du succès.

De passage à Albany alors qu'il était gouverneur, je me suis arrêté pour lui présenter mes respects. Je l'aimais beaucoup personnellement. Lorsque j'ai sonné à la porte du palais exécutif et que j'ai demandé quel était le gouverneur, le serviteur m'a répondu : « Le gouverneur est très malade et ne peut voir personne. Ensuite, je lui ai demandé de dire au gouverneur, lorsqu'il serait en mesure de recevoir un message, que Chauncey Depew avait appelé et avait exprimé ses profonds regrets pour sa maladie. Soudain, le gouverneur sortit du salon, me saisit la main et me dit : « Chauncey, entre. Je n'ai jamais été aussi heureux de voir quelqu'un de ma vie.

Il m'a dit que la législature avait ajourné et laissé entre ses mains plusieurs milliers de projets de loi dans un délai de trente jours, c'est-à-dire des projets de loi sur lesquels il avait trente jours pour signer ou opposer son veto, ou les laisser devenir des lois en ne les rejetant pas. Il dut donc se refuser à tout le monde pour avoir le loisir de les relire et de prendre des décisions.

"Savez-vous, Chauncey," dit-il, "c'est une affaire nouvelle pour moi. La plupart de ces projets de loi portent sur des sujets que je n'ai jamais examinés, étudiés ou auxquels je n'ai jamais réfléchi. Il est très difficile de former un jugement judicieux, et Je veux faire dans chaque cas ce qui est juste. » Pour le moment, il resta silencieux, apparemment absorbé par des pensées anxieuses au sujet de ces factures. Puis soudain il s'écria : « À propos, Chauncey, vous avez beaucoup réfléchi dans votre vie, et je n'en ai jamais fait, sauf pour affaires. Une pensée intense vous affecte-t-elle comme moi, en vous dérangeant l'estomac et en vous faisant mal au cœur ? ça te fait vomir ?"

"Non, gouverneur," répondis-je; "si c'était le cas, je crains d'être dans un état chronique d'indigestion."

Alors qu'il était gouverneur, il parcourut l'État dans une voiture privée et prononça de nombreux discours. Dans un entretien simple et simple d'homme à homme, il s'est montré très efficace sur l'estrade. Son train s'est arrêté dans une gare d'une communauté républicaine où il y avait peu de démocrates, alors que je m'adressais à une réunion républicaine dans le village. Quand j'eus fini mon discours, je dis à la foule, qui était nombreuse : « Le gouverneur Flower est à la gare , et quand je suis passé, il y avait très peu de gens qui l'écoutaient. Allons tous lui donner audience. ".

La proposition a été accueillie avec acclamations. J'ai avancé, je suis monté à l'autre bout de la voiture du gouverneur par rapport à celle où il parlait depuis l'estrade. Alors que cette foule républicaine commençait à affluer, il était évident, alors que je me tenais derrière lui sans qu'il se rende compte de ma présence, qu'il était très ravi. Il a crié : « Chers concitoyens, je vous ai dit qu'ils arrivaient. Ils viennent des montagnes, des collines et des vallées. C'est la ruée du parti républicain dans nos rangs et pour notre ticket. la plus heureuse preuve que j'ai reçue de la popularité de notre cause et du succès de notre ticket.

Debout derrière lui, j'ai fait un signal d'acclamation, qui a été chaleureusement répondu, et le gouverneur, se retournant, a vu la plaisanterie, m'a saisi cordialement par la main, et toute la foule, y compris les vétérans et les démocrates endurcis dans la voiture, se sont joints à l'hilarité de l'occasion.

Il est venu me voir alors qu'il se présentait pour la deuxième fois au Congrès et m'a dit que certains habitants de son district souhaitaient vivement que je prononce un discours pour l'une de leurs associations caritatives préférées et que la réunion aurait lieu à Harlem. nommer la soirée. Je lui ai dit que j'irais. Il est venu me chercher dans sa voiture et je lui ai dit : "Gouverneur, s'il vous plaît, ne me parlez pas en montant. J'étais tellement occupé que je n'ai pas eu le temps, depuis que j'ai quitté mon bureau cet après-midi, de préparer cette adresse, et je je veux chaque minute pendant que nous nous dirigeons vers la réunion.

La réunion était grande. Le gouverneur prit place au fauteuil et me présenta de cette façon originale : « Mesdames et messieurs, dit-il, je veux dire à propos de Chauncey Depew, que je vais maintenant vous présenter comme conférencier de la soirée, qu'il est non, pas de Démosthène, car il peut battre Démosthène à perte de vue. Il a préparé son discours dans la voiture dans laquelle je l'amenais ici, et il n'a pas besoin, comme le vieux Grec, de mâcher des cailloux pour faire un discours. discours."

Le gouverneur Flower, de manière conservatrice, était un commerçant prospère en bourse. Lorsqu'il sentait qu'il avait un argument sûr, il le partageait avec quelques amis. Il prenait un plaisir particulier à aider ainsi des hommes qui avaient peu de moyens et aucune connaissance de l'art de gagner de l'argent. Un grand nombre de personnes bénéficièrent de sa générosité.

Un soir, je dînais au Gridiron Club à Washington, et devant moi se trouvait une assiette de radis. Le journaliste à côté de moi m'a demandé si je m'opposerais à ce que les radis soient retirés.

J'ai dit : "Ils ne dégagent ni odeur ni parfum. Qu'ont-ils avec les radis ?"

Après qu'ils aient été emmenés, il m'a raconté son histoire. "Le gouverneur Flower", a-t-il déclaré, "a été très gentil avec moi, comme il l'a toujours été avec tous les journalistes. Il m'a demandé un jour combien j'avais économisé au cours de mes vingt années de journalisme. Je lui ai dit dix mille dollars. Il a répondu : "Cela ne suffit pas pour une si longue période. Donnez-moi l'argent." Alors je lui ai remis mon compte bancaire. Quelques semaines plus tard, il m'a dit que mes dix mille dollars étaient devenus vingt et que je pouvais les avoir si je le voulais. J'ai dit : « Non, vous faites bien mieux que moi. . Garde le.' En un mois ou plus, mon compte était passé à trente mille dollars. Puis, par une journée très chaude, le gouverneur est allé pêcher quelque part au large de la côte de Long Island. C'était un homme très grand et lourd, il a eu trop chaud et a bu un verre à son retour. J'ai bu beaucoup d'eau glacée et j'ai mangé un tas de radis. Il est mort cet après-midi-là. Le lendemain, les stocks qui étaient ses favoris ont été pris de panique, et le résultat a été que j'ai perdu ma fortune de dix mille dollars. dollars et aussi mon bénéfice de vingt dollars. Depuis, la vue d'un radis me rend malade.

XVIII. CINQUANTE-SIX ANS CHEZ LA NEW YORK CENTRAL RAILROAD COMPANY

L'hérédité a beaucoup à voir avec la carrière d'un homme. Le village de Peekskill-on-the-Hudson, situé à environ quarante milles de New York, était dans les premiers temps le bourg d'une grande partie du pays environnant, s'étendant jusqu'à l'État du Connecticut. C'était une région agricole, et ses produits destinés à New York étaient expédiés par sloops sur l'Hudson depuis les quais de Peekskill, et le voyage de retour ramenait les marchandises nécessaires au pays.

Mon père et son frère possédaient la majorité des sloops affectés à ce qui, à l'époque, était presque le seul moyen de transport. Aux sloops succédèrent les bateaux à vapeur, auxquels mes gens s'intéressaient également. Lorsque le commodore Vanderbilt entra en rivalité active avec les autres lignes de bateaux à vapeur entre New York et Albany, la concurrence devint très sérieuse. Des bateaux plus récents et plus rapides furent rapidement construits. Ces coureurs atteindraient la baie de Peekskill en fin d'après-midi, et la jeune population du village se retrouverait au bord de la rivière, applaudissant avec enthousiasme leurs favoris. Parmi les bateaux bien connus dont les noms et les réalisations suscitaient autant d'intérêt et suscitaient autant de partisanerie et d'esprit sportif que le font aujourd'hui de célèbres chevaux de course ou des champions de baseball, figuraient les suivants : Mary Powell, Dean Richmond, The Alida et The Hendrick Hudson.

Je me souviens comme si c'était hier lorsque le Hudson River Railroad était arrivé à Peekskill et que l'événement avait été célébré localement. Les gens arrivaient comme à une foire de comté à cinquante milles à la ronde. Lorsque la locomotive est entrée dans la gare, beaucoup de personnes présentes n'en avaient jamais vu. L'ingénieur sifflait continuellement pour souligner le grand événement. Cela produisit beaucoup de consternation et de confusion parmi les chevaux, car tous les fermiers étaient là avec leurs familles dans des voitures ou des chariots.

Je me souviens d'un attelage de jeunes chevaux qui étaient poussés à la frénésie ; leur propriétaire était incapable de les contrôler, mais il les maintenait sur la route pendant qu'ils s'enfuyaient dans une course folle à travers les collines. En racontant cette histoire, illustrant à quel point le développement ferroviaire est récent aux États-Unis, lors d'un dîner à l'étranger, j'ai déclaré qu'à ma connaissance et à ma connaissance, ces chevaux étaient si effrayés qu'ils ne pouvaient pas être arrêtés et couraient toujours. Parmi les invités, un capitaine d'industrie très prospère et sérieux m'a sévèrement réprimandé en disant : « Monsieur, c'est impossible ; il n'est jamais né de chevaux capables de courir vingt-cinq ans sans s'arrêter.

L'exagération américaine n'était pas aussi bien connue à l'époque parmi nos amis d'en face qu'elle l'est aujourd'hui.

Alors que nous, les garçons du village, étions rassemblés sur les rives de l'Hudson pour applaudir nos bateaux à vapeur préférés ou pour observer avec un vif intérêt les mouvements des trains, nous discutions fréquemment de nos ambitions dans la vie. Chaque jeune homme énonçait un rêve qu'il espérait mais qu'il n'espérait jamais réaliser . Mes compagnons me chargeaient d'avoir la plus grande imagination et de peindre plus de tableaux dans le ciel qu'aucun d'eux. En effet, j'avais déclaré qu'en politique, car j'étais un grand admirateur de William H. Seward, alors sénateur de New York, je m'attendais à être sénateur des États-Unis, et en affaires, car à l'époque, la plus grande figure du monde des affaires était Commodore Vanderbilt, j'espérais devenir président de l'Hudson River Railroad. C'est l'un des incidents les plus étranges de ce qui semblait être l'imagination folle d'un garçon du village qu'au cours de longues années, ces deux attentes se soient réalisées.

Lorsque je suis entré au service du chemin de fer le 1er janvier 1866, le système Vanderbilt comprenait les chemins de fer de la rivière Hudson et de Harlem, le Harlem se terminant à Chatham, long de 128 milles, et le fleuve Hudson à Albany, long de 140 milles. Le système Vanderbilt couvre désormais 20 000 milles. Le kilométrage ferroviaire total de l'ensemble des États-Unis était à cette époque de 36 000 milles, et il est aujourd'hui de 261 000 milles.

Mes relations avec le New York Central Railroad couvrent pratiquement toute la période de construction, d'expansion et de développement des chemins de fer aux États-Unis. C'est une preuve singulière de la rapidité de la croissance de notre pays et de la manière dont cette croissance a suivi régulièrement les rails, que tout ce développement d'États, de villages devenus des villes, de communautés dispersées devenues de grands centres industriels , d'un commerce intérieur atteignant des proportions où il a un volume plus grand que les échanges étrangers du monde entier, s'est produit pendant une période couverte par la carrière officielle d'un cheminot encore en service: avocat en 1866, vice-président en 1882, président en 1885, président du conseil d'administration en 1899, et occupe toujours cette fonction.

Il n'existe pas dans le pays de tels antécédents de service continu dans une entreprise qui, pendant toute cette période, a été contrôlée par une seule famille. Ce service de plus d'un demi-siècle a été en tous points satisfaisant. C'est un plaisir de voir la quatrième génération, héritant des capacités du père, du grand-père et de l'arrière-grand-père, toujours active dans la direction.

Je tiens à dire qu'en liant ainsi ma longue relation avec les chemins de fer à ce merveilleux développement, je ne prétends pas avoir été meilleur que les officiers des chemins de fer qui, pendant cette période, ont exercé leurs fonctions au mieux de leurs capacités. Je souhaite également rendre hommage aux hommes au génie original, visionnaires et audacieux, à qui l'on doit tant de choses dans l'expansion et l'amélioration des systèmes ferroviaires américains.

Le commodore Vanderbilt était l'un des hommes les plus remarquables que notre pays ait produit. Il était doté d'une merveilleuse prévoyance, d'une compréhension des situations difficiles, de la capacité de voir les opportunités avant les autres, de résoudre des problèmes graves et du courage de ses convictions. Il avait peu d'éducation et peu d'avantages au début, mais il réussissait éminemment dans tout ce qu'il entreprenait. Lorsqu'il était enfant à Staten Island, il prévoyait que du transport dépendaient l'établissement, la croissance et la prospérité de cette nation. Il a commencé avec un petit bateau traversant le port de Staten Island à New York. Très tôt dans sa carrière, il acquiert un bateau à vapeur et devient en quelques années maître du Long Island Sound. Il étendit ensuite ses opérations jusqu'au fleuve Hudson et acquit rapidement la propriété dominante des bateaux en compétition entre New York et Albany.

Lorsque de l'or fut découvert en Californie, il ouvrit une ligne du côté atlantique de l'isthme de Darien et obtint du gouvernement du Nicaragua le privilège de traverser l'isthme pour un système de transport à travers son territoire, puis établit une ligne de bateaux à vapeur sur le Pacifique. à San Francisco. En peu de temps, les lignes anciennes, tant sur l'Atlantique que sur le Pacifique, furent obligées de lui vendre. Puis il se lance dans le commerce transatlantique, avec des paquebots vers l'Europe.

Fort de cette vision qui est un don et qui ne peut être expliqué, il a décidé que le travail de transport du futur se ferait sur terre et sur les chemins de fer. Il abandonna la mer et sa première entreprise fut l'achat du New York and Harlem Railroad, qui n'avait que cent vingt-huit milles de long. La route était en ruine et son plate-forme et son équipement allaient de mal en pis. Le commodore a reconstruit la ligne, l'a rééquipée et, en la rendant utilisable sur son territoire, a augmenté son trafic et a transformé son activité de déficit en profit. C'était en 1864. Le commodore devint président et son fils, William H. Vanderbilt, vice-président. Il comprit que l'extension du Harlem n'était pas souhaitable et c'est ainsi qu'il sécurisa le chemin de fer de la rivière Hudson, allant de New York à Albany, et en devint président en 1865. C'est quelques mois plus tard que lui et son fils m'invitèrent à devenir président. un membre de leur personnel.

La gare du Harlem Railroad dans la ville de New York se trouvait à cette époque à la Quatrième Avenue et à la Vingt-sixième Rue, et celle de l'Hudson River Railroad à Chambers Street, près de la North River.

En quelques années, William H. Vanderbilt acheta le terrain pour la Harlem Railroad Company, où se trouve aujourd'hui le Grand Central Terminal, et par l'acquisition par le New York Central and Hudson River Railroad du Harlem Railroad, les trains du New York Central ont été amenés à la gare Grand Central.

En 1867, deux ans après que M. Vanderbilt eut acquis l'Hudson River Railroad, il obtint le contrôle du New York Central, qui allait d'Albany à Buffalo. Ce contrôle s'est poursuivi à travers la rive du lac d'un côté des lacs et le Michigan Central de l'autre jusqu'à Chicago. Par la suite, le système Vanderbilt a été étendu à Cincinnati et à Saint-Louis. Il était donc en relation immédiate avec le centre de l'Ouest et du Nord-Ouest à Chicago et le Sud-Ouest à Cincinnati et Saint-Louis. Grâce à des liens étroits et à une affiliation avec la Chicago and Northwestern Railway Company, le système Vanderbilt a été étendu au-delà du Mississippi. Je suis devenu directeur du New York Central en 1874 et du Chicago and Northwestern en 1877.

J'ai eu la chance de rencontrer plus ou moins d'intimité de nombreux hommes remarquables dans tous les domaines de la vie, mais je pense que le commodore Vanderbilt était le plus original. Je connaissais bien depuis quelques années le commodore et son fils, William H. Lorsque je suis devenu avocat, mes relations étaient plus intimes que celles qui existaient habituellement. J'ai été en consultation quotidienne avec le commodore pendant les dix années précédant sa mort, et avec son fils de 1866 à 1885, date de sa mort.

Le commodore était constamment, en raison de sa richesse et de son pouvoir, importuné par des gens qui voulaient l'intéresser à leurs projets. La plupart des grandes entreprises progressistes de son temps lui furent présentées. Il écoutait patiemment, posait quelques questions et, en peu de temps, comprenait tout le sujet. Puis, avec une rapidité extraordinaire et un jugement infaillible, il rendait sa décision. Personne ne savait par quel processus il était arrivé à ces conclusions. Ils semblaient être le résultat autant d'une inspiration que d'une perspicacité.

La guerre civile s'est terminée en 1865 et l'une de ses leçons a été la nécessité de développer davantage de chemins de fer. Le pays avait découvert que sans transports, ses vastes et fertiles territoires ne pouvaient ni être peuplés ni rendus productifs. Chaque kilomètre de chemin de fer transportait des colons, ouvrait des fermes et augmentait les ressources et la richesse nationales. Les conditions économiques et critiques du pays, dues à l'expansion de la monnaie et des conditions bancaires, ont facilité et encouragé de vastes projets de construction de chemins de fer. Ceci et de folles spéculations aboutirent à la panique de 1873. Presque tout le pays fit faillite. La reprise fut rapide et le talent constructif de la République comprit que le rétablissement du crédit et de la prospérité devait être mené par la solvabilité des chemins de fer. En août 1874, le commodore Vanderbilt invita les représentants des autres lignes concurrentes à une conférence à Saratoga. Cependant, en raison des jalousies et des hostilités de l'époque, seuls les chemins de fer de New York Central, de Pennsylvanie et d'Érié étaient représentés.

La situation ferroviaire de l'Est était alors dominée par le commodore Vanderbilt, le colonel Thomas A. Scott, du Pennsylvania, et John W. Garrett, du Baltimore et de l'Ohio. Scott et Garrett étaient tous deux des hommes originaux et des bâtisseurs d'empire. Il n'y avait ni réglementation gouvernementale ni étatique . Le responsable d'un réseau ferroviaire disposait d'un pouvoir pratiquement illimité dans l'exploitation de sa route. Les gens étaient si désireux de construire des chemins de fer qu'ils offraient toutes les incitations possibles au capital. Le résultat fut un grand nombre de constructions non rentables et d'immenses pertes pour les promoteurs.

Ces hommes compétents ont compris qu'il n'y avait aucune possibilité de construction, d'exploitation et d'efficacité ferroviaires avec le maintien d'une concurrence sans restriction. Il a fallu de 1874 à 1920 pour que les cheminots, les expéditeurs et le gouvernement se rendent compte du fait que les moyens de transport nécessaires aux nécessités publiques ne peuvent être obtenus que par les opérations les plus libres et les réglementations gouvernementales les plus strictes ; que la solution du problème est un système si automatique que l'arbitrage public décidera de la justesse des exigences du travail et que les taux seront avancés pour répondre à la décision, et que l'autorité publique prendra également en considération les autres facteurs d'augmentation des dépenses et de dépenses adéquates. installations pour les chemins de fer, et que l'entretien et la plus grande efficacité doivent être préservés ainsi que les extensions nécessaires. Pour satisfaire et attirer les capitaux, il faut avoir l'assurance d'un retour sur investissement raisonnable.

La réunion convoquée par le commodore Vanderbilt en 1874, à Saratoga, fut un événement historique. Il ne faut pas oublier que la gestion ferroviaire du pays était sous le contrôle absolu d'environ quatre hommes, dont deux étaient également les plus grands propriétaires des lignes qu'ils géraient. La concurrence féroce et la réduction des tarifs ont provoqué une démoralisation totale parmi les expéditeurs, qui ne pouvaient pas calculer le coût du transport, et un grand favoritisme envers les localités et les individus de la part d'agents de fret irresponsables qui contrôlaient les tarifs. Sous ces influences, les revenus des chemins de fer étaient fluctuants et incertains. Les améliorations ont été retardées et les personnes vivant sur les lignes les plus faibles ont été menacées de faillite.

L'opinion publique croyait cependant que cette concurrence effrénée était le seul remède aux maux ferroviaires reconnus. Pour illustrer le changement d'opinion publique et une meilleure compréhension des problèmes ferroviaires, cela s'est produit au mois d'octobre 1920. Un comité d'expéditeurs et de producteurs représentant les agriculteurs, les fabricants et les hommes d'affaires le long d'un grand réseau ferroviaire est venu pour Il a vu le directeur du chemin de fer et lui a dit : « Nous avons tous eu tort dans le passé. Notre effort a toujours été d'obtenir des tarifs plus bas, quelles que soient les nécessités des chemins de fer. Nous avons essayé de les obtenir en sollicitant des offres auprès des lignes concurrentes. pour nos expéditions et en faisant appel à l'Interstate Commerce Commission. Les dépenses des chemins de fer ont été augmentées par les demandes de main-d'œuvre, par la hausse constante des prix et du coût des rails, des wagons, des terminaux et des installations, mais nous nous sommes opposés à ce que les chemins de fer le fassent. faire face à cette augmentation des coûts d'exploitation par des augmentations adéquates des tarifs. Nous voyons maintenant que cette situation affamé les chemins de fer, et nous souffrons du manque de wagons et de locomotives pour déplacer notre trafic et de terminaux pour en prendre soin. Nous souffrons également parce que l'ancien traitement réservé aux chemins de fer a effrayé le capital, de sorte que les routes ne peuvent pas obtenir d'argent pour entretenir leurs lignes et apporter les améliorations nécessaires pour répondre aux demandes des entreprises. Nous savons désormais que les tarifs font très peu de différence, car ils peuvent être absorbés par notre activité. Ce dont nous avons besoin, ce sont des installations pour transporter nos produits, et nous voulons aider les chemins de fer à obtenir de l'argent et du crédit, et encore une fois, nous soulignons que notre problème réside dans le manque de wagons, de locomotives et d'installations de terminaux.

Heureusement, l'opinion publique s'est reflétée lors du dernier Congrès dans l'adoption du projet de loi Cummins- Esch , qui constitue la législation la plus éclairée et la plus adaptable du dernier quart de siècle.

Pour en revenir à la conférence de Saratoga, le New York Central, le Pennsylvania et l'Erie sont arrivés à la conclusion qu'ils devaient bénéficier de la coopération de Baltimore et de l'Ohio. Comme M. Garrett, président et propriétaire majoritaire de cette route, ne voulait pas venir à la conférence, les membres ont décidé que l'urgence était si grande qu'ils devaient s'adresser à lui. C'était probablement la chose la plus désagréable que le commodore Vanderbilt ait jamais faite. Le merveilleux succès de sa merveilleuse vie avait été remporté en combattant et en battant ses concurrents. Le péril était si grand qu'ils y allèrent en tant qu'associés, et la visite intéressa tout le pays et élargit tellement l'opinion de M. Garrett sur son pouvoir qu'il rejeta leur offre et déclara qu'il agirait de manière indépendante. Une guerre ferroviaire s'ensuivit immédiatement et, en peu de temps, la faillite menaça toutes les lignes, et rien de plus que celles de Baltimore et de l'Ohio.

Les lignes principales se sont alors réunies et ont conclu un accord pour stabiliser les tarifs et les mettre en vigueur. Ils nommèrent comme commissaire M. Albert Fink, l'un des cheminots les plus compétents de l'époque. L'administration de M. Fink fut couronnée de succès, mais les rivalités et les jalousies des lignes ainsi que les fréquentes ruptures d'accords étaient trop lourdes pour un seul homme.

Les présidents et directeurs généraux de tous les chemins de fer à l'est de Chicago se sont alors réunis et ont formé une association, et cette association était un organe législatif sans aucune autorité légale pour faire appliquer ses décrets. Cela eut cependant deux effets : les différends qui surgirent furent publiquement discutés, et les mérites de chaque partie démontrèrent si complètement que la décision de l'association finit par être acceptée comme juste et juste. Le verdict de l'association a ensuite été soutenu par l'ensemble de la communauté financière et bancaire ainsi que par la presse. Le poids de celui-ci était suffisant pour contraindre à l'obéissance à ses décisions le membre le plus rebelle. Aucun dirigeant ne pouvait continuer à occuper son poste tout en s'efforçant de dissoudre l'association.

C'est l'un des événements les plus gratifiants de ma vie que mes associés de cette grande et puissante association m'aient élu président, et j'ai continué à exercer mes fonctions jusqu'à ce que la Cour suprême, dans une décision capitale, déclare que les chemins de fer relevaient de la disposition du Sherman Anti -Trust Law et dissous ces associations à l'Est, à l'Ouest et au Sud.

Ce fut une éducation libérale aux problèmes ferroviaires que de rencontrer les hommes qui devinrent membres de cette association. La plupart d'entre eux ont laissé une impression indélébile sur la situation ferroviaire de l'époque et sur les politiques ferroviaires de l'avenir. Tous étaient des cadres d'une grande capacité et de quelques rares génies constructifs.

Dans notre système, il y avait John Newell, président de Lake Shore et Michigan Southern, un gestionnaire des plus compétents et efficaces. Henry B. Ledyard, président du Michigan Central, était admirablement formé pour les grandes responsabilités qu'il administrait si bien. Il y avait William Bliss, président de Boston et Albany, qui avait bâti une lignée pour devenir l'une des plus fortes du groupe de la Nouvelle-Angleterre.

Melville E. Ingalls, président de Cleveland, Cincinnati, Chicago et St. Louis, avait combiné diverses routes faibles et en faillite et en avait fait une organisation efficace. Il avait également réhabilité et remis en état de fonctionnement et de paiement la Chesapeake et l'Ohio."

Ingalls m'a raconté une très bonne histoire de lui-même. Il avait quitté le village du Maine où il était né et, après avoir obtenu son diplôme universitaire et été admis au barreau, s'était installé à Boston. Pour protéger les intérêts de ses clients, il avait déménagé à Cincinnati, dans l'Ohio, et avait sauvé les propriétés ferroviaires qui les intéressaient. Lorsque son succès fut complet et qu'il eut sous son contrôle un vaste réseau ferroviaire fonctionnant avec succès, il visita sa ville natale.

Un soir, il descendit au magasin où se réunissait le congrès du village, assis sur les tonneaux et sur le comptoir. Ils l'accueillèrent très cordialement, puis un fermier curieux lui dit : « Melville, on raconte par ici que tu gagnes un salaire de près de dix mille dollars par an.

M. Ingalls, qui recevait plusieurs fois cette somme, a modestement admis les dix, ce qui représentait une somme prodigieuse dans ce quartier rural. Sur quoi le vieux fermier exprima le sentiment local en disant : « Eh bien, Melville, cela montre ce que le courage et les circonstances peuvent faire pour un homme.

Je me souviens d'un incident lié à l'un des cadres les plus compétents de notre système. Un jour, nous avons eu une conférence d'intérêts rivaux, et de nombreux dirigeants étaient présents pour tenter d'obtenir un ajustement. Nous avions à cet effet un arbitre. Après une journée des plus épuisantes dans la bataille de l'esprit et de l'expérience pour obtenir des avantages, je suis arrivé à la maison épuisé, mais après une demi-heure de sommeil, je me suis réveillé reposé et, en consultant mon journal, j'ai découvert que j'étais prêt à prononcer un discours lors d'un banquet chez Delmonico. nuit.

Je suis arrivé en retard, l'intervalle étant consacré à une préparation intensive et rapide. J'ai été appelé tôt. Le discours a attiré l'attention et a occupé une chronique dans les journaux du matin. J'étais au lit à onze heures et j'avais entre sept et huit heures de sommeil réparateur.

En arrivant à notre lieu de réunion le lendemain matin, l'un des présidents les plus connus m'a pris à part et m'a dit : « Chauncey, en faisant des discours comme celui d'hier soir, vous perdez la confiance du peuple. Ils disent que vous ne pouvez pas vous préparer. de tels discours et accordez une attention particulière à vos affaires.

"Eh bien, lui dis-je, mon ami, ai-je perdu quelque chose devant l'arbitre hier ?"

Il répondit avec colère : "Non, tu as vraiment trop gagné."

"Eh bien," dis-je alors, "je suis très frais ce matin. Mais qu'as-tu fait hier soir?"

Il répondit qu'il était tellement épuisé qu'il alla chez Delmonico et commanda le meilleur dîner possible. Puis il a ajouté : "Un ami m'a dit qu'un petit jeu se déroulait à l'étage et, dans une pièce fermée remplie de fumée de tabac, j'ai joué au poker jusqu'à deux heures et j'ai bu plusieurs high-balls. Le résultat est le suivant : Je pense que nous ferions mieux de reporter cette réunion, car je n'ai pas envie de faire quoi que ce soit aujourd'hui. »

"Mon cher ami," dis-je, "vous aurez le mérite de consacrer tout votre temps aux affaires, tandis que je suis discrédité en faisant ce qui me rafraîchit l'esprit, parce que cela apparaît dans les journaux. Je garderai ma méthode quelles que soient les conséquences. "

Il a gardé le sien et, bien que beaucoup plus jeune que moi, il est décédé il y a des années.

George B. Roberts, président de la Pennsylvanie, était un dirigeant très avisé et doté de compétences polyvalentes. Frank Thompson, vice-président puis président de la même route, était l'un des officiers d'exploitation les plus compétents de son temps et une personnalité des plus charmantes. MAJ Cassatt était un grand ingénieur et possédait une prévoyance et une vision rares. Il a amené la Pennsylvanie jusqu'à New York par un tunnel sous la rivière Hudson, a continué le tunnel à travers la ville jusqu'à l'East River, puis sous la rivière pour se connecter à Long Island, qu'il avait acquis pour son système.

DW Caldwell, président de New York, Chicago et St. Louis, a ajouté aux capacités ferroviaires de l'esprit et de l'humour. Il a raconté une bonne histoire sur M. George Roberts. Caldwell était autrefois surintendant de division sous le président Roberts. Il avait obtenu l'autorisation de construire une nouvelle gare, dont le plan et l'équipement l'intéressaient profondément. C'était l'habitude de M. Roberts, pour montrer à ses subordonnés qu'il était pleinement conscient de leurs agissements, d'ajouter ou de retirer quelque chose à leurs projets.

Caldwell a préparé une gare selon ses idées et, pour empêcher Roberts d'apporter des modifications essentielles, il a ajouté une baie vitrée inutile à l'avant de la chambre des passagers. Roberts a soigneusement examiné les plans et a dit : « Enlevez cette baie vitrée », puis il a approuvé le plan, et Caldwell a obtenu ce qu'il voulait.

Caldwell avait l'habitude de raconter une autre occasion où, sur une ligne occidentale, il avait à sa tête un disciplinaire très sévère et très sévère en tant que président. Ce président était un violent prohibitionniste et avait entendu dire que Caldwell était un bonvivant . Il a envoyé chercher Caldwell pour le discipliner ou le renvoyer. Après un voyage long et fastidieux, Caldwell arriva à la maison du président. Son premier salut fut : « M. Caldwell, buvez-vous ?

Caldwell, sans aucun méfiance, répondit : « Merci, Monsieur le Président, je suis terriblement fatigué et je vais prendre un peu de seigle. »

MEB Thomas, président de Lehigh Valley, était un membre précieux de l'association. Le Baltimore and Ohio, comme d'habitude, avait son président, M. Charles F. Mayer, accompagné d'un personnel compétent. L'Erie était représenté par l'un des plus compétents et des plus géniaux de ses nombreux présidents, M. John King.

King était un grand conteur, et parmi eux, je me souviens de celui-ci : à une certaine époque, il était directeur général du Baltimore and Ohio sous John W. Garrett. Afin de récolter des fonds pour ses projets d'extension, Garrett s'était rendu en Europe. Les temps étaient financièrement très difficiles. Johns Hopkins, le célèbre philanthrope, est décédé. Son monument immortel est l'Université et la faculté de médecine Johns Hopkins. Tout le monde à Baltimore a assisté aux funérailles. Parmi les personnalités présentes se trouvait un autre John King, un banquier, qui était l'exécuteur testamentaire de Hopkins. Un messager se précipita avec un câble pour John King et le remit à John King, l'exécuteur testamentaire, qui était assis à la tête des personnes en deuil. Il l'a lu puis l'a transmis afin que chacun puisse le lire jusqu'à ce qu'il parvienne à John King, de Baltimore et de l'Ohio, assis au pied de la file. Le câble se lisait comme suit : « Présentez mes sympathies à la famille et ma haute appréciation pour M. Johns Hopkins, et empruntez à l'exécuteur testamentaire tout ce que vous pouvez à cinq pour cent. Garrett. »

Le commodore Vanderbilt a été remplacé à la présidence par son fils, William H. Vanderbilt, qui avait alors plus de quarante ans et qui avait été un agriculteur prospère à Staten Island. Il était actif dans les affaires de quartier et en politique. Cela lui a permis d'entrer en contact étroit avec la population et lui a été d'une aide inestimable lorsqu'il est devenu président d'une grande société ferroviaire. Il s'est également familiarisé avec la gestion ferroviaire en tant que directeur d'une entreprise à Staten Island.

M. William H. Vanderbilt était un homme d'une grande capacité et son éducation faisait de lui, à bien des égards, un homme plus compétent que son père face aux nouvelles conditions qu'il devait remplir. Mais, comme beaucoup de fils compétents de père célèbre, il ne reçut pas le crédit qui lui était dû en raison de la réputation éclipsante du commodore. Néanmoins, il a fait preuve à plusieurs reprises des plus hautes qualités de direction.

L'une des grandes questions de l'époque était l'obligation des chemins de fer envers les villes dans lesquelles ils se terminaient, et la décision des routes au sud de New York d'avoir des tarifs plus bas vers Philadelphie et Baltimore. New York se sentait si en sécurité grâce à la force de son port sans égal et à ses installations de navigation supérieures que les marchands et les financiers ne s'alarmèrent pas. Très vite cependant, le fret de New York se détourna à tel point qu'il menaça très sérieusement son commerce d'exportation et la supériorité de son port. Les dirigeants commerciaux de la ville firent appel à M. Vanderbilt, qui leur dit après la conférence : « J'agirai en parfaite harmonie avec vous et veillerai à ce que le New York Central Railroad protège la ville de New York, quels que soient les effets sur ses finances. " Les représentants de la ville ont déclaré : "C'est très bien et nous resterons unis".

M. Vanderbilt a immédiatement publié une déclaration selon laquelle les tarifs vers la côte devraient être les mêmes dans tous les ports et que le New York Central appliquerait les tarifs les plus bas de tous les ports en appliquant les mêmes tarifs sur ses propres lignes. Le résultat fut la plus grande guerre ferroviaire depuis que les chemins de fer ont commencé à rivaliser. Les taux ont baissé de cinquante pour cent, et c'était une question de survie du plus fort. Le commerce retourna à New York et les chemins de fer concurrents, pour éviter la faillite, se rassemblèrent et formèrent la Trunk Line Association.

La ville de New York n'a pas toujours rappelé à quel point sa prospérité est intimement liée à celle du grand chemin de fer dont le terminal se trouve dans ses limites. M. Vanderbilt a constaté que le chemin de fer et sa direction étaient violemment attaqués dans la presse, à l'Assemblée législative et dans les conseils municipaux. Il devint convaincu que peu importe à quel point le chemin de fer pouvait être sage, juste ou équitable dans l'intérêt de chaque communauté et de chaque entreprise qui dépendait tellement de son transport, le public ne se soumettrait pas à ce qu'une grande ligne appartienne à un seul homme. La promptitude de Vanderbilt à prendre une décision s'est immédiatement manifestée. Il fit appel à M. Pierpont Morgan et, par son intermédiaire, un syndicat que Morgan forma prit et vendit la plus grande partie des actions de M. Vanderbilt dans le New York Central. Le résultat fut que le New York Central appartenait désormais au public. C'est un hommage à la justice et à l'équité de la direction de Vanderbilt que, même si la direction a été soumise chaque année depuis au vote des actionnaires, il n'y a pratiquement jamais eu d'opposition au maintien de la politique et de la gestion de Vanderbilt.

L'un des problèmes les plus importants au cours de la présidence de M. Vanderbilt était la question des commissions ferroviaires, tant au niveau national qu'au niveau des États. En ma qualité professionnelle d'avocat général, et comme les représentants d'autres chemins de fer, j'ai prononcé des discours argumentatifs contre eux. Les discussions m'ont converti et j'ai été convaincu de leur nécessité. L'importance croissante du transport ferroviaire a créé l'opinion publique selon laquelle la gestion ferroviaire devrait être sous le contrôle et la supervision d'un organisme public; que tous les passagers ou expéditeurs, ou ceux dont les terrains ont été pris pour la construction et le développement, devraient pouvoir faire appel de la décision des gestionnaires ferroviaires auprès du gouvernement par l'intermédiaire d'une commission gouvernementale.

Dès que j'ai été convaincu que les commissions étaient nécessaires à la protection du public et des chemins de fer, j'ai présenté ce point de vue à M. Vanderbilt. L'idée était contraire à son éducation, sa formation et ses opinions. Il m'a semblé qu'il s'agissait soit d'une commission, soit d'une propriété du gouvernement, et que la commission, si elle était renforcée en tant qu'organe judiciaire, offrirait autant de protection aux détenteurs d'obligations et d'actions et au public investisseur qu'au grand public et à l'État. employés. M. Vanderbilt, toujours ouvert d'esprit, a adopté ce point de vue, a soutenu le système de commission et a favorisé une législation en son nom.

En 1883, M. Vanderbilt décida, pour cause de maladie, de se retirer de la présidence et M. James H. Rutter fut élu son successeur. M. Rutter était le gestionnaire de fret le plus compétent du pays, mais sa santé a cédé sous les exigences de ses fonctions exécutives, et j'ai agi en grande partie pour lui pendant ses années de service. Il mourut au début de 1885 et je fus élu président.

La guerre avec la Côte-Ouest durait depuis plusieurs années, avec des résultats désastreux pour les deux sociétés. L'Ontario et le Western, qui possédaient de grands terminaux près de Jersey City, du côté ouest de l'Hudson, parcouraient cinquante milles le long de la rivière avant de se diriger vers l'intérieur. Lors de sa réorganisation, elle disposait de dix millions de liquidités en caisse. Sur cette base, ses directeurs décidèrent d'organiser un nouveau chemin de fer, appelé West Shore, et parallèle au New York Central sur toute sa longueur jusqu'à Buffalo. Comme le New York Central desservait efficacement tout ce territoire, les seules affaires que la Côte-Ouest pouvait obtenir devaient être retirées du Central. Pour attirer cette clientèle, elle a proposé des tarifs réduits dans toutes les gares. Pour conserver et conserver ses activités, la New York Central a respecté ces taux à tous les points, de sorte que financièrement, la Côte Ouest est passée entre les mains d'un séquestre.

Le New York Central a été soutenu grâce à ses installations et connexions supérieures, ainsi qu'à ses routes et équipements établis. Mais toutes les nouvelles constructions nécessaires furent abandonnées, l'entretien négligé et l'équipement vétuste en raison d'une réduction forcée des dépenses.

J'ai eu des relations personnelles très amicales avec les directeurs et les officiers de la West Shore, et je leur ai immédiatement présenté un plan pour l'absorption de leur ligne, au lieu de poursuivre la lutte jusqu'à l'épuisement absolu. M. Vanderbilt a approuvé le plan, tout comme les intérêts financiers représentés par M. Pierpont Morgan.

Grâce à la réorganisation et à la consolidation des deux sociétés, la New York Central commença progressivement à établir son efficacité et à travailler sur les améliorations nécessaires. Comme preuve de la croissance de l'activité ferroviaire du pays, le New York Central proprement dit a ajouté depuis la réorganisation une énorme quantité de voies ferrées et a pratiquement reconstruit, comme une deuxième ligne nécessaire, la rive ouest et a utilisé pleinement son très grand installations terminales du côté Jersey de l'Hudson.

Au cours de sa vie active, M. Vanderbilt fut très souvent importuné pour acheter un quotidien new-yorkais. Il fut personnellement violemment agressé et ses biens mis en péril par des attaques dans la presse. Il a toujours rejeté la proposition d'en acheter un. « Si, dit-il, j'étais propriétaire d'un journal, j'aurais tous les autres unis pour m'attaquer, et ils me ruineraient, mais en étant complètement hors du champ journalistique, je trouve que, en prenant la presse dans son ensemble, je Je suis assez bien traité. Je ne crois pas qu'un grand intérêt ayant affaire au public puisse se permettre d'avoir un organe.

Le colonel Scott, du Pennsylvania, pensait autrement, mais le résultat de son expérience démontra l'exactitude du jugement de M. Vanderbilt. Scott a choisi comme rédacteur en chef du New York World l'un des écrivains journalistiques les plus brillants de son temps, William H. Hurlburt . Cependant, lorsqu'on apprit que le monde appartenait au colonel Scott, le génie de Hurlburt ne put le sauver. Le tirage tomba au minimum, la publicité suivit et le journal perdit énormément chaque mois. M. Joseph Pulitzer, avec la rare perspicacité et la prévoyance qui le distinguaient, a vu ce qui pouvait être fait du monde, avec ses privilèges dans l'Associated Press, et il a donc payé à Scott le montant qu'il avait initialement investi, et a pris le relais et a fait un succès phénoménal de cette entreprise en faillite et apparemment désespérée.

J'ai essayé pendant ma présidence de rendre le New York Central populaire auprès du public sans nuire à son efficacité. La preuve de ce succès fut que, sans aucun effort de ma part et contre ma volonté affichée, la délégation de New York à la convention nationale républicaine de 1888, avec une unanimité sans précédent, me présenta comme candidat de New York à la présidence. Je me suis retiré du concours en raison de l'intense hostilité envers les cheminots dans les États de l'Ouest. Ces États ne pouvaient pas comprendre comment cette hostilité qu'ils avaient à l'égard des chemins de fer et de tous ceux qui y étaient liés avait disparu dans le grand État de New York.

Durant ma présidence, la question du travail était très aiguë et les grèves se succédaient de manière courante. La méthode universelle pour répondre aux revendications du travail à cette époque était de demander à un comité d'employés ou à un dirigeant de présenter les griefs au surintendant de division ou au surintendant de la force motrice. Ces officiers étaient arbitraires et hostiles, car leurs revendications, si elles étaient acceptées, entraînaient une augmentation des dépenses qui les rendrait impopulaires auprès de la direction. Ils étaient dans une situation difficile. Les employés en arrivaient souvent à la conclusion que le seul moyen pour eux d'attirer l'attention des dirigeants et des administrateurs supérieurs était de faire grève.

Contre le jugement de mes associés dans la direction ferroviaire, j'ai décidé d'ouvrir mes portes à n'importe quel individu ou comité de l'entreprise. Au début, j'étais submergé de griefs insignifiants, mais lorsque les hommes comprirent que leurs cas seraient immédiatement entendus et traités, ils décidèrent entre eux de ne me soumettre aucune question à moins qu'ils ne les considèrent d'une importance vitale. De cette manière, bon nombre des irritations antérieures, qui avaient finalement conduit à des résultats graves, n'apparurent plus.

Je n'ai eu aucun problème avec les syndicats et j'ai trouvé leurs représentants dans des discussions à cœur ouvert très généralement raisonnables. M. Arthur, chef de la Fraternité des ingénieurs de locomotives, possédait de nombreuses qualités d'homme d'État. Il a bâti son organisation pour qu'elle soit la plus forte du genre parmi les syndicats. J'ai apprécié sa confiance et son amitié pendant de nombreuses années.

Il n'y a jamais eu qu'une seule grève au New York Central pendant mon mandat, et celle-ci s'est produite alors que j'étais absent en Europe. Son origine et ses suites étaient quelque peu dramatiques. J'étais presque effondré à cause du surmenage et les directeurs me conseillèrent de prendre un repos absolu et de partir en voyage à l'étranger.

J'ai fait savoir par ligne que je voulais que tout soit réglé avant de partir et partir sans souci. Un grand comité s'est présenté dans mon bureau quelques matins après. À ma grande surprise, il y avait un représentant de chaque branche du service, conducteurs de passagers et de marchandises, serre-freins, vendeurs , agents de triage, aiguilleurs, etc. Celles-ci étaient toujours venues par l'intermédiaire de leurs syndicats locaux. J'ai rapidement repris et ajusté ce que prétendait chacun des représentants de son ordre, puis un homme a dit : « Je représente les ingénieurs de locomotive.

Ma réponse a été : « Vous n'avez rien à faire ici et je n'aurai rien à voir avec vous. Je ne verrai aucun des ingénieurs de locomotive, à l'exception de leur chef accrédité.

"Eh bien," dit-il, "Monsieur le Président, il y a une nouvelle condition sur la route, un nouvel ordre du travail appelé les Chevaliers du Travail. Nous allons absorber tous les autres syndicats et n'en avoir qu'un. Le seul obstacle dans le chemin est celui des ingénieurs de locomotive, qui refusent d'abandonner leur fraternité et de venir avec nous, mais si seulement vous nous reconnaissez, cela les obligera à nous rejoindre. Maintenant, la Fraternité a l'intention de présenter une demande très prochainement, et si vous le faites. reconnaîtrons notre ordre, les Chevaliers du Travail, et non la Confrérie des Ingénieurs de Locomotives, nous nous occuperons de ce qu'ils demandent et de tous les autres de chaque département pendant deux ans, et vous pourrez faire votre voyage en Europe en toute tranquillité. Si vous ne le faites pas, il y aura des problèmes."

J'ai refusé de traiter avec eux en tant que représentants de la Fraternité des ingénieurs de locomotives. Alors leur porte-parole dit : "Comme c'est si grave pour vous, nous vous donnons ce soir pour y réfléchir et revenir demain matin."

J'ai immédiatement fait venir le surintendant de la force motrice et lui ai ordonné de faire afficher par télégraphe dans chaque rotonde que la demande de la Fraternité des ingénieurs de locomotives, dont ce comité m'avait informé, avait été accordée. Le lendemain matin, le comité est revenu et son chef a déclaré : « Eh bien, Monsieur le Président, vous nous avez battus et nous rentrons chez nous. »

Alors je leur ai fait appel en leur disant : « Je suis un homme assez brisé. Les médecins me disent que si je peux passer trois mois sans soins, je serai aussi bien que jamais. Vous devez admettre que j'ai toujours été absolument d'accord avec vous et essayé d'ajuster équitablement les affaires que vous m'avez soumises. Maintenant, allez-vous prendre soin de moi pendant mon absence ? »

Ils ont répondu à l'unanimité : « Monsieur le Président, nous le ferons, et vous pouvez être sûr qu'il n'y aura aucun problème sur le New York Central pendant votre absence. »

J'ai navigué l'esprit libre de toute anxiété, plein d'espoir et heureux, ne laissant aucun message pour m'envoyer aucun câble ni lettre. Après une visite au Théâtre de la Passion à Ober- Ammergau en Haute-Bavière, je me suis rendu dans le Tyrol autrichien. Une nuit, dans un hôtel d'Innsbruck, M. Graves, un journaliste très entreprenant d'un journal new-yorkais, fit brusquement irruption dans ma chambre et me dit : "Je vous poursuis dans toute l'Europe pour une interview sur la grève du New York Central." C'était ma première information sur la grève.

Dès que j'eus quitté New York et que je fus sur l'océan, les jeunes et ambitieux officiers qui dirigeaient les opérations du chemin de fer et désapprouvaient ma méthode de traitement avec les employés, renvoyèrent tous les membres du comité qui avaient appelé sur moi. Bien sûr, cela a été immédiatement suivi d'une explosion de sympathie en leur faveur, et les sympathisants ont également été licenciés. Puis toute la route fut bloquée par une grève universelle. Après que des millions eurent été perdus en revenus pour les chemins de fer et en salaires pour les hommes, la grève fut réglée, comme d'habitude, par un compromis, mais elle donna le contrôle aux Chevaliers du Travail, sauf en ce qui concerne la Fraternité des ingénieurs de locomotives. Le règlement rapide de la grève fut en grande partie dû à la loyauté et au courage des Frères musulmans.

Durant ma présidence, j'ai été très critiqué par le public, mais jamais par les dirigeants de l'entreprise, en raison de mes activités en politique et sur la plateforme. Pendant un certain temps, alors que les tâches de ma charge devenaient les plus onéreuses et que j'avais l'habitude de travailler toute la journée et jusque tard dans la nuit, j'ai découvert que cette attention concentrée sur mes problèmes ferroviaires et cette application intense et continue à leur solution n'étaient pas nuisant seulement à mon efficacité mais aussi à ma santé. Comme je n'étais pas un sportif et que je n'avais jamais de temps pour les jeux ou les chevaux, j'ai décidé d'essayer une théorie selon laquelle les tâches quotidiennes occupaient certaines cellules du cerveau tandis que les autres restaient inactives ; que les cellules actives se fatiguaient par le surmenage tandis que d'autres perdaient leur puissance dans une certaine mesure par l'oisiveté ; que si, après une utilisation raisonnable des cellules de travail, vous vous livriez à quelque autre occupation intellectuelle, cela vous fournirait autant de soulagement ou de récréation qu'un exercice en plein air de toute sorte. J'avais une facilité naturelle à me préparer rapidement et facilement à parler en public, et j'ai donc adopté cela comme loisir. Le résultat s'est avéré entièrement réussi.

Après une dure journée de travail, en rentrant tard dans l'après-midi, je m'habituais à faire une petite sieste d'une quinzaine de minutes. Ensuite, je regardais mes tablettes pour voir s'il y avait un engagement pour parler le soir et, si c'était le cas, la préparation du discours pourrait être facile, ou, si elle était difficile, me faire être en retard au dîner. Ces discours étaient prononcés plusieurs fois par semaine, et principalement lors des banquets de clôture des sessions des congrès des organisations professionnelles du pays. Les faveurs réciproques et l'amitié de ces délégués transférèrent au New York Central une grande quantité d'affaires compétitives.

Lorsque j'étais actif en politique, j'ai émis des ordres stricts selon lesquels chaque employé devrait avoir la même liberté et que toute tentative de la part de ses supérieurs d'influencer ou de diriger l'action politique d'un subordonné serait un motif de licenciement. Cela est devenu si connu que l'incident suivant, qui n'était pas rare, en montrera le résultat.

Alors que je prenais le train le matin après avoir prononcé un discours politique à Utica, le chef de triage, un Irlandais, m'a accueilli très cordialement et m'a dit : « Nous étions tous debout pour vous entendre hier soir, patron, mais cette année, nous sommes de nouveau vous."

La position que cette activité m'a conférée au sein de mon propre parti et le fait que, contrairement à la plupart des employeurs, je protégeais les salariés dans leur liberté et leur action politique, m'ont apporté une aide immense pour protéger l'entreprise des raids et des pillards.

Nous avions un restaurant dans la gare d'Utica qui était en mauvais état. La situation a été portée à mon attention afin que les maux soient corrigés par la réception de la lettre suivante d'un passager indigné : "Cher Monsieur le Président, vous êtes le meilleur orateur d'après-dîner du monde. Je donnerais beaucoup d'entendre le discours que vous feriez après avoir dîné au restaurant de votre gare d'Utica.

Après treize années de service en tant que président, j'ai été élu président du conseil d'administration. M. Samuel R. Callaway m'a succédé à la présidence et, à sa démission, a été remplacé par M. William H. Newman, et à sa démission, M. WC Brown est devenu président. Après M. Brown, M. Alfred H. Smith a été élu et est toujours en fonction. Tous ces officiers ont été compétents et ont rendu d'excellents services, mais je tiens à rendre un hommage particulier à M. Smith.

M. Smith est l'un des officiers opérationnels les plus compétents de son époque. Lorsque le gouvernement des États-Unis a repris les chemins de fer, il a été nommé directeur régional du gouvernement pour les chemins de fer de ce territoire. Il reçut les plus grands éloges du gouvernement et des propriétaires des chemins de fer pour la manière admirable avec laquelle il les avait entretenus et leur efficacité pendant le contrôle gouvernemental.

Après la cession des chemins de fer par le gouvernement, M. Smith fut de nouveau accueilli par ses directeurs à la présidence du New York Central. Le splendide état de la Centrale et de ses lignes alliées lui est en grande partie dû. Au cours de son service en tant que directeur régional, la tâche difficile de la présidence du New York Central a été très habilement accomplie par M. William K. Vanderbilt, Jr. Bien que le plus jeune parmi les dirigeants des chemins de fer du pays, il était en même temps le temps est l'un des meilleurs.

Parmi les officiers efficaces qui ont servi le New York Central pendant la période où je travaillais dans l'entreprise, je me souviens de beaucoup en raison de leur valeur et de leur individualité. H. Walter Webb est entré dans le service ferroviaire après une carrière commerciale active. Doté d'une intelligence et d'une industrie rares, il gravit rapidement les échelons de l'organisation et devint un officier très compétent et efficace. Il y avait Théo. Voorhees, le surintendant général, un homme inhabituellement jeune pour un poste aussi responsable. Il était diplômé de l'école polytechnique de Troy et était un officier opérationnel très compétent. Passé directement du collège à un poste de responsabilité, il n'a naturellement compris ni su comment gérer les hommes qu'après une longue expérience. Il montra ce manque d'expérience d'une manière très radicale lors de la grève de 1892 et de son règlement. Étant très arbitraire, il avait ses propres normes. Par exemple, j'ai été sollicité par de nombreux anciens serre-freins et conducteurs qu'il avait renvoyés. J'en cite un en particulier, qui était sur la route depuis vingt-cinq ans. La réponse de Voorhees a été : "Ces anciens employés sont dévoués à Toucey , mon prédécesseur, et pour un travail efficace, je dois me être loyal."

J'ai annulé son ordre et lui ai dit que je commencerais à remplir, si nécessaire, les dernières nominations, y compris lui-même, en gardant dans le service les hommes plus âgés qui avaient prouvé leur loyauté envers l'entreprise par l'exercice de leurs fonctions.

M. V oorhees devint par la suite vice-président puis président de la Philadelphia and Reading. Avec l'expérience ajoutée à son splendide équipement et à ses capacités inhabituelles, il est devenu l'un des meilleurs dirigeants du pays.

M. John M. Toucey , qui était venu du bas pour devenir surintendant général et directeur général, était un élève difficile. Ses contacts étroits avec ses collègues lui confèrent un merveilleux contrôle sur les hommes. Il complétait son expérience pratique par des études approfondies et était très instruit. Bien qu'autodidacte, il n'avait aucune confiance dans les diplômés des écoles professionnelles.

En choisissant un assistant, l'un d'eux m'a raconté que Toucey l'avait soumis à un examen rigoureux et lui avait ensuite demandé : « Quelle est votre carrière ferroviaire ?

"J'ai commencé par le bas", répondit l'assistant, "et j'ai rempli toutes les fonctions de mon ancien chemin jusqu'à celui de surintendant de division, que j'ai occupé pendant tant d'années."

"C'est très bien", dit Toucey , "mais êtes-vous diplômé de l'école technique de Troie ?"

"Non monsieur."

"De la technologie Stevens.?"

"Non monsieur."

"De Massachusetts Tech.?"

"Non monsieur."

"Alors vous êtes fiancés", dit Toucey .

M. Toucey était bien au courant et différait d'un surintendant d'une autre route dont j'étais directeur. L'activité suburbaine de cette ligne avait augmenté très rapidement, mais il n'y avait pas assez de trains ni de voitures pour accueillir les passagers. La surpopulation a causé de nombreux désagréments graves. J'ai fait appeler le commissaire devant le conseil d'administration et je lui ai dit : « Pourquoi ne mettez-vous pas immédiatement plus de trains et de voitures ?

"Pourquoi, M. Depew," répondit-il, "à quoi cela servirait-il ? Ils s'installent si vite le long de la ligne que les gens les rempliraient et les surpeupleraient comme avant."

À un moment donné, je faisais une tournée importante avec GH Burroughs, surintendant de la Division Ouest. Nous étions sur son moteur poney, avec des sièges à l'avant, à côté de la chaudière, pour pouvoir regarder directement la piste. Burroughs était assis d'un côté et moi de l'autre. Il continuait de commenter à voix haute, sous forme de dictée à son sténographe assis derrière lui, et les éloges et les critiques se succédaient rapidement. Je l'entendis prononcer de sa manière monotone : « Aiguillage mal placé, nous serons tous en enfer dans une minute », puis une seconde après continuer : « Nous avons sauté l'aiguillage et sommes de nouveau sur la voie. Déchargez cet aiguilleur. »

Le major Zenas Priest fut pendant cinquante ans surintendant de division. Ce fut une expérience délicieuse de l'accompagner dans sa division. Il connaissait tout le monde sur la ligne, était un confident général dans leurs problèmes familiaux et un arbitre dans les conflits de quartier. Il connaissait personnellement chaque employé, ses caractéristiques et sa situation domestique. Les épouses l'aidaient généralement à empêcher leurs maris de créer des ennuis. Pour montrer son contrôle et son efficacité, il prévoyait toujours les problèmes de travail et démontrait que la raison pour laquelle ils ne se produisaient pas était la manière dont il gérait la situation.

MCM Bissell fut un surintendant très efficace et fut longtemps responsable du chemin de fer de Harlem. Il m'a raconté cet incident. Nous avons décidé de mettre en vigueur, pour contrôler les conducteurs, un système par lequel un conducteur, lorsqu'un billet a été payé à bord du train, doit arracher d'un livret un reçu qu'il a remis au passager et inscrire le montant sur le talon de dont le reçu a été déchiré. Peu de temps après, un comité de conducteurs a rendu visite à M. Bissell et lui a demandé une augmentation de salaire. "Pourquoi", a demandé Bissell, "les garçons, pourquoi demandez-vous ça maintenant ?"

Après une pause plutôt embarrassante, le chef d'orchestre le plus âgé dit : « M. Bissell, vous avez été chef d'orchestre vous-même.

Ce demi-siècle et six ans pendant lesquels j'ai été au service du New York Central Railroad ont été une période de plaisir inhabituel et remarquablement exempte de frictions ou de problèmes. Dans cette association intime avec les directeurs des chemins de fer des États-Unis, j'ai trouvé les amitiés les plus précieuses et les plus durables. Le directeur des chemins de fer est rarement un actionnaire important, mais il est un dirigeant très dévoué et efficace de sa compagnie. Il met à son service, pour le public, les salariés, les investisseurs et l'entreprise, tout ce qu'il y a en lui. Dans de trop nombreux cas, parce que ces officiers ne sont pas soulagés de leur travail par une variation de leur travail, ils meurent épuisés avant l'heure.

L'histoire racontée de manière graphique par l'un des cheminots les plus anciens et les plus compétents, M. Marvin Hughitt , longtemps président et aujourd'hui président du Chicago and Northwestern Railway, illustre ce que le chemin de fer fait pour le pays. Il y a vingt-cinq ans, la Northwestern étendait ses lignes à travers le nord de l'Iowa. M. Hughitt a roulé sur l'extension proposée sur un chariot. Le pays était peu peuplé parce que les agriculteurs ne pouvaient pas acheminer leurs produits sur le marché et que la terre se vendait à six dollars l'acre.

En un quart de siècle, des villages et des villes prospères s'étaient développés le long de la ligne, et les fermes se vendaient à plus de trois cents dollars l'acre. Tandis que cet énorme profit de six dollars l'acre à plus de trois cents est revenu aux colons qui ont conservé leurs fermes en raison des possibilités offertes par le chemin de fer, les gens dont le capital a construit la route doivent se contenter d'un revenu modéré sous forme de dividendes et intérêts, et sans aucune augmentation de leur capital, mais ces investisseurs devraient être protégés par l'État et par le peuple pour qui leurs dépenses en capital ont été un énorme bénéfice.

XIX. SOUVENIRS DE L'ÉTRANGER

Je ne connais rien de plus agréable pour un Américain instruit que de visiter les scènes de Grande-Bretagne avec lesquelles il s'est familiarisé au cours de ses lectures. Quelle que soit la rapidité avec laquelle il voyage, s'il parcourt les lieux rendus mémorables par Sir Walter Scott dans les "Romans de Waverley" et dans ses poèmes, il aura eu des impressions, des sensations fortes et des résultats pédagogiques qui seront un plaisir pour le reste de sa vie. Il en est de même d'un ardent admirateur de Dickens ou de Thackeray, lorsqu'il suit les traces de leurs héros et héroïnes. J'ai acquis une éducation libérale et revivé les lectures et les études de ma vie lors de mes visites en Angleterre, en Irlande, en Écosse et au Pays de Galles. J'ai également eu à peu près la même expérience de vivification et de spiritualisation de ma bibliothèque en France, en Italie, en Allemagne, en Belgique et aux Pays-Bas.

Londres est toujours la ville la plus hospitalière et la plus agréable socialement. Alors que M. Gladstone était premier ministre et plus aux yeux du monde que n'importe quel homme d'État de n'importe quel pays, un dîner lui fut offert dans le but particulier de me faire le rencontrer. Les dames et messieurs présents au dîner étaient tous des personnalités remarquables. Parmi eux se trouvaient deux évêques américains. L'arrangement pris par l'hôte et l'hôtesse était que lorsque les dames quitteraient la salle à manger, je prendrais la place laissée vacante aux côtés de M. Gladstone, mais l'un des évêques américains, qui dans sa jeunesse était un athlète célèbre, fit un vol bondissant sur cette chaise et aussitôt débarqué, il proposa aussitôt à M. Gladstone cette question surprenante : « Puisque l'évêque de la vieille Église catholique d'Allemagne ne reconnaît pas l'autorité du pape, comment peut-il recevoir l'absolution ? » - et quelques autres questions théologiques abstruses. Cela réveilla immédiatement M. Gladstone, qui, une fois parti, fut arrêté avec difficulté, et il n'y eut pas de pause jusqu'à ce que l'hôte annonce que les messieurs devraient rejoindre les dames. Lors du prochain dîner donné pour rencontrer M. Gladstone, je me suis fait un devoir de veiller à ce qu'aucun évêque américain ne soit présent.

À un autre moment, en arrivant de New York à mon hôtel de Londres, j'ai trouvé une note de Lord Rosebery disant que M. Gladstone dînait avec Lady Rosebery et lui-même ce soir-là et qu'il n'y aurait pas d'autres invités, et m'invitant à venir. . Je suis arrivé tôt et j'ai trouvé M. Gladstone déjà là. Alors que la coutume dans la société londonienne était alors que les invités soient en retard, M. Gladstone était toujours en avance de quinze minutes à une demi-heure sur l'heure fixée par son invitation. Il m'a accueilli avec une grande cordialité et aussitôt ce qu'on appelait les tentacules de Gladstone se sont attachés à moi pour information. C'était une particularité du grand vieillard qu'il extrayait d'un étranger pratiquement tout ce que l'homme savait, et l'information était immédiatement assimilée dans son merveilleux esprit. Il est devenu sans aucun doute l'homme le mieux informé sur plus de sujets que quiconque au monde.

M. Gladstone m'a dit : « Il pleut ici depuis quarante jours. Quelle est la moyenne des précipitations aux États-Unis et à New York ? S'il y a un sujet que je connaissais moins qu'un autre, c'était bien les conditions météorologiques en Amérique. Il poursuivit ensuite avec une grande joie : « Notre ami, Lord Rosebery, a tout et sait tout, il est donc presque impossible de lui trouver quelque chose de nouveau. Les grands livres sont courants, mais j'ai réussi dans mes explorations parmi les antiquaires à découvrir les Le livre le plus idiot qui ait jamais été écrit. Il a été écrit par un vieux lord-maire de Londres, qui a rempli un volume de ses expériences lors d'une excursion sur la Tamise, qui est l'expérience quotidienne de tout Anglais. À la grande déception de M. Gladstone, Lord Rosebery possédait également ce livre. La soirée a été pour moi mémorable.

Après un moment et un dîner des plus charmants, tandis que Lord Rosebery partait pour un engagement de prendre la parole lors d'une réunion de représentants coloniaux, Lady Rosebery nous emmena, M. Gladstone et moi-même, à l'opéra de Covent Garden. Il y avait un débat critique à la Chambre des communes, et les whips accouraient pour l'informer des progrès de la bataille et pour obtenir des instructions du grand leader.

Pendant les entr'actes, M. Gladstone a parlé de manière très intéressante de ses soixante années d'expérience dans l'opéra. Il connaissait tous les grands opéras de cette époque et critiquait avec une habileté merveilleuse les compositeurs et leurs caractéristiques. Il a dressé un tableau de tous les grands artistes qui étaient apparus sur la scène anglaise, ainsi que les mérites et les démérites de chacun. Un étranger qui l'écoutait aurait dit qu'un critique musical chevronné, qui avait consacré sa vie à cela et à rien d'autre, se souvenait de lui. Il racontait que trente ans auparavant le directeur de Covent Garden avait élevé le ton, que cela était devenu si difficile que la plupart des artistes, pour y parvenir, utilisaient le trémolo, et que le trémolo lui avait enlevé le plaisir exquis qu'il ressentait. j'avais l'habitude d'écouter un opéra.

M. Gladstone était à cette époque le maître incontestable de la Chambre des communes et son plus grand orateur. Je ne l'ai malheureusement jamais entendu sous son meilleur jour, mais que la question soit plus ou moins importante, l'apparition de M. Gladstone l'a immédiatement élevée au-dessus de la discussion ordinaire au rang de débat élevé.

M. Gladstone a posé de nombreuses questions sur les grandes fortunes aux États-Unis, était curieux de connaître les méthodes de leur accumulation et de savoir si elles survivaient aux générations suivantes. Il voulait tout savoir sur l'homme réputé le plus riche d'entre eux. Je lui ai dit que je ne connaissais pas le montant de sa richesse, mais qu'elle s'élevait à au moins cent millions de dollars.

« Comment investi ? » Il a demandé.

J'ai répondu : "Le tout en titres fluides qui pourraient être transformés en espèces en peu de temps."

Il s'est enthousiasmé et a déclaré : « Un tel homme est dangereux non seulement pour son propre pays mais pour le monde. Avec une telle somme d'argent liquide, il pourrait perturber les échanges et paralyser le pouvoir d'emprunt des nations.

"Mais," dis-je, "vous avez d'énormes fortunes", et je mentionnai le duc de Westminster.

"Je connais chaque dollar de la richesse de Westminster", a-t-il déclaré. "C'est dans des terres qu'il ne peut pas vendre, et chargé de règlements de générations et d'obligations qui ne peuvent être évitées."

"Et les Rothschild ?" J'ai demandé.

« Leurs fortunes, répondit-il, sont réparties entre les entreprises de Londres, Paris, Vienne et Francfort, et il serait impossible qu'elles soient combinées et utilisées pour déstabiliser les marchés du monde. Mais M.... pourrait faire cela et empêcher les gouvernements de remplir leurs obligations.

M. Gladstone n'avait aucune hostilité envers les grandes fortunes, si grandes soient-elles, à moins qu'elles ne soient investies de manière à être immédiatement disponibles pour la spéculation par un seul homme. Mais des fortunes supérieures à celles de cent millions ont été acquises depuis, et leur gestion est si conservatrice qu'elles sont des freins et des garde-fous contre des paniques irraisonnées. La majorité d'entre eux ont été utilisés pour le bien public. Les exemples les plus frappants sont la Fondation Rockefeller, le Carnegie Endowment et la Frick Creation.

Henry Labouchere m'a raconté une délicieuse histoire de la première rencontre de M. Gladstone avec Robert T. Lincoln, à son arrivée à Londres en tant que ministre américain. M. Lincoln devint peu de temps après son arrivée l'un des représentants les plus populaires des États-Unis en Grande-Bretagne. Il se distinguait surtout par le charme de sa conversation. Labouchere a déclaré que M. Gladstone lui avait dit qu'il était très impatient de rencontrer M. Lincoln, à la fois parce qu'il était le nouveau ministre des États-Unis et à cause de son grand père, le président Lincoln. Labouchere organisa un dîner chez lui, situé à une heure de campagne de la résidence citadine de M. Gladstone. Mme Gladstone a fait promettre à M. Labouchere , comme condition pour permettre à son mari de partir, que M. Gladstone serait de retour chez lui à dix heures.

Le dîner n'eut pas plus tôt commencé qu'une question surgit qui non seulement intéressa mais excita M. Gladstone. Il se lança aussitôt dans un monologue éloquent sur le sujet. Il n'y avait aucune possibilité d'interruption de la part de qui que ce soit, et M. Lincoln n'avait aucune possibilité de faire une remarque. Quand l'horloge approchait onze heures, Labouchere interrompit ce torrent de conversations en disant : « M. Gladstone, il est maintenant onze heures ; il est à une heure de route de Londres, et j'ai promis à Mme Gladstone de vous revoir à dix heures. Lorsqu'ils furent assis dans la voiture, Labouchere dit à M. Gladstone : « Eh bien, vous avez passé une soirée avec M. Lincoln ; que pensez-vous de lui ? Il a répondu : « M. Lincoln est une personnalité charmante, mais il ne semble pas avoir beaucoup de conversation. »

Parmi les hommes très compétents que j'ai rencontrés à Londres se trouvait Joseph Chamberlain. Lorsque je l'ai rencontré pour la première fois, il était l'un des lieutenants de confiance de M. Gladstone. C'était un excellent orateur, un débatteur attentif et incisif et un homme politique avisé. Lorsqu'il a rompu avec M. Gladstone, il a conservé son emprise sur sa circonscription et a continué à être un chef du parti d'en face.

M. Chamberlain m'a dit que lors d'un débat critique à la Chambre des communes, alors que le gouvernement était en danger, M. Gladstone, qui seul pouvait sauver la situation, avait soudainement disparu. Tous ses centres de villégiature connus ont été fouillés pour le retrouver. M. Chamberlain, se souvenant de l'intérêt de M. Gladstone pour un certain sujet, se rendit en voiture chez la dame dont l'autorité sur ce sujet M. Gladstone était hautement respectée. Il le trouva en train de soumettre à la dame pour qu'elle la critique et la corrige quelques hymnes de Watts, qu'il avait traduits en italien.

Le gouvernement britannique envoya M. Chamberlain en Amérique, et il reçut de nombreuses réceptions publiques de la part de nos organismes commerciaux et autres. En raison de sa séparation de M. Gladstone sur le Home Rule, il a rencontré ici beaucoup d'hostilité de la part des Irlandais. J'assistais à un dîner public où les interruptions et les manifestations hostiles furent très prononcées. Mais M. Chamberlain a conquis son auditoire par son habileté et ses qualités de combattant.

Je lui ai offert un dîner chez moi et j'ai invité un certain nombre d'hommes représentatifs à le rencontrer. Il a rendu l'occasion extrêmement intéressante en présentant des vues sur les conditions intérieures en Angleterre et internationales avec ce pays, qui étaient tout à fait nouvelles pour nous.

M. Chamberlain était l'invité du Teutonic à la célèbre revue de la marine britannique célébrant le jubilé de la reine Victoria, où j'ai eu le plaisir de le rencontrer à nouveau. Il avait récemment épousé Miss Endicott, la charmante fille de notre secrétaire à la Guerre, et tout le monde comprenait que c'était la lune de miel d'un homme d'État britannique.

Il m'a donné un dîner à Londres, auquel était présente une grande société, et deux sujets ont fait l'objet de discussions très vives. Il y avait eu un mariage récent dans la haute société anglaise, où il y avait un pedigree et des relations merveilleux des deux côtés, mais pas d'argent. Mais il s'avéra finalement que, dans le cadre d'accords familiaux, le jeune couple pouvait disposer de quinze cents livres sterling par an, soit sept mille cinq cents dollars. La décision fut unanime : ils pourraient très bien s'entendre et maintenir leur position sur cette somme et pouvoir rendre raisonnablement la pareille aux attentions qu'ils recevraient. Rien ne pourrait mieux illustrer la formidable augmentation du coût de la vie que le contraste entre hier et aujourd'hui.

L'un des invités du dîner a déclaré que les Américains, en introduisant l'argot, ruinaient la langue anglaise. M. James Russell Lowell était manifestement venu préparé à cette controverse. Il dit que l'argot américain était la langue commune de la partie de l'Angleterre d'où partaient les pèlerins et qu'il avait été conservé dans certaines régions des États-Unis, notamment dans le nord de la Nouvelle-Angleterre. Il sortit alors un livre ancien, sorte de dictionnaire de l'époque, et prouva sa thèse. Ce fut une surprise pour tout le monde d'apprendre que l'argot américain était en réalité un anglais classique et toujours parlé dans les régions les plus reculées du Massachusetts et du New Hampshire, bien qu'il ne soit plus utilisé en Angleterre.

La période du règne de M. Gladstone comme premier ministre fut l'une des plus intéressantes pour un visiteur américain qui eut le privilège de le connaître ainsi que les hommes éminents qui formaient son cabinet. Les dames du Cabinet reçurent somptueusement et superbement. L'une des grandes favorites de ces réunions sociales était Miss Margot Tennant, plus tard Mme Asquith. Sa jeunesse, son esprit, son originalité et son audace ont fait de chaque réception un succès agrémenté de sa présence.

L'amertume du parti d'opposition envers M. Gladstone a surpassé tout ce que j'ai rencontré dans la politique américaine, sauf pendant la guerre civile. Lors des dîners et des réceptions que m'offraient mes amis du parti conservateur, j'étais censé, en tant qu'Américain, être amical envers M. Gladstone et le Home Rule. Je ne sais pas si c'était la raison ou si c'était habituel, mais dans de telles occasions, la dénonciation de M. Gladstone comme traître et l'espoir de vivre pour le voir exécuté étaient très fréquents.

Je me souviens d'un homme public important qui s'intéressait grandement et exerçait une grande influence sur les chemins de fer canadiens et américains. Il a demandé à un de mes amis d'organiser une rencontre avec lui. Je l'ai trouvé un homme des plus agréables et très bien informé de la situation ferroviaire au Canada et aux États-Unis. Il se préparait pour une visite et souhaitait donc que je comble les éventuelles lacunes de sa connaissance de la situation.

A propos de la situation politique de l'époque, il m'a soudainement demandé quelle était l'attitude du peuple américain à l'égard de M. Gladstone et de son projet de loi sur le Home Rule. Je lui ai dit qu'ils étaient pratiquement unanimes en faveur du projet de loi et que M. Gladstone était l'Anglais le plus populaire aux États-Unis. Il entra aussitôt dans une colère violente, ce qui est la chose la plus rare au monde pour un Anglais, et perdit le contrôle de son humeur à un tel degré que je pensai que le moyen le plus simple d'endiguer le flot de ses dénonciations était de plaider un autre engagement et de se retirer. le champ. Je l'ai rencontré fréquemment par la suite, surtout lorsqu'il venait aux États-Unis, mais j'ai soigneusement évité son animal de compagnie .

Un an, au plus fort de la crise des efforts de M. Gladstone pour faire adopter le projet de loi sur l'autonomie, un membre de son Cabinet m'a dit : « Nous, du Cabinet, ne sommes en aucun cas unanimes pour croire aux efforts de M. Gladstone, mais il est la plus grande puissance de notre pays. Le peuple croit implicitement en lui et nous l'aidons autant que nous pouvons. »

Il est bien connu que les uns après les autres se sont détachés de lui avec le temps. Le même ministre a poursuivi : « M. Gladstone est allé à l'extrême limite dans les concessions faites dans son projet de loi sur l'autonomie, et il peut convaincre les membres anglais, écossais et gallois. Mais chaque fois que les Irlandais semblent satisfaits, ils font Une demande nouvelle et plus grande. À moins que cela ne s'arrête et que le projet de loi actuel ne soit accepté, l'ensemble du projet s'effondrera. De nombreux membres irlandais sont soutenus par les contributions américaines. Leur occupation est politique si le Home Rule devait être adopté. Le peuple irlandais, dont les intérêts économiques sont en jeu, pourrait se présenter au front et prendre lui-même tous les bureaux de représentation. Nous sommes parvenus à la conclusion qu'un nombre suffisant de membres irlandais pour rejeter le projet de loi ne veulent pas du Home Rule, quelles que soient les conditions que je connais. C'est une coutume, lorsque vous rentrez chez vous, chaque année, que vos amis vous rencontrent dans la Baie et vous donnent une réception. Ensuite, vous donnez une interview de vos impressions ici, et cette interview est publiée aussi largement dans ce pays qu'aux États-Unis. . Maintenant, j'aimerais que vous fassiez ceci : lors de la réception, exposez à votre manière ce que je vous ai dit, et soulignez particulièrement que M. Gladstone met en péril sa carrière politique et tout son avenir au nom de ce qu'il croit être la justice envers l'Irlande. Il ne peut pas aller plus loin et conserver ses circonscriptions anglaises, écossaises et galloises. Il estime qu'il peut adopter le projet de loi actuel et lancer l'Irlande sur la voie du Home Rule s'il peut recevoir le soutien des membres irlandais. Les Américains qui croient en M. Gladstone et qui sont tous d'honnêtes dirigeants du pays penseront qu'il s'agit d'un message indirect de sa part, et ce serait le cas s'il était prudent pour M. Gladstone d'envoyer ce message. »

À mon retour à New York, j'ai fait ce qui m'était demandé. L'histoire a été publiée et commentée partout, et je ne sais pas si c'était dû à l'insistance américaine ou non, mais peu de temps après, M. Gladstone a réussi à faire adopter son projet de loi sur l'autonomie à la Chambre des communes, mais il a été rejeté par le Parlement. Conservateurs à la Chambre des Lords.

Sa politique irlandaise est un hommage au jugement et à la clairvoyance de M. Gladstone, car, dans la lumière et les conditions d'aujourd'hui, il est parfaitement clair que si la mesure Gladstone avait été adoptée à cette époque, la question irlandaise ne serait pas aujourd'hui la plus difficile. et dangereux dans la politique britannique.

J'ai eu de nombreux entretiens avec M. Parnell et prononcé de nombreux discours en son nom et plus tard en celui de M. Redmond . Je lui ai demandé un jour si les Irlandais souhaitaient une indépendance complète et la formation d'un gouvernement indépendant. Il répondit : « Non, nous voulons le Home Rule, mais conserver d'une certaine manière nos liens avec l'Empire britannique. La fonction militaire, navale et civile de l'Empire britannique offre de grandes opportunités à nos jeunes hommes. L'Irlande proportionnellement à sa population. est plus largement représenté dans ces départements du gouvernement britannique que l'Angleterre, l'Écosse ou le Pays de Galles.

La division qui n'avait pas encore éclaté au sein du cabinet de M. Gladstone était due à la grande vogue qu'avait une de mes histoires. Je dînais avec Earl Spencer. Il avait été lord lieutenant d'Irlande et était très populaire. Sa femme surtout avait eu autant de succès que le vice-régent. On l'appelait le Comte Rouge en raison de sa barbe auburn flottante. C'était un homme très sérieux, dévoué au service public et extrêmement compétent. Il adorait presque Gladstone et était affligé de l'opposition croissante au sein du Cabinet.

Les invités au dîner étaient tous des Gladstoniens et déplorant ces différences et pleins d'appréhension qu'elles puissent entraîner une scission au sein du groupe. Le comte m'a demandé si nous avions déjà eu de telles conditions aux États-Unis. J'ai répondu : "Oui". M. Blaine, alors à la tête du cabinet du président Harrison en tant que secrétaire d'État, avait de très sérieux différends avec son chef, et les gens se demandaient pourquoi il restait. M. Blaine m'a raconté cette histoire à propos de la situation : L'auteur d'une pièce a invité un de ses amis à assister à la première production et lui a envoyé un billet gratuit. Au cours du premier acte, des signes de désapprobation se sont manifestés, qui au cours du deuxième acte ont dégénéré en émeute. Un homme excité, assis à côté de l'invité du dramaturge, lui dit : "Étranger, es-tu aveugle ou sourd, ou approuves-tu la pièce ?" L'invité répondit : « Mon ami, mes sentiments et mes opinions à l'égard de cette pièce ne diffèrent pas des vôtres et des autres, mais je suis ici avec un billet gratuit. Si vous voulez bien attendre un peu jusqu'à ce que je sorte et achète un billet. , je reviendrai et je t'aiderai à faire vivre l'enfer."

Le membre le plus brillant du cabinet de M. Gladstone et l'un des hommes les plus accomplis, les plus polyvalents et les plus éloquents de Grande-Bretagne était Lord Rosebery. Je l'ai beaucoup vu lorsqu'il était ministre des Affaires étrangères et également après qu'il soit devenu Premier ministre. Lord Rosebery n'était pas seulement un grand débatteur sur les questions politiques, il était aussi l'orateur le plus érudit de son pays sur les sujets éducatifs, littéraires et patriotiques. Il rassemblait toujours autour de lui les gens qu'un étranger désirait avant tout rencontrer.

Je me souviens d'une de mes visites d'un week-end chez lui à Mentmore , qui est l'un des plus délicieux de mes souvenirs à l'étranger. Il y avait fait descendre les dirigeants de son parti. Le dîner dura, tous les invités étant des hommes, à l'exception de Lady Rosebery, qui présidait, jusqu'après midi. Tous ceux qui ont eu le privilège d'être là ont estimé que ces quatre heures s'étaient écoulées de manière plus rapide et plus divertissante que n'importe quelle autre de leur expérience.

C'était une belle nuit au clair de lune et le meilleur temps anglais, et nous nous sommes rendus sur la terrasse. Il y avait des souvenirs d'expériences personnelles, des incidents de voyage d'hommes qui avaient voyagé partout dans le monde et dans des situations critiques dans de nombreux pays, des secrets diplomatiques révélant des crises menaçant sérieusement les guerres européennes et comment celles-ci avaient été évitées, des alliances conclues et des territoires acquis, des aventures de un intérêt passionnant et des épisodes personnels dépassant la fiction. La compagnie se sépara à contrecœur lorsque le soleil levant les avertit que la nuit était passée.

J'ai eu la chance d'être l'invité d'hommes éminents dans de nombreux pays et à des occasions d'intérêt mémorable, mais le privilège le plus rare pour quiconque était d'être l'hôte de Lord Rosebery, soit dans sa maison de ville, soit dans l'une de ses résidences de campagne. . Le charme merveilleux de l'hôte, son tact avec ses invités, son talent pour attirer les gens et les faire apparaître sous leur meilleur jour, restent gravés dans leurs souvenirs comme des jours et des nuits marquants de leur vie.

Tous les Américains portaient un grand intérêt à la carrière de Lord Randolph Churchill. Sa femme était l'une des femmes les plus belles et les plus populaires de la société anglaise et une Américaine. Je connaissais très bien son père, Leonard Jérôme. C'était un banquier prospère et un gentleman très instruit et cultivé. Son frère, William Jerome, fut longtemps le meilleur conteur et l'un des New-Yorkais les plus spirituels.

Lord Randolph Churchill progressa très rapidement dans la politique britannique et devint non seulement l'un des débatteurs les plus brillants, mais aussi l'un des dirigeants de la Chambre des communes. Lors d'une de mes visites à l'étranger, j'ai reçu une invitation des Churchill à leur rendre visite dans leur campagne. Quand je suis arrivé, j'ai découvert qu'ils occupaient un château construit à l'époque de la reine Elizabeth et dans lequel peu de modifications modernes avaient été apportées. C'était historiquement une structure très unique et intéressante. Des ajouts y avaient été apportés au fil des générations successives, chacune étant une autre maison avec ses propres méthodes d'entrée et de sortie. Lord Randolph a déclaré : « Je vous souhaite la bienvenue dans ma maison ancestrale, que j'ai louée depuis trois mois.

Bien que cette résidence temporaire soit très ancienne, ses hospitalités étaient dispensées par l'un des couples les plus modernes et les plus progressistes du royaume. Dans l'intimité d'une fête à la maison, pas trop grande, on pouvait apprécier la polyvalence, le charme, les informations étendues, le sens politique aigu de cet homme d'État britannique accompli et magnétique. Il était regrettable pour son pays qu'il s'effondre si tôt à cause du surmenage.

Personne à son époque ne pouvait surpasser le baron Alfred Rothschild en tant qu'hôte. Ses dîners en ville, suivis de comédies musicales exquises, étaient les événements mondains de chaque saison. Il était cependant plus attirant dans sa superbe situation à la campagne. Un week-end avec lui a permis de rencontrer les meilleures traditions de l'hospitalité anglaise. Dans le groupe, il y avait certainement des hommes et des femmes de distinction, et juste ceux qu'un Américain avait entendu parler et qu'il avait hâte de rencontrer.

Le baron Rothschild était un musicien célèbre et un fervent amateur de musique. Il avait dans sa campagne un orchestre merveilleusement formé de musiciens experts. Au théâtre, il donnait des concerts pour le plaisir de ses invités et dirigeait lui-même l'orchestre. Parmi la compagnie se trouvait certainement un ou plusieurs des artistes les plus célèbres de l'opéra de Covent Garden, et de la part de ces experts, son propre leadership et la performance de sa compagnie parfaitement formée ont reçu des éloges et des applaudissements sans faille. Le baron Rothschild possédait l'art si nécessaire au plaisir de ses invités de réunir les bonnes personnes. Il n'a jamais risqué l'harmonie de sa maison en invitant des antagonistes.

Lord Rothschild, le chef de la maison, différait entièrement de son frère aimable et accompli. Tout en se divertissant, son esprit était absorbé par les affaires et les affaires. J'ai eu avec lui une conférence à l'époque de la guerre hispano-américaine, qui aurait pu avoir une importance historique. Il m'a demandé de venir le voir à la banque Rothschild, où les traditions d'un siècle sont conservées et inchangées. Il me dit : « Nous avons été pendant longtemps les banquiers de l'Espagne. Nous nous sentons responsables de leurs titres que nous avons mis sur le marché. Les États-Unis sont si tout-puissants dans leurs ressources et dans leur esprit qu'ils peuvent écraser l'Espagne. Nous souhaitons éviter cela. L'Espagne, bien que faible et pauvre par rapport aux États-Unis, a néanmoins le peuple le plus fier du monde, et c'est une question de fierté espagnole à laquelle nous devons faire face.

En lui répondant, je lui dis : « Lord Rothschild, il me semble que si vous avez une proposition, vous devriez la soumettre à M. John Hay, notre ministre accompli.

"Non", dit-il; " Cela deviendrait alors une question de diplomatie et de publicité. Aujourd'hui, le gouvernement espagnol est prêt à se conformer à toutes les demandes que les États-Unis peuvent lui faire. Le gouvernement est prêt à accorder une indépendance absolue à Cuba, ou ce qu'il préférerait, un gouvernement autonome. colonie, avec des relations comme celle du Canada avec la Grande-Bretagne, l'Espagne est prête à donner aux États-Unis Porto Rico et les îles Philippines, mais elle doit savoir au préalable si ces conditions seront acceptées avant de faire l'offre car si une offre est aussi grande que celle-ci. Ceci, et impliquant une telle perte de territoire et de prestige, devrait être rejeté par les États-Unis, il y aurait une révolution en Espagne qui pourrait renverser non seulement le gouvernement mais aussi la monarchie. Ce qui serait considéré comme une insulte serait ressenti par tous les Espagnols envers l'Espagne. C'est pourquoi je vous ai demandé de venir et de souhaiter que vous soumettiez cette proposition à votre président. Bien entendu, je reste en mesure, s'il y avait une quelconque publicité à ce sujet , de tout nier.

Malheureusement, la proposition est arrivée trop tard et M. McKinley n'a pas pu arrêter la guerre. Il était bien connu à Washington qu'il était extrêmement opposé aux hostilités et croyait que les difficultés pourraient être réglées de manière satisfaisante par la diplomatie, mais le peuple était tellement excité qu'il était déterminé non seulement à libérer Cuba mais à punir ceux qui opprimaient le pays. Cubains.

Un incident qui reçut peu de publicité à l'époque fut très probablement l'allumette qui tira le magazine. L'un des membres les plus compétents et les plus réfléchis du Sénat était le sénateur Redfield Proctor, du Vermont. La solidité de son caractère et de ses connaissances, ainsi que son sens et son conservatisme reconnus, faisaient de lui un pouvoir au Congrès et il avait la confiance du peuple. Il s'est rendu à Cuba et a rédigé un rapport dans lequel il détaille, en tant que témoin oculaire, les atrocités perpétrées par le gouvernement et les soldats. Il a lu ce rapport à M. McKinley et au sénateur Hanna. Ils ont tous deux déclaré : « Sénateur Proctor, si vous lisez cela au Sénat, nos négociations prendront fin et la guerre sera inévitable. »

Le président a demandé au sénateur de retarder son rapport au Sénat. L'enthousiasme et l'intérêt portés à cet organe n'ont jamais été aussi unanimes et intenses. Je doute qu'un sénateur aurait pu résister à cette rare occasion non seulement d'être au centre de la scène, mais d'occuper toute la tribune. Le sénateur Proctor a fait son rapport et le pays était en feu.

Un été, je suis arrivé à Londres et je souffrais d'une terrible crise de rhumatisme musculaire. Je savais parfaitement que je l'avais provoqué moi-même par le surmenage. J'avais déjà subi plusieurs crises auparavant, mais celle-ci était si aiguë que j'ai consulté Sir Henry Thompson, à l'époque le chef reconnu de la profession médicale britannique. Il fit un examen approfondi et avec des résultats très satisfaisants pour chaque organe. "Avec votre constitution parfaite", dit-il, "cette crise est anormale. Maintenant, racontez-moi votre journée et chaque jour à la maison. Commencez par le petit-déjeuner."

"Je déjeune à huit heures moins le quart", dis-je.

— Alors, continua le docteur, donnez-moi toute la journée.

« J'arrive à mon bureau, dis-je, à neuf heures. Étant président d'une grande compagnie ferroviaire, j'ai une correspondance importante à régler. Je vois les chefs des différents services et je prends contact avec toutes les branches de l'entreprise. Ensuite, je rencontre des comités de chambres de commerce ou d'expéditeurs, ou d'employés qui ont un grief, et tout cela m'occupera jusqu'à cinq heures, quand je rentre chez moi, je prends un déjeuner très court, souvent à mon bureau, pour gagner du temps. En arrivant à la maison, je fais une sieste de dix ou quinze minutes, puis je regarde mes engagements pour la soirée, qui aura probablement lieu quatre soirs par semaine, je me prépare dans l'heure qui suit. puis je le prononce lors d'un banquet ou d'une salle publique. Si j'ai accepté un discours formel ou, comme nous les appelons en Amérique, des discours, il est prononcé des soirs impairs, le dimanche après-midi et la nuit.

Le médecin se tourna brusquement vers moi et me dit : « Vous devriez être mort. Maintenant, vous avez la constitution la plus parfaite et la moins affaiblie que toutes celles que j'ai examinées à votre époque. Si vous suivez les instructions que je vous donne, vous peut être parfaitement sain à cent ans. Si vous continuez votre vie actuelle jusqu'à soixante-dix ans, vous ferez une dépression nerveuse et deviendrez ensuite une nuisance pour vous-même et pour tout le monde. Je vous conseille un repos absolu dans un endroit éloigné de la Suisse. Vous n'y recevrez aucun journal et vous n'entendrez rien du monde extérieur. Vous n'y rencontrerez que des Anglais en quête de santé, et ils ne vous parleront pas à parcourir les montagnes, ajoutant ainsi à votre vagabondage. à mesure que vos forces augmentent, et restez allongé pendant des heures au bord d'un ruisseau tranquille, et soyez intensément intéressé lorsque vous y jetez des cailloux pour voir quelle largeur vous pouvez faire des cercles à partir de l'endroit où le caillou touche l'eau.

Je pensais que je connaissais mieux mon tempérament que le docteur, et que tout repos pour moi n'était pas solitude mais changement complet d'occupation. Je suis donc resté à Londres et j'ai déjeuné et dîné dehors tous les jours pendant plusieurs semaines, avec un week-end chaque dimanche. Cependant, d'une autre manière, j'ai suivi les instructions du médecin et non seulement je suis rentré chez moi guéri, mais je suis depuis lors libéré de tout rhumatisme.

J'étais à Londres à la fois pour le cinquantième anniversaire de son règne et pour son jubilé. Le respect et l'amour que le peuple anglais avait pour la reine Victoria étaient une merveilleuse démonstration de sa sagesse en tant que souveraine, ainsi que de son charme et de son caractère en tant que femme. Les soixante années de son règne furent une époque merveilleuse dans le développement de son empire et dans ses relations avec le monde.

Un jour, j'ai dit à un membre du Cabinet qui, en tant que ministre des Affaires étrangères, avait été en contact étroit avec la reine : « Je suis très impressionné par l'estime que le peuple a pour la reine Victoria. Quelle est sa fonction particulière dans votre projet de gouvernement ? »

"Elle est d'une valeur inestimable", répondit-il, "à chaque premier ministre et au Cabinet. Le premier ministre, chaque soir après la clôture du débat à la Chambre des communes, écrit à la reine un rapport complet de ce qui s'est passé lors de cette session. Cela dure depuis plus d'un demi-siècle. La reine lit attentivement ces récits et en garde un souvenir très vif, si ces communications des premiers ministres étaient jamais accessibles au public, elles présenteraient un contraste remarquable entre les esprits et les esprits. méthodes des différents premiers ministres et surtout de ces deux opposés extrêmes, Gladstone et Disraeli. La reine n'aimait pas Gladstone, parce qu'elle disait qu'il prêchait toujours, mais elle avait une admiration intense pour Disraeli, qui mettait dans ses mémorandums nocturnes tout son talent. seulement en tant qu'homme d'État, mais romancier. La reine a également été consultée pendant toutes ces années sur toutes les crises, intérieures ou étrangères, et sur toutes les questions importantes pour le Cabinet. Le résultat est qu'elle est très souvent une encyclopédie . avec certaines des grandes ou des petites puissances, ce qui prend rapidement des proportions sérieuses.

Nous ne trouvons aucun rapport sur son début. La reine, cependant, se souviendra du moment où les difficultés ont commencé, pourquoi elles ont été écartées et non réglées, et qui étaient les principaux acteurs des négociations. Avec ces données, nous arrivons souvent à un règlement satisfaisant."

Je me souviens d'une garden-party au palais de Buckingham. La journée a été parfaite et la participation phénoménale et distinguée. S'il y avait des endroits sur le terrain où un déjeuner était servi, les invités négligeaient ces endroits et se rassemblaient autour d'une grande tente où les rois prenaient leurs rafraîchissements. C'était une curiosité intense, non pas tant pour voir leur souveraine manger et boire, que pour améliorer l'occasion de la regarder de près avec révérence. La reine a appelé diverses personnes qu'elle connaissait dans ce cercle de spectateurs pour une conversation familière.

Lorsque le déjeuner fut servi, la servante sortit une immense serviette qu'elle étala sur elle, presque depuis son cou jusqu'au bas de sa robe. Une charmante dame anglaise, qui se tenait à côté de moi, me dit : « Je sais que vous vous moquez de l'économie de notre reine.

« Au contraire, dis-je, j'admire un exemple de prudence et d'économie qui, s'il pouvait être universellement connu, serait d'un aussi grand bénéfice aux États-Unis qu'en Grande-Bretagne.

"Eh bien," continua-t-elle, "j'aurais aimé que la chère vieille dame ne soit pas aussi prudente."

À une époque où la vie des dirigeants du continent était en grand péril à cause des révolutionnaires et des assassins, la reine, à l'occasion de son cinquantième anniversaire et de son jubilé, traversait en calèche plusieurs kilomètres de rues de Londres, avec des millions de spectateurs de chaque côté se pressant étroitement. dans le cortège, et on n'a jamais pensé qu'elle courait le moindre danger. Elle était elle-même intrépide, mais elle portait la triple armure de l'amour et de la vénération irrésistibles de tout le peuple. Les Américains se souvenaient que, dans la crise de notre guerre civile, c'était l'influence de la reine, plus que toute autre, qui empêchait la Grande-Bretagne de reconnaître la Confédération du Sud.

Parmi les incidents de son jubilé se trouvait la plus grande démonstration navale jamais connue. Les flottes britanniques furent mobilisées de toutes les parties du globe et ancrées sur une ligne longue et imposante dans la Manche. M. Ismay , alors chef de la White Star Line, prit le Teutonique, qui venait d'être construit et n'était pas encore en service régulier, comme son yacht privé. Il avait à son bord une compagnie remarquable, représentant le meilleur, tant des hommes que des femmes, de la vie anglaise. Il était l'hôte le plus généreux et prenait soin du confort individuel de ses invités. Dans l'intimité de plusieurs jours d'une telle excursion, nous avons tous fait très connaissance. Il y a eu des discours lors des dîners et des danses ensuite sur le pont pour les plus jeunes. Les navires de guerre étaient éclairés la nuit par des lumières électriques, et le lancement du Teutonique nous faisait descendre d'une voie à l'autre à travers les longues files de ces redoutables défenseurs de la Grande-Bretagne.

Un jour, il y eut une grande émotion lorsqu'un navire de guerre arriva parmi nous et qu'on annonça qu'il appartenait à l'empereur allemand. Déjà, il excitait dans l'esprit anglais à la fois la curiosité et l'appréhension. L'une des questions fréquemment posées à l'époque et pendant des années lors des dîners anglais était : « Que pensez-vous de l'empereur allemand ?

Peu de temps après son arrivée, il partit pour le territoire teutonique avec le prince de Galles, devenu plus tard le roi Édouard VII. Le prince connaissait de nombreux membres de la compagnie et se montrait très cordial. L'empereur était absorbé par l'étude de ce nouveau navire et de ses possibilités à la fois dans la marine marchande et comme croiseur. Je l'ai entendu dire au capitaine : « Comment es-tu armé ? Le capitaine lui dit que parmi son équipement il avait une nouvelle invention, un canon à tir rapide. L'empereur fut immédiatement très excité. Il examina l'arme et s'interrogea sur ses qualités et ses possibilités jusqu'à en maîtriser chaque détail. Puis il se tourna vers l'un de ses officiers et donna l'ordre rapide que l'on enquête immédiatement sur l'arme et que tout ce qui était nécessaire soit fourni à l'Allemagne.

J'ai entendu une histoire pittoresque d'un membre de la cour, sur l'intérêt de la reine Victoria pour toutes les affaires publiques. On parlait alors, comme c'est généralement le cas dans les relations européennes, de guerre. La reine séjournait dans son château d'Osborne sur l'île de Wight. Il a dit qu'elle était allée seule jusqu'au rivage une nuit et qu'elle était restée longtemps assise à regarder cette grande flotte, qui était la principale protection de son empire et de son peuple. Il serait intéressant de savoir quelles étaient ses pensées, ses craintes et ses espoirs.

La reine aidait constamment le gouvernement à maintenir des relations amicales avec les puissances étrangères en recevant leurs représentants au château de Windsor. Lorsque le général Grant, après s'être retiré de la présidence, fit son voyage à travers le monde, la question qui préoccupa notre ministre américain, lorsque le général Grant arriva à Londres, fut de savoir comment il pourrait être convenablement reçu et reconnu. Bien sûr, selon notre usage, il était devenu un simple citoyen et n'avait pas plus droit à la reconnaissance officielle que n'importe quel autre citoyen. Cela était bien connu dans les cercles diplomatiques. Lorsqu'on fit appel aux ambassadeurs et aux ministres des pays étrangers à Londres, ils dirent unanimement que, comme ils représentaient leurs souverains, ils ne pouvaient céder la préséance au général Grant, mais qu'il devait s'asseoir au pied de la table. Le prince de Galles résolut cette question avec son tact et sa sagesse habituels. Selon l'usage reconnu lors de tout divertissement, le prince de Galles peut choisir une personne comme invité spécial pour s'asseoir à sa droite et, par conséquent, précéder tout le monde. Le prince fit cette suggestion à notre ministre et accomplit cet acte courtois dans toutes les fonctions confiées au général Grant. La reine Victoria a complété cette invitation en adressant au général et à Mme Grant la même invitation à dîner et à passer la nuit avec elle au château de Windsor, invitation réservée uniquement aux membres de la royauté en visite.

Je me souviens que l'armée du Potomac tenait sa réunion annuelle et sa commémoration dans l'une de nos villes lorsque le câble annonça que le général Grant était reçu par la reine Victoria au château de Windsor. Les conventions de la diplomatie, qui exigent que toutes les communications passent par l'ambassadeur d'un pays au ministre des Affaires étrangères d'un autre pays avant de pouvoir parvenir au souverain, n'étaient pas connues de ces vieux soldats, alors ils télégraphièrent un message chaleureux au général Grant, aux soins de La reine Victoria, le château de Windsor, en Angleterre.

L'un des morceaux d'humour les plus délicieux de mes souvenirs d'entreprise journalistique était un éditorial d'un certain M. Alden, l'un des rédacteurs du New York Times. M. Alden a décrit avec beaucoup de particularités, comme pour donner les détails de l'événement, que le messager est arrivé au château de Windsor pendant la nuit et a sonné à la porte d'entrée ; que Sa Majesté a crié par la fenêtre dans un style tout à fait américain : « Qui est là ? » et le messager cria : « Câble pour le général Grant. Reste-t-il dans cette maison ? Je ne peux que donner une suggestion sur le plaisir d'Alden, qui a secoué tout le pays.

Un des fonctionnaires de la cour m'a dit pendant le jubilé : « Les redevances sont ici de tous les pays, et parmi celles qui sont venues se trouve Liliuokalani, reine des îles hawaïennes. Elle insiste autant sur ses droits royaux que l'empereur d'Allemagne. Nous avons consenti qu'elle soit invitée à un dîner de notre reine et passe la nuit au château de Windsor. Nous avons fixé sa place parmi les rois dans la procession à travers Londres et lui avons offert les hussards comme garde d'honneur. mais pour qu'elle ait, comme les autres rois, une compagnie de gardes, l'ayant reconnue, nous sommes obligés de céder. Le même officier m'a raconté que lors du dîner, la reine sombre avait dit à la reine Victoria : « Votre Majesté, je suis un de vos parents par le sang.

"Comment ça?" fut la réponse étonnée de la reine .

"Eh bien," dit Liliuokalani, "mon grand-père a mangé votre capitaine Cook."

L'un des plus intéressants parmi les nombreux hommes distingués qui étaient des invités à bord du Teutonique ou qui nous rendaient visite était l'amiral Lord Charles Beresford. C'était un marin typique de la plus haute classe et très polyvalent. Il prononçait un bon discours, tant social que politique, et était un charmant compagnon en toutes occasions. Il a vécu des aventures remarquables partout dans le monde et était un peintre de mots doté d'une puissance artistique. Il connaissait bien l'Amérique et était très favorable à nos idéaux. Je l'ai rencontré à plusieurs reprises dans de nombreuses relations et toujours avec un respect et une estime toujours croissants.

Une fois, Lord Beresford m'a diverti de la manière la plus originale. Il avait un endroit à la campagne à environ une heure de Londres et m'a invité à venir un dimanche après-midi rencontrer des amis. C'était une délicieuse garden-party lors d'une journée d'été anglaise idéale. Il m'a pressé de rester dîner en me disant : « Il y aura quelques amis qui viendront, que j'ai hâte que vous connaissiez.

Les amis continuaient à venir, et au bout d'un moment Lady Beresford lui dit : « Nous avons dressé toutes les tables que nous avons et la salle à manger et la pièce voisine peuvent en contenir. Combien en avez-vous invités ?

L'amiral répondit : "Je ne m'en souviens pas, mais si nous retardons le dîner jusqu'à neuf heures moins le quart, je suis sûr qu'ils seront tous là."

Lorsque nous nous sommes assis, nous étions plus de cinquante. L'hospitalité abondante et irrésistible de Lord Charles avait inclus tous ceux qu'il avait rencontrés la veille.

Le majordome est venu voir Lord Charles peu après que nous nous soyons assis et lui a dit : « Monseigneur, c'est dimanche soir et les magasins sont tous fermés. Nous ne pouvons rien ajouter à ce que nous avons dans la maison et la soupe est épuisée.

"Eh bien," dit cet admirable stratège, "commencez par ceux pour qui vous n'avez pas de soupe avec le poisson. Quand le poisson lâche, passez directement au plat suivant, et ainsi jusqu'à la fin du dîner. De cette façon tout le monde obtiendra quelque chose. "

Au bout d'un moment, le majordome s'approcha de nouveau de l'amiral et lui dit : « Monseigneur, il n'y a plus de champagne.

"Eh bien," dit Lord Charles, "commencez par du cidre."

C'était une joyeuse compagnie et ils ont tous compris la situation. Le résultat a été l'un des divertissements les plus hilarants, agréables et originaux de ma vie. Cela a duré tard et tout le monde a déclaré avec une sincérité absolue qu'il avait passé le meilleur moment de sa vie.

On m'a demandé de rencontrer Lord John Fisher, en quelque sorte rival de Lord Beresford. Tous deux étaient des officiers extrêmement compétents et brillants et des hommes accomplis, mais ils étaient absolument différents ; l'un avait toutes les caractéristiques du Celte et l'autre du Saxon.

L'un des éléments les plus intéressants du discours de Lord Fisher, surtout au vu des développements ultérieurs, était sa description des découvertes et des annexions à l'Empire britannique réalisées par la marine britannique. À ce sujet, il a déclaré : « La marine britannique a acquis depuis des temps immémoriaux des positions d'importance stratégique pour la sécurité et la croissance de l'empire, et un imbécile de premier ministre, sur une simple question de sentiment, trahit toujours nos possibilités. ennemis l'une ou l'autre de ces positions avantageuses. » Il évoque en particulier Heligoland, dont la donation à l'Allemagne a eu lieu peu de temps auparavant. Si Helgoland, fortifié comme Gibraltar, était resté en possession du gouvernement britannique, l'Allemagne ne se serait pas aventurée dans la dernière guerre.

Lord Fisher illustre ce que j'ai souvent rencontré chez des hommes qui ont acquis une distinction éminente dans une carrière, dont le grand désir était d'être célèbre dans une autre carrière entièrement différente. Apparemment, il souhaitait que ses amis et ceux qu'il rencontrait croient qu'il était le meilleur conteur du monde ; qu'il possédait le plus grand stock d'anecdotes originales et qu'il les racontait mieux que quiconque. J'ai trouvé qu'il était extrêmement impatient et irritable lorsque quelqu'un d' autre commençait l'inévitable « ça me rappelle », et il était intolérant à l'égard de l'histoire que l'autre essayait de raconter. Mais j'ai aussi découvert que la plupart de ses histoires, bien que racontées avec beaucoup d'enthousiasme, étaient très familières ou, comme nous dirions, des « châtaignes ».

Pendant mes vacances d'été, j'ai passé deux semaines ou plus à Homburg, la station d'eau allemande. C'était à cette époque la station balnéaire la plus intéressante du continent. Le prince de Galles, devenu plus tard roi Édouard VII, était toujours là et sa sœur, l'impératrice douairière d'Allemagne, avait son château à quelques kilomètres. On disait qu'il y avait un quorum des deux chambres du Parlement à Homburg pendant que le prince était là, mais sa présence attirait également des représentants de tous les départements de la vie anglaise, de la magistrature et du barreau, des écrivains éminents des deux sexes, des artistes distingués, et des personnes célèbres sur la scène dramatique et lyrique. Le prince, avec une grande discernement, avait toujours autour de lui ces gens intéressants. Il y avait aussi des chefs mondains, dont les divertissements étaient célèbres à Londres, qui faisaient de leur mieux pour ajouter au plaisir de la visite du prince. Je le rencontrais fréquemment et j'étais souvent son invité à ses déjeuners et dîners. Il tomba immédiatement dans la voie de Homburg.

La routine de la cure était d'être à la source tous les matins à sept heures, de prendre un verre d'eau, de marcher une demi-heure avec quelqu'un d'agréable compagnon, et de répéter cela jusqu'à ce que trois verres aient été consommés. Puis le petit déjeuner, et ensuite le grand bain à onze heures. Les bains étaient un lieu de rencontre pour tout le monde. Un autre lieu de rencontre était les concerts en plein air de l'après-midi. Le soir, ont eu lieu les dîners officiels et quelques divertissements.

Au déjeuner comme au dîner, le prince avait toujours une assez grande compagnie. Il était plein de charme, de tact et de caractère. Il avait le talent de tirer le meilleur de ceux qui étaient autour de sa table, et surtout de rendre l'occasion très agréable pour un étranger. Chacun à ses réceptions emportait toujours, soit par les gens qu'il rencontrait, soit par les choses qui s'y disaient, ou les deux, des souvenirs permanents.

Je ne pense pas que le prince se soucie des questions intérieures. Il était très attentif aux limitations et restrictions que le gouvernement anglais impose à la royauté. Il était cependant très soucieux des relations extérieures de son pays. Dans la paix de l'Europe, il jouait un rôle important, étant si étroitement allié aux maisons impériales d'Allemagne et de Russie. Il ne fait aucun doute qu'il a empêché l'empereur allemand d'acquérir un contrôle dangereux sur le tsar. Il était très déterminé à maintenir et à accroître les relations amicales entre les États-Unis et la Grande-Bretagne. Il réussit, après de nombreux efforts variés et prolongés, à éliminer les préjugés et les hostilités des Français envers les Anglais, réalisation d'une valeur infinie pour son pays au cours de ces dernières années.

On m'a dit que le prince avait besoin de très peu de sommeil, qu'il se couchait tard et qu'il se levait tôt. Je fus réveillé une nuit par son écuyer qui m'appelait et me disait que le prince était sur la terrasse du Kursaal et voulait me voir. Toutes les lumières étaient éteintes, tout le monde était parti et il était assis seul à une table éclairée par une seule bougie. Ce qu'il désirait, c'était discuter des affaires américaines et se familiariser davantage avec nos hommes publics, nos idéaux, nos politiques et surtout toutes les causes d'irritation entre son propre pays et le nôtre qui pourraient éventuellement être éliminées. Cette discussion dura jusqu'au jour.

Un jour, le rencontrant dans la rue, il s'est arrêté et m'a demandé de m'écarter dans une ouverture qu'il y avait dans la haie. Il semblait extrêmement excité et dit : « Pourquoi les Américains veulent-ils briser l'Empire britannique ?

Je savais qu'il faisait référence au projet de loi Home Rule pour l'Irlande, qui agitait alors le Parlement et le pays, ainsi qu'aux fréquentes manifestations en sa faveur qui avaient lieu aux États-Unis.

Je lui ai dit : « Monsieur, je ne crois pas qu'un seul Américain ait la moindre idée de briser l'Empire britannique. Nous sommes attachés au principe fédéral des États indépendants, souverains dans leurs affaires locales et intérieures. mais dans tout ce que vous appelez impérial, les États-Unis sont suprêmes. Pour défendre ce principe, nous avons mené une guerre civile dans laquelle nous avons perdu plus de vies, dépensé plus d'argent, détruit plus de biens et contracté plus de dettes que n'importe quelle autre guerre des temps modernes. Le gouvernement a été si complet que les États qui étaient en rébellion et leurs peuples sont tout aussi fidèles au gouvernement général que ceux qui ont lutté pour le conserver. La prospérité du pays, cette question réglée, a dépassé les limites de l'imagination. " Ainsi, les Américains considèrent vos problèmes avec l'Irlande en termes de nos États fédérés et croient que toutes vos difficultés pourraient être réglées de la même manière. "

Nous avons eu une longue discussion au cours de laquelle il a posé d'innombrables questions et n'a plus jamais évoqué le sujet. J'ai entendu par la suite parmi mes amis anglais que celui qui avait été le plus hostile devenait un Home Ruler.

À une autre époque, il voulait savoir pourquoi notre gouvernement avait si mal traité l'ambassadeur britannique, Lord Sackville West, et ruiné sa carrière. L'incident de Sackville West était déjà oublié, même s'il s'agissait de la question la plus brûlante de l'époque.

Cleveland était président et candidat à la réélection. Sackville West était l'ambassadeur britannique. Un petit groupe de politiciens républicains avisés de Californie pensaient que s'ils pouvaient obtenir que le gouvernement britannique s'immisce dans nos élections en faveur de Cleveland, cela constituerait un atout précieux pour la campagne, ils ont donc écrit à Lord Sackville West pour lui dire : lui, c'étaient des Anglais devenus citoyens américains naturalisés. En votant, ils étaient soucieux de voter pour le côté qui serait le meilleur pour leur pays natal ; leur dirait-il gentiment et en toute confidentialité s'ils devaient soutenir le ticket démocrate ou républicain. Sackville West a mordu à l'hameçon sans enquête et leur a écrit une lettre leur conseillant de voter pour le ticket démocrate.

Il n'y a jamais eu une telle consternation dans les cercles diplomatiques de Washington. Bien entendu, M. Cleveland et ses partisans devaient se sortir de la situation aussi rapidement et gracieusement que possible.

L'administration exigea immédiatement que le gouvernement britannique rappelle Lord Sackville West, ce qui fut fait, et il fut répudié pour son activité dans la politique américaine. Il était curieux que le prince n'ait apparemment jamais été pleinement informé des faits, mais qu'il ait été induit en erreur par l'explication de Sackville West, et que le prince ait toujours été fidèle à un ami.

Une année, M. James G. Blaine visita Homburg et le prince l'invita aussitôt à déjeuner. La réponse de Blaine à une question a ravi tous les Américains présents. L'un des invités était le duc de Manchester de l'époque, un vieil homme et un grand conservateur. Lorsque le duc comprit que Blaine était un Américain de premier plan et qu'il avait été candidat à la présidence des États-Unis, tout son vieux torysme fut réveillé et il revint à l'époque de George III. À la grande horreur du prince, le duc dit à M. Blaine : « La chose la plus scandaleuse de toute l'histoire a été votre rébellion et votre séparation du meilleur gouvernement du monde. » Il en dit bien plus avant que le prince ne puisse l'arrêter.

Blaine, avec cette grâce et ce tact pour lesquels il était si célèbre, dit en souriant : "Eh bien, Votre Grâce, si George III avait eu le sens, le tact et les qualités séduisantes de son arrière-petit-fils, notre hôte, il est tout simplement possible que nous pourrions désormais être une colonie autonome au sein de l'Empire britannique. »

La réponse a soulagé la situation et a énormément plu à l'hôte. Lord Rosebery a dit un jour dans un discours que, compte tenu de l'énorme croissance de tous les éléments de grandeur des États-Unis, si les colonies américaines étaient restées dans l'Empire britannique, avec leur influence et leur prestige prépondérants, la capitale de la Grande-Bretagne aurait pu être déplacée. à New York et le palais de Buckingham reconstruit à Central Park.

Lors d'un autre dîner, l'un des invités du prince me lança soudain, par-dessus la table, la question surprenante : « Connaissez-vous certaines héritières américaines (et je les nomme) qui sont actuellement en visite à Londres ?

J'ai répondu « Oui », en nommant une en particulier, une fille très belle et accomplie qui était la débutante la plus populaire de la saison londonienne.

"Combien a-t-elle ?" Il a demandé.

J'ai nommé les millions dont elle hériterait probablement. "Mais," ai-je ajouté, "avant d'épouser une héritière américaine, tu ferais mieux de t'assurer qu'elle peut dire le Notre Père."

Il dit avec une grande indignation qu'il serait étonné si l'on pouvait reconnaître dans la société anglaise une jeune fille américaine si mal élevée qu'elle ne connaissait pas le Notre Père.

"Ils le sont tous", répondis-je, "mais peu d'héritiers, à moins qu'ils ne soient entrés dans leur héritage et puissent dire 'Notre Père qui es aux cieux', hériteront beaucoup, parce que les pères américains sont très spéculatifs."

Il continuait à s'étonner de ce manque de formation religieuse dans une famille américaine, tandis que le prince aimait tellement la plaisanterie que je craignais dans son rire convulsif qu'il n'ait une crise d'apoplexie.

Un jour, lors d'un dîner donné par le prince, une vieille dame d'un rang très élevé et d'une position dirigeante me dit tout à coup, et d'une manière qui attira l'attention de toute la compagnie : « Est-il vrai que les divorces sont très fréquents en Amérique ? ?"

Je savais qu'un déni de ma part ne la convaincrait ni elle ni tous ceux qui partageaient cette croyance, alors très répandue en Europe. Bien sûr, le prince en savait plus. J'ai vu à son expression qu'il souhaitait que je profite de l'occasion. Je me suis vite rendu compte que le meilleur moyen de répondre à cette croyance était par une exagération qui en montrerait l'absurdité.

Une fois commencée, la situation imaginative s'est développée au-delà de mes attentes. Je répondis : « Oui, les divorces sont si fréquents chez nous que le gouvernement a réservé à cet effet spécial un de nos quarante États. C'est la principale affaire des autorités. La plupart de ces actions en divorce ont lieu dans la capitale. , qui est toujours bondé d'un grand nombre de personnes de toutes les régions du pays cherchant à se libérer de leurs obligations conjugales.

"Avez-vous déjà visité cette capitale ?" demanda le prince.

"Oui, plusieurs fois", répondis-je, "mais pas pour le divorce. Mes relations domestiques ont toujours été très heureuses, mais c'est aussi une station thermale réputée, et j'y suis allé pour me soigner."

"Parlez-nous de votre visite", dit le prince.

"Eh bien," continuai-je, "ce n'était pas la saison lorsque j'y suis arrivé pour la première fois, donc les seules occasions de divertissement ou d'intérêt public étaient les réunions de prière."

La vieille dame a demandé avec enthousiasme : « Partager des réunions ? Elle avait été un investisseur important et malheureux dans les actions américaines.

Je la soulageai en lui disant : « Non, pas de réunions de partage, mais des réunions de prière religieuse. Je me souviens qu'un soir, le monsieur qui était assis à côté de moi se tourna brusquement vers sa femme et lui dit : « Il faut sortir d'ici tout de suite ; l'air est trop proche. « Eh bien, non, dit-elle ; les fenêtres sont toutes ouvertes et la brise est fraîche. "Oui," remarqua-t-il rapidement, "mais à côté de vous se trouvent vos deux prédécesseurs dont j'ai divorcé, et cela rend l'air trop proche pour moi."

La vieille dame s'écria : « Quel état affreux !

"Dites-nous-en davantage", dit le prince.

" Eh bien, continuai-je, un jour, le maire de la ville m'a invité à l'accompagner à la gare, alors que le train du divorce allait arriver. J'ai trouvé à la gare un juge et un des huissiers. Le préposé avait un grand paquet de jugements de divorce sur lesquels le sceau du tribunal avait été apposé, ainsi que la signature du juge. Il suffisait d' insérer le nom de la partie qui souhaitait le divorce. Aux côtés du juge se tenait un ecclésiastique de l'Église établie. Lorsque les passagers eurent tous quitté les voitures, le conducteur sauta sur l'un des quais et cria à la foule : « Tous ceux qui désirent divorcer se présenteront devant le juge et feront leur demande.

"Quand ils furent tous libérés par le tribunal, le conducteur cria de nouveau : "Tous ceux qui ont été accompagnés de leurs partenaires, ou ceux dont les deux ont été aujourd'hui libérés de leurs anciens maris et femmes pour se remarier, iront devant le tribunal". recteur.' Il les épousa en corps, après quoi ils reprirent tous leur place dans le train. Le coup de sifflet et la sonnerie de la locomotive étaient la musique de leur premier, deuxième ou troisième voyage de noces.

La vieille dame leva les mains avec horreur et s'écria : « Une civilisation aussi impie doit aboutir rapidement non seulement à la destruction spirituelle et morale, mais aussi au chaos.

La plupart des membres de l'assistance ont vu à quel point toute cette histoire était une caricature étonnante et l'ont reçue avec une grande hilarité. L'effet en était de mettre fin, du moins pour ce cercle et pour leurs amis, à une discussion sérieuse sur l'universalité des divorces américains.

Le prince a toujours été un sportif passionné et très chevaleresque. Lors d'une des courses à Cowes, il s'est indigné de la conduite d'un plaisancier américain qui était entré dans son bateau. Les autres concurrents ont accusé ce plaisancier américain d'avoir violé toutes les lois non écrites de la compétition.

Après la course, le prince m'a dit : « Un yacht est une maison de gentleman, qu'il s'agisse de courses ou de navigation de plaisance. Le propriétaire de ce yacht, pour l'alléger et lui donner plus de chance, a enlevé tous les meubles et démonté Il est même allé si loin, me dit-on, que lorsqu'il a découvert que le steward avait quitté sa cabine une brosse à dents, il l'a jetée par la fenêtre bâbord.

Ces quelques anecdotes montreront à quel point le prince de Galles était intensément humain. Il fit beaucoup pour son pays, tant comme prince que comme roi, et remplit avec sagesse et compétence les fonctions de sa charge. Certes, aucun fonctionnaire n'a fait autant pour la paix de l'Europe à son époque, et aucune royauté n'a jamais fait autant pour rendre le trône populaire auprès du peuple. Je l'ai entendu parler lors d'occasions formelles et informelles, et ses discours étaient toujours pleins de tact et de sagesse.

Pendant notre séjour à Homburg, nous avions l'habitude de faire d'agréables excursions à Nauheim, le célèbre lieu de guérison des nerfs. J'y ai rencontré autrefois un type particulier d'Américains, assez courant autrefois. C'étaient des jeunes gens qui, ayant hérité d'une fortune suffisante pour leurs besoins, n'avaient aucune ambition. Après une vie sociale éprouvante dans leur pays et en Europe, ils sont devenus hypocondriaques et cherchaient des remèdes à leurs maux imaginaires d'une station à l'autre.

L'un d'eux, qui avait atteint la quarantaine, était bien entendu devenu, à son avis, un invalide confirmé. Je lui ai demandé : « Qu'est-ce qui t'a amené ici ? Tu as l'air très bien.

"C'est juste mon problème", répondit-il. "J'ai une très bonne apparence et je n'éprouve donc aucune sympathie, mais mon système nerveux est tellement en panne qu'il suffit d'un léger choc pour le perturber complètement. Par exemple, la cause de mon trouble actuel. Je dînais à Paris à la maison d'une hôtesse célèbre, et une compagnie distinguée était présente. Les trois seuls Américains étaient deux dames et moi-même. J'ai été placé entre elles. Vous savez, une de ces dames, bien qu'elle soit une grande dirigeante à la maison, utilise un langage très emphatique lorsqu'elle est irritée. Le dîner, comme la plupart des dîners français, avec de nombreux plats, fut inhabituellement long. Soudain, cette dame, penchée sur moi, dit à sa sœur : « Bon sang, Fan, est-ce que ce dîner ne finira jamais ? Toute la table était sous le choc et mes nerfs étaient complètement brisés. » La grande guerre, je pense, a exterminé toute cette tribu.

J'ai été ravi de retrouver à Nauheim mes vieux amis, Mark Twain et le révérend docteur Joseph Twichell , de Hartford, Connecticut. Le docteur Twichell était le pasteur de Mark Twain à la maison. Il était à l'université avec moi à Yale et j'étais également associé à lui au sein de la direction de l'Université de Yale. Il était l'un des plus grands esprits et des humoristes remarquables de son époque. L'esprit et l'humour étaient chez lui spontanés, et il bouillonnait avec eux. Les facultés de Mark Twain dans ce domaine étaient plus sollicitées et devaient être mises en valeur. Le docteur Twichell fournissait souvent à l'état brut les bijoux qui, dans l'atelier de Mark Twain, devenaient ensuite des pierres précieuses parfaites.

Je les ai invités à venir passer la journée et à dîner avec moi le soir à Homburg. Mark Twain avait à cette époque la réputation en Angleterre d'être le plus grand esprit vivant et humoriste. Le bruit se répandit bientôt dans tout Hombourg qu'il était en ville et qu'il devait dîner avec moi le soir, et les demandes affluèrent pour être invité. J'ai continué à agrandir ma table au Kursaal , avec ces demandes, jusqu'à ce que la direction me dise qu'elle ne pouvait pas aller plus loin. J'ai placé Mark Twain aux côtés de Lady Cork, l'une des femmes les plus brillantes d'Angleterre. Au cours de mes années de connaissance, j'ai rencontré Mark Twain dans de nombreuses conditions. Il était très incertain lors d'une réunion sociale. Parfois, il était le protagoniste de l'événement et en faisait un événement dont on se souviendrait longtemps, mais en général, il n'apportait rien. A ce dîner, chaque fois qu'il montrait le moindre signe de remarque, c'était un silence de mort, mais la remarque ne venait pas. Il passa un moment charmant, tout comme Lady Cork, mais le reste de la compagnie n'entendit rien du grand humoriste et ils furent grandement déçus.

Le lendemain matin, Mark Twain descendit aux sources dans son costume de marche, qui avait assez couvert le continent. Je l'ai présenté au prince de Galles, et il a été charmé par lui pendant leur heure de promenade et de conversation. Ce soir-là, au dîner, le prince me dit : « J'aurais invité Mark Twain ce soir, si je pensais qu'il avait avec lui des vêtements de dîner. »

"Lors de mon dîner d'hier soir", dis-je, "il a satisfait à toutes les exigences conventionnelles."

"Alors," continua le prince, "je vous serais très obligé si vous vouliez l'inviter à dîner avec moi demain soir."

C'était à peu près la même compagnie que celle qui avait dîné avec le prince la veille. Encore une fois, Twain fut longtemps une déception totale. Je connaissais de nombreuses bonnes choses de lui et j'ai fait de mon mieux pour le démarrer, mais sans succès. Le prince, qui s'est montré particulièrement adroit et plein de tact pour attirer un invité de marque, a également échoué. Cependant, lorsque le dîner fut terminé et que nous arrivâmes aux cigares, Mark Twain commença à raconter une histoire de sa manière la plus captivante. Son ton traînant particulier, son habitude de souligner les points en secouant ses cheveux touffus, faisaient de lui un narrateur dramatique. Il n'a jamais eu un plus grand succès. Même le vétéran Mark lui-même a été étonné par les rires bruyants qui ont accueilli presque chaque phrase et qui ont été accablants à la fin.

Il existe des millions d'histoires dans le monde, et plusieurs centaines d'entre elles sont bonnes. Personne n'en connaissait plus que Mark Twain, et pourtant, parmi cette vaste collection, il a sélectionné celle que j'avais racontée la veille à la même société. Le rire et la joie n'étaient pas dus à l'histoire, mais au fait que les Anglais m'avaient, comme ils le pensaient, surpris en leur racontant une de ses histoires tirée du répertoire de Mark Twain. Il se trouve que c'était une histoire que j'avais entendue sur notre chemin de fer lors d'une de mes tournées d'inspection. Je l'avais raconté dans un discours, et cela avait été généralement copié dans les journaux américains. La réputation de Mark Twain en tant que plus grand humoriste vivant a amené le public à douter de l'originalité de mes histoires.

Mark avait refusé les cigares, mais le prince était si ravi qu'il lui offrit l'un des cigares les plus prisés de son propre étui. Cela lui a valu une histoire que je n'ai vue dans aucun de ses livres. J'ai toujours lu Mark Twain avec le plus grand plaisir. Ses livres de voyages ont été pour moi une source d'intérêt sans fin, et ses "Souvenirs personnels de Jeanne d'Arc" sont la meilleure représentation de la sainte et de l'héroïne que je connaisse.

Lorsque le prince lui offrit le cigare, Mark dit : « Non, prince, je ne fume jamais. J'ai la réputation à Hartford, Connecticut, de fournir lors de mes divertissements le pire des cigares. Quand j'allais à l'étranger, et comme je le ferais Après avoir été absent pendant plusieurs années, j'ai donné une réception et invité tous mes amis. J'avais le gouverneur de l'État du Connecticut et les juges des plus hautes tribunaux, ainsi que les membres les plus distingués de la législature, les principaux ecclésiastiques et autres. citoyens, ainsi que le président et le corps professoral de l'Université de Yale et du Trinity College.

"A trois heures de l'après-midi, mon majordome, qui est un homme de couleur, nommé Pompée, est venu vers moi et m'a dit : 'M. Clemens, nous n'avons pas de cigares.' À ce moment-là, le chariot d'un colporteur s'est arrêté à la porte. En Angleterre, on les appelle des jacks bon marché. J'ai interpellé le marchand et lui ai dit : « Qu'avez-vous dans votre chariot ? « Eh bien, répondit-il, j'ai des tapisseries des Gobelins , de la porcelaine de Sèvres, des vases cloisonnés du Japon , et quelques maîtres anciens. Alors je lui ai dit : « Je n'en veux pas, mais as-tu des cigares, et combien ? Le colporteur répondit : « Oui, monsieur, j'ai d'excellents cigares que je vous vendrai à dix-sept cents le baril. Je dois expliquer qu'un centime est un sou anglais. Ensuite, je lui ai dit d'y rouler un baril.

"C'était une grande occasion, l'une des plus belles que nous ayons jamais eues dans le vieil État du Connecticut", a poursuivi Mark, "mais j'ai remarqué que les invités sont partis inhabituellement tôt après le dîner. Le lendemain matin, j'ai demandé au majordome pourquoi ils étaient partis si tôt. « Eh bien, dit-il, M. Clemens, tout le monde a apprécié le dîner, et ils s'amusaient tous jusqu'à ce que je leur donne les cigares, après que le monsieur ait pris trois bouffées, il a dit : « Pomp, nègre infernal. , donne-moi vite mon chapeau et mon manteau. " Quand je suis sorti, mon allée de pierre, qui faisait cent mètres de long depuis la porte d'entrée jusqu'au portail, était juste pavée de ces cigares. " " Ce spécimen d'exagération américaine raconté dans Mark La méthode originale de Twain a connu un grand succès.

J'ai rencontré Mark Twain lors d'un dîner théâtral à Londres donné par Sir Henry Irving. C'était juste après l'échec désastreux de sa maison d'édition. C'était une compagnie remarquable d'hommes de lettres, de dramaturges et d'artistes. Le pauvre Mark avait une santé et un moral brisés. Il a essayé de faire un discours humoristique, mais cela a attristé toute la compagnie.

Je l'ai revu après qu'il ait gagné de l'argent grâce à sa remarquable tournée de conférences à travers le monde, avec laquelle il a rencontré et payé toutes ses dettes. C'était un exploit digne du célèbre effort de Sir Walter Scott. Jubilant, triomphant et libre, Mark Twain était ce soir-là le héros que personne n'a jamais oublié d'avoir le privilège d'être présent.

Une année, après un travail acharné et des difficultés inhabituelles, mais surmontées avec succès, j'étais complètement épuisé. On m'a conseillé de faire un court voyage en Europe et, comme d'habitude, quatre semaines de changement d'air et d'occupation ont été une guérison complète. J'ai décidé d'inclure Rome dans mon itinéraire, même si je pensais que ma visite ressemblerait à l'expérience de Phineas Fogg, qui a parcouru toute l'Europe et l'a vu tout en dix jours.

Quand je suis arrivé dans la Ville Éternelle, mon itinéraire m'y donnait quatre jours. Je voulais tout voir et aussi rencontrer, si possible , l'un des plus grands papes, Léon XIII. Je n'étais armé que d'une lettre de mon ami accompli et distingué, l'archevêque Corrigan. J'ai fait appel au guide le plus connu, qui m'a informé que mes efforts pour visiter les sites touristiques dans mon temps limité seraient impossibles. Néanmoins, l'incitation d'une commission très importante, dépendant des distances parcourues et des sites vus, m'a amené à parcourir les rues derrière le meilleur attelage de chevaux de Rome et poursuivi par des policiers et des chiens, et les chevaux poussés par un conducteur affolé de récompense. , et un guide qui, professionnellement et financièrement, réalisait le coup de sa vie. Il était stupéfiant de voir combien de chemin était réellement parcouru dans la ville des antiquités et des arts grâce à cette dévotion à la vitesse et sous une direction compétente.

Lorsque j'ai demandé à voir le pape, on m'a informé que sa santé n'était pas bonne et que les audiences avaient été suspendues. J'ai écrit une lettre au cardinal-secrétaire, en joignant la lettre de l'archevêque Corrigan, et j'ai fait part de mon anxiété de rencontrer Sa Sainteté et du peu de temps dont je disposais. Quelques heures après, je reçus une lettre du cardinal me disant que le Saint-Père appréciait les circonstances et qu'il serait très heureux de m'accueillir en audience privée à onze heures le lendemain matin.

À mon arrivée au Vatican, j'ai été reçu comme un visiteur distingué. Les gardes pontificaux furent chassés et je fus finalement introduit dans la chambre du cardinal Merry del Val. C'était alors un jeune homme et un diplomate accompli, et très intimement informé de toutes les questions d'intérêt actuel. La littérature, la musique, le théâtre et les conditions politiques en Europe comptent parmi ses réalisations. Il a expliqué que la formule habituelle lorsqu'un étranger est présenté au pape est que l'invité s'agenouille et embrasse sa bague. Le pape a décidé que tout cela serait omis dans votre cas. Il vous recevra exactement comme un étranger éminent venant sur rendez-vous chez le président des États-Unis.

Lorsque je fus introduit en présence du pape, il quitta son trône, s'avança, me saisit cordialement par la main et m'accueillit d'une manière très charmante. Ce n'était pas un homme en bonne santé et son visage exsangue était aussi blanc et pâle que ses robes. Mais tout cela était soulagé par l'éclat de ses merveilleux yeux.

Après quelques remarques préliminaires, il se plongea dans les questions qui l'intéressaient profondément. Il craignait la propagation du communisme et décrivait de manière vivante ses efforts visant à détruire l'Église, ruiner la religion, extirper la foi, et prédit qu'en cas de succès, il détruirait la civilisation.

Je lui ai dit que j'étais profondément intéressé par l'encyclique qu'il avait récemment publiée pour réconcilier ou rendre plus harmonieuses les relations entre le capital et le travail. Il commença à parler de ce sujet, et en quelques minutes je vis que j'allais avoir le privilège d'entendre un discours de celui qui, en tant que prêtre et évêque, avait été l'un des orateurs les plus éloquents de l'époque. Dans son excitation, il se pencha en avant, saisissant les bras du trône, les couleurs revinrent à ses joues, ses yeux brillèrent, sa voix était vibrante, et j'étais le public, le public ravi du meilleur discours que j'aie jamais entendu sur la question de travail et capital.

J'avais peur, à cause de sa santé, que l'effort ne soit trop grand, et je me levai donc pour partir. Il me dit de nouveau en me prenant la main : « Je sais tout de vous et je vous suis très reconnaissant de ce qu'en votre qualité officielle de président du New York Central Railroad vous traitiez si équitablement les catholiques. Je sais que parmi vos employés vingt-huit mille sont de foi catholique, et aucun d'entre eux n'a jamais connu de discrimination en raison de sa croyance, mais tous ont des chances égales avec les autres pour les récompenses de leur profession et la protection dans leur emploi.

Le lendemain, il envoya un messager spécial pour reprendre la conversation, mais malheureusement j'avais quitté Rome la veille.

Durant mon séjour de quatre jours à Rome, j'avais visité la plupart de ses antiquités, ses églises célèbres, et passé plusieurs heures dans la galerie du Vatican. Notre ministre américain, l'un des plus accomplis de nos diplomates, M. William Potter, m'avait également offert un dîner où j'ai eu le privilège de rencontrer de nombreuses célébrités de l'époque.

Parmi les hommes d'État anglais, j'ai trouvé en Lord Salisbury un personnage impressionnant. Dans une longue conversation que j'ai eue avec lui au ministère des Affaires étrangères, il a parlé avec une grande liberté des relations entre les États-Unis et la Grande-Bretagne. Il était extrêmement soucieux que les conditions amicales perdurent et devint des plus cordiales.

La disposition fréquente des hommes politiques américains à lancer un défi ou à provoquer des éruptions l'inquiétait. Je pense qu'il doutait, lorsque le président Cleveland a formulé ses exigences péremptoires sur la question frontalière du Venezuela, de savoir si le président reconnaissait leur importance sérieuse, tant pour le présent que pour l'avenir. Il céda cependant à contrecœur à l'arbitrage, remporta une victoire complète et fut convaincu que ces questions irritantes étaient principalement politiques et à des fins électorales et qu'il valait mieux les résoudre dans un esprit de conciliation.

Je me souviens d'une garden-party à Hatfield House, la demeure historique des Cecil , donnée en l'honneur du roi Victor Emmanuel III, récemment monté sur le trône. Lord Salisbury était physiquement de taille gigantesque, tandis que le roi était de petite taille. Le contraste entre les deux était très frappant, surtout lorsqu'ils étaient dans une conversation animée : le Premier ministre géant s'adressant à Sa Majesté, et lui, avec des gestes animés, s'adressant au Premier ministre.

Il n'est pas difficile d'imaginer, quand on sait comment les entretiens et les conversations traditionnels entre dirigeants européens affectent leurs relations présentes et futures, de découvrir dans ce divertissement et cette conférence que fut semée la graine de l'entrée de l'Italie, à un moment donné. des crises de la Grande Guerre, aux côtés des Alliés et contre l'Allemagne, à laquelle elle était liée par la Triple Alliance.

M. Gladstone m'a dit un jour : « J'ai récemment rencontré un de vos compatriotes des plus intéressants. C'est l'un des hommes les mieux informés et les plus compétents de tous les pays avec qui j'ai eu le plaisir de parler pendant longtemps. et il est à Londres maintenant. J'aimerais que vous me parliez de lui.

M. Gladstone ne se souvenait pas de son nom. Comme il y avait un certain nombre de membres du Congrès américain à Londres, j'ai demandé : « Était-il membre du Congrès ?

"Non", répondit-il; "il avait une fonction plus importante."

Je me suis alors rappelé que DeWitt Clinton, alors sénateur américain, avait démissionné pour devenir maire de la ville de New York. Sur cette inspiration, j'ai demandé : « Maire de la ville de New York ?

"Oui, c'est ça", a répondu M. Gladstone.

Je lui ai alors dit qu'il s'agissait d'Abram S. Hewitt et lui ai donné une description de la carrière de M. Hewitt. M. Gladstone était très enthousiaste à son égard.

J'ai eu la chance de très bien connaître M. Hewitt pendant de nombreuses années. Il méritait amplement les éloges de M. Gladstone. Il était l'un des Américains les plus polyvalents et les plus compétents dans la vie publique ou privée de son époque. Son père était un fermier anglais qui a déménagé avec sa famille aux États-Unis. M. Hewitt a reçu une éducation libérale et est devenu une grande réussite tant dans les affaires que dans la vie publique. Il était bien plus qu'un homme d'affaires, un maire de New York ou un membre du Congrès : il avait l'esprit civique et un sage réformateur.

M. Hewitt m'a raconté deux incidents intéressants au cours de sa carrière. Lors de sa visite en Angleterre, il fut reçu avec de nombreuses et flatteuses attentions. Parmi ses invitations figurait un week-end chez le noble sur les domaines duquel son père avait été fermier. Lorsque M. Hewitt raconta au noble, qui le recevait en Américain distingué, les anciennes relations de son père comme l'un de ses locataires, le noble dit : « Votre père a commis une grave erreur en abandonnant sa ferme et en émigrant aux États-Unis. . Il aurait dû rester ici.

M. Hewitt a déclaré : « Mais, monseigneur, en ce qui me concerne, je ne le pense pas. »

"Pourquoi?" comme le dit Sa Seigneurie.

"Parce que," répondit M. Hewitt, "alors je n'aurais jamais pu être un invité sur un pied d'égalité dans votre maison."

M. Hewitt était l'un des principaux fondeurs de fer et fabricants d'acier du pays. Au moment de notre guerre civile, notre gouvernement manquait cruellement d'armes à feu et nous étions incapables d'en fabriquer parce que nous ne connaissions pas le secret du métal à canon.

Le gouvernement a envoyé M. Hewitt à l'étranger pour acheter des armes. Les armuriers anglais virent aussitôt les ennuis dans lesquels il se trouvait et en profitèrent. Ils exigeaient des prix plusieurs fois supérieurs à ceux qu'ils demandaient aux autres clients et refusaient de lui donner la moindre information sur la fabrication du canon à canon.

Après avoir conclu le contrat, avec toutes ses conditions exorbitantes, il s'est rendu à son hôtel et a invité le contremaître de chaque département de l'usine à le rencontrer. Ils sont tous venus. M. Hewitt leur expliqua sa mission et trouva qu'ils sympathisaient avec M. Lincoln, son administration et la cause syndicale. Puis il leur raconta les ennuis qu'il avait eus avec leurs employeurs et les conditions dures qu'ils leur avaient imposées. Il leur posa alors des questions sur la fabrication du canon à canon. Chacun des contremaîtres était très clair et explicite quant à son rôle, et ainsi, quand ils eurent tous parlé, M. Hewitt, avec sa connaissance experte du métier, connaissait tous les secrets de la fabrication du bronze à canon, qu'il bien sûr, donné au gouvernement de Washington pour utilisation dans ses différents arsenaux et magasins.

"Maintenant," dit-il à ses invités, "vous m'avez rendu un grand service. Je vous le rendrai. Votre société est obligée par le contrat de livrer cette immense commande dans un délai limité. Elle va faire une quantité énorme de vous en tirerez de l'argent. Vous faites grève et exigez ce que vous pensez être juste, et vous l'obtiendrez immédiatement. »

L'entreprise d'armes a réalisé d'énormes bénéfices mais a dû en partager une partie avec ses travailleurs. Il s'agit d'un des premiers exemples d'introduction du partage des bénéfices, aujourd'hui devenu courant partout dans le monde.

L'un des Anglais les plus intéressants, que j'ai beaucoup rencontré à Londres et aux États-Unis, était Sir Henry Irving. Le monde de l'art, du théâtre et de l'histoire lui doit beaucoup pour sa renaissance de Shakespeare. Irving était un génie dans sa profession et dans sa vie privée, il était tout à fait délicieux.

Il m'a offert un dîner et c'était, comme tout ce qu'il a fait, original. Au lieu des divertissements formels habituels, il dîna dans l'un des anciens châteaux royaux du pays, devenu un hôtel très exclusif. Il nous y a transportés en carrosse.

La compagnie d'auteurs, de dramaturges et d'hommes d'affaires a rendu le divertissement tardif et la soirée mémorable. De retour à la maison sur le toit du carrosse, la pleine lune apparaissait et réapparaissait, mais elle était généralement sous un nuage. Irving a fait remarquer : « Je fais beaucoup mieux avec cette vieille lune dans mon théâtre. Je la fais briller ou je l'obscurcie avec des nuages, selon l'occasion.

J'ai reçu une note de sa part lors de sa dernière visite aux États-Unis, dans laquelle il disait qu'un ami de l'ouest du pays lui offrait un dîner chez Delmonico pour précéder son départ tôt le matin pour son voyage. maison. La société devait être nombreuse et composée uniquement de bons amis, et il avait l'assurance positive qu'il n'y aurait pas de discussion et il souhaitait que je vienne.

Le dîner était tout ce qu'on pouvait désirer. L'entreprise était un merveilleux groupe de représentants distingués de la vie américaine. Les heures passaient rapidement et joyeusement, alors que nombre de ces hommes originaux contribuaient à des histoires, des aventures racées ou des chansons.

Soudain, l'hôte se leva et dit : « Messieurs, nous avons avec nous ce soir... » Bien sûr, cela impliquait un discours d'introduction sur Irving et une réponse de l'invité. Irving s'est tourné vers moi et, de sa voix de Macbeth la plus grave et la plus tragique, il a dit : « Au diable son âme ! Cependant, il s'est montré à la hauteur, et environ une heure après, alors que tous les autres avaient parlé, non satisfait de son premier effort, il s'est levé et a fait un discours bien meilleur et plus long. C'était un admirable conférencier après le dîner ainsi qu'un acteur hors du commun. Ses merveilleuses présentations, non seulement de Shakespeare mais d'autres drames, ont fait beaucoup pour la scène tant dans son propre pays que dans le nôtre.

Ceux qui l'ont entendu seulement au cours de sa dernière année n'avaient aucune idée de lui dans la fleur de l'âge. Dans ses dernières années, il tomba dans le défaut, si courant chez les orateurs et les acteurs publics, de mélanger les mots et de ne pas articuler clairement. J'ai connu un beau discours et un sermon supérieur et un grand rôle dans une pièce de théâtre ruinée à cause d'un manque d'articulation claire. Le public n'a pas pu suivre l'orateur et a donc perdu tout intérêt.

Sir Henry m'a raconté une charmante histoire à propos de Disraeli. Un jeune parent d'Irving prit les ordres et devint ecclésiastique dans l'Église établie. À la demande d'Irving, Disraeli nomma ce jeune homme l'un des vicaires de Windsor.

Un jour, l'ecclésiastique est venu voir Irving dans une grande détresse et lui a dit : « L'inattendu s'est produit. Tout le monde a abandonné et j'ai reçu l'ordre de prêcher dimanche.

Irving l'a emmené voir Disraeli pour obtenir des conseils. Le Premier ministre dit au jeune ecclésiastique : « Si vous prêchez trente minutes, Sa Majesté s'ennuiera. Si vous prêchez quinze minutes, Sa Majesté sera contente. Si vous prêchez dix minutes, Sa Majesté sera ravie.

"Mais," dit le jeune ecclésiastique, "monseigneur, que peut bien dire un prédicateur en seulement dix minutes ?"

"Cela", répondit l'homme d'État, "sera indifférent à Sa Majesté."

Sir Frederick Leighton, éminent artiste anglais et ancien président de la Royal Academy, était l'un des hommes les plus charmants de son temps. Ses souvenirs étaient délicieux et racontés avec un effet dramatique rare. Je me souviens d'une description vivante qu'il m'a donnée du mariage d'un membre de la royauté britannique avec une princesse allemande. Sir Frederick faisait partie de la délégation nombreuse et distinguée qui accompagnait le prince.

La principauté du père de la mariée avait été privée de territoire, de pouvoir et de revenus au cours des siècles. Néanmoins, lors du mariage, il entretenait un ministère, le même qu'au moyen âge, et une armée miniature. Des palais, construits des siècles auparavant, abritaient le Cabinet.

Le ministre des Affaires étrangères vint trouver Sir Frederick et se dévoua de ses ennuis. Il dit : « Selon la procédure habituelle, je devrais donner un bal en l'honneur de l'union de notre maison avec la famille royale d'Angleterre. Mon palais est assez grand, mais mon salaire n'est que de huit cents par an, et la dépense serait manger tout ça."

Sir Frederick dit : « Votre Excellence peut surmonter la difficulté d'une manière originale. L'orchestre d'État peut fournir la musique, et cela ne coûtera rien. Lorsque l'heure du banquet viendra, conduisez les invités avec la cérémonie voulue à un repas de bière et bretzels."

Le ministre a suivi les instructions. Tout le parti apprécia la situation, et le ministre fut accrédité du bal le plus brillant et le plus réussi que la vieille capitale ait connu depuis un siècle.

Pendant plusieurs années, l'un des hommes les plus intéressants d'Europe fut le duc d'Aumale , fils de Louis Philippe. C'était un homme d'État et un soldat compétent et un facteur social de premier ordre. Lui seul de la royauté française fut relevé du décret de bannissement perpétuel et autorisé à revenir en France et à jouir de ses domaines. En reconnaissance de cela, il donna son célèbre château et sa propriété de Chantilly à l'Académie française. Le cadeau était évalué à dix millions de dollars. Dans le château de Chantilly se trouve une merveilleuse collection d'œuvres d'art.

Je me souviens que lors d'un dîner où le duc était l'invité d'honneur, les personnes présentes, y compris l'hôte, étaient pour la plupart de nouvelles créations de la pairie britannique. Après que la conversation se fut poursuivie pendant un certain temps sur le fait qu'une majorité de la Chambre des Lords avait été élevée à la pairie sous le règne de la reine Victoria, les personnes présentes commencèrent à essayer de prouver qu'en raison de leur ancienne lignée, elles étaient exemptées de la règle des pairs parvenus. Le duc se montra très tolérant avec cette discussion et, comme toujours, l'âme de la politesse.

L'hôte a dit : « Votre Altesse Royale, pourriez-vous nous faire plaisir avec un croquis de vos ancêtres ?

"Oh, certainement", répondit le duc; "c'est très bref. Ma famille, les Philippe , descendent d' Énée de Troie, et Énéé était le fils de Vénus." Les champignons semblaient plus petits que ceux du jardin.

Le duc me parlait autrefois de façon très intéressante de la visite de son père en Amérique. Au moment de la Révolution française, son père a dû fuir pour sauver sa vie et est venu aux États-Unis. Il fut reçu à Mount Vernon par Washington. Il m'a dit qu'après que son père soit devenu roi de France, il hésitait souvent, ou refusait de faire quelque chose ou d'écrire quelque chose que désiraient ses ministres. La réponse du roi était toujours : « Lorsque je rendais visite à ce plus grand homme du monde, le général Washington, chez lui, je lui demandai un jour : « Général, n'est-il pas possible qu'au cours de votre longue et merveilleuse carrière de soldat et homme d'État, que vous avez commis des erreurs ? Le général répondait : « Je n'ai jamais rien fait dont j'ai eu envie de me souvenir ni dit quoi que ce soit que je ne répéterais pas », et le roi disait : « Je ne peux pas faire cela ni signer cela, car si je le fais, je ne peux pas dire moi-même ce que je veux dire. Le général Washington a dit de lui-même.'"

Le duc m'a demandé de passer un week-end avec lui à Chantilly, et c'est un des regrets de ma vie que je n'ai pu accepter.

Il se trouve que j'étais à Londres deux dimanches successifs. Le premier, je suis allé à l'abbaye de Westminster pour entendre prêcher le chanoine Farrar. Le sermon était digne de son cadre magnifique. L'abbaye de Westminster est l'un des édifices les plus inspirants au monde. L'orateur doit atteindre un niveau élevé pour être digne de sa chaire. J'y ai entendu bien des discours ennuyeux car l'environnement refuse de s'harmoniser avec la médiocrité. Le sermon du chanoine Farrar était classique. Il aurait facilement pu prendre place parmi les joyaux de la littérature anglaise. Il me semblait répondre aux critiques que les morts éminents, enterrés dans ce vieux mausolée, pouvaient avoir à l'égard de ces paroles modernes. J'ai quitté l'abbaye spirituellement et mentalement ravi.

Le dimanche suivant, je suis allé entendre Charles Spurgeon. C'était un merveilleux contraste. Le Tabernacle Métropolitain de Spurgeon était une structure très simple, aux proportions immenses mais avec une acoustique admirable. Il n'y avait aucun des éléments historiques consacrés à l'église, qui font la gloire de l'abbaye de Westminster, aucun vêtement religieux ni aucun cérémonial.

M. Spurgeon, un homme simple et trapu, sortit sur la plate-forme vêtu d'un costume ordinaire composé d'un manteau, d'une veste et d'un pantalon noirs. Il s'agissait d'un vaste public de ce qu'on pourrait appeler des gens de la classe moyenne. Le sermon de M. Spurgeon était un appel clair, direct et extrêmement puissant à leur jugement et à leurs émotions. Il n'y a eu aucune tentative de rhétorique, mais des coups durs, comme des coups de marteau . Alors qu'il se levait dans son indignation et dénonçait certains maux actuels, et illustrait son argument avec les exemples de l'Ancien Testament sur le châtiment des pécheurs, l'auditoire est devenu très excité. L'un des officiers de l'église, sur le banc duquel j'étais assis, a gémi à haute voix et a saisi ses mains pour que les clous laissent leur marque. D'autres autour de lui étaient dans le même état d'esprit et d'esprit.

J'ai vu sur place que les hommes qui ont combattu aux côtés de Cromwell et gagné la bataille de Naseby avaient dans l'Angleterre moderne de nombreux descendants. Ils n'avaient changé que par respect extérieur pour les usages et les conditions modernes. S'il y avait eu l'occasion, M. Spurgeon aurait pu les inciter à faire n'importe quel sacrifice pour ce qu'ils croyaient être juste. J'ai ressenti la puissance de ce sentiment refoulé – je ne dirais pas de fanatisme, mais de conscience intense – qui, parfois, lors des élections, surprend grandement les hommes politiques anglais.

Le sermon du chanoine Farrar prend facilement place parmi les livres sélectionnés de la bibliothèque. Le discours de Spurgeon était direct, coup pour coup, pour les besoins du moment.

Un des incidents nouveaux de la généreuse hospitalité dont je bénéficiais chaque année à Londres fut un dîner à l'Athenaeum Club qui m'était offert par l'un des membres du gouvernement de l'époque. C'était un gentleman de haut rang et d'importance politique. Ils étaient vingt-six au dîner, et c'était une réunion représentative.

A la fin, notre hôte a prononcé un discours très cordial sur les relations plus intimes entre les États-Unis et la Grande-Bretagne, puis, dans une phrase complémentaire, il m'a présenté en disant : « J'espère que vous parlerez librement et sans limite. »

J'ai été encouragé par un public des plus sympathiques et j'ai passé un bon moment pendant mon effort. Personne d'autre n'a été sollicité. Mon hôte s'est montré élogieux et m'a dit : « Votre discours était si satisfaisant que j'ai pensé qu'il valait mieux ne pas en faire davantage.

Quelque temps après, il me dit : « Beaucoup de mes amis avaient entendu parler de vous mais ne vous avaient jamais entendu, alors j'ai décidé de leur en donner l'occasion, et ce qui était en réalité une affaire purement sociale pour chaque autre invité, je me suis transformé en une occasion internationale juste pour vous attirer. Cependant, la fraude, si elle était une fraude, a été un succès éminent.

Personne en Angleterre n'a fait plus pour les Américains que Sir Henry Lucy. Tous les Américains connaissaient tout de lui, en raison de sa réputation, et particulièrement parce qu'il était l'auteur de cette chronique très intéressante dans Punch intitulée « L'Essence du Parlement ».

Lors de ses déjeuners, il réunissait des hommes éminents de la vie publique et des activités littéraires et journalistiques de Grande-Bretagne. Ces déjeuners étaient très informels et, sous le génie hospitalier de Lucy, les invités devinrent intimes. Il n'y avait pas de table à Londres où l'on pouvait écouter autant d'histoires osées et de réminiscences historiques parfois précieuses.

Être invité à l'un des déjeuners de Sir Lucy, c'était pour un Américain rencontrer en termes familiers des hommes distingués qu'il connaissait bien et qu'il avait très hâte de voir et d'entendre.

Lors d'un grand dîner, j'eus une agréable rencontre avec Sir Henry. Afin de remplir un autre engagement, il a essayé de s'éclipser tranquillement pendant que je parlais. J'ai aperçu sa silhouette qui s'éloignait et j'ai appelé à haute voix le refrain de la chanson familière : « Attarde-toi plus longtemps, Lucy ». Les cris de la foule ramenèrent Sir Henry et l'autre divertissement perdit un invité.

Lors de plusieurs de mes visites à Londres, je suis allé voir non seulement des lieux d'intérêt mais aussi des maisons et des rues rendues célèbres par la littérature anglaise. Lors d'un de mes nombreux voyages à la cathédrale Saint-Paul, je regardais le tombeau du duc de Wellington dans la crypte ainsi que le modeste tombeau de Cruikshank, l'artiste, à proximité .

Le surintendant m'a demandé qui j'étais et m'a posé de nombreuses questions sur l'Amérique, puis il m'a répondu : « De nombreux Américains viennent ici, mais le plus remarquable d'entre eux était le colonel Robert G. Ingersoll. Il était très curieux et voulait tout savoir sur la tombe de Wellington. Je lui ai dit que le corps du duc avait d'abord été mis dans un cercueil en bois, et que celui-ci était enfermé dans de l'acier ; que celui-ci lui avait été placé dans une pierre pesant vingt tonnes et qu'au-dessus se trouvait une énorme pierre pesant quarante tonnes. une claque dans le dos qui m'a fait voler sur une bonne distance et s'est exclamé : 'Vieil homme, tu l'as sauvé s'il échappe un jour à un câble à mes frais à Robert G. Ingersoll, Peoria, Illinois, USA'"

J'ai eu l'occasion de savoir que la guerre menée par l'Allemagne contre la France et l'Angleterre était une surprise pour les deux pays. Alors que j'étais à Londres pendant une partie du mois de juin 1914, j'ai rencontré des ministres et des membres du Parlement, et toutes leurs pensées et leurs inquiétudes étaient concentrées sur la menace de révolution en Irlande.

Le Cabinet avait demandé au roi d'intervenir et il avait convoqué des représentants de tous les partis pour le rencontrer au palais de Buckingham. Après de nombreuses consultations, il a déclaré qu'un règlement ou un compromis était impossible. La situation était si critique qu'elle a retenu l'attention du gouvernement, de la presse et du public.

Vers le premier juillet, j'étais à Paris et j'ai trouvé les Français inquiets de leurs finances et de l'augmentation de leurs dépenses militaires qui atteignaient des chiffres menaçants. Le syndicat des banquiers français s'alarme sérieusement. Il n'y avait aucun soupçon quant aux objectifs allemands et aux préparatifs d'attaque.

Alors que j'étais à Genève quelques semaines plus tard, j'ai été alarmé par des lettres de parents en Allemagne qui entretenaient des relations sociales avec des personnes occupant des postes très importants au sein du gouvernement et de l'armée, et leurs appréhensions face à ce que leurs amis allemands leur disaient et à ce qu'ils voyaient ont conduit à leur nous rejoindre en Suisse.

Un jour, les Suisses refusèrent d'accepter de l'argent étranger, de faire des échanges contre des suisses, ou d'encaisser des lettres de crédit ou des chèques bancaires. J'ai immédiatement conclu que les banquiers suisses connaissaient ou soupçonnaient les intentions hostiles de l'Allemagne, et avec seulement deux heures et deux familles avec leurs malles à préparer, nous avons réussi à atteindre et à trouver un logement dans le train régulier pour Paris. Il n'y avait rien d'inhabituel ni à la gare ni en ville.

Un des incidents amusants qui me sauvent la vie s'est produit à la gare. Deux vieilles filles anglaises discutaient avec enthousiasme des problèmes de change. L'une d'elles lissa un billet de banque d'Angleterre et dit à sa sœur : « Voilà, Sarah, il y a un billet de banque d'Angleterre qui vaut comme de l'or dans le monde entier depuis que le Christ est venu sur terre, et ces porcs suisses ne veulent pas. prends-le."

J'ai ensuite raconté cet incident à un banquier à Londres. Il a dit que c'étaient des femmes très ignorantes et qu'il n'y avait pas de billets de banque d'Angleterre à cette époque.

L'hostilité allemande se développa si rapidement que notre train fut le dernier à quitter la Suisse pour la France pendant près de deux mois. Nous devions arriver à Paris à dix heures du soir, mais nous ne sommes arrivés que le lendemain matin en raison de la mobilisation des recrues françaises.

L'effervescence à Paris était intense. Un homme d'État français m'a dit : "Nous faisons de notre mieux pour éviter la guerre. Nos troupes sont maintenues à dix kilomètres de la frontière, mais les Allemands ont traversé et se sont emparés de points stratégiques. Ils n'entendent rien, n'acceptent rien et sont déterminés à nous écraser. si ils peuvent."

De tous les rangs du peuple, on entendait : « Nous nous battrons jusqu'au dernier homme, mais nous sommes en infériorité numérique et serons détruits à moins que l'Angleterre ne nous aide. L'Angleterre nous aidera-t-elle ? L'Angleterre nous aidera-t-elle ? J'ai traversé plusieurs crises, mais je n'ai jamais été témoin ni ressenti d'une telle réaction de joie extatique que celle qui s'est produite lorsque la Grande-Bretagne a rejoint la France.

Les restrictions de sortie de Paris ont nécessité du temps, de la patience et toutes les ressources de notre ambassade pour nous faire sortir de France. La serviabilité, l'ingéniosité et les efforts infatigables de notre ambassadeur, Myron T. Herrick, ont gagné la gratitude de tous les Américains que la guerre avait internés sur le continent et qui doivent rentrer chez eux.

Il y a eu un changement remarquable en Angleterre. Lorsque nous sommes partis en juillet, c'était presque l'hystérie face à la menace de guerre civile. En octobre, le peuple était calme bien qu'il soit impliqué dans la plus grande guerre de son histoire. Ils n'ont pas minimisé l'ampleur de la lutte ni les sacrifices qu'elle exigerait. Il y avait une sombre détermination caractéristique à sortir de la crise, quel qu'en soit le coût. Les ministres que j'ai rencontrés pensaient que la guerre durerait trois ans.

L'appel constant à moi, ainsi qu'à d'autres Américains, était : « Quand nous rejoindrez-vous ? Si nous échouons, ce sera votre tour ensuite. C'est l'autocratie et le militarisme contre la civilisation, la liberté et le gouvernement représentatif du monde entier. »

Nous avons effectué un voyage de retour périlleux et anxieux et rares sont ceux qui ont compris la situation ou se sont préparés à l'inévitable, à l'exception de Theodore Roosevelt et du général Wood.

XX. ORATEURS ET INTERVENANTS DE CAMPAGNE

Pendant mes études à Yale, Wendell Phillips, William Lloyd Garrison et Henry Ward Beecher donnaient fréquemment des conférences, et généralement sur la question de l'esclavage. J'ai entendu la plupart des grands orateurs du monde, mais aucun d'entre eux n'a produit sur son auditoire un effet aussi immédiat et aussi durable que Wendell Phillips. Il était le meilleur type d'habitant cultivé de la Nouvelle-Angleterre. Il a reçu la meilleure éducation possible à son époque et disposait de moyens indépendants qui lui ont permis de poursuivre ses études et sa carrière. En outre, il était l'un des hommes les plus beaux que j'aie jamais vu sur l'estrade et, dans ses moments d'inspiration, il rencontrait la conception imaginative d'un dieu grec.

Phillips faisait rarement un geste ou parlait au-dessus de la conversation, mais sa voix musicale atteignait les coins les plus reculés de la salle. Le public enthousiaste, craignant de perdre un mot, se penchait en avant, la bouche ouverte et les oreilles attentives. Le public était toujours hostile au début du discours de M. Phillips, mais avant la fin, il le faisait applaudir, pleurer ou rire, comme un interprète habile sur un instrument parfait. Son sujet était presque toujours l'esclavage, ses opinions très extrêmes et en faveur de l'abolition immédiate, mais à cette époque, il avait très peu de partisans. Néanmoins, ses discours, notamment en raison des émeutes et des polémiques qu'ils ont provoquées, ont fait réfléchir et ont largement accru l'hostilité à l'esclavage, notamment à son extension.

J'ai rencontré M. Phillips un soir, après une conférence, chez le professeur Goodrich. Il était très courtois et attentionné envers les étudiants et invitait les questions. Tandis que j'étais charmé, voire captivé, par son éloquence, j'avais alors très peu de sympathie pour ses vues. Je lui ai dit : « M. Phillips, votre attaque de ce soir contre Caleb Cushing, l'un des hommes publics les plus éminents et les plus compétents du pays, était très au vitriol et des plus destructrices de caractère et de réputation. sais de toi que, si tu me pardonnes, j'aimerais savoir pourquoi tu as fait cela. Il répondit : « J'ai découvert que les gens, en règle générale, ne s'intéressent pas aux principes ou à leurs discussions. Ils sont tellement absorbés par leurs affaires personnelles qu'ils réfléchissent très peu à des questions extérieures à leur entreprise ou à leur vocation. un homme public en qui ils ont foi, et de sorte que cet homme représente un grand corps de vérité ou de mensonge, et peut être extrêmement dangereux parce qu'un grand public relie la mesure à l'homme, et, par conséquent, si je peux détruire l'homme qui représente un principe vicieux, j'ai détruit le principe. Cela ne m'a pas semblé favorable à l'époque, et cela ne me semble pas non plus le cas aujourd'hui. Néanmoins, en politique et dans les batailles politiques, il représente une vérité dynamique.

La préparation parfaite d'un discours était, selon Wendell Phillip, celle dans laquelle les opérations mentales n'étaient en aucune façon assistées par une aide extérieure. Seulement deux ou trois fois dans sa vie il prépara un discours avec un stylo et du papier, et il sentit que ces discours étaient le plus pauvre de ses efforts. Il étudiait constamment l'art oratoire. Dans ses promenades quotidiennes ou dans sa bibliothèque, des métaphores et des comparaisons lui étaient suggérées, qu'il gardait en mémoire, et il étudiait même l'action en observant les mouvements musculaires des hommes qu'il voyait dans les lieux publics. Il croyait qu'un discours parfait ne pouvait être préparé qu'après une intense concentration mentale. Bien entendu, l'esprit doit d'abord être fortifié par la lecture des faits fournis. Ayant ainsi saturé son esprit d'informations, il restait souvent allongé pendant des heures sur son canapé, les yeux fermés, prenant mentalement des dispositions pour l'adresse. En fait, il écrivait mentalement ses discours, comme Victor Hugo aurait écrit certains de ses poèmes. Un discours ainsi préparé, pensait Phillips, était toujours à la disposition de l'orateur. Il pourrait varier à chaque prestation et pourrait être modifié pour répondre aux urgences du public, mais serait toujours pratiquement le même.

Cette méthode de préparation explique ce qui a été un mystère pour beaucoup de personnes. Les différents rapports sur la conférence de Phillips sur « Les arts perdus » diffèrent par leur phraséologie et même par leur arrangement. M. Phillips n'a pas lu ses discours sous forme imprimée et, par conséquent, n'en a jamais révisé un seul. Il était fermement convaincu que la pensée imprimée et la pensée parlée devaient être exprimées sous des formes différentes et que le maître de l'une ne pouvait être le maître de l'autre.

J'ai rencontré beaucoup de jeunes hommes comme moi lors de la visite de 1856 et j'ai également fait de nombreuses connaissances de grande valeur dans l'au-delà. Il était difficile pour les orateurs de souche plus âgés de modifier les discours qu'ils prononçaient depuis des années, de sorte que les jeunes orateurs, avec leur nouvel enthousiasme, leur sérieux intense et leur foi inébranlable, étaient plus populaires auprès du public, qui était profondément conscient de l'importance du discours. questions soulevées alors par le nouveau parti républicain.

Le parti républicain était composé de whigs et de démocrates anti-esclavagistes. Lors de cette première campagne, les anciens whigs et démocrates n'ont pas réussi à surmonter leur long antagonisme et se sont méfiés les uns des autres. Les jeunes hommes, qu'ils soient d'ascendance démocrate ou whig, constituèrent l'amalgame qui fusionna rapidement tous les éléments, de sorte que le parti présenta un front uni dans la campagne quatre ans après, lorsque M. Lincoln fut élu.

Au cours de cette campagne, j'ai eu à plusieurs reprises comme orateurs sur la tribune des hommes d'État de renommée nationale. Ces messieurs, à quelques exceptions près, ont fait des discours lourds, lourds et platitudinaux. S'ils avaient jamais eu de l'humour, ils en avaient peur. Cependant, la foule abandonnait invariablement l'homme d'État pour l'orateur qui pouvait les amuser en les instruisant. Les hommes d'État les plus âgés disaient en guise de conseil : « Même si le peuple veut s'amuser, il n'a aucune confiance dans un homme ou une femme qui a de l'esprit ou de l'anecdote. Lorsqu'il s'agit d'élire des hommes pour diriger les affaires publiques, ils préfèrent invariablement les choses sérieuses. Hommes." Il ne fait aucun doute qu'une réputation d'esprit a sérieusement compromis les perspectives d'avenir de bon nombre des hommes les plus compétents du pays.

La seule exception à cette règle était Abraham Lincoln. Mais lorsqu'il s'est présenté pour la première fois à la présidence, il était relativement inconnu en dehors de son État de l'Illinois. Les directeurs de campagne, dans leur littérature, n'ont mis en avant que ses discours sérieux, très remarquables, notamment celui qu'il a prononcé à Cooper Union, New York, qui a profondément impressionné les hommes réfléchis de l'Est. Il pouvait raconter des histoires et des blagues en toute sécurité après avoir démontré sa grandeur en tant que président. Les gens considéraient alors ses récits comme le soulagement et la détente nécessaires d'un fonctionnaire surchargé et surmené. Mais avant qu'il ait démontré son génie de dirigeant, ils auraient probablement considéré ces mêmes traits comme des preuves de frivolité, impropres à de grandes et graves responsabilités.

J'ai eu une conversation très intéressante sur le sujet avec le général Garfield, lorsqu'il se présentait à la présidence. Il m'a dit très gentiment : « Vous avez toutes les qualités pour réussir dans la vie publique ; vous pouvez accéder partout et aux plus hautes places sans votre humour. Je connais sa grande valeur pour un orateur devant un public, mais il est dangereux au final. Lorsque j'ai commencé en politique, peu après l'obtention de mon diplôme, j'ai découvert que j'avais un sens de l'humour aiguisé, ce qui a fait de moi l'orateur le plus recherché de tous nos voisins, mais j'ai aussi vite découvert que cela nuisait sérieusement à l'opinion publique de la population. J'ai donc décidé de m'en débarrasser. C'était très difficile, mais j'ai si bien réussi que je ne peux plus raconter une histoire ni en apprécier l'intérêt lorsqu'on me la raconte si j'avais suivi mon naturel. Je suis courbé, je ne devrais pas être maintenant le candidat de mon parti à la présidence des États-Unis.

La raison pour laquelle si peu d'hommes sont humoristes est qu'ils sont très timides face à l'humour. Mes propres observations en étudiant la vie et les œuvres de nos hommes publics démontrent à quel point ils ont été profondément attachés à cette idée. Il n'y a pas une plaisanterie, ni un mot, ni une étincelle d'humour qui irradie les hommes d'État révolutionnaires. Il y a une dignité guindée dans leurs propos qui montre qu'ils posaient toujours dans des attitudes héroïques. S'ils vivaient et se déplaçaient dans la vie familiale, sociale et de club, telle que nous la comprenons, la morosité de leur camaraderie explique le plaisir que leurs contemporains prenaient aux trois heures de sermons alors courants en chaire.

Alors que nous quittons la période de Washington, Hamilton, Jefferson et Adams , nous ne trouvons aucun humour dans la génération suivante. Le seul soulagement à l' ennui de l'argumentation et à la logique inépuisable se trouve dans le sarcasme sauvage de John Randolph, qui n'était ni de l'esprit ni de l'humour.

Une illustration pleine d'esprit ou une histoire pertinente fera plus que des colonnes d'argumentation. L'auditoire d'autrefois exigeait un discours d'au moins deux heures et en espérait trois. Le public d'aujourd'hui devient rétif après la première heure et se contente mieux de quarante minutes. Il préfère les épigrammes aux arguments et l'humour à la rhétorique. Il n'en reste pas moins vrai que la presse ne présente aux lecteurs d'un orateur qui se livre à l'humour que la partie amusante de son effort, et qu'il court le risque sérieux de ne pas recevoir de crédit pour son habileté à discuter de grandes questions, quelle que soit la manière dont il s'exprime. cette capacité peut être remarquable. La question est toujours posée à un orateur fréquent de savoir s'il doit gagner les applaudissements du public et perdre l'opinion flatteuse des critiques, ou s'il ennuyera son auditoire et sera complimenté par les lecteurs pour sa sagesse.

Lorsque je repense aux soixante-cinq années écoulées en matière de prise de parole en public et au succès des différentes méthodes devant un public politique, littéraire, économique ou législatif, ou devant une législature elle-même, et surtout lorsque je considère mon propre plaisir à les efforts, les résultats et les compensations ont été bien supérieurs à l'obtention de n'importe quelle fonction. Car, après tout, un homme peut rester ennuyeux et ennuyeux pour lui-même et pour les autres toute sa vie et avoir la réputation d'être un penseur sérieux et un citoyen solide, et pourtant ne jamais accéder à la présidence.

C'était toujours un plaisir d'écouter George W. Curtis. C'était un orateur accompli, de type classique, mais non de l' ordre démosthénien . Sa belle apparence personnelle, sa voix bien modulée et d'une grande portée et ses manières raffinées ont immédiatement gagné la faveur de son public. C'était un type splendide d'érudit en politique. Il prenait autant de soin à préparer un discours qu'à préparer un volume qu'il allait publier.

J'ai accepté sous forte pression l'invitation à prononcer le discours lors de l'inauguration de la Statue de la Liberté Bartholdi dans le port de New York, car le temps était si court, quelques jours seulement. M. Curtis m'a dit par la suite : « J'ai été très surpris que vous ayez accepté cette invitation. Je l'ai décliné parce qu'il ne restait qu'un mois avant le dévoilement. Je refuse invariablement une invitation pour une adresse importante à moins de disposer de trois mois. Je prends un mois pour rechercher les autorités et le préparer soigneusement, puis le laisser de côté pendant un mois, pendant que vous n'y prêtez aucune attention, votre esprit est inconsciemment à l'œuvre lorsque vous recommencez à corriger. Dans votre manuscrit, vous constatez que sur de nombreuses choses auxquelles vous aviez bien pensé, vous avez changé d'avis. Des corrections et des ajouts tranquilles perfectionneront l'adresse.

Comme mes discours et mes discours ont toujours été le produit de soirées et de dimanches libres pris dans une vie intensément active et occupée, si j'avais suivi l'un de ces exemples, mes douze volumes de discours n'auraient jamais vu le jour.

L'un des plus grands orateurs de sa génération, et je pourrais dire de la nôtre, était Robert G. Ingersoll. J'ai eu le privilège de rencontrer le colonel Ingersoll à plusieurs reprises et, à plusieurs reprises, de prendre la parole sur la même tribune. Le zénith de sa renommée fut atteint par son discours de « chevalier à plumes », nommant James G. Blaine à la présidence de la convention nationale républicaine de 1876. Tous les délégués témoignèrent que si le vote avait pu avoir lieu immédiatement à la En conclusion du discours, M. Blaine aurait été élu.

Le colonel Ingersoll a remporté les honneurs oratoires de cette campagne dans une série de discours couvrant tout le pays. Je dis une série de discours ; il n'en avait en réalité qu'un, qui était le discours de campagne le plus efficace que j'aie jamais entendu, mais qu'il a prononcé encore et encore, et à chaque fois avec un succès phénoménal, un succès comme je n'en ai jamais connu. Il l'a présenté à un immense public à New York et l'a balayé. Il réitéra ce triomphe le lendemain lors d'une réunion en plein air à Wall Street, puis le lendemain lors d'un grand rassemblement dans le New Jersey. Les journaux publiaient le discours dans son intégralité chaque jour après son prononcé, comme s'il s'agissait d'un nouveau et premier discours du grand orateur.

J'ai parlé avec lui à plusieurs reprises lorsqu'il était l'un des orateurs après un dîner important. C'était un plaisir rare de l'entendre. L'effort était apparemment impromptu, et cela a ajouté à son effet sur ses auditeurs. Qu'il était minutieusement préparé, je l'ai constaté en l'écoutant plusieurs fois, toujours inchangé et produisant toujours le même effet passionnant.

Il a pris la parole un soir au Cooper Institute lors d'une célébration par les gens de couleur de la proclamation de M. Lincoln les émancipant de l'esclavage. Comme à son habitude, il était maître des lieux et de son public. Il prononçait alors une série de discours attaquant la Bible. Son esprit était plein de ce sujet, et apparemment il ne pouvait s'empêcher d'attaquer la foi des nègres en se demandant, s'il existait un Dieu de justice et de miséricorde, pourquoi les laissait-il si longtemps en esclavage ou leur permettait-il de le devenir un jour.

Pour un public ému comme celui qui était devant lui, c'était une attaque des plus dangereuses contre la foi. J'aimais tellement le colonel et je l'admirais tellement que je détestais le contredire, mais je sentais que c'était nécessaire de le faire. La ferveur religieuse si intense chez les gens de couleur rendait relativement facile le rétablissement de leur foi, même si elle avait été affaiblie, et leur faisait reconnaître que leurs bénédictions étaient toutes venues de Dieu.

L'orateur le plus brillant de la période précédant immédiatement la guerre civile fut probablement Thomas Corwin, de l'Ohio. Nous n'avons actuellement sur l'estrade aucun orateur de ce type. Il a exercé une influence remarquable chaque fois qu'il a participé aux débats à la Chambre des représentants. Lors des élections ou des campagnes électorales, il éloignait le public d'Henry Clay ou de l'un des orateurs célèbres de l'époque. Je me demande parfois si notre public d'aujourd'hui, plus expérimenté et plus instruit, serait influencé par les méthodes de Corwin. Il possédait au plus haut degré tous les éléments d'un discours efficace. Il pouvait faire pleurer son public, le faire rire de manière hilarante ou susciter des acclamations. Il a raconté plus d'histoires et mieux que quiconque , et s'est livré librement à ce qu'on appelle l'exagération du 4 juillet. Il soulageait une présentation logique superbe et sans réponse par une envolée rhétorique ou par un humour contagieux. Vers la fin de sa vie, il parla près de New York, et sa grande réputation attira à la réunion les représentants de la presse métropolitaine. Il a bouleversé l'auditoire, mais les commentaires des journaux ont été très critiques et défavorables, tant à l'égard du discours que de l'orateur. C'était une illustration de ce que j'ai souvent rencontré : un discours qui convenait parfaitement à l'occasion et au public, mais qui perdait de son effet lors de sa publication. L'humour de Corwin lui barrait la voie de l'accès à de grandes fonctions et il vit de nombreux hommes ordinaires avancer devant lui.

Le facteur le plus puissant dans la destruction de ses ennemis et dans le renforcement de sa propre cause était son esprit et son humour inimitables. Par son sens politique large, ses exigences solides et son éloquence efficace, il se dressait au-dessus de la médiocrité réussie de son temps – les Buchanan et les Polk , les Franklin Pierces et les Winfield Scott – comme une étoile de première grandeur au-dessus de la Voie Lactée. Mais plus tard, il pensa que son échec à atteindre la reconnaissance suprême à laquelle il avait droit était dû au fait que son humour avait créé l'impression dans l'esprit de ses compatriotes qu'il n'était pas une personne sérieuse.

Wayne MacVeagh était un conférencier très intéressant et original. Il avait un style fini et cultivé et un rendu très attractif. Il était passé maître dans le sarcasme ainsi que dans l'éloquence brûlante sur les thèmes patriotiques. Quand j'étais en première année à Yale, il était en terminale. Je l'ai entendu très souvent à notre société de débats, le Linonian , où il promettait son succès futur. Son beau-père était Simon Cameron, secrétaire à la guerre, et il faisait partie du groupe qui accompagna M. Lincoln à Gettysburg et entendit le célèbre discours de Lincoln. Il m'a dit qu'il n'avait pas produit beaucoup d'impression à l'époque, et qu'il a fallu longtemps avant que le pays ne se réveille à son excellence surpassée, et il ne croyait pas à l'histoire toujours d'actualité selon laquelle M. Lincoln l'avait écrit sur une enveloppe alors qu'il était en voyage. train pour Gettysburg.

MacVeagh est devenu l'un des chefs de file du barreau américain et a été procureur général des États-Unis. Il a réussi en tant que diplomate en tant que ministre en Turquie et en Italie.

Je l'ai entendu à plusieurs reprises et j'ai parlé avec lui sur de nombreuses tribunes après le dîner. En tant qu'orateur après le dîner, il était toujours à son meilleur si quelqu'un l'attaquait, car il était très colérique. Il m'a lancé un mot d'esprit très en vogue à l'époque. Lorsque j'ai été élu président du New York Central Railroad, la Yale Association de New York m'a offert un dîner. De nombreux diplômés distingués de Yale, venus de différentes régions du pays, y ont participé. MacVeagh était l'un des orateurs. Au cours de son discours, il a déclaré : « J'ai été alarmé lorsque j'ai appris que notre ami Chauncey avait été élu président du chemin de fer le plus impopulaire du pays. Mais soyez assurés, mes amis, qu'il changera la situation et avant que son administration ne soit fermée, faites-en la plus populaire de nos sociétés ferroviaires, car il mettra le stock à la portée du citoyen le plus pauvre du pays. Le titre était alors au plus bas de son histoire en raison de sa lutte à mort avec le West Shore Railroad, et donc, bien sûr, l'inverse de la prédiction de mon ami MacVeagh n'était pas difficile.

L'un des orateurs les plus grands et les plus remarquables de son époque était Henry Ward Beecher. Je n'ai jamais rencontré son égal en termes de préparation et de polyvalence. Sa vitalité était contagieuse. C'était un homme grand, sain et vigoureux, au physique d'athlète, et son feu intellectuel et sa vigueur correspondaient à sa force physique. Il semblait n'y avoir aucune limite à ses idées, anecdotes, illustrations et incidents. Il avait une imagination fervente, un merveilleux pouvoir d'assimilation et de reproduction et un regard des plus observateurs. Il puisait constamment des matériaux dans les forêts, les fleurs, les jardins et les animaux domestiques des champs et de la maison, et les utilisait de la manière la plus efficace dans ses sermons et ses discours. Un de mes amis intimes, médecin de campagne et grand admirateur de M. Beecher, devint abonné à l'hebdomadaire dans lequel était imprimé son sermon du dimanche et gardait soigneusement un dossier qu'il en faisait. Non seulement il voulait lire les sermons de son prédicateur préféré, mais il le croyait d'une variété infinie, et examinait constamment les efforts de son idole pour voir s'il n'y trouvait pas une illustration, une anecdote ou une idée répétée.

M. Beecher semblait tout le temps fourmiller d'idées, presque au point d'éclater. Alors que la plupart des orateurs comptent sur leurs bibliothèques, leurs livres courants et leurs amis pour se documenter, il en trouvait apparemment plus toutes les vingt-quatre heures qu'il ne pouvait en utiliser. Ses sermons paraissaient chaque dimanche dans la presse. Il donnait fréquemment des conférences; plusieurs fois par semaine, il prononçait des discours après le dîner et, pendant ces intervalles, il prononçait des discours populaires, prenait la parole lors de réunions sur la réforme municipale et générale et lors d'occasions patriotiques. L'un des discours les plus efficaces et, pour l'époque, l'un des plus éloquents que j'ai jamais entendus de ma vie a été celui qu'il a prononcé lors des funérailles de Ho Race Greeley.

Lorsque le sentiment en Angleterre en faveur du Sud dans notre guerre civile semblait croître au point où la Grande-Bretagne pourrait reconnaître la Confédération du Sud, M. Lincoln a demandé à M. Beecher d'aller présenter le côté de l'Union. Ces discours de M. Beecher, étranger dans un pays étranger, devant un public hostile, étaient probablement une preuve de puissance oratoire aussi extraordinaire qu'on ait jamais connue. Il a captivé le public, il a surmonté l'hostilité des perturbateurs persistants des réunions et, grâce à son esprit vif, il a submergé les chahuteurs.

Lors d'une des grandes réunions, alors que le sentiment passait rapidement de l'hostilité à la faveur, un homme se leva et demanda à M. Beecher : « Si vous, peuple du Nord, êtes si forts et si votre cause est si bonne, pourquoi, après toutes ces années de en combattant, n'as-tu pas léché le Sud ? La réponse immédiate et la plus audacieuse de M. Beecher fut : « Si les Sudistes étaient des Anglais, nous les aurions léchés. » Avec l'amour anglais du fair-play, la réplique fut acceptée avec acclamations.

Tandis que d'autres orateurs se préparaient, il semblait chercher des occasions de parler et de puiser dans un réservoir débordant. Fréquemment, il passait une heure avec une foule d'admirateurs, leur parlant simplement de n'importe quel sujet qui lui tenait à l'esprit. J'ai connu une auteure qui était toujours présente à ces réunions, qui prenait de nombreuses notes et les reproduisait avec une grande fidélité. Il y avait des cercles d'adorateurs de Beecher dans de nombreuses villes et dans de nombreux États. Cette auteure avait l'habitude de venir à New Haven au cours de ma dernière année à Yale et, dans un cercle d'admirateurs de Beecher, auquel j'étais autorisé à assister, elle reproduisait ces entretiens informels de M. Beecher. Il était l'orateur le plus prêt et, avec ses sympathies presque féminines et sa nature émotive, il ajoutait énormément à son discours formel par des idées qui lui venaient à l'esprit dans le feu de l'action, ou par des commentaires sur des conversations qu'il avait entendues sur le chemin de l'église. ou une réunion.

Je me trouvais dans un train avec lui pour un voyage d'une journée entière, et il n'a jamais cessé de parler de la manière la plus intéressante et la plus efficace, et de déverser de ses riches et inépuisables réserves avec une lucidité et une éloquence remarquables ses vues sur des sujets d'actualité, comme ainsi que sur la littérature, l'art et les mouvements mondiaux récents.

Le célèbre procès de Beecher sur les accusations portées par Theodore Tilton contre lui concernant ses relations avec l'épouse de Tilton a attiré l'attention du monde entier. Cette accusation a été un choc pour le sens religieux et moral de millions de personnes. Une fois le procès terminé, le public était pratiquement convaincu de l'innocence de M. Beecher. Le jury, cependant, n'était pas d'accord, quelques-uns s'étant opposés à lui. L'affaire n'a plus jamais été portée devant un tribunal. Le procès a duré six mois.

Un soir, alors que j'étais à Peekskill, je quittai notre ancienne ferme pour me rendre dans la partie peuplée du village pour retrouver de vieux amis. J'y ai vu une foule nombreuse ainsi que les militaires et les pompiers du village. J'ai demandé de quoi il s'agissait et j'ai été informé que toute la ville se rendait à la maison de M. Beecher, située à environ un mille et demi du village, pour se joindre à une manifestation en faveur de sa justification. J'ai fait un pas dans l'une des compagnies auxquelles j'appartenais quand j'étais enfant et j'ai défilé avec la foule.

Le président du village et les principaux citoyens, l'un après l'autre, montèrent sur la plate-forme, qui était la place de la maison de M. Beecher, et lui exprimèrent leur confiance ainsi que celle de ses voisins, les villageois. Alors M. Beecher m'a dit : "Vous êtes né dans cette ville et vous êtes connu dans tout le pays. Si vous avez envie de dire quelque chose, cela voyagerait loin." Bien sûr, j'étais très heureux de cette opportunité parce que je croyais en lui. Au cours de mon discours, j'ai raconté une histoire qui avait une merveilleuse vogue. J'ai dit : « M. Lincoln m'a parlé d'une expérience qu'il a eue au début de sa pratique lorsqu'il défendait un homme qui avait été accusé d'agression violente contre un voisin. Il n'y avait aucun témoin et, en vertu des lois sur la preuve de l'époque, L'accusé ne pouvait pas témoigner. Le plaignant a donc fait ce qu'il voulait. La seule occasion dont M. Lincoln avait besoin pour aider son client était de briser l'accusateur lors d'un contre-interrogatoire. homme vantard et arrogant, et lui demanda alors : « Sur quelle étendue de terrain vous et mon client vous êtes battus ? Le témoin répondit fièrement : « Six acres, M. Lincoln. » "Eh bien," dit Lincoln, "ne pensez-vous pas que c'était une très petite récolte de combat à récolter sur une si grande ferme ?" M. Lincoln a déclaré que le juge avait ri, tout comme le procureur et le jury, et que son client avait été acquitté.

La pertinence résidait dans les six acres de terrain du procès Lincoln et dans les six mois du procès Beecher. Comme il s'agissait d'une nouvelle histoire de Lincoln, qui n'avait jamais été imprimée, et comme elle se rapportait au procès du plus célèbre des prédicateurs sur la pire des accusations qui pouvaient être portées contre un prédicateur, l'histoire fut imprimée dans tout le pays. et grâce à des amis et des agents consulaires qui m'ont envoyé des coupures de presse, j'ai découvert qu'elles étaient copiées dans presque tous les pays du monde.

M. Beecher était l'un des rares prédicateurs qui était à la fois le plus efficace en chaire et, si possible, le plus éloquent sur l'estrade. Lorsqu'une question morale était en jeu, il s'adressait à des publics politiques. Au cours d'une campagne, ses discours ont été plus largement imprimés que ceux de n'importe lequel des sénateurs, membres de la Chambre ou gouverneurs qui ont pris la parole. Je me souviens d'une de ses illustrations sur son chien, Noble, aboyant pendant des heures devant le trou d' où était parti un écureuil et appréciant la musique assis calmement à l'entrejambe d'un arbre. L'illustration a attiré l'attention du pays et a fait rire l'opposition.

Hugh J. Hastings, autrefois rédacteur en chef et propriétaire de l'Albany Knickerbocker, puis du New York Commercial Advertiser, était plein de précieux souvenirs. Il a commencé sa vie dans le journalisme très jeune sous la direction de Thurlow Weed. Cette association a fait de lui un Whig. Très peu d'Irlandais appartenaient à ce parti. Hastings était un homme politique né et organisait un club Irish Whig. Il m'a dit qu'il adorait Daniel Webster.

Webster, a-t-il dit, s'est arrêté une fois à Albany alors qu'il traversait l'État et est devenu l'invité de l'un des citoyens les plus importants d'Albany et de son hôte et artiste le plus généreux. Le gentleman donna en l'honneur de Webster un grand dîner auquel étaient présents tous les notables de la capitale.

Hastings a organisé une procession qui a pris des proportions énormes au moment où elle a atteint la résidence où M. Webster dînait. Lorsque les invités sont sortis, il était évident, selon Hastings, qu'ils avaient trop bien dîné. Ce n'était pas singulier, car aucun dîner n'était alors parfait à Albany sans treize plats et treize sortes de vins différents, et le tout se terminait par le fameux rhum Regency, que les bons vivants d'Albany avaient acheté avant l'insurrection du pays. Les Antilles avaient arrêté sa fabrication. Il y eut un coup de pied qui, s'il n'y avait pas eu d'autres coups de pied auparavant, fut fatal à tous, sauf aux têtes les plus fortes. J'ai moi-même testé ses pouvoirs lorsque j'étais en poste à Albany, il y a une cinquantaine d'années.

Hastings a déclaré que lorsque Webster a commencé son discours, il était aussi près que possible de son idole et se tenait juste devant lui. Lorsque l'homme d'État faisait un geste pour souligner une phrase, il perdait prise sur la balustrade et s'avançait. Le jeune Irlandais fut à la hauteur de la situation et interposa un bras athlétique qui empêcha M. Webster de tomber et le retint jusqu'à ce qu'il ait fini son discours. Le fait qu'il puisse continuer son discours dans de telles conditions augmentait, si cela était possible, l'admiration du jeune Hastings. Webster était l'un des rares hommes qui, lorsqu'ils étaient complètement ivres, avaient la tête sobre.

Le discours a été très efficace, non seulement auprès de ce public, mais, comme cela a été rapporté, dans tout le pays. Hastings fut appelé et escorté jusqu'à la salle à manger, où les invités s'étaient rassemblés. Webster lui saisit la main et, de sa manière la plus jovienne, s'écria : « Jeune homme, vous m'avez empêché de me déshonorer. Je vous remercie et ne vous oublierai jamais. Hastings a rapporté ses sentiments comme tels que s'il était mort cette nuit-là, il avait reçu de la vie tout ce qui valait la peine de vivre.

Je ne sais pas quelles étaient les habitudes de consommation d'alcool de M. Webster, mais les rapports populaires à leur sujet ont eu un effet très préjudiciable sur les jeunes hommes et particulièrement sur les jeunes avocats. C'était une conversation universelle que Webster était incapable de faire de son mieux et d'avoir son esprit au plus haut niveau d'efficacité sauf sous l'influence de copieuses verres de cognac. Beaucoup de jeunes avocats croyant cela buvaient à l'excès, non pas parce qu'ils adoraient l'alcool, mais parce qu'ils pensaient que sa consommation pourrait faire de lui un deuxième Webster.

Ayant vécu dans cette atmosphère, j'ai moi-même tenté l'expérience. Heureusement pour moi, j'ai découvert à quel point c'était complètement faux. J'ai essayé les alcools forts, le brandy, le whisky et le gin, puis les vins. J'ai trouvé que tout cela avait un effet déprimant et assourdissant sur l'esprit, mais qu'il y avait une certaine exaltation, quoique pas saine, dans le champagne. J'ai également découvert, et c'était la même chose pour tout le monde , que l'esprit fonctionne mieux et produit les résultats les plus satisfaisants sans aucun alcool.

Je doute qu'un locuteur, à moins qu'il ne soit devenu dépendant des stimulants, puisse les utiliser avant de faire un effort important sans que son appareil mental soit plus ou moins encombré. Je sais qu'on raconte qu'Addison, dont l'anglais a été le modèle des générations successives, en écrivant ses meilleurs essais, a usé le tapis en marchant entre les phrases depuis le buffet où se trouvait le cognac jusqu'à sa table d'écriture. Mais ils avaient à cette époque une constitution héroïque et un appareil digestif à toute épreuve, qui n'ont pas été transmis à leurs descendants.

J'ai entendu une autre histoire de Webster par Horace F. Clarke, un célèbre avocat de New York et un de ses grands amis. M. Clarke a déclaré qu'il avait devant le chancelier une affaire impliquant des intérêts très importants. Il découvrit que M. Webster se trouvait à la maison Astor et lui rendit visite. M. Webster lui a dit que ses engagements publics et professionnels étaient écrasants et qu'il lui était impossible d'entreprendre quoi que ce soit de nouveau. Clarke a mis mille dollars sur la table et a supplié M. Webster d'accepter une provision. Clarke a déclaré que Webster regardait l'argent avec envie, en disant: "Jeune homme, vous ne pouvez pas imaginer, et je n'ai pas de mots pour exprimer à quel point j'ai besoin de cet argent, mais c'est impossible. Cependant, laissez-moi voir votre mémoire." Webster l'a lu et a ensuite dit à Clarke : « Vous ne gagnerez pas sur ce dossier, mais si vous l'intégrez, je pense que votre cas est correct. » Clarke a déclaré que lorsqu'il a présenté le mémoire et fait valoir ses arguments devant le chancelier, celui-ci a tranché en sa faveur, entièrement sur la suggestion faite par M. Webster. Un éminent avocat m'a dit qu'en étudiant les arguments de M. Webster devant la Cour suprême et les décisions rendues dans ces affaires, il découvrait très souvent que l'opinion de la cour suivait le raisonnement de ce merveilleux avocat.

Henry J. Raymond m'a raconté l'histoire suivante de M. William H. Seward. Il a dit qu'un matin, un messager est venu à son bureau (Raymond était alors rédacteur en chef du New York Times) et a dit que M. Seward était à la maison Astor et voulait me voir. À mon arrivée, M. Seward a déclaré : « Je suis en route pour chez moi à Auburn, où je dois prononcer un discours pour tout le pays pour expliquer et défendre notre administration. [Johnson était président.] Quand je serai prêt Je vous télégraphierai, puis m'enverrai un de vos meilleurs journalistes. » Environ deux semaines plus tard, M. Raymond reçut ce télégramme énigmatique de M. Seward : « Envoyez-moi l'homme dont j'ai parlé. »

Lorsque le journaliste revint, il dit à M. Raymond : « Quand je suis arrivé à Auburn, je m'attendais à ce qu'une grande réunion ait été annoncée, mais il n'y avait ni prospectus, ni avis, ni quoi que ce soit dans les journaux locaux, alors je suis allé chez M. Seward. maison. Il m'a dit : « Je suis très heureux de vous voir. As-tu ton crayon et ton cahier ? Si oui, nous ferons un discours. Après la dictée, M. Seward dit : « Veuillez écrire cela toutes les trois lignes, afin de laisser place aux corrections, et rapportez-le-moi demain matin. Lorsque j'ai donné la copie à M. Seward, il l'a prise et l'a gardée pendant la journée, et quand je suis revenu le soir, l'espace vacant était rempli de corrections et de nouveaux sujets. M. Seward m'a dit : « Maintenant, faites-moi. une copie propre telle que corrigée. Lorsque je suis revenu avec la copie corrigée, il a déclaré : « Je pense que vous et moi avons fait un très mauvais discours. Réessayons. Le même processus fut répété une seconde fois, et cette copie corrigée du discours fut remise en partie à quelques amis convoqués pour l'occasion dans la bibliothèque de M. Seward. Le lendemain matin, ces titres parurent dans tous les principaux journaux du pays. : 'GRAND DISCOURS AU NOM DE L'ADMINISTRATION PAR LE SECRÉTAIRE D'ÉTAT LORS D'UNE GRANDE RÉUNION DE MASSE À AUBURN, NY'"

Dans la carrière d'un homme d'État, une phrase fera souvent ou défaire son avenir. Au plus fort de l'agitation autour de l'esclavage et alors que l'application de la loi sur les esclaves fugitifs suscitait la plus grande indignation dans le Nord, M. Seward prononça un discours à Rochester, dans l'État de New York, qui remua le pays. Dans ce discours, tout en respectant la Constitution et les lois, il a déclaré très solennellement qu'« il existe une loi supérieure ». M. Seward attirait parfois l'attention sur sa position par un discours oraculaire qu'il laissait aux gens le soin d'interpréter. Cette expression, « la loi supérieure », devint d'une importance de premier ordre, tant au Congrès, dans la presse et sur la tribune. D'un côté, cela a été dénoncé comme une trahison et une anarchie. De l'autre côté, c'était l'appel de la conscience et de l'enseignement du Nouveau Testament sur les droits de l'homme. C'est l'une des causes de sa défaite à la présidence.

Le sénateur Henry Wilson, du Massachusetts, devenu ensuite vice-président, était très demandé. Il a été clair dans ses déclarations historiques et catégorique dans ses expressions. S'il avait une certaine appréhension de l'humour, il ne la montrait jamais dans ses discours. Sa carrière avait été très pittoresque, allant d'ouvrier non qualifié au Sénat et à la vice-présidence. L'impression qu'il donnait était celle d'un exemple d'opportunité américaine, et il était plus impressionnant et influent par sa personnalité et son histoire que par ce qu'il disait.

L'un des orateurs de souches les plus pittoresques et les plus populaires était Daniel S. Dickinson. Il avait été sénateur et chef de parti aux États-Unis, et était une personnalité nationale. Son apparence vénérable donnait de la force à son discours. Il paraissait d'un grand âge, mais il était remarquablement vigoureux. Ses discours étaient constitués d'épigrammes citables et efficaces. Il passait rapidement d'argumentation en anecdote et était au vitriol dans ses attaques.

J'ai eu une expérience intéressante avec M. Dickinson alors qu'il se présentait au poste de secrétaire d'État en 1863. La carte de tirage pour cette année-là, et la plus recherchée et la plus populaire pour les discours de campagne, était le gouverneur Andrew, du Massachusetts. Il avait une série de rendez-vous dans l'État de New York, mais, en raison d'une urgence, il les annula tous. Les comités nationaux et d'État m'ont sélectionné pour remplir ses fonctions. Le travail le plus insatisfaisant et le plus désagréable au monde est de répondre aux rendez-vous d'un orateur populaire. Les attentes du public ont été éveillées dans une certaine mesure par la propagande vantant le génie et les réalisations de l'orateur attendu. Le remplaçant ne peut pas répondre à ces attentes et une foule en colère le tient pour responsable de sa déception.

Lorsque je suis descendu du train à la gare, j'étais au milieu d'une réunion de masse de plusieurs comtés à Deposit, dans l'État de New York. Un grand comité, abondamment décoré d'insignes de campagne, était sur le quai pour accueillir le distingué gouverneur de guerre du Massachusetts. Je n'ai pas répondu physiquement à leurs attentes d'un homme d'État impressionnant, à la présence digne, portant un costume de Prince Albert et un haut-de-forme. Je faisais campagne depuis longtemps, mon chapeau mou n'avait pas bonne réputation et j'avais ajouté un grand châle à mon équipement de campagne. En plus de cela, je n'avais que vingt-huit ans et j'avais l'air beaucoup plus jeune. Le comité en attendait au moins une soixantaine. Finalement, le président s'est précipité vers moi et m'a dit : « Vous étiez dans le train. Avez-vous vu le gouverneur Andrew du Massachusetts ? Je lui répondis : « Le gouverneur Andrew ne vient pas ; il a annulé tous ses engagements, et j'ai été envoyé pour le remplacer. Le président haleta puis s'exclama : « Mon Dieu ! Il a convoqué avec enthousiasme ses collègues du comité et leur a dit : « Messieurs, le gouverneur Andrew ne vient pas, mais le comité d'État a envoyé CECI », en me désignant. J'étais le candidat du parti au poste de secrétaire d'État et en tête de liste, mais personne ne m'a demandé qui j'étais et je ne leur ai pas dit non plus. Je me suis retrouvé complètement seul.

Quelque temps après, le président du comité est venu me voir et m'a dit : « Jeune homme, nous ne serons pas durs avec vous, mais le comité d'État l'a déjà fait une fois. On nous a promis un orateur très populaire et bien connu parmi nous, mais à sa place, ils ont envoyé le plus fou des imbéciles qui se soient jamais présentés devant une audience. Cependant, nous avons envoyé à Binghamton chercher Daniel S. Dickinson, et il sera là dans peu de temps et sauvera notre grande réunion de masse.

M. Dickinson est venu et a prononcé un discours typique ; chaque phrase était une bombe et son explosion très efficace. Il avait le privilège de l'âge et racontait une histoire que je n'aurais pas osé raconter, le public étant à moitié féminin. Il a déclaré : "Ces avocats constitutionnels, qui proclament que tous les actes de M. Lincoln sont inconstitutionnels, ne connaissent aucune loi. Ils me rappellent un médecin que nous avons à Binghamton, qui a un grand cabinet en raison de sa belle apparence, ses grands mots et sa canne à pommeau d'or. Il fut appelé chez un jeune garçon qui était assis sur les genoux de sa grand-mère. Après avoir regardé la langue du garçon et palpé son pouls, il posa sa tête sur son or, plongé dans une profonde réflexion. -à tête de canne, puis il dit : "Madame, ce garçon a de telles difficultés avec l'épiglotte et un larynx tellement enflammé que nous devrons procéder à une phlébotomie." La vieille dame serra frénétiquement le garçon contre son sein et s'écria : « Pour l'amour du ciel, docteur, qu'est-ce qui peut bien souffrir ce garçon pour que vous lui mettiez tout ça sur les fesses ? »

M. Dickinson m'a présenté comme le chef de la liste de l'État. Mon discours s'est avéré un succès et le président m'a fait le beau compliment en disant : « Nous sommes heureux qu'ils vous aient envoyé à la place du gouverneur Andrew.

L'un des orateurs les plus efficaces de notre campagne était le général Bruce, de Syracuse, New York. Le général n'a prononcé pratiquement qu'un seul discours, plein d'illustrations pittoresques, d'anecdotes frappantes et de périodes d'exaltation patriotique très agitées. Il a prononcé ce discours, avec les variations nécessaires, à travers de nombreuses campagnes. J'étais avec le général, qui était commissaire du canal lorsque j'étais secrétaire d'État, lors de notre tournée officielle sur le canal.

Un soir, le général me dit : « M. Blank, qui a une grande réputation, parle dans une ville voisine, et je vais l'entendre. Il est revenu furieux et mécontent. En m'en racontant, il me dit : « Ce voleur infernal a prononcé mon discours mot pour mot, et mieux que je ne peux le faire moi-même. Je suis trop vieux pour en faire un autre, et, comme j'aime parler, je suis très malheureux."

Cela illustre l'un des accidents auxquels est exposé un orateur de campagne. L'homme qui a volé le discours du général m'a ensuite joué le même tour. Il est arrivé dans notre État depuis la Nouvelle-Angleterre avec une grande réputation. C'était un très bon élocuteur, d'une présence et de manières excellentes, mais totalement incapable de pensée originale. Il ne pouvait préparer aucun discours. Pourtant, il avait une mémoire phénoménale. Il pouvait écouter un discours prononcé par un autre et le répéter parfaitement. Son apparence attrayante, sa bonne voix et sa belle élocution ont fait de ce discours un grand succès. Plusieurs orateurs m'ont dit que lorsqu'ils ont constaté que leurs efforts avaient échoué, ils en ont demandé la cause et ont découvert que cet homme avait prononcé leurs discours quelques nuits auparavant, et que l'auditoire, bien sûr, pensait que le dernier orateur était un fraudeur et un voleur.

Le général Bruce m'a raconté une bonne histoire de campagne du sénateur James W. Nye, du Nevada. Nye était un éminent avocat de l'ouest de New York, le membre le plus éloquent et le plus spirituel du barreau de cette section, ainsi que l'orateur de campagne le plus populaire. Il a déménagé au Nevada et a tellement impressionné la population de ce jeune État qu'il a été élu sénateur des États-Unis. Au Sénat, il devint une figure notable.

Nye et le général Bruce furent envoyés par le comité national pour parcourir la Nouvelle-Angleterre. Nye était devenu sénateur dans son discours, avec beaucoup plus de dignité et d'élévation de style qu'auparavant. Il commença ainsi son premier discours à Bridgeport, dans le Connecticut : « Chers citoyens, je suis venu à trois mille milles de ma maison de montagne, à trois mille pieds au-dessus du niveau de la mer, pour discuter avec vous de ces questions vitales pour la sécurité. de notre république. » La nuit suivante, à New Haven, il dit : « Je suis venu de ma maison de montagne, à cinq mille pieds au-dessus du niveau de la mer, pour discuter avec vous de ces questions vitales pour la sécurité de notre république. Bruce l'interrompit en disant : "Eh bien, sénateur, il n'y avait que trois mille pieds hier soir." Nye s'est sauvagement retourné contre Bruce : "Bruce, tu vas au diable !" Reprenant avec l'assistance, il a déclaré de manière très impressionnante : "Comme je le disais, chers concitoyens, je viens de ma maison de montagne, à dix mille pieds au-dessus du niveau de la mer, pour, etc."

Une histoire qui illustre et renforce l'argumentation aide un discours politique, et c'est souvent la seule partie du discours dont on se souvient. J'ai souvent entendu des gens me dire : « Je t'ai entendu parler il y a trente, quarante ou cinquante ans, et voici l'histoire que tu as racontée. Parfois, cependant, l'histoire peut se révéler un boomerang de la manière la plus inattendue.

Pendant de nombreuses années, lorsque je parlais dans le nord de New York, j'étais toujours accueilli à la gare de Syracuse par un surintendant du chemin de fer de Lackawanna avec un train spécial rempli d'amis. Il m'a porté jusqu'à ma destination et m'a ramené le matin. C'était son grand jour de l'année, et pendant le voyage il était plein de souvenirs, et surtout des confidences que lui avait confiées le président de la route, mon vieil et précieux ami, Samuel Sloan.

Un automne, il ne s'est pas présenté et il n'y avait pas de train spécial pour me rencontrer. Des amis m'ont dit que la raison était que sa femme était décédée et qu'il était en deuil. Le lendemain de la réunion, j'ai commencé à lui rendre visite, mais j'ai été informé qu'il était très hostile et qu'il ne me verrait pas. Je n'allais pas perdre un vieil ami comme ça et je suis allé à son bureau. Dès que je suis entré, il m'a dit : « Va-t'en, je ne veux plus te revoir. Je lui ai fait appel en lui disant : « Je ne peux pas perdre un ami aussi bon que vous. Si j'ai fait ou dit quelque chose, je ferai tout ce qui est en mon pouvoir pour y remédier. Il s'est retourné brusquement contre moi et a raconté avec beaucoup d'émotion : « Ma femme et moi avons vécu en harmonie amoureuse pendant plus de trente ans, et quand elle est décédée récemment, j'ai eu le cœur brisé. Toute la ville était sympathique ; la plupart des maisons de commerce ont fermé pendant la guerre. À l'heure des funérailles, j'avais fait venir des ministres que ma femme admirait et j'avais sélectionné avec eux des passages d'écritures et des hymnes auxquels elle se dévouait. Un nouveau ministre de la ville a été invité par les autres à participer, et à mon insu. j'ai regardé la congrégation, tous les amis de Marie. J'ai écouté les services que Marie elle-même aurait choisis, et j'ai dit à l'esprit de Marie, que je savais planer autour de moi : « Nous vous rendons tous un hommage affectueux. Ensuite, le nouveau ministre a eu pour sa part l'annonce et la lecture d'un hymne. Lors de la dernière convention républicaine à Saratoga, pour illustrer la condition du parti démocrate, vous avez raconté l'histoire d'un garçon marchant parmi les tombes d'enfants de la vieille ville. cimetière de Peekskill, mangeant des pommes vertes et sifflant « Plus près, mon Dieu, de toi ». Le nouveau ministre a chanté cet hymne : « Plus près de toi, mon Dieu. Votre histoire m'est venue à l'esprit et j'ai éclaté de rire. Je me suis déshonoré, j'ai insulté la mémoire de Marie et je ne veux plus jamais vous revoir.

XXI. CONVENTIONS NATIONALES RÉPUBLICAINES

Lorsque la convention républicaine se réunit en 1912, j'étais à nouveau délégué. Au cours de mes cinquante-six années de congrès nationaux, je n'ai jamais vécu une expérience aussi intense et désagréable. J'ai estimé qu'il était de mon devoir de soutenir le président Taft dans sa renomination . Je pensais qu'il l'avait mérité grâce à son excellente administration. J'avais de nombreux liens avec lui, à commencer par nos associations en tant que diplômés de Yale, et j'avais pour lui une estime des plus cordiales. J'ai été influencé par mon amour ancien et indéfectible pour Roosevelt. Dans ce cas, le compromis et l'harmonie étaient impossibles. J'ai vu qu'avec le contrôle de l'organisation et de la convention du côté de M. Taft, et avec le soutien farouche à Roosevelt des délégués des États sur lesquels on pouvait compter pour donner des majorités républicaines, la nomination de l'un ou l'autre soyez sûr de la défaite.

J'étais à nouveau délégué à la convention républicaine de 1916. Le parti était uni. Progressistes et conservateurs agissaient ensemble et la convention était de la plus bonne humeur. Il était généralement entendu que le juge Hughes serait nommé s'il pouvait être amené à démissionner de la Cour suprême et à accepter. Le président de la convention était le sénateur Warren G. Harding. Il a prononcé un discours d'ouverture très acceptable. Sa belle apparence, son équité, sa justice et sa bonne humeur en tant que président de séance ont capturé la convention. Il y avait un sentiment universel que si Hughes refusait, le parti ne pourrait pas faire mieux que de nommer le sénateur Harding. C'est cette impression parmi les délégués, dont beaucoup étaient également membres de la convention de 1920, qui a conduit à la sélection comme candidat de la convention à la présidence de Warren G. Harding.

Ma bonne mère était presbytérienne et une bonne calviniste. Elle a cru et m'a fait comprendre la certitude d'une Providence spéciale. Il est difficile pour un républicain de penser que l'élection de Woodrow Wilson était une providence particulière, mais si notre candidat, M. Hughes, avait été élu, il aurait eu une majorité démocrate hostile au Congrès.

Lorsque les États-Unis sont entrés en guerre, comme ils ont dû le faire, le président aurait été handicapé par ce Congrès pacifiste. La conscription aurait été refusée, sans laquelle notre armée de quatre millions n'aurait pas pu être levée. Les mesures autocratiques nécessaires à la conduite de la guerre auraient été niées. Avec le conflit entre l'exécutif et le Congrès, notre position aurait été impossible et indéfendable.

J'ai eu une expérience personnelle à la convention. Le président Harding m'a envoyé un des secrétaires avec un message m'informant qu'il y aurait un intervalle d'environ une heure pendant lequel la convention n'aurait rien à faire. C'est à ce moment-là que l'excentrique avait son opportunité et que la situation était dangereuse, et il souhaitait que je vienne à l'estrade et que j'occupe autant que possible cette heure. J'ai refusé au motif que je n'étais absolument pas préparé et que ce serait une folie de tenter de parler à quatorze mille personnes dans la salle et à cent millions à l'extérieur.

Quelques minutes plus tard, le gouverneur Whitman, président de la délégation de New York, est venu me voir et m'a dit : « Vous devez être enrôlé. Le président va créer des affaires pour vous donner quinze minutes pour réfléchir à votre discours. J'ai stimulé ma matière grise comme jamais auparavant, puis j'ai été présenté et j'ai parlé pendant quarante-cinq minutes. J'avais plus de quatre-vingt-deux ans. Le discours fut un succès, mais lorsque je retournai à ma place, je me souvins de ce que le général Garfield m'avait dit si sincèrement : « Vous êtes le seul homme de réputation nationale qui parlera sans préparation. jour un échec tel qu'il détruit la réputation de toute une vie. »

Dans une lettre, le président Harding dit ceci à propos de cette occasion : « Il y a à peine un an (1916), j'ai eu le privilège, en tant que président de la convention républicaine de Chicago, de vous appeler pour une allocution. Il y a eu une interruption qui a appelé pour un discours, et vous avez si merveilleusement répondu aux exigences difficiles que j'étais assis dans une admiration fascinée et j'étais prêt depuis lors à vous rendre un hommage sans réserve. Vous avez toujours été éloquent dans vos années les plus actives, mais je vous considère comme le vieil homme éloquent et incomparable. dans vos quatre-vingts ans. Que de nombreuses années encore utiles et heureuses soient les vôtres.

J'étais de nouveau délégué à la convention en juin 1920. Les Républicains étaient absents du pouvoir depuis huit ans pendant les deux mandats de M. Wilson. Les délégués étaient extrêmement soucieux de ne commettre aucune erreur et de n'avoir aucune friction dans la campagne.

Les deux principaux candidats, le général Wood et le gouverneur Lowden, avaient une force presque égale et étaient soutenus par les admirateurs et les défenseurs les plus enthousiastes. À mesure que le scrutin se poursuivait, la rivalité et les sentiments grandissaient entre leurs amis. Il devint nécessaire d'harmoniser la situation et l'on pensait généralement que la meilleure façon d'y parvenir était de choisir le sénateur Warren G. Harding.

Très peu de congrès ont une surprise dramatique, mais la nomination du gouverneur Coolidge, du Massachusetts, au poste de vice-président s'est produite d'une manière très pittoresque. Il avait été nommé président parmi les autres, et le discours prononcé en sa faveur par le président Frederick H. Gillett était excellent. D'une manière ou d'une autre, la convention ne semblait pas comprendre tout ce que le gouverneur représentait et à quel point il était fort avec chaque délégué. Lorsque l'appel aux candidatures pour le poste de vice-président a été lancé, le sénateur Medill McCormick a présenté le sénateur Lenroot , du Wisconsin, dans un excellent discours. Il y a eu également de très bonnes allocutions de la part du gouverneur du Kansas et d'autres.

Alors que le scrutin était sur le point de commencer, un délégué de l'Oregon qui se trouvait au fond de la salle s'est levé et a dit : « Monsieur le Président ». Le président a déclaré : « Le monsieur de l'Oregon. » Le délégué de l'Oregon, d'une voix éloquente , a crié : « Monsieur le Président, je propose la candidature de Calvin Coolidge au poste de vice-président, un Américain à cent pour cent. La convention a décollé avec un cri de joie et Coolidge a été nominé haut la main.

J'ai encore eu une expérience personnelle. Le comité des résolutions, n'étant pas prêt à faire rapport, eut cet intervalle sans affaires qui est le désespoir des présidents de congrès. La foule a soudainement commencé à m'appeler. Même si, bien sûr, j'avais beaucoup réfléchi sur le sujet, je ne m'attendais pas à être sollicité et je n'avais aucun discours préparé. Heureusement, quinze mille visages et quinze mille voix qui m'accueillaient avec enthousiasme m'ont à la fois stabilisé et inspiré. Bien que j'eusse plus de quatre-vingt-six ans, ma voix était en aussi bon état qu'à quarante ans, et elle était pratiquement la seule qui remplissait cette vaste salle. La presse du pays a présenté l'effort du lendemain d'une manière des plus gratifiantes.

Parmi les milliers de personnes qui m'ont accueilli dans les rues et dans les halls d'hôtel avec des félicitations et des efforts pour dire quelque chose d'agréable et de complémentaire, j'ai choisi un compliment comme étant unique. C'était un passionné. " Chauncey Depew ", dit-il, " cela fait plus de vingt ans que je voulais vous serrer la main. Votre discours était une merveille. J'étais à 800 mètres, tout en haut sous le toit, et j'en ai entendu chaque mot, et il C'est le seul que j'ai pu entendre. Que tu fasses cela à tes quatre-vingt-sept ans est un miracle. Mais le jour de son quatre-vingt-cinquième anniversaire, il était en aussi bonne forme que toi. -jour, et une semaine après, il était mort.

XXII. JOURNALISTES ET FINANCIERS

Dans les souvenirs de mes amis journalistes, je n'inclue pas bon nombre des personnes les plus appréciées qui sont encore en vie. Parmi ceux qui sont décédés, l'un des plus fidèles et dévoués était Edward H. Butler, rédacteur en chef et propriétaire du Buffalo Evening News.

M. Butler a commencé au bas de l'échelle en tant que journaliste et a grimpé très tôt et rapidement jusqu'au sommet. Il prit le contrôle de l'Evening News et devint bientôt l'un des journaux les plus diffusés, les plus influents et les plus prospères, sinon le plus prospère, de l'ouest de New York. Personnellement et à travers son journal, il fut pendant de nombreuses années mon ami dévoué. Il avait envers ceux qu'il aimait une fidélité et une générosité sans limite. Il possédait une grande perspicacité et se tenait parfaitement au courant des affaires publiques. C'était un journaliste de haut niveau.

Ce fut pour moi un privilège de très bien connaître Charles A. Dana. Je l'ai rencontré pour la première fois lorsqu'il était au New York Tribune et qu'il était étroitement lié à Horace Greeley. Il a fait du New York Sun l'un des journaux les plus brillants, les plus originaux et les plus cités des États-Unis. Sa haute culture, sa merveilleuse maîtrise de l'anglais et son goût raffiné donnaient au Sun une position littéraire élevée, et en même temps son audace et sa critique faisaient de lui une terreur pour ceux avec qui il était en désaccord, et ses éditoriaux le délice du lecteur.

Personnellement, M. Dana était l'un des hommes les plus attirants et les plus charmants. En tant que secrétaire adjoint à la guerre sous l'administration de Lincoln, il entra en contact intime avec tous les hommes publics de cette période, et en tant que journaliste, son bureau fut envahi et il reçut très gracieusement des hommes et des femmes célèbres dans tous les domaines de l'activité intellectuelle. Ses souvenirs étaient merveilleux et ses caractérisations remarquables. Il aurait pu publier une autobiographie d'une valeur et d'un intérêt rares.

À la mort de l'aîné James Gordon Bennett, le monde de la presse a reconnu la perte de l'un des journalistes et éditeurs les plus remarquables et les plus prospères. Son fils avait acquis une réputation dans le domaine du sport, mais ses contemporains doutaient de sa capacité à maintenir, et encore moins à accroître, la sphère du New York Herald. Mais le jeune Bennett fit bientôt preuve d'une originalité et d'un esprit d'entreprise rares. Il a fait de son journal un journal d'importance nationale et internationale. En publiant une édition à Paris, il conféra une aubaine aux Américains à l'étranger. Pendant de nombreuses années, il y a eu peu de nouvelles des États-Unis dans les journaux étrangers, mais les Américains fous de nouvelles de chez eux les ont trouvées dans l'édition parisienne du New York Herald.

M. Bennett a été un bon ami à moi pendant un demi-siècle. Il était d'une compagnie charmante, avec sa compréhension des affaires du monde et leur présentation pittoresque. Un président des États-Unis, désireux de changer l' attitude hostile du Herald à l'égard de son administration et de lui-même, m'a demandé d'interviewer M. Bennett. Le rédacteur était courtois, franc mais implacable. Mais quelque temps après, le Herald devint un partisan cordial du président. L'entretien et le résultat qui en a résulté ont montré une caractéristique de Bennett. Il ne reconnaissait pas que son jugement ou ses actions pouvaient être influencés, mais son esprit était si ouvert et si juste que, lorsqu'il était convaincu qu'il avait tort, il faisait ce qui était juste à sa manière et à son moment.

M. Bennett m'a rendu autrefois un service essentiel. C'était à l'époque où j'étais candidat à la réélection au Sénat des États-Unis. Je lui ai télégraphié à Paris et lui ai demandé d'examiner la situation par l'intermédiaire de ses amis confidentiels, de ses journalistes et de ses employés, et s'il estimait que la situation justifiait qu'il prenne position en ce sens. Bien entendu, le Herald était un journal indépendant et non un journal de parti et prenait rarement parti. Mais peu de temps après, du point de vue éditorial et journalistique , le soutien catégorique du Herald est venu, ainsi que les prédictions positives de succès, qui ont été d'une grande aide. Il était l'un de mes garçons d'honneur à mon mariage en 1901.

Parmi les milliers d'histoires qui apparaissent et disparaissent comme des papillons, il est curieux de se demander quelle vogue et quelle circulation l'une peut avoir sur les autres. Par accident, je me suis cassé un des tendons de mon talon et je suis resté immobilisé dans ma maison pendant un certain temps, incapable de marcher. Le chirurgien fixa le pansement avec un ciment liquide qui se solidifia bientôt comme du verre.

Julian Ralph, un jeune et brillant journaliste, a écrit un long article dans le New York Sun sur une magnifique jambe de verre, qui avait remplacé la jambe naturelle et faisait un meilleur travail. L'histoire a eu une publication universelle non seulement aux États-Unis mais à l'étranger, et a intéressé les scientifiques et les chirurgiens. Mon courrier a pris des proportions énormes avec des lettres d'enquêteurs désireux de connaître tous les détails. La multitude de malheureux qui avaient perdu leurs jambes ou qui n'étaient pas satisfaits des jambes artificielles m'ont écrit pour savoir où l'on pouvait se procurer ces merveilleuses jambes de verre.

L'histoire de la jambe de verre m'a presque tué, mais elle a donné à Ralph une telle réputation qu'il a été promu à des postes tant dans son pays qu'à l'étranger, où son génie littéraire et son imagination lui ont valu de nombreux honneurs, mais il n'a jamais répété son succès avec ma jambe de verre.

Je suppose qu'ayant été pendant plus d'un demi-siècle en contact étroit avec des questions d'intérêt public, ou officiellement dans des postes où j'ai participé à des activités ou à des mouvements d'entreprises susceptibles d'affecter le marché, j'ai été plus interviewé que quiconque vivant et j'ai vu plus de journalistes. Aucun journaliste n'a jamais abusé de la confiance que je lui accordais. Il appréciait toujours ce que je lui disais, même au bord de l'indiscrétion, et savait ce qu'il lui convenait de révéler et ce qui ne devait pas être publié. Dans les situations critiques qui survenaient souvent dans les controverses ferroviaires, ces relations cordiales avec les journalistes étaient d'une grande valeur pour faire valoir notre point de vue devant le public.

Un journaliste en particulier, un écrivain spatial, a réussi pendant longtemps à obtenir de moi une demi-colonne presque chaque jour, apparaissant parfois sous forme d'interviews et à d'autres moments sous la phrase générale : « Cela a été appris d'une source fiable. "

Je me souviens d'un incident personnel hors du commun. J'ai été réveillé par une nuit d'hiver orageuse par un journaliste que je connaissais bien, un jeune homme aux promesses inhabituelles. Je l'ai rencontré en robe de chambre et en pantoufles dans ma bibliothèque. Là, il m'a dit que sa femme était malade et, pour lui sauver la vie, le médecin l'a informé qu'il devait l'envoyer à West dans un sanatorium.

"Je n'ai pas d'argent", a-t-il poursuivi, "et je n'emprunterai ni ne mendierai, mais vous devez me donner une histoire que je pourrai vendre."

Nous avons discuté de diverses questions qu'un journal aimerait connaître, et finalement je lui ai raconté une histoire voilée mais néanmoins intelligible, que nous savions tous les deux que les journaux étaient impatients de connaître. Il m'a dit par la suite qu'il avait vendu l'interview à un prix suffisant pour subvenir à ses besoins actuels et au voyage de sa femme. Quelque temps après, il entra à Wall Street et réussit.

J'ai bien connu presque tous les hommes d'affaires au succès phénoménal de mon époque. C'est une idée populaire que la chance ou le hasard ont beaucoup à voir avec leur carrière. C'est une erreur. Tous avaient une vision que leurs semblables ne possédaient pas. Ils voyaient des opportunités là où d'autres avaient un point de vue opposé et ils avaient le courage de leurs convictions. Ils avaient leurs propres normes qu'ils respectaient, et ces normes différaient largement des idées éthiques de la majorité.

Russell Sage, décédé dans les années 80, avait à son actif une succession qui s'élevait à un million de dollars pour chaque année de sa vie. Il n'a pas toujours été un gagne-pain, mais il a fait ses études dans le métier de banquier, s'est orienté vers la politique, a été élu au Congrès et est devenu un membre très utile de cet organe. Lorsque la politique a changé et qu'il a été vaincu, il est venu à New York et a rapidement trouvé sa place parmi les survivants des plus forts. M. Sage pouvait voir avant les autres quand les mauvais temps seraient suivis de meilleurs moments et que les titres prendraient de la valeur, et il a également vu avant les autres quand les désastres suivraient la prospérité. S'appuyant sur son propre jugement, il est devenu gagnant, que le marché monte ou descende.

J'ai rencontré fréquemment M. Sage et j'ai apprécié son appréciation rapide et vive des hommes et des choses. Bien sûr, je savais qu'il me cultivait parce qu'il pensait que grâce à ma position officielle, il pourrait éventuellement obtenir des informations qu'il pourrait utiliser sur le marché. Je n'ai jamais reçu de points de sa part ni donné suite à aucune de ses suggestions. Je pense que la raison pour laquelle je suis en excellente santé et en vigueur dans ma quatre-vingt-huitième année est en grande partie due au fait que les arguments ou suggestions des grands financiers ne m'ont jamais intéressé. J'en ai connu des milliers qui en ont été ruinés. Le financier qui donne des conseils peut avoir de bonnes intentions à l'égard des titres dont il parle confidentiellement, mais une tempête financière inattendue peut rendre toutes les prophéties sans valeur, sauf pour ceux qui disposent du capital nécessaire pour y faire face.

L'une des opportunités de fortune les plus sûres était d'acheter Erie après que le commodore Vanderbilt eut obtenu toutes les actions et que les vendeurs à découvert vendirent sauvagement ce qu'ils n'avaient pas et ne pouvaient pas obtenir. Une émission de stocks frauduleux et non autorisés a soudainement inondé le marché et des milliers de personnes ont été ruinées.

À mesure que la richesse de M. Sage augmentait, les impulsions généreuses et civiques qui étaient ses caractéristiques sous-jacentes furent entièrement obscurcies par l'engouement pour l'accumulation. Son épouse, à laquelle il était dévoué, était, heureusement pour lui, une des femmes les plus généreuses, les plus philanthropes et les plus ouvertes d'esprit. Elle était très fidèle à l'école Emma Willard de Troy, New York, dont elle est diplômée. Mme Sage m'a écrit une fois une note disant : « M. Sage a promis de construire et de donner à l'école Willard un bâtiment qui coûtera cent cinquante mille dollars, et il veut que vous lui remettiez l'adresse à la pose. de la pierre angulaire. J'ai répondu que j'étais tellement submergé par les affaires qu'il m'était impossible d'accepter. Elle a répondu : « Russell jure qu'il ne donnera pas un dollar à moins que vous ne promettiez de livrer le discours.

C'est le premier effort de sa vie en matière de dons libéraux. Ne pensez-vous pas qu'il devrait être encouragé ? J'ai immédiatement accepté.

Mme Sage était une descendante de Mayflower. Lors d'un des anniversaires de la société, elle m'a invité à être son invité et à faire un discours. Elle avait une assez grande compagnie à sa table. Lorsque les bouchons de champagne ont commencé à exploser tout autour de nous, elle m'a demandé ce qu'elle devait faire, à mon avis. J'ai répondu: "Comme le font les autres." M. Sage a vigoureusement protesté en affirmant qu'il s'agissait d'une dépense inutile et inutile. Cependant, Mme Sage a donné l'ordre, et M. Sage et deux messieurs opposés à la table ont été les participants les plus libéraux à son hospitalité. L'inspiration du phizz a remis Sage sur pied, même s'il n'était pas au programme . Il parla jusqu'à ce que le comité des arrangements parvienne à le persuader que la société était entièrement satisfaite.

Jay Gould m'a raconté une histoire de Sage. Le marché lui était défavorable et lui imposait de lourdes obligations. Le choc a envoyé Sage au lit et il a déclaré qu'il était ruiné. M. Gould et M. Cyrus W. Field, inquiets pour sa vie, sont allés le voir. Ils l'ont trouvé le cœur brisé et dans un état grave. Gould lui dit : « Sage, j'assumerai toutes vos obligations et je vous donnerai tant de millions de dollars si vous me transférez l'argent que vous avez dans les banques, les fiducies et les sociétés de dépôt sécurisé , et que vous conservez tous vos titres. et tous vos biens immobiliers. La proposition s'est avérée être le choc nécessaire pour contrecarrer la panique de Sage et lui sauver la vie. Il a crié : « Je ne le ferai pas ! » a sauté du lit, a rempli toutes ses obligations et a transformé la défaite en victoire.

Sage ne pouvait pas personnellement donner sa fortune, alors il a tout laissé, sans réserve, à sa femme. Le monde est meilleur et plus heureux grâce à sa sage répartition de ses accumulations.

L'un des avocats de M. Sage était un de mes amis intimes et il m'a raconté cette histoire. Sage avait été persuadé par ses collègues directeurs de la Western Union Telegraph Company de faire un testament. Comme il était avocat de la société, Sage est venu le voir pour le dessiner.

L'avocat a commencé à écrire : « Moi, Russell Sage, de la ville de New York, étant sain d'esprit ». . . (Sage l'interrompit rapidement en disant : « Personne ne le contestera ») « publiez et concevez ceci comme étant mon dernier testament comme suit : Premièrement, j'ordonne que toutes mes justes dettes soient payées. . . . ("C'est facile", dit Sage, "parce que je n'en ai pas.") "Aussi mes frais funéraires et mes frais testamentaires." ("Rendez les funérailles simples. Je n'aime pas l'étalage et l'ostentation, et particulièrement lors des funérailles", a déclaré Sage.) "Ensuite", a déclaré l'avocat, "je donne, je conçois et je lègue". . . (Sage a crié : « Je ne le ferai pas ! Je ne le ferai pas ! » et a quitté le bureau.)

Rien n'est plus captivant que la vie de Wall Street. Il est plus maltraité, incompris et envié que n'importe quel autre endroit du pays. Wall Street signifie que les esprits les plus vifs de tous les États de l'Union, ainsi que de nombreux pays d'Amérique du Sud et d'Europe, se disputent les grands prix du développement, de l'exploitation et de la spéculation.

Je me souviens d'un homme de Wall Street qui avait de nombreuses lectures et une haute culture, et qui se consacrait pourtant à la fois au fonctionnement et à la romance de la rue. Un soir, à Lucerne, en Suisse, il s'est précipité dans ma chambre et m'a dit : "Je viens d'arriver de Grèce et je suis déconnecté de tout depuis six semaines. J'ai faim de nouvelles du marché."

Je l'ai éclairé du mieux que j'ai pu, puis il a remarqué : « Savez-vous qu'à Athènes, notre petit groupe se tenait sur l'Acropole en admirant le Parthénon, et un Grec enthousiaste s'est exclamé : « Voilà la merveille du monde. » Pendant trois mille ans, sa perfection a déconcerté et enseigné le génie de chaque génération. Il peut être copié, mais n'a encore jamais été égalé . Assurément, malgré votre amour de New York et votre dévouement au téléscripteur, vous devez admirer le Parthénon. Je lui ai répondu : si je pouvais être transporté à cette minute sur la Cinquième Avenue et Broadway et que je pouvais regarder le Flatiron Building, je donnerais l'argent pour reconstruire cette vieille ruine. »

Même si la situation aux États-Unis à cause de la guerre mondiale est grave, elle est tellement meilleure que dans les années qui ont suivi la fin de la guerre civile, que nous qui avons fait la double expérience pouvons être grandement encouragés. Alors la moitié de notre pays fut dévastée, ses industries détruites ou paralysées ; maintenant nous sommes unis et plus forts à tous points de vue. À l'époque, nous avions une monnaie papier et une inflation dangereuse. Aujourd'hui, nous sommes sur un étalon-or et disposons d'un excellent système bancaire et de crédit. Le développement de nos ressources et les merveilleuses inventions et découvertes depuis la guerre civile nous placent dans une position de premier plan pour entrer dans le commerce mondial alors que toutes les autres nations sont parvenues, comme elles le doivent, à la coopération et à la coordination sur des lignes visant à préserver la paix et la paix. la promotion de la prospérité internationale.

De nombreux incidents personnels se produisent qui illustrent les conditions qui ont suivi la fin de la guerre entre les États. J'ai connu des hommes très riches qui sont devenus pauvres, ainsi que des institutions et des sociétés fortes qui ont fait faillite. J'étais au sein de l'Union Trust Company de New York lorsque nos milieux financiers ont été stupéfaits par la fermeture de ses portes suite à la fermeture de la Bourse de New York.

L'un de mes clients était M. Augustus Schell, l'un des financiers les plus compétents et les plus prospères et un citoyen soucieux du civisme. La panique l'avait ruiné. Lorsque nous avons quitté l'Union Trust Company, il avait son chapeau sur les yeux et sa tête était enfouie dans le col relevé de son manteau. En face de l'église Trinity, il a déclaré : « M. Depew, après avoir été un homme riche pendant plus de quarante ans, il est difficile de marcher sous le chapeau d'un pauvre. Lorsque nous atteignîmes Astor House, une réaction totale s'était produite. Son col était rabattu, sa tête ressortait confiante et agressive, son chapeau était déplacé vers l'arrière de sa tête et selon un angle libertin. Le citoyen plein d'espoir a crié à juste titre : "M. Depew, le monde a toujours tourné en rond, il tournera toujours." Il réussit, avec l'aide du commodore Vanderbilt, à sauver ses biens du sacrifice. En quelques années, ils ont retrouvé leur valeur normale, et M. Schell, avec sa fortune intacte, a constaté que « le monde avait tourné autour » et qu'il était de nouveau au sommet.

J'ai souvent ressenti l'inspiration de la confiance et de l'espoir de M. Schell et j'ai souvent sorti d'autres des profondeurs du désespoir en racontant l'histoire et en soulignant la devise "Le monde a toujours tourné, le monde tournera toujours."

Illustrant l'esprit spéculatif sauvage d'une période financière et l'empressement avec lequel les spéculateurs se sont saisis de ce qu'ils pensaient être des points, ce qui suit est l'une de mes nombreuses expériences.

Un jour, alors que j'étais en retard à une réunion importante, alors que je courais à Wall Street, un spéculateur bien connu m'a arrêté et m'a crié : « Et Erie ? Je l'ai rejeté avec impatience en disant : « Merde Erie ! et se précipita. Je ne savais rien d'Erie de manière spéculative et j'étais irrité d'être encore retardé pour mon rendez-vous.

Quelque temps après, j'ai reçu une note de sa part dans laquelle il disait : « Je ne pourrai jamais être assez reconnaissant pour le point que vous m'avez donné sur Erie. J'y ai fait le plus gros meurtre de ma vie.

On m'a souvent cité cette phrase selon laquelle « la fortune n'arrive qu'une fois, et si elle est rejetée, elle ne revient jamais ». Lorsque j'ai décliné l'offre du président Harrison de devenir secrétaire d'État dans son cabinet, j'avais sur mon bureau un grand nombre de télégrammes signés par des noms distingués et ne comportant que cette citation. Il existe de nombreux cas dans la vie d'hommes qui ont réussi où ils ont refusé à plusieurs reprises le cadeau de Dame Fortune, et pourtant, elle les a finalement récompensés selon leurs désirs. J'ai tendance à penser que la dame inconstante n'est pas toujours mortellement offensée par un refus. Je crois qu'il existe dans la vie de presque tout le monde plusieurs opportunités, et peu ont le jugement nécessaire pour décider judicieusement ce qu'il faut refuser et quoi accepter.

En 1876, Gardner Hubbard était officier du service postal des chemins de fer des États-Unis. Comme cette relation avec le gouvernement était l'une de mes fonctions au New York Central, nous nous rencontrions fréquemment. Un jour, il m'a dit : « Mon gendre, le professeur Bell, a fait ce que je considère comme une invention merveilleuse. C'est un télégraphe parlant. Nous avons besoin de dix mille dollars, et je vous donnerai un sixième d'intérêt pour cela. somme d'argent."

J'ai été très impressionné par la description par M. Hubbard des possibilités de l'invention du professeur Bell. Mais avant d'accepter, j'ai fait appel à mon ami, M. William Orton, président de la Western Union Telegraph Company. Orton avait la réputation d'être l'expert en électricité le mieux informé et le plus accompli du pays. Il m'a dit : « Il n'y a rien dans ce brevet, ni dans le système lui-même, sauf comme un jouet. Si l'appareil a une quelconque valeur, la Western Union possède un brevet antérieur appelé le brevet Gray, qui rend le Appareil Bell sans valeur."

Quand je suis revenu voir M. Hubbard, il m'a encore convaincu, et j'aurais fait l'investissement, si M. Orton n'était pas venu chez moi ce soir-là et m'a dit : « Je sais que vous ne pouvez pas vous permettre de perdre dix mille dollars, que vous Je le ferai certainement si vous l'inscrivez dans le brevet de Bell. Cela m'a tellement inquiété que, contrairement à mon habitude, je suis venu, si possible, vous faire promettre de l'abandonner. C'est ce que j'ai fait.

Le brevet de Bell fut soutenu devant les tribunaux contre Gray, et le système téléphonique devint immédiatement populaire et rentable. Elle s'est répandue rapidement dans tout le pays et d'innombrables entreprises locales ont été organisées, avec de grands intérêts pour le privilège de la société mère.

Je me sépare rarement de quoi que ce soit, et je peux dire que ce principe m'a apporté tant de pertes et tant de gains que je suis encore, à ma quatre-vingt-huitième année, indécis si c'est une bonne règle ou non. Cependant , si j'avais accepté l'offre de mon ami M. Hubbard, cela aurait changé tout mon cours de vie. Avec les dividendes, année après année, et l'augmentation du capital, j'aurais aujourd'hui gagné au moins cent millions de dollars. Je n'ai pas de regrets. Je connais ma nature, avec son amour pour le côté social de la vie et ses bonnes choses, et pour les bons moments entre amis. Je connais aussi la nécessité de l'activité et du travail. Je suis tout à fait sûr qu'une fois cette nécessité supprimée et cette ambition étouffée, j'aurais été depuis longtemps dans ma tombe et j'aurais perdu de nombreuses années d'une vie pleine de bonheur et de satisfaction.

Ma grande faiblesse a été d'endosser des notes. Un ami vient et fait appel à vous. Si vous êtes de nature sympathique et que vous l'aimez beaucoup, si vous n'avez pas d'argent à lui prêter, il est si facile d'inscrire votre nom au dos d'un billet. Bien entendu, il est rarement payé à l'échéance, car le jugement de votre ami s'est trompé. Le billet est donc renouvelé et le montant augmenté. Quand finalement vous vous rendez compte que si vous ne vous arrêtez pas, vous êtes assuré d'être ruiné, votre ami échoue lorsque les notes arrivent à échéance, et vous avez perdu le résultat de nombreuses années d'épargne et d'épargne, ainsi que votre ami.

J'ai refusé de me marier avant d'avoir cinquante mille dollars. Le jour heureux est arrivé et j'ai senti la fortune de ma famille assurée. Mon beau-père et son fils se sont trouvés embarrassés dans leurs affaires et, naturellement, j'ai approuvé leurs notes. Quelques années plus tard, mon beau-père est décédé, son entreprise a fait faillite, j'ai perdu mes cinquante mille dollars et je me suis retrouvé considérablement endetté. Pour illustrer la conviction de ma chère mère que tous les malheurs sont envoyés pour le bien de chacun, il se trouve que la nécessité de se réunir et de se remettre de ce désastre a conduit à des efforts extraordinaires, que probablement, sans cette nécessité, je n'aurais jamais fait. Les efforts ont été couronnés de succès.

Horace Greeley n'a jamais pu résister à un appel pour endosser une note. Ils n'étaient presque jamais payés et M. Greeley était le perdant. Je l'ai rencontré une fois, peu après qu'il ait été très gravement victime de sa gentillesse erronée. Il m'a dit avec beaucoup d'emphase : « Chauncey, je veux que vous me rendiez un grand service. Je veux que vous soumettiez un projet de loi à l'Assemblée législative et que vous voyiez à ce qu'il devienne une loi, en faisant un crime et passible d'une peine d'emprisonnement pour vie pour tout homme d'inscrire son nom en guise d'endossement au dos du papier d'un autre homme.

Ce cher vieux Greeley a maintenu cette pratique jusqu'à sa mort, et la loi n'a jamais été adoptée. Il y a eu un cas, avec lequel j'ai quelque chose à voir, où le père d'un jeune homme, à cause duquel M. Greeley a perdu beaucoup d'argent en endossant des billets, s'est arrangé après la mort de M. Greeley pour récupérer le montant total de la perte. versée aux héritiers de M. Greeley.

XXIII. ACTEURS ET HOMMES DE LETTRES

On ne peut pas parler de Sir Henry Irving sans rappeler le charme et le génie merveilleux de sa principale dame, Ellen Terry. Elle n'a jamais manqué de mériter de partager les triomphes d'Irving. Sa remarquable adaptabilité aux différents personnages et sa compréhension de leurs caractéristiques ont fait d'elle l'un des meilleurs exemples de Shakespeare de son époque. Elle était également douée pour les grands personnages d'autres dramaturges. Son efficacité était augmentée par une capacité inhabituelle à verser des larmes et des larmes naturelles. J'ai été invité en coulisses un soir où elle avait produit une grande impression sur le public dans un rôle très pathétique. Je lui ai demandé comment elle avait fait ce que personne d'autre n'était jamais capable de faire.

"Eh bien," répondit-elle, "c'est si simple quand vous incarnez..." (mentionnant le personnage), "et une telle crise surgit dans votre vie, que naturellement et immédiatement les larmes commencent à couler." C'est ce qu'ils ont fait lorsqu'elle illustrait le rôle pour moi.

Ce fut un privilège d'entendre Edwin Booth dans le rôle de Richelieu et Hamlet. J'ai vu tous les grands acteurs de mon temps incarner ces personnages. Aucun d'eux n'a égalé Edwin Booth. Pendant plusieurs années, il fut exilé de la scène parce que son frère, Wilkes Booth, était l'assassin du président Lincoln. Ses admirateurs new-yorkais estimaient que c'était un malheur pour l'art dramatique qu'un artiste aussi consommé soit contraint de rester dans la vie privée. Afin de rompre le charme, ils se sont unis et ont invité M. Booth à donner une représentation dans l'un des plus grands théâtres. La maison, bien sûr, a été soigneusement décorée avec des invités sélectionnés.

L'aînée Mme John Jacob Astor, une dame très accomplie et cultivée et l'un des dirigeants reconnus de la société new-yorkaise, a offert à M. Booth un dîner en l'honneur de l'événement. L'assemblée représentait les talents les plus éminents de New York dans tous les domaines des activités de la grande ville. Bien entendu, M. Booth occupait la place d'honneur à la droite de l'hôtesse. À gauche se trouvait un homme distingué qui avait été ministre et diplomate. Pendant le dîner, M. Evarts m'a dit : « J'ai connu tel et tel pendant toute notre vie active. Il a eu un grand succès dans tout ce qu'il a entrepris, et le plus étonnant est que s'il y a jamais eu l'occasion pour lui de dire ou faire la mauvaise chose, il n'a jamais échoué.

Curieusement, la conversation lors du dîner a porté sur des hommes qui ont survécu à leur utilité et à leur réputation. Plusieurs exemples ont été cités où un homme au sommet de sa renommée a progressivement vécu et vécu sa réputation. Sur quoi notre diplomate, avec sa facilité fatale à dire des choses fausses, intervint en remarquant d'une voix stridente : « L'exemple le plus remarquable d'un homme mourant au bon moment pour sa réputation était Abraham Lincoln. Il a ensuite expliqué comment il aurait probablement perdu sa place dans l'histoire à cause des erreurs de son deuxième mandat. Personne n'a entendu autre chose que les mots « Abraham Lincoln ». Heureusement pour la soirée et pour le grand embarras de M. Booth, le tact de Mme Astor a changé le sujet et a sauvé l'occasion.

De tous mes amis acteurs, aucun n'était plus agréable sur scène que dans la vie privée que Joseph Jefferson. Il m'a très tôt attiré à cause de son Rip Van Winkle. J'ai toujours été dévoué à Washington Irving et au fleuve Hudson. Toutes les traditions qui ont donné une touche romantique aux différents points de cette rivière sont sorties de la plume d'Irving. Au temps de ma jeunesse, l'influence d'Irving sur ceux qui eurent la chance d'être nés sur les rives de l'Hudson fut très grande à tous égards.

Comme j'ai rencontré Jefferson assez fréquemment, je me souviens de deux de ses nombreuses histoires charmantes. Il a dit qu'il avait pensé à un moment donné que ce serait une bonne idée de jouer Rip Van Winkle au village de Catskill, autour duquel se situait l'histoire de son héros. Son directeur sélectionnait les surnuméraires parmi les garçons paysans du quartier. Au moment de la pièce où Rip se réveille et retrouve les fantômes animés de l' équipe d' Hendrick Hudson jouant aux boules dans les montagnes, il dit à chacun d'eux, qui se ressemblent et sont tous habillés de la même manière : "Es-tu son frère ?"

"Non", répondit le jeune fermier qui se faisait passer pour l'un des fantômes, "M. Jefferson, je n'ai jamais vu une de ces personnes auparavant." Comme les fantômes sont censés se taire, cette interruption a failli interrompre la représentation.

Pendant la guerre hispano-américaine, j'ai pris le même train que M. Jefferson, de Washington. L'intérêt dans tout le pays à cette époque était la remarquable victoire de l'amiral Dewey sur la flotte espagnole dans le port de Manille. Les gens se demandaient comment Dewey pouvait couler tous les navires espagnols sans jamais être touché une seule fois. Jefferson a déclaré de sa manière surannée : « Tout le monde, y compris le secrétaire de la Marine et plusieurs amiraux, m'a demandé comment cela avait pu se produire. Je leur ai dit que le problème était peut-être un problème que les officiers de la marine ne pouvaient pas résoudre, mais qu'il était très simple pour un L'échec de l'amiral espagnol était entièrement dû au fait qu'il n'avait pas répété. Le succès est impossible sans répétitions fréquentes.

Revenons un instant à Washington Irving. L'un des endroits les plus intéressants près de New York est son ancienne maison, Wolfert's Roost, ainsi que la vieille église de Tarrytown où il adorait et dont il fut officier pendant de nombreuses années. Le lierre qui recouvre partiellement l'église a été offert à M. Irving par Sir Walter Scott, d'Abbotsford. A l'époque où le plus célèbre des critiques britanniques écrivait : « Qui a lu ou lit un livre américain ? Sir Walter Scott annonça le mérite et la renommée prochaine de Washington Irving. Mais, comme le dit Rip Van Winkle, lorsqu'il revient après vingt ans dans son village natal, « nous serons vite oubliés ».

Un dîner a été organisé à New York pour célébrer le centième anniversaire de la naissance de Washington Irving. J'étais l'un des orateurs. Dans une pièce voisine se trouvait une société de jeunes courtiers très prospères, dont les triomphes sur le marché faisaient l'envie de l'Amérique spéculative. Pendant que je parlais, ils entrèrent dans la pièce. Quand j'ai eu fini, l'hôte du dîner des courtiers m'a appelé et m'a dit : « Nous avons été très intéressés par votre discours. Cet Irving dont vous avez parlé doit être un homme remarquable. De quoi parle le dîner ?

Je lui ai répondu que c'était pour célébrer le centième anniversaire de la naissance de Washington Irving.

"Eh bien," dit-il en désignant un vieux monsieur qui était assis à côté de moi sur l'estrade des orateurs, "il est étonnant de voir avec quelle vigueur il regarde cet âge avancé."

J'ai eu la chance d'entendre souvent et de connaître personnellement Richard Mansfield. Il a eu beaucoup de succès dans de nombreux domaines, mais sa présentation du Docteur Jekyll et de M. Hyde était merveilleuse. À un moment donné, il m'a proposé un projet bien pensé pour un théâtre national à New York, qui serait largement doté et serait le foyer de l'art le plus élevé de la profession dramatique, et en même temps la meilleure école de le monde. Il voulait que je rassemble un comité des principaux financiers du pays et, si possible, que je les impressionne afin qu'ils souscrivent les millions nécessaires à la réalisation de ses idées. J'étais un homme trop occupé pour entreprendre un projet aussi difficile.

L'un des porteurs de couleur du service Wagner Palace Car, qui m'accompagnait toujours lors de mes tournées d'inspection du chemin de fer, m'a raconté une histoire amusante sur le dévouement de M. Mansfield à son art. Il servait de porteur sur la voiture de Mansfield, alors qu'il faisait une tournée du pays. Ce porteur était un homme extrêmement intelligent. Il a apprécié les réalisations de Mansfield et a joué à la hauteur de son humour en l'utilisant comme un repoussoir tout en jouant toujours. Lorsqu'ils étaient dans une gare, William ne quittait jamais la voiture, mais restait sur ses gardes pour protéger son précieux contenu.

Après un match à Kansas City, Mansfield est monté très tard dans la voiture et a demandé : "William, où est mon manager ?"

"Je me suis couché, monsieur, et les autres membres de la compagnie aussi", répondit William.

Puis, de sa manière la plus impressionnante, Mansfield dit : « William, ils me craignent. À propos , étiez-vous à la gare ce soir lorsque le public des banlieues revenait pour prendre son train pour rentrer chez lui ?

"Oui, monsieur", répondit William, même s'il n'était pas sorti de la voiture.

"Avez-vous entendu des remarques sur ma pièce ?"

"Oui Monsieur."

"Pouvez-vous me donner un exemple ?"

"Certainement", répondit William; "Un monsieur a fait remarquer qu'il avait été au théâtre toute sa vie, mais que votre jeu ce soir était la chose la plus pourrie qu'il ait jamais entendue ou vue."

"William", a crié Mansfield, "prends mon Winchester et trouve cet homme."

Alors Mansfield et William sortirent parmi la foule, et quand William vit un grand type à l'air agressif qui, pensait-il, allait se lever et se battre, il dit : « Le voilà.

Mansfield s'est immédiatement approché de l'homme, l'a couvert de son fusil et a crié : « Levez les mains, misérable, et retirez immédiatement la remarque insultante que vous avez faite à propos de ma pièce et de mon jeu et excusez-vous.

L'homme dit : « Eh bien, M. Mansfield, quelqu'un vous a menti à mon sujet. Votre prestation de ce soir a été la meilleure chose que j'aie jamais vue de ma vie.

"Merci", dit Mansfield en épaulant son fusil, et il ajouta du ton le plus tragique : "William, montre le chemin jusqu'à la voiture."

Parmi les souvenirs les plus intéressants des vieux New-Yorkais figurent les dîners que M. Augustin Daly donna à l'occasion de la centième représentation d'une pièce. Comme tout ce que Daly a fait, le divertissement était parfait. Un invité fréquent et honoré à ces occasions était le général Sherman, alors retraité de l'armée et vivant à New York. Sherman était un génie militaire mais bien plus encore. C'était l'un des hommes les plus sensibles au monde. Bien sûr, l'attraction de ces dîners était Miss Rehan , la principale dame de Daly. Son charme personnel, sa voix de velours et sa coquetterie inimitable rendaient chaque invité impatient de l'accompagner. Elle feignait de douter d'accepter les attentions du général Sherman ou de moi-même, mais lorsque le général commença à montrer une irritation considérable, le front de Mars fut lissé et le guerrier rendu heureux par une gracieuse acceptation de son bras.

À une de ces occasions, j'entendis le meilleur discours d'après-dîner de ma vie. L'oratrice était l'une des plus belles femmes du pays, Miss Fanny Davenport. Cette nuit-là, elle parut inspirée, et son éloquence, son esprit, son humour, son génie pétillant, ainsi que l'impression de sa beauté étonnante, furent très efficaces.

PT Barnum, le showman, était un personnage intéressant et aux multiples facettes. Je l'ai beaucoup vu alors qu'il louait à la Harlem Railroad Company le Madison Square Garden, année après année. Barnum n'a jamais eu d'égal dans sa profession et était un excellent homme d'affaires. D'une manière générale, c'était un homme d'affaires et, avec son vaste fonds d'anecdotes et de souvenirs, il était très divertissant socialement.

Un Anglais de renom est venu me voir avec une lettre de présentation et je lui ai demandé qui il aimerait rencontrer. Il a déclaré : "Je pense principalement à MPT Barnum." J'en ai parlé à Barnum, qui savait tout sur lui, et je lui ai dit : « En tant que gentleman, il sait comment me rencontrer. Lorsque j'en informai mon ami anglais, il exprima ses regrets et envoya aussitôt à Barnum sa carte et une invitation à dîner. Au dîner, Barnum remporta facilement les honneurs avec son merveilleux fonds d'aventures insolites.

Mon premier contact avec M. Barnum a eu lieu plusieurs années auparavant, lorsque j'étais enfant à Peekskill. A cette époque, il avait un musée et un spectacle dans un immeuble au coin d'Ann Street et de Broadway, en face de l'ancienne Astor House. Grâce à une publicité habile , il a permis aux gens de tout le pays d'attendre quelque chose de nouveau et de merveilleux et de les rendre impatients de visiter son spectacle.

Il y avait eu un massacre indien dans les plaines occidentales. Les détails ont rempli les journaux et ont conduit le gouvernement à prendre des mesures en représailles. Barnum annonça qu'il avait réussi à obtenir les guerriers Sioux que le gouvernement avait capturés et qui reconstitueraient chaque jour la bataille sanglante dont ils furent victorieux.

C'était l'un des après-midis les plus chauds du mois d'août lorsque j'arrivai de la campagne. Les Indiens étaient au dernier étage, sous les toits. La performance était suffisamment à glacer le sang pour satisfaire le lecteur le plus exigeant. Après la représentation, lorsque le public est parti, j'étais trop fasciné pour y aller et je suis resté au fond de la salle, à contempler ces terribles sauvages. L'un d'eux ôta son couvre-chef, laissa tomber son tomahawk et son couteau à scalper et dit dans le plus large irlandais à son voisin : « Moike , si ce temps ne se rafraîchit pas, je ne serai qu'une tache de graisse. C'était une des nombreuses illusions qui se sont dissipées pour moi au cours d'une longue vie. Malgré cela, j'ai toujours la foi et j'aime profondément être dupé, mais pas que la fraude soit révélée.

Wyndham, le célèbre acteur anglais, jouait un soir à New York. Il m'a vu dans l'assistance et m'a envoyé un messager m'invitant à le rencontrer lors d'un dîner à la Maison Hoffman. Après le théâtre, je suis allé à l'hôtel, j'ai demandé au bureau dans quelle salle avait lieu le dîner théâtral et j'y ai trouvé Bronson Howard, le dramaturge, et quelques autres. Je leur ai expliqué l'objet de ma recherche et M. Howard a répondu : « Vous êtes juste au bon endroit. »

L'acteur anglais est venu plus tard, ainsi que de nombreux autres invités. J'ai été très surpris et flatté d'être fait pratiquement l'invité d'honneur. Dans les discours habituels et inévitables d'après-dîner, je me suis associé avec enthousiasme aux perspectives de contributions américaines au théâtre et en particulier au génie de Bronson Howard.

Il s'est avéré par la suite que le dîner des acteurs était prévu plusieurs soirs plus tard et que je n'étais pas invité ou attendu à ce divertissement, qui était offert par M. Howard à mon ami acteur, mais par un concert d'action entre le dramaturge et l'acteur. , toute cette affaire s'est transformée en un dîner pour moi. Broadway a été ravi de la blague, mais n'a pas passé un meilleur moment que moi.

Les dîners donnés par Wyndham après la pièce étaient parmi les divertissements les plus agréables de Londres. Ses invités représentaient le meilleur de la société, du gouvernement, de l'art, de la littérature et du théâtre. Sa salle à manger était construite et meublée comme la cabine d'un yacht et l'illusion était si complète que les invités sensibles disaient sentir le roulement de la mer.

Un soir, il me dit : « J'attends un de vos compatriotes, un charmant garçon, mais, pauvre diable, il n'a que cent cinquante mille livres de rente. Il est encore jeune, et toutes les mères de famille le courent après. leurs filles."

Lorsque l'Américain prospère avec un revenu de trois quarts de million est arrivé, je n'ai pas eu besoin d'être présenté. Je le connaissais très bien et connaissais ses affaires. Il avait de la culture, voyageait beaucoup, était à la fois musical et artistique, et sa passion était l'intimité avec des personnalités. Ses dîners étaient parfaits et les invitations étaient très recherchées. Sous prétexte de santé délicate, il est resté pendant une brève période au plus fort de la saison à Londres et à Paris. Mais pendant ces quelques semaines, il donna tout ce qu'il était possible de faire grâce à une richesse somptueuse et un goût parfait, et il le fit avec un revenu de vingt mille dollars par an.

Il vécut modestement la majeure partie de l'année dans les montagnes suisses ou dans les voyages orientaux, mais fut l'hôte bienvenu des personnalités les plus importantes de nombreux pays. La seule tromperie, si c'était une tromperie, c'est qu'il ne s'efforçait jamais de nier son immense richesse, et comme il ne demandait jamais rien, il n'y avait pas lieu de publier son inventaire. Les mères et les filles qui les poursuivaient n'ont jamais réussi, avant sa fuite, à l'entraîner assez loin pour demander une confrontation.

Plusieurs fois lors de mes visites en Europe, j'ai été assiégé par le besoin de connaître les revenus d'un compatriote. Parce qu'on croit là-bas à la généralité des énormes fortunes américaines, il n'est pas difficile de créer l'impression d'une immense richesse. Même si l'homme doit faire une déclaration et donner des références, l'histoire de la femme est rarement remise en question. J'ai connu des centaines et des milliers de dollars qui, aux yeux crédules des prétendants, se sont transformés en millions, et quelques millions se sont transformés en plusieurs millions. Dans plusieurs cas, les déclarations de la dame ont été acceptées car elle avait réalisé son ambition.

Pour un homme fatigué et blasé par des années de travail incessant, je ne connais aucun soulagement ni aucune récupération comparable à celui de prendre un bateau à vapeur et de traverser l'océan jusqu'en Europe. Je l'ai fait plusieurs fois pendant quelques semaines au milieu de l'été et toujours avec des résultats splendides et des plus rafraîchissants. Grâce à des introductions heureuses, j'ai fait la connaissance de nombreux hommes importants d'autres pays, et c'était une éducation libérale.

Il y a invariablement un concert d'associations caritatives pour aider les marins de chaque navire. J'ai vécu de nombreuses expériences amusantes en présidant ces occasions. Je me souviens qu'une fois, nous passions une soirée difficile, et l'un de nos artistes, un chanteur célèbre, qui avait fait une tournée réussie aux États-Unis, était une petite femme et son mari était un géant. Il est venu me voir pendant la représentation et m'a dit : « Ma femme a terriblement le mal de mer, mais elle veut chanter et je veux qu'elle le fasse. Dans les intervalles de sa maladie, elle est en assez bonne forme pendant un petit moment. Si vous voulez bien arrêter tout, quand tu me verras entrer avec elle, elle fera sa part.

Je l'ai vu se précipiter dans le salon avec sa femme dans les bras et je lui ai immédiatement annoncé le prochain numéro. Elle fit un grand triomphe, mais au moment opportun elle fut rattrapée par son mari et portée de nouveau sur le pont. Il m'a dit ensuite : "Ma femme n'était pas au mieux de sa forme hier soir, car il y a une particularité du mal de mer et des chanteurs ; les notes graves dans lesquelles elle est le plus efficace ne sont pas à ces moments-là disponibles ni en état de marche."

Augustin Daly a rendu un grand service au théâtre par son merveilleux génie de directeur. Il a découvert le talent partout et l'a encouragé. Il a formé sa compagnie avec l'habileté d'un maître et a produit dans ses théâtres ici et à Londres une série de pièces merveilleuses. En règle générale, il n'autorisait pas ses artistes à participer à ces concerts sur le navire, mais il se trouva qu'un jour nous célébrâmes le 4 juillet. Je suis allé voir M. Daly et lui ai demandé s'il ne prendrait pas, en tant qu'Américain, la direction de toute la célébration. Cela l'a séduit et il a sélectionné les meilleurs talents de son entreprise. Parmi eux se trouvait Ada Rehan . J'ai connu Miss Rehan lorsqu'elle travaillait dans la société par actions d'Albany à ses débuts. Avec M. Daly, qui l'a découverte, elle est rapidement devenue une star de première grandeur.

M. Daly a persisté à ce que je préside et présente les artistes, et que je prononce également le discours du 4 juillet. La célébration fut si réussie dans le salon que M. Daly la fit répéter la nuit suivante dans la deuxième cabine, et la nuit suivante dans l'entrepont. L'entrepont faisait de son mieux et était vêtu des plus belles choses qu'il rapportait pour étonner les vieux du vieux pays, et son enthousiasme était plus grand, si possible, que l'accueil qui avait réservé les artistes du premier et du second. passagers de la cabine.

Après que Miss Rehan ait récité son rôle et ait été rappelée et rappelée, je l'ai trouvée en larmes. J'ai dit : « Mademoiselle Rehan , votre triomphe a été si grand qu'il devrait s'agir d'un rire.

"Oui", dit-elle, "mais c'est tellement pathétique de voir ces gens qui n'ont probablement jamais rencontré le plus haut art."

Parmi les nombreux hommes de lettres anglais éminents qui sont venus à un moment donné aux États-Unis se trouvait Matthew Arnold. Les organisateurs de conférences américains se sont efforcés de recruter ces messieurs, et le public américain a été très reconnaissant. Beaucoup sont venus avec des lettres de présentation.

M. Arnold était un grand poète, critique et écrivain, ainsi qu'un éminent professeur à l'Université d'Oxford et bien connu de notre peuple. Sa première adresse fut à Chickering Hall, dans une maison bondée. Au-delà des premiers rangs, personne ne pouvait l'entendre. Pour m'expliquer cela, il m'a dit : « Mon problème est que mes cours à l'université sont donnés dans de petites salles et devant un public limité. Je lui ai conseillé qu'avant d'aller plus loin, il devait se procurer un élocuteur et s'habituer aux grandes salles, sinon sa tournée serait une déception.

Il m'a raconté de façon amusante comment son instructeur avait choisi Chickering Hall, où il avait échoué, et lui avait fait répéter son cours, tandis que l'instructeur maintenait un mouvement progressif de plus en plus loin de la scène jusqu'à ce qu'il atteigne les sièges arrière, lorsqu'il disait qu'il était satisfait. C'est grâce à la polyvalence de ce grand auteur qu'il a si bien appris sa leçon que ses conférences ultérieures dans différentes régions du pays ont connu un grand succès.

Un jour, M. Arnold m'a dit : « Les conférences que j'ai préparées sont destinées à un public universitaire auquel je suis habitué. J'ai demandé à mon directeur américain de m'envoyer uniquement dans des villes universitaires, mais j'aimerais que vous examiniez mes engagements. "

Cela fait, j'ai remarqué : « Les managers recherchent un public large et rentable. Il n'y a pas d'université ou de collège dans aucune de ces villes, même si l'une d'elles a une maison pour alcooliques et une autre un asile de fous. Cependant, ces deux villes ont une population cultivée. Votre public le plus bruyant et probablement le plus reconnaissant sera celui qui est un grand terminal ferroviaire. Nos cheminots sont au courant.

J'ai vu M. Arnold à son retour de tournée. La description qu'il a donnée de ses aventures était très pittoresque et les revenus avaient été extrêmement satisfaisants et au-delà de toute attente.

Décrivant les particularités des présidents qui l'ont présenté, il a cité l'un d'entre eux qui a déclaré : " Mesdames et messieurs, la semaine prochaine nous aurons dans notre cours le magicien le plus célèbre qui soit au monde, et la semaine d'après, je suis heureux de dites, nous serons honorés de la présence d'un grand chanteur d'opéra, d'un artiste merveilleux. Car ce soir, j'ai le plaisir de vous présenter ce distingué journaliste anglais, M. Edwin Arnold. M. Arnold a commencé son cours en niant vigoureusement qu'il était Edwin Arnold, que j'ai jugé qu'il ne considérait pas dans sa classe.

M. Arnold a reçu à New York et dans les grandes villes qu'il a visitées la plus haute attention sociale de la part des principales familles. Je l'ai rencontré plusieurs fois et j'ai découvert qu'il ne pouvait jamais se réconcilier avec nos deux plats les plus célèbres : la tortue et le canard à dos de toile, le canard presque cru. Il dit avec indignation à une hôtesse qui lui reprochait sa négligence du dos en toile : « Madame, lorsque vos ancêtres ont quitté l'Angleterre, il y a deux cent cinquante ans, les Anglais de cette époque avaient l'habitude de manger leur viande crue ; maintenant ils la font cuire. " A quoi la dame répondit : « Je ne connais pas les coutumes de mes ancêtres, mais je sais que je paie mon chef, qui cuisinait le canard, trois cents dollars par mois.

Nous aimions tous beaucoup Thackeray. Il n'avait pas la popularité générale de Charles Dickens, ni la puissance dramatique de Dickens, mais il avait un public nombreux et enthousiaste parmi notre peuple. C'était un régal intellectuel et une révélation de l'écouter. Sa merveilleuse tête semblait être une énorme et éternelle source d'esprit et de sagesse.

Ils avaient une bonne histoire de lui au Century Club, qui est notre Athénée, que lorsqu'ils y étaient emmenés après une conférence de ses amis, ils lui offraient le dîner habituel des Centurions de l'époque : des huîtres de selle . La sellette de cette époque était presque aussi grande qu'une assiette. Thackeray dit à son hôte : « Que dois-je faire de cet animal ?

L'animateur a répondu : "Nous, Américains, les avalons en entier."

Thackeray, toujours à la hauteur des exigences de l'hospitalité américaine, ferma les yeux et avala l'huître, et l'huître tomba. Une fois rétabli, il déclara : « J'ai l'impression d'avoir avalé un bébé vivant. »

Nous avons été enthousiasmés à différentes époques par les récits des explorateurs. Aucune n'a été plus largement lue que les aventures du célèbre missionnaire David Livingstone en Afrique. Lorsque Livingstone fut perdu, le monde entier salua Henry M. Stanley alors qu'il entreprenait son célèbre voyage pour le retrouver. Les aventures de Stanley, ses périls et ses évasions eurent leur ultime succès dans la recherche de Livingstone. L'histoire a captivé et enthousiasmé tout le monde. Le gouvernement britannique l'a fait chevalier et, à son retour aux États-Unis, il était Sir Henry Stanley. Il était accompagné de son épouse, une femme belle et accomplie, et reçu à bras ouverts.

J'ai rencontré Sir Henry à plusieurs reprises lors de divertissements privés et publics et je l'ai toujours trouvé très intéressant. Le Club Lotos lui offrit l'un de ses dîners les plus célèbres, célèbre des invités et de ceux qui parlaient.

Il fut convenu qu'il commencerait sa tournée de conférences aux États-Unis à New York. À la demande de Sir Henry et de son comité, je l'ai présidé et présenté au Metropolitan Opera House. La grande salle était bondée jusqu'à l'étouffement et le public était l'un des plus raffinés et des plus sympathiques.

Nous connaissions peu de choses à cette époque sur l'Afrique centrale et ses habitants, et la curiosité était intense d'entendre Sir Henry un récit personnel et intime de ses merveilleuses découvertes et expériences. Il pensait que, comme sa vie africaine lui était si familière, elle devait être la même pour tout le monde. En conséquence, au lieu d'un thriller, il a donné un discours banal sur un sujet littéraire qui ennuyait le public et jetait un nuage sur une tournée de conférences qui promettait d'être l'une des plus réussies. Bien entendu, les efforts de Sir Henry décevèrent d'autant plus son auditoire que son indifférence et son indignation le déprimaient, et qu'il ne rendait pas justice à lui-même ni au sujet sans intérêt qu'il avait choisi. Il n'a plus jamais commis la même erreur et la tournée a été très rémunératrice.

Pendant près d'une génération, aucun sujet n'a autant intéressé le peuple américain que les aventures des explorateurs. J'en ai rencontré beaucoup, je leur ai fait l'éloge dans des discours lors de banquets donnés en leur honneur.

Partout, les gens étaient ouverts aux yeux, aux oreilles ouvertes et à la bouche ouverte dans leur accueil et leur désir de les entendre.

C'est un commentaire sur l'inconstance de la faveur populaire que le temps ait été si court avant que ces favoris universels ne disparaissent de l'attention et des souvenirs populaires.

XXIV. SOCIÉTÉS ET BANQUETS PUBLICS

L'expérience la plus unique de ma vie a été les dîners offerts par le Montauk Club de Brooklyn le jour de mon anniversaire. Le Montauk est un club social de haut niveau, dont les membres sont issus de la vie professionnelle et commerciale et de différentes confessions politiques et religieuses.

Il y a trente ans, M. Charles A. Moore était président du club. C'était un fabricant de premier plan et un gentleman jouissant d'une grande influence dans les cercles politiques et sociaux. M. McKinley lui a proposé le poste de secrétaire de la Marine, ce que M. Moore a refusé. Il est venu me voir un jour avec un comité du club et m'a dit : "Le Montauk souhaite fêter votre anniversaire. Nous savons que c'est le 23 avril et que vous avez deux collègues distingués qui ont aussi le 23 pour anniversaire. anniversaire : Shakespeare et Saint-Georges. Nous ne souhaitons pas les inclure, mais nous souhaitons seulement célébrer le vôtre.

Le club poursuit ces célébrations depuis trente ans par un dîner annuel. Le cérémonial de l'occasion est une réception, puis un dîner et, après une introduction par le président, un discours de ma part. Faire chaque année un nouveau discours qui intéressera les personnes présentes et ceux qui le liront n'est pas facile.

Ces festivités ont connu un début heureux. En réfléchissant à ce dont je devrais parler lors du premier dîner, j'ai décidé de m'amuser de la municipalité de Brooklyn par une description pittoresque de ses conditions municipales. Les journaux ont accusé de graves corruptions dans certaines améliorations publiques, qui avaient été tolérées par les autorités et excusées par un acte du pouvoir législatif. Il avait également été accusé que le Conseil commun avait accordé de précieuses franchises à ses favoris. Bien sûr, cela présentait un beau champ de contraste entre les temps anciens et modernes. Dans les temps anciens, des citoyens reconnaissants érigeaient des statues à des hommes éminents qui avaient bien mérité de leur pays dans la vie militaire ou civique, mais Brooklyn avait amélioré l'ancien modèle grâce à l'octroi de services publics. Le discours a provoqué une émeute après le dîner quant à son opportunité, beaucoup estimant qu'il s'agissait d'une critique et, par conséquent, inappropriée à l'occasion. Cependant, cette affaire illustre une de mes expériences communes, à savoir que des résultats inattendus découlent parfois d'un peu d'humour, si l'humour cache en lui un bâton de dynamite.

La chaire de Brooklyn, la plus progressiste au monde, s'est emparée du sujet et a suscité un débat public sur les affaires municipales. Le résultat fut la formation d'un comité de cent citoyens chargé d'enquêter sur les conditions municipales. Ils ont constaté que, même si le maire et quelques autres fonctionnaires étaient des officiers nobles et admirables, l'administration générale du gouvernement de la ville était devenue au fil des années si mauvaise qu'il fallait une réforme générale. Le mouvement de réforme a réussi ; il s'étendit à New York et y réussit à nouveau , et le mouvement pour la réforme municipale se généralisa dans le pays.

Le dîner d'anniversaire suivant a attiré un public plus grand que la capacité du club, et chacun des trente a été un succès éminent. Depuis de nombreuses années, l'affaire a fait l'objet d'une large publicité aux États-Unis et a parfois été rapportée dans les journaux étrangers. Je me souviens d'avoir été à Londres avec le regretté lieutenant-gouverneur Woodruff, lorsque nous avons vu ces gros titres dans un kiosque à journaux du Strand : "Discours de Chauncey Depew lors de son dîner d'anniversaire au Montauk Club, Brooklyn." Au cours de ce tiers de siècle, la composition du club a changé, les fils ayant succédé aux pères et de nouveaux membres ont été admis, mais la célébration semble gagner en intérêt.

Au cours des quatorze dernières années, le président du club a été M. William H. English. Il a fait tellement pour l'organisation de toutes les manières que les membres aimeraient l'avoir comme directeur général à vie. M. English est un type splendide de l'Américain qui réussit éminemment dans la carrière qu'il a choisie, tout en ayant un intérêt extérieur pour le bien du public. Modeste dans une certaine mesure et évitant toute publicité, il est néanmoins le moteur de nombreux mouvements progressistes et caritatifs.

Il y a vingt-quatre ans, un groupe de femmes soucieuses du sens civique de la ville de Des Moines, dans l'Iowa, a organisé un club. Ils lui ont donné mon nom. Depuis près d'un quart de siècle, c'est un facteur important dans la vie civique de Des Moines. Il a accompli avec courage, intelligence et indépendance un excellent travail. Au moment de sa création, il n'existait que peu ou pas d'organisations de ce type dans le pays, et elle peut revendiquer la position de pionnière dans l'activité des femmes dans les affaires publiques.

Heureusement libéré des difficultés et des conflits internes qui détruisent si souvent les associations bénévoles, le Chauncey Depew Club est plus fort que jamais. Elle attend avec confiance la célébration réussie de son quart de siècle.

Je n'ai jamais pu visiter le club, mais j'ai eu avec lui une correspondance fréquente et des plus agréables. Il se souvient toujours de mon anniversaire de la manière la plus gratifiante. Je remercie ses membres de m'avoir accordé l'un des compliments les plus agréables de ma vie.

Un dîner public est une belle forme de témoignage. J'en ai eu beaucoup dans ma vie, célébrant autre chose que mon anniversaire. L'une des plus remarquables m'a été offerte par les citoyens de Chicago en reconnaissance de mes efforts pour faire de leur grande exposition colombienne un succès. Le juge John M. Harlan présidait et des hommes distingués étaient présents, venus de différentes régions du pays et représentant de grands intérêts. Le discours qui a probablement suscité le plus de commentaires fut probablement une attaque radicale d'Andrew Carnegie contre le gouvernement de la Grande-Bretagne, en se soumettant à l'autorité d'un roi ou d'une reine. Le Canada était représenté par certains des hauts fonctionnaires de cette colonie autonome. Les Canadiens sont plus fidèles à la forme de gouvernement anglaise que les Anglais eux-mêmes. Mon ami écossais poivré a suscité l'intérêt d'un responsable canadien, qui a riposté avec vigueur et intérêt.

C'est une expérience très précieuse pour un Américain que d'assister au banquet annuel de la Chambre de Commerce Américaine à Paris. Le gouvernement français reconnaît l'affaire en plaçant une compagnie de ses soldats en uniforme les plus pittoresques qui montent la garde à l'intérieur et à l'extérieur de la salle. Les plus hauts fonctionnaires du gouvernement français sont toujours présents et prononcent des discours. L'ambassadeur américain répond dans un discours en partie en anglais et, s'il est suffisamment équipé, en partie en français. Le général Horace Porter et Henry White étaient également heureux dans leur langue maternelle et dans celle des Français. Les hommes d'État français, cependant, aimaient tellement Myron T. Herrick qu'ils semblaient non seulement saisir sa cordialité, mais comprendre parfaitement son éloquence. L'honneur m'a été attribué à plusieurs reprises de prononcer le discours américain dans une langue américaine pure. Les Français n'ont peut-être pas compris, mais grâce à leur appréhension rapide, les applaudissements ou les rires des Américains ont été instantanément remplacés par des manifestations égales de la part des Français.

Parmi les nombreuses choses que nous avons héritées de nos ancêtres anglais figurent les dîners publics et les discours après le dîner. Le dîner public est important en Grande-Bretagne et utilisé à chaque occasion. C'est pour le gouvernement la plate-forme où les ministres peuvent exposer franchement au pays des questions qu'ils ne pourraient pas développer à la Chambre des communes. Par le discours du dîner, ils ouvrent la voie et attirent l'attention du public sur les mesures qu'ils entendent proposer au Parlement et amènent ainsi la pression de l'opinion publique en leur faveur.

De la même manière, chaque guilde et chaque métier ont leurs fonctions festives avec un objectif sérieux, tout comme les mouvements religieux, philanthropiques, économiques et sociologiques. Nous sommes allés assez loin dans cette direction, mais nous n'avons pas perfectionné le système comme ils l'ont fait de l'autre côté. Cela fait soixante ans que je prononce des discours après dîner devant des personnes de toutes sortes et de toutes conditions, et sur presque tous les sujets imaginables. J'ai trouvé ces occasions d'une grande valeur, car grâce à la bonne camaraderie de l'occasion, une vérité impopulaire peut être enrobée d'humour et accueillie par des applaudissements, tandis que dans les processus de digestion, le lendemain, elle travaille avec le public et à travers le appuyez dans le sens prévu pour la pilule. Un public populaire pardonnera presque tout ce avec quoi il n'est pas d'accord, si la manière humoristique avec laquelle cela est présenté chatouille son sens du risque .

M. Gladstone s'est très bien comporté au dîner du lord-maire à Guild Hall, où le premier ministre développe sa politique. Il en fut de même pour Lord Salisbury et Balfour, mais le prince des orateurs d'après-dîner en Angleterre est Lord Rosebery. Il a l'humour, l'esprit et la touche artistique qui fascinent et ravissent son public.

J'ai rencontré dans notre pays tous les hommes de mon temps qui se sont illustrés dans ce domaine de la sonorisation. Le plus remarquable en termes d'efficacité et d'inspiration fut Henry Ward Beecher. Un banquet était toujours un succès s'il pouvait avoir parmi ses orateurs William M. Evarts, Joseph H. Choate, James S. Brady, le juge John R. Brady, le général Horace Porter ou Robert G. Ingersoll.

Après que le général Grant se soit installé à New York, il était fréquemment invité à des dîners publics et produisait toujours une impression par un discours simple, direct et efficace.

Le général Sherman, quant à lui, était à la fois un orateur et un combattant. Il ne semblait jamais préparé, mais hors de l'occasion, il donnait des présentations militaires, graphiques et pittoresques de la pensée et de la description.

Ne pas avoir entendu à ces occasions Robert G. Ingersoll, c'était avoir manqué d'être pour la soirée sous le charme d'un magicien. On m'a souvent demandé si je pouvais me souvenir d'occasions de ce genre qui présentaient un intérêt plus que ordinaire.

Les discours d'après-dîner, bien que plus attrayants à l'époque, sont éphémères, mais certains incidents sont intéressants dans la mémoire. Au moment du jubilé de la reine Victoria, j'étais présent lorsqu'un représentant du Canada fut appelé à prononcer un discours. À l'exception du Canadien et de moi-même, les hôtes et les invités étaient tous anglais. Mon ami canadien a développé les merveilles de son pays. L'exposé de ses merveilles ne lui semblait suffisant que s'il était complété par des comparaisons avec d'autres pays à la gloire du Canada. Il compara donc le Canada aux États-Unis. Le Canada avait des institutions meilleures et plus durables, une population plus virile, plus intelligente et plus progressiste, et il s'était protégé, contrairement aux États-Unis, contre l'immigration indésirable et dans tout ce qui constituait une politique moderne et progressiste. , un Commonwealth sain et plein d'espoir, elle était bien en avance sur les États-Unis.

On m'a appelé immédiatement après et je lui ai dit que j'étais d'accord avec le distingué monsieur du Canada selon lequel, sur un point au moins, le Canada était supérieur aux États-Unis, à savoir qu'il possédait beaucoup plus de terres, mais qu'elles étaient principalement constituées de glace. Je regrette de me rappeler que mon ami canadien s'est mis en colère.

L'un des dîners historiques de New York, dont personne n'oubliera qui était là, a eu lieu juste après la fin de la guerre civile ou, comme l'appelait mon cher vieil ami le colonel Watterson, « la guerre entre les États ». Les principaux invités étaient le général Sherman et Henry W. Grady d'Atlanta, en Géorgie. Le général Sherman, dans son discours, a décrit le retour triomphal de l'armée de l'Union à Washington, son examen par le président, puis le retour de ses officiers et hommes à la vie privée. et reprendre leurs activités et leurs industries en tant que citoyens. C'était une image d'un pittoresque et d'une puissance merveilleux et saisissants qui suscita un public composé en grande partie d'anciens combattants qui avaient participé à la fois aux batailles et aux défilés, au plus haut degré d'enthousiasme. M. Grady a suivi. C'était un jeune homme doté de dons oratoires rares. Il a décrit le retour des soldats confédérés chez eux après la reddition d'Appomattox. Ils combattaient et marchaient depuis quatre ans. Ils étaient en haillons et pauvres. Ils sont retournés dans leurs maisons et leurs fermes, dont beaucoup avaient été dévastées. Ils n'avaient pas de capital, et rarement les animaux ou les ustensiles agricoles nécessaires pour recommencer. Mais avec un courage extraordinaire, non seulement de leur propre part mais avec l'aide de leurs épouses, sœurs et filles, ils ont fait prospérer les terres désertiques et ressuscité le pays.

Cette remarquable description de Grady, que je me contente d'esquisser, faisait pendant à l'épopée triomphale du général Sherman. L'effet fut électrique, dépassant presque tout ce qui s'est produit à New York ou ailleurs, et Grady acquit une renommée internationale.

Joseph H. Choate était un conférencier des plus dangereux pour ses associés qui parlaient avant lui. J'ai eu avec lui de nombreuses rencontres pendant cinquante ans, et j'ai souvent apprécié d'être victime de son esprit et de son humour. Un jour, Choate remporta les honneurs de la soirée par une attaque inattendue. Il y a un village dans l'ouest de New York qui porte mon nom. Les habitants entreprenants, cherchant ce qui pourrait se trouver sous la surface de leur sol, découvrirent le gaz naturel. Selon la mode américaine, ils ont immédiatement organisé une société et publié un prospectus pour la vente des actions. Le prospectus tomba entre les mains de M. Choate. Avec une grande joie, il l'a lu, puis en insistant sur le nom de la société : « The Depew Natural Gas Company, Limited », et en me brandissant le prospectus, il a crié : « Pourquoi limitée ?

Il y a eu deux occasions dans les discours d'après-dîner de M. Choate qui ont fait l'objet de nombreux commentaires, tant dans ce pays qu'à l'étranger. Comme j'étais présent les deux soirs, il semble que les faits devraient être exposés avec précision. Le dîner annuel des "Friendly Sons of St. Patrick" a eu lieu au cours de l'une des années où la question du Home Rule était la plus aiguë en Angleterre et activement discutée ici. Au même moment, nos concitoyens irlandais, avec leur talent pour la vie publique, s'étaient emparés de tous les bureaux de la ville de New York. Ils avaient le bourgmestre, la majorité du conseil échevinal et une grande majorité des juges. Lorsque M. Choate a pris la parole, il a abordé la question du Home Rule et, sans indiquer son propre point de vue, a déclaré en substance : « Nous, les Yankees, étions capables de nous gouverner nous-mêmes, mais vous, les Irlandais, êtes venus ici et nous avez pris le gouvernement. ayez toute l'administration de notre ville entre vos mains, et vous faites de nous ce que vous voulez. Nous sommes privés du Home Rule. Maintenant, ce que vous réclamez, tant à l'intérieur qu'à l'extérieur, c'est le Home Rule pour l'Irlande, avec une telle capacité démontrée à conquérir le territoire. plus grande ville du continent occidental et l'une des plus grandes au monde, pourquoi ne retournez-vous pas en Irlande et ne faites-vous pas, comme vous le feriez, un succès du Home Rule ? »

Je fus convoqué quelques minutes après à une conférence des principaux Irlandais présents. J'étais membre honoraire de cette société et ils étaient très indignés. Les plus radicaux pensaient que le discours de M. Choate devait immédiatement susciter du ressentiment. Cependant, ceux qui appréciaient son humour ont évité toute action hostile, mais M. Choate n'a plus jamais été invité à un banquet irlandais.

La deuxième occasion historique a eu lieu lorsque les Écossais ont honoré leur saint patron, Saint-André. La fréquentation était plus grande que jamais et l'intérêt plus intense parce que le comte d'Aberdeen était présent. Le comte était à cette époque gouverneur général du Canada, mais pour les Écossais, il était bien plus que cela, car il était le chef du clan Gordon. Le comte est venu au dîner en costume complet des Highlands. Lady Aberdeen et les dames de la cour vice-royale étaient dans la galerie. Je me suis assis à côté du comte et Choate à côté de moi. Choate a dit : « Chauncey, les jambes d'Aberdeen sont-elles nues ? J'ai regardé sous la nappe et j'ai découvert qu'ils l'étaient naturellement à cause de son costume. J'ai répondu : "Choate, ils le sont."

Je n'y pensais pas jusqu'à ce que Choate commence son discours, dans lequel il dit : "Je n'ai pas été pleinement informé par le comité de l'importance de l'occasion. Je ne savais pas que le comte d'Aberdeen devait être ici en tant qu'invité d'honneur. . J'ignorais surtout et malheureusement qu'il venait avec toute la panoplie de sa grande fonction de chef du clan Gordon Si j'avais su que j'aurais laissé mon pantalon à la maison.

Aberdeen a apprécié, les dames de la galerie étaient amusées, mais les Scotchs étaient fous et Choate a perdu les invitations aux futurs dîners écossais.

Rares sont ceux qui apprécient l'attrait de la métropole. Il attire les personnes qui réussissent pour qu'elles obtiennent un plus grand succès grâce à ses plus grandes opportunités. Il a un charme irrésistible auprès des ambitieux et des entreprenants. New York, avec ses banlieues qui font véritablement partie d'elle-même, est la plus grande ville du monde. C'est le seul véritablement cosmopolite. Elle compte plus d'Irlandais que n'importe quelle ville d'Irlande, plus d'Allemands et d'Italiens que n'importe quelle autre ville, à l'exception des plus grandes villes d'Allemagne ou d'Italie. Il y a plus de Sudistes qu'il n'y en a dans n'importe quel autre endroit de n'importe quel État du Sud, et il en va de même pour les Occidentaux et ceux de la côte Pacifique et de la Nouvelle-Angleterre, sauf à Chicago, San Francisco ou Boston. Il existe également un important contingent venant des Antilles, d'Amérique du Sud et du Canada.

Les personnes qui composent les invités d'un grand dîner sont la survie du plus fort de ces différents colons de New York. Alors que des milliers d'entre eux échouent et rentrent chez eux ou abandonnent le chemin, ces hommes ont réussi à se frayer un chemin grâce à leurs capacités, leur prévoyance et leur adaptabilité supérieures à travers les compétitions féroces de la grande ville. Ils sont exceptionnellement vifs d'esprit et alertes. Pour le soir du banquet, ils laissent derrière eux leurs affaires et leurs soucis et s'efforcent de se divertir, de s'amuser et de s'instruire. C'est un public des plus catholiques, large d'esprit, hospitalier et amical envers les idées, qu'elles soient d'accord ou non avec elles, à condition qu'elles soient bien présentées. Il y a une chose à laquelle ils ne se soumettront pas, c'est de s'ennuyer.

Ces fonctions se terminent généralement vers minuit et durent rarement aussi longtemps ; à la campagne et dans d'autres villes, il n'est pas rare d'avoir un dîner avec des discours qui se prolonge jusqu'aux petites heures du lendemain matin. Alors que des hommes publics, des politiciens et des aspirants orateurs cherchent leurs opportunités sur cette plateforme à New York, peu réussissent et beaucoup échouent. Il est difficile pour un étranger de saisir la situation et de s'adapter immédiatement à son atmosphère. J'ai raconté dans les pages précédentes quelques succès remarquables, et je donnerai quelques exemples d'hommes très capables et distingués qui ont perdu le contact avec leur public.

L'un des hommes les plus compétents du Sénat était le sénateur John T. Morgan, de l'Alabama. Je l'aimais personnellement et j'admirais beaucoup ses talents nombreux et variés. C'était un législateur très industrieux et admirable, et un débatteur d'une rare influence. Il maîtrisait un anglais correct et érudit et était l'un des rares à ne jamais se rendre dans la salle des journalistes pour corriger ses discours. Comme ils étaient toujours parfaits, il les laissa tels quels.

Le sénateur Morgan était une excellente carte lors d'une occasion célèbre parmi les nombreux hommes célèbres qui devaient également prendre la parole. Le sénateur Elihu Root a présidé la séance avec sa distinction habituelle. Le sénateur Morgan avait préparé un discours qu'il a lu. C'était inhabituellement long, mais très bon. En raison de sa réputation, le public était, pour un tel public, merveilleusement patient, fréquent et enthousiaste dans ses applaudissements. Se méprenant sur son accueil favorable, le sénateur Morgan, après avoir terminé le manuscrit, a commencé un long discours. Après que l'heure eut presque atteint deux heures, l'assistance s'impatienta et le sénateur, se trompant encore une fois sur son humeur, pensa qu'ils étaient devenus hostiles et annonça qu'à maintes reprises et en bien des lieux il s'était heurté à de l'opposition, mais qu'il ne pouvait pas être abattu ou réduit au silence. M. Root a fait de son mieux pour maintenir la paix, mais le public, impatient d'entendre les autres orateurs, a perdu espoir et a commencé à partir, de sorte que minuit a vu une salle vide avec un président et un orateur. .

Lors d'un autre grand dîner politique, je me suis assis à côté du gouverneur Oglesby, de l'Illinois. Il était célèbre comme gouverneur de guerre et comme orateur. Il y avait six orateurs sur l'estrade, dont j'étais l'un. Heureusement, mon tour est arrivé tôt. Le gouverneur m'a dit : « Dans quelle mesure ces pieds tendres peuvent-ils supporter l'Évangile ? "Eh bien, Gouverneur," répondis-je, "il y a six orateurs ce soir, et l'assistance ne permettra pas que le temps maximum occupé soit supérieur à trente minutes. Quiconque dépasse ce délai perdra sa foule et, pire que cela. , il peut être tué par les messieurs éloquents qui débordent d'impatience de prendre la parole et qui doivent le suivre.

"Eh bien," dit le gouverneur, "je ne vois pas comment on peut commencer en trente minutes."

"Eh bien," prévins-je, "s'il te plaît, ne sois pas trop long."

Lorsque minuit sonna, la salle était de nouveau pratiquement vide, le gouverneur étant en plein discours, qui nécessiterait évidemment environ trois heures, et le président déclara la séance levée.

Le sénateur Foraker, de l'Ohio, qui était l'un des orateurs désignés, m'a dit le lendemain matin qu'à l'hôtel de la Cinquième Avenue, où il s'arrêtait, il était sur le point de se coucher lorsque le gouverneur a fait irruption dans sa chambre et a crié : « Foraker , pas étonnant que New York ait presque toujours tort. Vous avez vu ce soir qu'il n'écouterait pas la vérité. Maintenant, je veux vous dire ce que j'avais l'intention de dire. Il criait avec une éloquence passionnée, sa voix s'élevant jusqu'à atteindre, par les fenêtres ouvertes, le Madison Square Park, lorsque le gardien fit irruption et dit : « Monsieur, les invités de cet hôtel ne supporteront plus cela, mais s'il le faut Termine ton discours, je t'emmènerai dans le parc.

Sous l'administration de Cleveland, l'un des banquets de New York est devenu une affaire nationale. L'orateur principal était le secrétaire de l'Intérieur, Lucius QC Lamar, qui devint ensuite sénateur des États-Unis et juge à la Cour suprême. M. Lamar était l'un des hommes les plus compétents et les plus cultivés de la vie publique, et un excellent orateur. J'ai été sollicité si tard qu'il était impossible de suivre plus longtemps les discussions sérieuses de la soirée, et ce que la direction et le public attendaient de moi, c'était du plaisir.

Lamar, avec ses périodes johnsoniennes et le style noble d'Edmund Burke, a fourni l'occasion d'une petite plaisanterie. Il est venu me voir quand j'ai eu fini, très alarmé et m'a dit : « Ma comparution ici n'est pas ordinaire et ne permet pas l'humour. Je suis secrétaire de l'Intérieur et représentant du président et de son administration. Mon discours C'est vraiment le message du président à l'ensemble du pays, et j'aimerais que vous remédiiez à toute impression que le pays pourrait autrement recevoir de votre humour.

J'étais très heureux de le faire, mais c'était un exemple dont j'ai rencontré de nombreuses personnes, d'un gentleman très distingué et brillant se prenant trop au sérieux. Lors d'une autre cérémonie assez solennelle de ce genre, j'ai fait la même chose à la demande de la direction, mais avec une autre protestation de l'orateur et de son inimitié.

En me rappelant qu'après sa retraite de la présidence, M. Cleveland m'a parlé de son grand respect et de son admiration pour M. Lamar. Les discours de Cleveland étaient toujours courts. Son talent était celui de la compression et de la concentration, et il ne comprenait pas la nécessité d'un effort de grande longueur. Il m'a raconté que, alors que le juge Lamar était secrétaire à l'Intérieur, il était venu le voir un jour et lui avait dit : « Monsieur le Président, j'ai accepté une invitation à prononcer un discours dans le Sud et, comme votre administration peut être tenue responsable de ce que j'ai fait, dites, j'aimerais que vous le relisez et fassiez des corrections ou des suggestions.

M. Cleveland a déclaré que le discours était extraordinairement long bien que très bon, et lorsqu'il l'a rendu au secrétaire Lamar, il lui a dit : « Ce discours prendra au moins trois heures à prononcer. Un public du Nord ne se soumettrait jamais à plus d'une heure. "Tu ne penses pas que tu ferais mieux de le couper ?" Le secrétaire répondit : « Non, Monsieur le Président ; un public sudiste s'attend à trois heures et se contenterait mieux de cinq heures. »

Le juge Miller, l'un des juges les plus compétents de la Cour suprême de l'époque, fut le principal orateur à une autre occasion. Il était lourd jusqu'à un certain degré, et presque égalait dans l'emphase de ses paroles, ce qu'on disait autrefois de Daniel Webster, que chaque mot pesait douze livres. Je l'ai suivi. Le procureur général des États-Unis, qui retourna à Washington le lendemain avec le juge Miller, me dit que dès qu'ils furent montés dans le train, le juge commença à se plaindre que j'avais complètement mal compris son discours et qu'il n'y avait aucune exagération dans mon discours. d'interprétation justifierait ce que j'ai dit. Le juge n'a vu aucune humour dans mon petit effort pour soulager la situation et l'a considéré comme une réponse de l'avocat adverse. Il a déclaré que le juge avait repris l'affaire à partir d'une autre phase après avoir quitté Philadelphie et avait repris son explication sous un autre angle quant à ce qu'il voulait dire après leur arrivée à Baltimore. Lorsque le train est arrivé à destination et qu'ils se sont séparés à la gare de Washington, le juge s'est tourné vers le procureur général et lui a dit : « Merde Depew ! Bonne nuit.

Tels sont les périls de celui qui cède avec bonhomie aux importunités d'un comité de direction qui craint l'échec de son divertissement auprès de son public.

Les grands dîners de New York sont la Chambre de Commerce, qui est une fonction nationale, comme le furent aussi longtemps, sous la présidence de M. Choate, ceux de la New England Society. Les banquets annuels des Irlandais, des Écossais, des Anglais, des Gallois, des Hollandais, de Saint-Nicolas et des Français sont également très intéressants et prennent parfois une grande importance en raison de la présence d'une personnalité nationale ou internationale. Le dîner que la Pilgrims Society offre à l' ambassadeur britannique lui donne l'occasion, sans les formalités et les conventions de sa fonction, de dire ce qu'il pense à la fois aux États-Unis et à son propre peuple.

Les banquets annuels des sociétés d'État prennent désormais une plus grande importance. Chaque État compte des milliers d'hommes qui ont été ou sont toujours citoyens, mais qui vivent à New York. Ces dîners attirent les principaux hommes politiques de leurs différents États. C'est une plateforme permettant aux ambitieux d'être président et qui réussit parfois.

Garfield fit une grande impression lors d'un de ces dîners d'État, tout comme Foraker, et lors du dernier dîner de l'Ohio Society, la star était le sénateur Warren G. Harding. Un jour, alors que McKinley et Garfield étaient présents, au cours de mon discours, j'ai fait une remarque qui a depuis été adoptée comme une sorte de devise par l'État de Buckeye. L'Ohio, je pense, a dépassé la Virginie comme mère de présidents. Il est remarquable que les candidats des deux grands partis soient désormais de cet État. J'ai dit à la fin de mon discours, faisant allusion aux invités de marque et à leurs perspectives : "Certains hommes ont la grandeur qui leur est imposée, certains naissent grands, et certains sont nés dans l'Ohio."

L'un des plus grands effets produits par un discours a été celui prononcé par Henry Ward Beecher lors d'un dîner annuel des Friendly Sons of St. Patrick. À l'époque, la question du Home Rule était plus que d'habitude aiguë et le fénianisme était enragé. Bien que M. Beecher ait eu une grande influence sur son auditoire, son auditoire avait la même influence sur lui. À mesure qu'il s'étendait sur les torts de l'Irlande, les réponses devenaient plus enthousiastes et finalement franchement sauvages. Cela a excité l'orateur jusqu'à ce qu'il donne l'approbation la plus folle à l'action directe et à la révolution, avec les acclamations correspondantes des convives, debout et applaudissant. M. Beecher a expliqué ce discours pendant environ un an après. J'étais conférencier sur la même plateforme.

M. Beecher arrivait toujours en retard, et tout le monde pensait que c'était pour être applaudi à son arrivée mais il m'a expliqué que c'était dû à sa méthode de préparation. Il a dit que son esprit ne fonctionnerait librement que trois heures après avoir mangé. De nombreux intervenants m'ont dit la même chose. Il disait que lorsqu'il avait un discours à faire le soir, que ce soit lors d'un dîner ou ailleurs, il prenait son dîner au milieu de la journée, puis un verre de lait et des crackers à cinq heures, sans rien ensuite. . Puis, le soir, son esprit était parfaitement clair et sous contrôle absolu.

Le Lotos Club est depuis cinquante ans à New York ce que le Savage Club est à Londres. Il attire comme hôtes les hommes de lettres les plus éminents qui visitent ce pays. Ses animations sont toujours réussies. Pendant vingt-neuf ans, il eut pour président M. Frank R. Lawrence, un gentleman doué du génie pour présenter des étrangers distingués avec des discours des plus heureux, et un comité qui choisissait avec un jugement merveilleux les autres orateurs de la soirée. Un successeur à M. Lawrence, et d'égale qualité, a été trouvé en la personne de Chester S. Lord, aujourd'hui président du Lotos Club. M. Lord a été rédacteur en chef du New York Sun pendant plus d'un tiers de siècle et est aujourd'hui chancelier de l'Université de l'État de New York.

Je me souviens d'une occasion où l'homme le plus délicat qui ait jamais comparu devant son public a glissé son chariot, et c'était Mgr Potter. L'évêque était un remarquable prédicateur, un orateur public particulièrement attirant et un ancien maître de toutes les commodités sociales de la vie. L'invité de la soirée était le célèbre chanoine Kingsley, auteur de « Hypatie » et d'autres ouvrages alors universellement populaires. Le canon avait le nez le plus gros et le plus rouge qu'on ait jamais vu. L'évêque, parmi les plaisanteries de son introduction, a fait allusion à ce phare de la religion et de la littérature. Le chanoine est tombé en disgrâce et n'a jamais pardonné à l'évêque.

Lors des soirées du Lotos, j'ai entendu à leur meilleur Lord Houghton, homme d'État et poète, Mark Twain, Stanley l'explorateur, et je considère que c'est l'une des distinctions ainsi que l'un des plaisirs de ma vie d'avoir été conférencier au Lotos à plus d'occasions que personne d' autre au cours du dernier demi-siècle.

Au cours des premières luttes de M. Joseph Pulitzer avec son journal, le New York World, les colonnes éditoriales comportaient fréquemment des attaques très sévères contre M. William H. Vanderbilt et le New York Central Railroad. Elles faisaient bien entendu partie d'attaques contre le monopole. J'ai souvent été inclus dans ces critiques.

Le Lotos Club a offert un célèbre dîner à George Augustus Sala, l'écrivain et journaliste anglais. Je me suis retrouvé assis à côté de M. Pulitzer, que je n'avais jamais rencontré. Lorsqu'on m'a appelé à prendre la parole, j'ai introduit, dans ce que j'avais à dire sur l'invité de marque, cette part d'audace. J'ai dit en substance, en plus de M. Sala : « Nous avons avec nous ce soir un grand journaliste qui arrive dans la métropole depuis l'Ouest sauvage et laineux. Après avoir acheté le Monde, il est venu vers moi et m'a dit : « Chauncey Depew , J'ai un projet qui, j'en suis sûr, profitera à nous deux. Tout le monde est envieux du prestige du New York Central et de la richesse de M. Vanderbilt. Vous êtes connu comme son principal conseiller. Maintenant, si dans mon hostilité générale. Au monopole, j'inclus M. Vanderbilt et le New York Central parmi les principaux contrevenants, je dois vous inclure, car vous êtes le champion dans vos relations officielles avec la société, ses politiques et ses activités. Je ne veux pas que vous ayez le moindre sentiment contre. moi à cause de cela. La politique garantira au monde entier tous ceux qui ne sont pas actionnaires de la New York Central, ou ne possèdent pas des millions d'argent. Lorsque M. Vanderbilt découvre que vous êtes attaqué, il est un gentleman et large d'esprit. assez pour vous rémunérer et vous accordera à la fois une promotion significative et une forte augmentation de salaire. » Puis j'ai ajouté : « Eh bien, messieurs, je dois seulement dire que l'expérience de M. Pulitzer a été extrêmement réussie. Il a fait de son journal une puissance reconnue et un organe notable de l'opinion publique ; sa fortune est faite et la sienne aussi, et, en ce qui concerne moi-même, tout ce qu'il a prédit s'est réalisé, tant en termes de promotion que d'augmentation des revenus. " Quand je me suis assis, M. Pulitzer m'a saisi par la main et a dit : " Chauncey Depew, tu es un très bon garçon. J'ai été mal informé à votre sujet. Vous bénéficierez désormais d'un traitement amical dans n'importe quel journal que je contrôle. »

Le Gridiron Club de Washington, en raison à la fois de sa capacité et de son génie, et surtout de sa position nationale, fournit une plate-forme merveilleuse aux hommes d'État. Son génie dans la création de caricatures et de fausses représentations de la situation politique actuelle de la capitale et de ses hommes publics est des plus remarquables. Le président est toujours présent, ainsi que la plupart des membres du Cabinet et des juges de la Cour suprême. Les ambassadeurs et représentants des principaux gouvernements représentés à Washington sont des invités, tout comme les sénateurs et représentants les plus connus de l'époque. La devise du club est "Les journalistes ne sont jamais présents. Les dames sont toujours présentes". Bien que l'association soit entièrement composée de journalistes, le secret est si bien gardé que les intervenants sont d'une franchise inhabituelle.

Cependant, un soir, il y a eu une célèbre confrontation entre le président Roosevelt et le sénateur Foraker, qui à l'époque étaient extrêmement antagonistes, et qui ne pourra jamais être oubliée par les personnes présentes. Il y a eu une interaction délicieuse entre William J. Bryan et le président Roosevelt, lorsque Bryan a accusé le président de lui avoir volé toutes ses politiques et ses idées.

Si l'orateur comprenait les particularités de son auditoire et son tempérament, sa tâche était à la fois la plus difficile et la plus délicieuse, et mon ami, M. Arthur Dunn, a rendu un service très utile en embaumant une partie de l'histoire de Gridiron dans son volume. , "Gridiron Nights".

Pierpont Morgan, le plus grand des banquiers américains, était bien plus qu'un banquier. Il possédait dans sa bibliothèque et ailleurs une magnifique collection de livres rares et d'œuvres d'art. Il était toujours charmant du côté social. Il fut très heureux d'être élu président de la New England Society. Cette année-là, le dîner annuel fut une affaire remarquablement brillante. C'était le plus grand de l'histoire de l'organisation. L'orateur principal était William Everett, fils du célèbre Edward Everett et lui-même un érudit aux grandes connaissances et à la culture. Son discours était une autre preuve qu'un homme très supérieur se trompait sur son auditoire. Il était directeur de l'Adams Academy, cette grande institution préparatoire à l'Université Harvard, et il en avait considérablement élargi la portée et l'utilité.

M. Everett pensait évidemment que les invités de la New England Society de New York seraient composés d'hommes de lettres, d'éducateurs et de diplômés de Harvard. Au lieu de cela, le public devant lui était principalement composé de banquiers et d'hommes d'affaires prospères dont les caractéristiques puritaines leur avaient permis de remporter de grands succès dans les concours de la grande métropole dans tous les secteurs d'activité. Ils étaient dehors pour passer un bon moment et rien d'autre.

M. Everett a produit une lourde masse de manuscrits et a commencé à lire sur l'histoire de l'éducation de la Nouvelle-Angleterre et l'influence de l'école de Cambridge sur celle-ci. Il avait plus d'une heure de matériel et perdait son public en quinze minutes. Aucun effort du président n'a pu attirer leur attention, et finalement l'éducateur a perdu le contrôle de lui-même qu'il enseignait toujours aux garçons et a jeté son manuscrit à la tête des journalistes. D'après leurs articles dans leurs différents journaux du lendemain, ils ne semblent pas avoir assimilé le discours par cette méthode originale.

Choate et moi devions parler tous les deux, et Choate est venu en premier. Comme d'habitude, il m'a lancé une brique. Il a mentionné qu'un journaliste était venu le voir et lui avait dit : « M. Choate, j'ai soigneusement préparé le discours de Depew, avec les applaudissements et les rires déjà présents. Je veux le vôtre. Bien sûr, aucun journaliste n'était venu chez nous. M. Choate avait dans son discours quelque chose d'inhabituel pour lui, un long morceau de poésie. Quand mon tour est venu de répondre, j'ai dit : « Le journaliste est venu vers moi, comme l'a dit M. Choate, et m'a fait la remarque : 'J'ai déjà le discours de Choate. Il contient beaucoup de poésie.' J'ai demandé au journaliste : « De quel auteur la poésie est-elle tirée ? Il a répondu : 'Je ne connais pas l'auteur, mais la poésie est si mauvaise que je pense que Choate l'a écrit lui-même.'"

M. Choate m'a raconté une délicieuse histoire de sa dernière entrevue avec M. Evarts avant de s'embarquer pour l'Europe pour prendre son poste d'ambassadeur à la Cour de Saint-Jacques. « J'ai appelé, dit-il, M. Evarts pour lui dire au revoir. Il était depuis longtemps confiné dans sa chambre à cause d'une maladie mortelle. « Choate, dit-il, je suis enchanté de votre nomination. Vous le méritez éminemment, et vous êtes tout à fait apte à ce poste. Vous avez remporté la plus grande distinction de notre profession et en avez récolté suffisamment pour vous permettre d'assumer sans inquiétude les responsabilités financières de ce poste. ayez une carrière diplomatique des plus brillantes et des plus utiles, mais je crains de ne jamais vous revoir.

M. Choate a déclaré : « M. Evarts, nous entretenons un partenariat délicieux depuis plus de quarante ans, et lorsque je me retirerai de la diplomatie et reprendrai la pratique du droit, je suis sûr que vous et moi continuerons ensemble pendant de nombreuses années dans le domaine du droit. la même bonne vieille manière."

Evarts répondit : "Non, Choate, je crains que ce ne soit pas possible. Quand je pense à quel point je me soucie de tout mon peuple, couché ici si impuissant, et que je ne peux plus rien faire pour remercier leur gentillesse, ou pour aider dans le "

Lorsqu'on a une réputation d'orateur, qu'on sait aussi obliger ses amis et qu'on peut difficilement résister aux importunités, les exigences envers lui sont très grandes. Ils sont aussi parfois originaux et uniques.

Un jour, la veille de Noël, un représentant du New York World est venu me voir et m'a dit : « Nous allons donner ce soir un dîner aux clochards qui se rassemblent entre dix et onze heures au Vienna Restaurant, en face de l'hôtel Saint-Denis, pour recevoir le pain que le restaurant distribue à cette heure-là. Cette file d'attente était là tous les soirs, debout dans le froid, attendant leur tour. Je suis descendu à l'hôtel, et un jeune homme et une jeune femme liés au journal ont traversé la rue et ont sélectionné dans la file une centaine d'invités.

C'était un assemblage remarquable. Le dîner proposé était magnifique et excellent pour Noël. En écoutant leurs histoires, il y avait parmi eux un représentant de presque tous les domaines de la vie américaine. Certains étaient temporairement et d'autres définitivement en panne. Toutes les professions savantes étaient représentées ainsi que de nombreux secteurs d'activité. La plupart d'entre eux étaient dans cet état parce qu'ils étaient venus à New York pour faire leur chemin et qu'ils avaient lutté jusqu'à épuisement de leurs fonds, puis ils avaient honte de rentrer chez eux et d'avouer leur échec.

J'ai présidé ce remarquable banquet et prononcé non pas un seul discours mais plusieurs. En encourageant les invités, nous avons eu plusieurs excellentes adresses de prédicateurs sans chaires, d'avocats sans clients, de médecins sans patients, d'ingénieurs sans emploi, d'instituteurs sans écoles et de voyageurs sans fonds. Un homme s'est levé et a dit : « Chauncey Depew, le monde nous a offert un dîner si excellent et vous nous avez offert un si joyeux réveillon de Noël que nous aimerions vous serrer la main en sortant. »

J'avais depuis longtemps appris l'art de serrer la main du public. De nombreux candidats ont eu les mains écrasées et ont été blessés de façon permanente par la poigne d'un ardent admirateur ou d'un adversaire vicieux. Je me souviens que le général Grant s'était plaint de cela, de la façon dont il souffrait, et je lui ai raconté ma découverte : saisir la main en premier et la laisser tomber rapidement.

Les gens autour de moi regardaient ces hommes au fur et à mesure qu'ils arrivaient, pour voir s'il y avait un danger possible. Vers la fin du cortège, un homme m'a dit : " Chauncey Depew, je n'appartiens pas à cette foule. Je suis assez aisé et je peux prendre soin de moi. Je suis anarchiste. Mon rôle est de susciter des troubles et mécontentement, et cela m'amène chaque soir à me mêler à la foule qui attend son pain de la boulangerie Fleischmann. Vous faites plus que quiconque dans tout le pays pour créer de la bonne humeur et dissiper l'agitation, et vous en avez fait beaucoup. ce soir, j'ai décidé de te tuer ici, mais tu es un si bon garçon que je n'ai pas le cœur de le faire, alors voici ma main.

Un jour, j'ai reçu une invitation à m'adresser à une société sociologique qui devait se réunir chez l'un des artistes les plus célèbres de New York. Mon hôte m'a dit qu'Edward Atkinson, écrivain, philosophe et sociologue bien connu de la Nouvelle-Angleterre, prendrait la parole à la réunion. Quand je suis arrivé à la maison, j'ai trouvé Atkinson désespéré. Le public était composé de jeunes femmes en grande tenue de soirée et de jeunes hommes en gilets blancs, cravates blanches et machaons. Un groupe était également présent. On nous informa que cette société s'était efforcée de mêler l'instruction au plaisir, et qu'il s'agissait en réalité d'un club de danse, mais ils avaient conçu l'idée d'avoir quelque chose de sérieux et d'instructif avant le bal.

M. Atkinson m'a dit : « Ce qui m'a convaincu de venir ici, c'est qu'à Boston nous avons une société du même nom. Elle est composée de personnes très sérieuses qui sont engagées dans un travail d'établissement et un travail sociologique. les conditions des jeunes femmes et des jeunes hommes qui occupent des emplois de bureau et autres. J'ai prononcé plusieurs discours devant cette société et devant les audiences qu'ils rassemblent, sur la manière de vivre confortablement et de se marier avec la plus petite marge possible. par exemple, pour ma conférence de ce soir, j'ai un vêtement confectionné pour lequel j'ai payé hier cinq dollars. Dans cette grande chaudière, il y a un poêle dont le four est du bœuf. et divers légumes, et pour le chauffer, c'est une lampe à pétrole avec une horloge attachée. Un jeune homme ou une jeune femme, ou un jeune couple marié, va au marché et achète des morceaux de bœuf bon marché, puis, selon mes instructions, ils le mettent dans le poêle avec les légumes, allument la lampe, règlent l'horloge et se mettent au travail. Quand ils reviennent à cinq, six ou sept heures, ils trouvent un dîner très excellent et très bon marché, tout prêt à être servi. Maintenant, à quoi servent mes vêtements à cinq dollars et mon dîner à cinquante cents pour cette foule de papillons ? »

Cependant, M. Atkinson et moi avons décidé de leur parler comme s'ils en avaient besoin ou en auraient besoin un jour ou l'autre, et ils ont été assez polis pour poser des questions et faire semblant d'apprécier cela. Je comprends qu'après le dîner de minuit, il y eut plus de champagne et plus d'hilarité que lors des réunions précédentes de ce club sociologique.

Au cours d'une de nos campagnes présidentielles, des jeunes hommes sont venus du Bowery pour me voir. Ils ont déclaré : « Nous traversons une période très difficile dans notre district. La foule est dure mais intelligente, et nous pensons qu'elle serait réceptive à la vérité s'elle pouvait l'entendre la lui présenter sous une forme attrayante. grand théâtre attaché à un bar à bière Bowery si vous descendez et prenez la parole à la réunion, la nouveauté de votre apparition remplira le théâtre.

Je savais qu'il y avait un risque considérable, et pourtant c'était une formidable opportunité. Je crois qu'en rencontrant une foule de ce genre, il faut paraître tel qu'on s'attend à ce qu'il soit lorsqu'on s'adresse au meilleur public. Ces gens sont très fiers et ils détestent toute tentative de votre part d'être ce qu'ils savent que vous n'êtes pas, mais que vous descendez à leur niveau en assumant un personnage que vous présumez être le leur. Je me suis donc habillé avec un soin inhabituel et, lorsque je suis monté sur l'estrade, un génie du théâtre aux manches courtes et aux cheveux courts a crié : « Chauncey pense qu'il est au Carnegie Hall.

Le célèbre Tim Sullivan, qui fut plusieurs fois sénateur et membre du Congrès, et un très bon garçon, était le chef du Bowery et contrôlait ses actions politiques. Il est venu me voir et m'a dit : « J'espère que vous vous retirerez de ce rendez-vous. Je ne veux pas que vous veniez là-bas. En premier lieu, je ne peux pas vous protéger et je ne pense pas que ce soit sûr. Deuxièmement, vous êtes si connu et populaire parmi notre peuple que j'ai peur que vous produisiez une impression, et si vous vous en sortez, cela nuira à notre machine.

Au cours de mon discours est apparu un homme que je connaissais très bien en tant que chef de district et qui se trouvait fréquemment dans mon bureau, cherchant des postes pour ses électeurs et d'autres faveurs. Cette nuit-là, il était en manches de chemise parmi les garçons. Avec l'audace du vieux pompier volontaire et le patois particulier de cette partie de New York, il dit : « Chauncey Depew, vous n'avez rien à faire ici. Vous êtes le président de la New York Central Railroad, n'est-ce pas , hé ? Vous êtes un homme riche, n'est-ce pas , hé ? Nous sommes des garçons pauvres. Vous ne nous connaissez pas et vous ne pouvez rien nous apprendre. Vous feriez mieux de partir tant que vous le pouvez.

Ma réponse fut celle-ci : "Mon ami, je veux avoir une petite conversation avec toi. J'ai commencé ma vie comme toi. Personne ne m'a aidé. J'étais un garçon de la campagne et mon capital était cette tête," et je l'ai giflé, "ces jambes", et je les ai giflées, "ces mains", et je les ai giflées, "et en les utilisant du mieux que j'ai pu, je suis devenu exactement ce que vous dites que je suis et je suis arrivé là où vous n'arriverez jamais."

Un citoyen en manches de chemise s'est levé du public et a crié : « Vas-y, Chauncey, tu es une pêche. Cette description d'une pêche a été publiée dans les journaux et m'a été attachée partout où je suis apparu pendant de nombreuses années par la suite, non seulement dans ce pays mais à l'étranger. Il a même trouvé sa place dans la colonne argot des grands dictionnaires de langue anglaise. Le résultat de la réunion, cependant, fut une discussion libre dans le Bowery, et pour la première fois de son histoire, ce district particulier fut remporté par les Républicains.

Après leur triomphe aux élections, j'ai donné un dîner au Union League Club aux capitaines des circonscriptions électorales. Ils étaient une centaine. Les capitaines de district portaient tous leurs costumes habituels et étaient des jeunes hommes aussi vifs, vifs, intelligents et à jour qu'on pouvait souhaiter en rencontrer. Les membres du club que j'avais invités à rencontrer mes invités étaient, bien entendu, en tenue de soirée conventionnelle. Ils ont tellement apprécié la nouveauté de l'occasion qu'ils se sont livrés avec plus de libéralité que d'habitude aux liquides et aux pétillants et sont devenus très hilarants. Pas un des capitaines de district n'a touché une goutte de vin.

Alors que les membres du club étaient un peu effrayés à l'idée de la venue de ces East-Siders, mes invités ont compris et respecté toutes les conventions de l'occasion avant, pendant et après le dîner, comme s'il s'agissait d'une réception sociale habituelle avec eux. La demi-douzaine d'intervenants ont fait preuve d'une compréhension des questions politiques du moment et d'une capacité à exprimer leur point de vue devant un public, ce qui était une démonstration d'un haut niveau d'intelligence et d'auto-culture.

En sélectionnant quelques occasions insolites, mais aussi très intéressantes et instructives, je me souviens d'une société qui se piquait de son absence d'étroitesse et de sa liberté de pensée et de discussion. Les orateurs se sont montrés les plus critiques de tout ce qui est généralement accepté et cru. Le professeur John Fiske, l'historien, était l'homme le plus célèbre présent et très critique à l'égard de la Bible. Ma bonne mère m'avait élevé dans la Bible et m'avait inculqué le plus profond respect pour le bon livre. La critique du professeur m'a poussé à une réplique. Bien entendu, je n'étais en aucun cas capable de le rencontrer, avec sa vaste érudition et ses réalisations scientifiques. Je ne pouvais que donner ce que le critique biblique considérerait comme sans valeur, une expression de foi brutale. Quelqu'un a retiré le discours. Le docteur John Hall, le célèbre prédicateur et pasteur de l'église presbytérienne de la Cinquième Avenue pendant de nombreuses années, m'a dit que la Bible et les sociétés ecclésiales d'Angleterre avaient mis le discours dans un tract et en distribuaient plusieurs millions dans les îles britanniques.

Il est singulier de connaître la vogue et la diffusion qu'une histoire de l'heure recevra. Habituellement ces décors d'un discours meurent avec l'occasion. Il y a eu une rivalité féroce lorsqu'il a été décidé de célébrer le quatre centième anniversaire du débarquement de Colomb en Amérique, entre New York et

Chicago, pour savoir à qui devait se tenir l'exposition. Bien entendu, les orateurs occidentaux n'étaient pas modestes dans leurs revendications en faveur de la Ville des Lacs. Pour calmer leur ardeur, j'ai brodé l'histoire suivante, qui a pris à merveille lorsqu'elle a été racontée dans mon discours.

C'était à l'Eagle Hotel de Peekskill, où, dit-on, George Washington s'était arrêté à plusieurs reprises en tant qu'invité pendant la guerre d'indépendance, où, en respect à sa mémoire, ils préservaient les traditions de la période révolutionnaire. À cette époque, la facture n'était pas imprimée, mais le serveur annonçait au client ce qui serait servi s'il le demandait. Un citoyen de Chicago dînait à l'hôtel. Il commanda chacun des nombreux articles que lui annonçait le serveur. Lorsqu'il arriva au dessert, le serveur dit : « Nous avons une tartelette, une tarte aux pommes, une tarte à la citrouille et une tarte à la crème. L'homme de Chicago a commandé une tartelette, une tarte aux pommes et une tarte à la citrouille. Le serveur dégoûté remarqua : « Qu'est-ce qu'il y a avec la crème anglaise ? A mes côtés était assis un gentleman anglais très connu et de haut rang, venu dans ce pays pour une sorte de mission missionnaire et évangélique. Bien sûr, il était aussi solennel que la tâche qu'il avait entreprise : convertir les pécheurs américains. Il s'est tourné brusquement vers moi et m'a demandé d'une voix forte : « Qu'avait-il avec la tarte à la crème ? L'histoire a voyagé pendant des années, a été utilisée à de nombreuses fins, a souvent été assassinée dans la narration, mais a réussi à survivre et m'a été racontée comme une blague originale par l'un des hommes que j'ai rencontrés à la convention de juin dernier à Chicago.

Après que Chicago ait reçu la nomination du Congrès, j'ai fait tout ce que j'ai pu pour aider à l'adoption de la législation et des crédits nécessaires. Le résultat fut que lorsque j'ai visité la ville en tant qu'orateur lors de l'ouverture de l'exposition, j'ai été élu liberté de la ville, j'ai reçu un grand accueil et, entre autres choses, j'ai passé en revue les écoliers qui ont défilé en mon honneur.

Les anciens élèves de Yale de New York ont eu pendant de nombreuses années une organisation. Au début, les membres se réunissaient très rarement lors d'un dîner. Il s'agissait d'une affaire formelle qui attirait généralement un grand rassemblement, tant d'anciens élèves locaux que du collège et du pays. Ces réunions ont eu lieu chez Delmonico, alors situé dans la Quatorzième Rue. La dernière était si incroyablement ennuyeuse qu'il n'y avait aucune répétition.

Les conférenciers étaient appelés par classes, et les diplômés les plus âgés avaient la tribune. Le résultat fut désastreux. Ces vieillards parlaient tous trop longtemps, et c'était un flot incessant de platitudes et de réminiscences de jours oubliés jusqu'au petit matin. Puis, une inspiration du président l'a amené à dire : "Je pense qu'il serait peut-être bon d'avoir un mot de la part des jeunes diplômés."

Il y a eu un appel unanime pour un humoriste bien connu nommé Styles. Son humour était aidé par une apparence surprenante de cheveux roux abondants, une moustache rouge agressive et des yeux qui semblaient repousser ses lunettes de son nez. Beaucoup d'orateurs, en raison de l'imperfection de l'art dentaire d'alors, signalaient leurs fausses dents par la difficulté à les maintenir en place et le sifflement que cela donnait à leurs propos. Un vénérable orateur, dans son enthousiasme, a laissé tomber le sien dans son verre au milieu de son discours.

Styles a déclaré à ce public fatigué : « À cette heure matinale, je n'essaierai pas de parler, mais je vais raconter une histoire. À Barnegat, dans le New Jersey, où j'habite, nos voisins sont très friands de apple-jack. L'un d'entre eux, alors qu'il était en ville, a fait remplir sa cruche, et sur le chemin du retour, il a vu un ami penché sur la porte et ayant l'air si assoiffé qu'il s'est arrêté et a remis sa cruche avec une offre d'hospitalité. Après l'avoir goûté, le voisin a continué à gargouiller. la cruche montait de plus en plus haut, jusqu'à ce qu'il n'en reste plus une goutte. Le propriétaire indigné dit : « Espèce de porc infernal, pourquoi as-tu bu toute ma pomme ? Son ami répondit : « Je te demande pardon, Job, mais je n'ai pas pu mordre au robinet, car j'ai perdu toutes mes dents. » La justesse de l'histoire a fait le succès de la soirée.

Quelques années plus tard, les anciens élèves se sont réunis pour former une association vivante. Parmi ceux qui ont participé à l'organisation se trouvaient William Walter Phelps, plus tard membre du Congrès et ministre d'Autriche ; le juge Henry E. Howland ; John Proctor Clarke, maintenant juge en chef de la Division d'appel ; James R. Sheffield (plusieurs années plus tard) désormais président de l'Union League Club ; et Isaac Bromley, l'un des rédacteurs du New York Tribune, l'un des écrivains les plus spirituels de son temps, et bien d'autres qui se sont depuis distingués. Ils m'ont élu président, et je l'ai continué par élections successives pendant dix ans.

L'association se réunissait une fois par mois et organisait une lecture sérieuse d'un article, des discours, un simple souper et une soirée sociale. Ces rassemblements mensuels sont devenus monnaie courante et ont été largement rapportés dans la presse. Nous pouvions compter sur un ou plusieurs professeurs, et il y avait toujours un ancien élève de réputation nationale venant de l'étranger. Nous organisâmes un dîner formel annuel, auquel assistèrent plus de monde que presque toutes les réceptions de ce genre dans la ville et, en raison de la variété et de l'excellence des discours, toujours très agréable.

Les anciens élèves de Harvard et de Princeton avaient également à cette époque une association, avec des dîners annuels, et il était d'usage que les dirigeants de chacune de ces organisations soient les invités de celle qui offrait le dîner. Les présidents des collèges représentés venaient toujours.

Yale pouvait compter sur le président Dwight, Harvard sur le président Eliot et Princeton sur le président McCosh .

Bien entendu, les échanges entre les représentants des différents collèges étaient aussi passionnants et agressifs que le sont aujourd'hui leurs compétitions de football et de baseball. Je me souviens d'une occasion d'un intérêt plus que d'habitude. C'était le dîner de Princeton, et la personnalité marquante de l'occasion était le plus brillant et le plus impressionnant des dirigeants d'université, le président McCosh . Il parlait avec un large accent écossais et était dans tous les sens un littéraliste. Tard dans la soirée, M. Beaman , un très brillant avocat et associé d'Evarts et Choate, qui était président de la Harvard Alumni Association, m'a dit : « Ces procédures sont terriblement prosaïques et intellectuelles. Quand vous êtes appelé, vous attaquez le président McCosh. , et je le défendrai. Ainsi, au cours de mes remarques, qui étaient très élogieuses à l'égard de Princeton et de sa croissance rapide sous le président McCosh , j'ai parlé de son succès remarquable dans la réception de dons et d'héritages, qui affluaient alors dans son trésor tous les quelques mois et dépassaient de loin tout ce qui se passait. qui arrivaient soit à Yale, soit à Harvard, même si les deux en avaient grand besoin. Ensuite, j'ai laissé entendre que cet afflux de richesses était peut-être dû au fait que le président McCosh avait une telle influence hypnotique sur les diplômés de Princeton et leurs pères, mères et épouses qu'aucun d'entre eux ne pensait qu'il y avait une chance d'un avenir céleste à moins que Princeton ne s'en rende compte. faisait partie des héritiers.

M. Beaman était très indigné et, avec l'approbation et les applaudissements continus du vénérable médecin, il m'a attaqué furieusement. Sa défense du président était infiniment pire que mon attaque. Il a allégué que j'avais laissé entendre que le médecin surveillait les anciens élèves riches et malades et leurs familles, et qu'au moment critique, il y aurait un appel sympathique du médecin, et, tandis qu'au chevet il prodiguait réconfort et consolation, il faisait pourtant il était clair pour le patient qu'il ne pouvait espérer l'ouverture des portes nacrées ou l'accueil de saint Pierre à moins que l'on se souvienne de Princeton. Puis Beaman , dans un bel élan oratoire, attribua cette merveilleuse prospérité non à un effort ou à un appel personnel, mais au fait que les fils de Princeton éprouvaient un tel respect et une telle gratitude pour leur président qu'ils n'étaient que trop heureux d'avoir l'occasion de contribuer au bien-être. de l'établissement.

Au moment où Beaman s'est assis, le médecin s'est levé et a exprimé avec une grande intensité ses remerciements et sa gratitude à l'éloquent président des anciens élèves de Harvard, puis il a crié : « Je n'ai jamais, jamais, jamais sollicité un cadeau pour Princeton de la part d'un mourant. , jamais, jamais je me suis assis au chevet d'une femme mourante et lui avoir présenté les terreurs de l'enfer et les promesses du paradis, selon la disposition qu'elle a faite de sa succession. Je n'ai jamais, jamais regardé avec une impatience antipathique et impatiente chaque fois qu'un de nos riches. les anciens élèves semblaient en mauvaise santé.

Le médecin a toutefois riposté par la suite. Il m'invita à donner une conférence devant le collège et me reçut très délicieusement chez lui. C'était une entrée payante, et quand je suis parti le matin, il a dit : « Je tiens à vous exprimer nos remerciements au nom de notre collège. Hier soir, grâce à votre conférence, nous avons récolté suffisamment d'argent pour préparer notre équipe de balle à son prochain concours avec Yale. ". Dans cette compétition, Princeton triompha.

La Yale Alumni Association est ensuite devenue le Yale Club de New York, qui a connu une prospérité phénoménale à tous égards. C'est un facteur d'importance nationale pour soutenir Yale et maintenir partout l'appréciation, l'enthousiasme et la pratique de l'esprit de Yale.

Ma classe de 1856 à Yale comptait quatre-vingt-dix-sept élèves à la fin de leurs études. Seuls six d'entre nous survivent. Dans ces pages, j'ai eu une réunion de classe continue. Très peu, voire aucun, de mes associés à la législature de New York de 1862 et 1863 sont en vie, et aucun des officiers de l'État qui ont servi avec moi au cours des années suivantes. Il ne reste plus personne dans le service lorsque j'ai commencé à travailler avec le New York Central Railroad, et aucun dirigeant d'aucune compagnie ferroviaire aux États-Unis n'occupait ce poste lorsque j'ai été élu et est toujours actif.

C'est l'habitude de l'âge de s'attarder sur la dégénérescence des temps et de déplorer le bon vieux temps et sa supériorité, mais Yale est infiniment plus grande et plus vaste que lorsque j'ai obtenu mon diplôme il y a soixante-cinq ans. La législature et les dirigeants de l'État de New York gouvernent un empire par rapport aux problèmes que nous avons dû résoudre il y a cinquante-neuf ans.

Je crois à la nécessité du leadership et, tout en reconnaissant une moyenne générale plus élevée dans la vie publique, je regrette que la crise mondiale que nous avons traversée et qui n'est pas encore terminée n'ait produit ni Washington, ni Lincoln, ni Roosevelt. Je me réjouis que le président Harding, sous la pression de ses responsabilités sans égal, développe les plus hautes qualités de leadership. C'est un plaisir exquis de visualiser chaque administration à partir de 1856 et d'avoir eu une intimité considérable avec les dirigeants du gouvernement et les façonneurs de l'opinion publique pendant soixante-cinq années inhabituellement laborieuses.

Beaucoup de ceux qui ont partagé leurs souvenirs ont tenu un journal intime et continu. Parmi ces documents volumineux, ils ont sélectionné selon leur jugement. Comme je l'ai déjà dit, je n'ai aucune donnée et je dois me fier à ma mémoire. Cette faculté n'est pas logique, ses opérations ne se font pas par années ou par périodes, mais ses films se déroulent au fur et à mesure qu'ils sont mus par des associations d'idées et d'événements.

Cela a été une tâche des plus agréables de ramener dans ma vie ces dignes du passé et de revivre des événements plus ou moins importants. Parfois, une anecdote éclaire un personnage plus qu'une biographie, et un incident personnel aide à comprendre une période plus que son histoire formelle.

La vie a eu pour moi des charmes incommensurables. Je reconnais qu'à tout moment, les soins affectueux et la direction de Dieu m'ont été accordés. Mes chagrins ont été allégés et ont perdu leur acuité grâce à une ferme croyance en des retrouvailles plus étroites dans l'éternité. Mes malheurs, mes déceptions et mes pertes ont été affrontés et surmontés par d'abondantes preuves de la foi de ma mère et par l'enseignement selon lequel ils étaient la discipline de la Providence pour mon propre bien, et s'ils étaient rencontrés dans cet esprit et avec un effort redoublé pour racheter l'apparente tragédie, ils se révèlent être des bénédictions. Tel a été le cas.

Même si les nouveaux amis ne sont pas les mêmes que les anciens, j'ai néanmoins trouvé réconfort et inspiration dans la communion étroite avec les jeunes des générations successives. Ils ont fait et font de ce monde un monde extrêmement bon pour moi.